涨停板战法系列 4
专家论股

借刀斩牛股之79种经典实例

(修订本)

张华◎著

四川人民出版社

图书在版编目（CIP）数据

借刀斩牛股之79种经典实例/张华著. —3版（修订本）. —成都：四川人民出版社，2019.6（2022.5重印）
（涨停板战法系列丛书）
ISBN 978-7-220-11366-6

Ⅰ.①借… Ⅱ.①张… Ⅲ.①股票投资-基本知识 Ⅳ.①F830.91

中国版本图书馆CIP数据核字（2019）第079350号

JIEDAO ZHAN NIUGU ZHI 79 ZHONG JINGDIAN SHILI

借刀斩牛股之79种经典实例

张 华 著

责任编辑	王定宇
封面设计	李其飞
内文设计	戴雨虹
责任校对	何佳佳
责任印制	王 俊
出版发行	四川人民出版社（成都三色路238号）
网 址	http://www.scpph.com
E-mail	scrmcbs@sina.com
新浪微博	@四川人民出版社
微信公众号	四川人民出版社
发行部业务电话	（028）86361653 86361656
防盗版举报电话	（028）86361661
照 排	四川胜翔数码印务设计有限公司
印 刷	自贡市华华广告印务有限责任公司
成品尺寸	185mm×260mm
印 张	22.75
字 数	400千
版 次	2019年6月第3版
印 次	2022年5月第5次印刷
书 号	ISBN 978-7-220-11366-6
定 价	48.00元

第三版修订前言

炒股能不能赚钱？我的答案是肯定的——能赚钱；但仅限于不到10%的少数人能赚钱。在A股市场，从长时间来看，有80%的人是亏损的，大概有10%的人仅仅打了个平手，能赚钱的仅仅是少数人；若在短时间的牛市，可能有50%的人能赚到钱，而这50%能赚到大钱的那又是极少数了；还有大约50%的人在牛市仅仅打了个平手甚至20%的人还是亏损的！为什么差距有这么大？原因是市场不同，人们信奉的理念不同、掌握的技术不同、纪律的执行力不同，才有了这么巨大的差距。

炒股的关键是“理念、技术、纪律”这三大核心要素。我在《主升浪之巧取豪夺》一书中是这样界定其中所占百分比的：

理念40%+技术20%+纪律40%=成功

首先我们来看理念。许多人对信奉的理念一知半解、移花接木，常常把正确的废话奉为指导思想，导致了选择的道路不同，因而走上了不归之路。什么是正确的废话？比如价值投资，在欧美市场巴菲特用得就很好，但在国内的A股市场，3568只股票（截至2018年12月31日）能找到像“贵州茅台”那样的股票就少得可怜，如果3568只股票（截至2018年12月31）有80%都符合价值投资理论，那么信奉价值投资理论的人至少有60%都是盈利的。话说回来，我们的国防、我们的高科技是不可能靠酒来发展的。酒只是一种消费品，搞不好还会产生大量的腐败分子，那些贪官的家里哪一个没有成箱成箱的高档酒?!靠酒来推动国民经济岂不是天大的笑话！同样，靠酒也推动不了健康的股市。

东西方政治体制不同，市场不同，理念不同，股票涨跌的本质不同。欧美市场是地地道道的资本主义市场经济，而我国则是具有中国特色的社会主义市场经济。哲学上有句名言，“一切以时间条件地点为转移”。国内的A股市场，由于存在“先天不足、后天失调”的弊病，还没有走出“政策市、资金推动市”的怪圈，因而不具备价值投资的环境，如果强制运用，也会不伦不类以失败而告终。什么时候市场环境变了、上市公司不再造假了，再谈价值投资或许才不会误人子弟。

在国内的A股市场，政策具有强大的推动力。

2005年6月6日上证指数跌到998.23点的时候，“股改、汇改、税改”三大改革的政策，造就了一波上涨到6124.04点的大牛市。

在股市尽管融资融券已经推行了很多年，但一直到2015年这一波牛市中才得到了一个淋漓尽致的发展。因为有杠杆，A股市场一鼓作气迈入繁华盛世，沪指从2014年12月31日的收盘点位3234.68点起步，一路扶摇直上，于2015年6月12日站上5178.19点的高位。因为去杠杆，踩踏频发、千股跌停，沪指在两个月的时间里直落2300点，并于2015年8月26日跌至2850.71点；并且跌跌不休直至2018年10月19日的2449.20点的新低。

2017年4月1日，新华通讯社受权发布：中共中央、国务院决定设立河北雄安新区。2017年4月5日（周三），受中共中央、国务院决定设立河北雄安新区消息的影响，雄安概念股开盘集体上演涨停潮，000401冀东水泥、601992金隅股份、600340华夏幸福、000615京汉股份、002342巨力索具、601000唐山港、600266北京城建等逾40只个股纷纷一字封涨停，河北板块个股几乎全线涨停——可见政策大有雷霆之势、万钧之力。

2018年11月5日，首届中国国际进口博览会在上海国家会展中心开幕，习近平主席在演讲中宣布“将在上海证券交易所设立科创板并试点注册制”，这一重磅消息立即引起创投概念中多股呈现直线拉升，截至收盘，创投板块包括钱江生化、南京高科、上海三毛、绿庭投资、弘业股份、乔治白、华金资本、中关村、九鼎投资、复旦复华、鲁信创投、张江高科等在内的20余只个股涨停，同时综艺股份、凤竹股份、杉杉股份等多只个股涨幅超过6%，创投板块整体上涨2.49%，涨幅远超大盘……又一次可见政策的预期也同样具有雷霆之势、万钧之力。

在国内的A股市场，政策利好一出台，资金就粉墨登场并且扮演了领导潮流的角色。

想想看，哪一波主升浪不是资金推动的？哪一只妖股不是资金推动的？哪一个主升浪不是从涨停板开始的？

纵观国内的A股市场，每当政策给力、资金给力，市场就牛气冲天；相反，如果政策不给力、资金不给力，市场就不堪回首。

市场的牛熊与管理层的政策息息相关。众所周知，2017 年是监管的严打年，在 2017 年 6 月 30 日，深圳的×××遭遇了证监会的行政处罚。×××利用资金优势采用连续交易、大额封涨停、拉抬股价等手法操纵多达 37 只个股，构成《证券法》第二百零三条所述的操纵证券市场行为。依据《证券法》，证监会没收×××违法所得 3701 万元，并处以 7403 万元的罚款，合计罚没 1.1 亿元。

2017 年 12 月，证监会对佛山市的×××给予行政处罚。×××控制本人等 12 人名下 28 个证券账户，于 2014 年 1 月至 2016 年 6 月，控制使用账户组，集中资金优势、持股优势，通过大额封涨停、虚假申报并封涨停、盘中拉抬并封涨停等方式，影响桐君阁等 15 只股票的交易价格和交易量，被证监会罚没 8150 万元。

2017 年，游资集体沉默，一部分还在频繁操作的游资甚至直接被市场给消灭了。

2018 年 1 月到 10 月，上证指数从 3587.03 点下跌到 2449.20 点；国内 A 股市场一江春水向东流，市场一片恐慌，散户哀鸿遍野、怨声载道……

2018 年 10 月 30 日，为提升市场信心，证监会发布了三条声明：证监会正在按照国务院金融稳定发展委员会的统一部署，围绕资本市场改革，加快推动以下三方面工作，回应市场关切。

一是提升上市公司质量。加强上市公司治理，规范信息披露和提高透明度，创造条件鼓励上市公司开展回购和并购重组。

二是优化交易监管。减少交易阻力，增强市场流动性。减少对交易环节的不必要干预，让市场对监管有明确预期，让投资者有公平交易的机会。

三是鼓励价值投资。发挥保险、社保、各类证券投资基金和资管产品等机构投资者的作用，引导更多增量中长期资金进入市场。

其中第二条提到：优化交易监管，减少交易阻力，增强市场流动性。减少对交易环节的不必要干预，让市场对监管有明确预期，让投资者有公平交易的机会。

对证监会 230 字的声明，市场的解读是政策变了。

2018 年 11 月 2 日，上交所表示，将不再采用口头提醒等“窗口指导”方式，严格慎用暂停账户交易等监管措施，同时对过度投机炒作等严重扰乱市场秩序的行为，主要以向会员单位发送风险提示函的形式，间接向投资者提示二级市场交易风险。

10 月 30 日，监管层发声“减少对交易环节的不必要干预”，市场认为监管放松了对游资交易的限制，至此，A 股市场的政策底明朗了、股票能大幅上涨了，如 000622

恒立实业从2018年10月19日到11月16日，区间18个交易日连拉阳线，连续14个涨停板，区间涨幅高达319.20%（见下图），成为这波低价超跌“壳资源”行情的龙头。而恒立实业这波“成妖股”之路，首先是监管放松对IPO上会被否企业的并购重组时间限制，导致市场掀起“壳”概念涨停潮，后续湖南省出台股权质押纾困措施，作为湖南股，又被游资接力炒作。恒立实业复牌之后继续涨停。而从其间龙虎榜来看，市场上很多有名的游资营业部都曾上榜。恒立实业成为妖股的龙头，为市场的亢奋情绪树立了标杆。在2018年11月12—13日这两个交易日，沪深两市连续两天出现了100多只个股涨停板，这是2016年以来少有的现象。而在此前根据2016年以来一贯的监管尺度，第一波连板被叫停的高度一般在5连板至6连板之间。诸如2018年的万兴科技、必创科技、诚迈科技、华锋股份、永和智控、盘龙药业等一批大牛股，纷纷在6连板时被喊停——市场资金做多的热情被监管层好心地扼杀了，市场失去了活力。

事实证明，强势推行价值投资，让一花独放，只能把股市搞成一江春水向东流，因为股市是一个虚拟性的市场，与实体经济不一样。实体经济必须务实，虚拟经济应该务虚；只要不是恶意操纵、恶意炒作，就应该允许百花齐放、百家争鸣，这样才能迎来股市的春天。

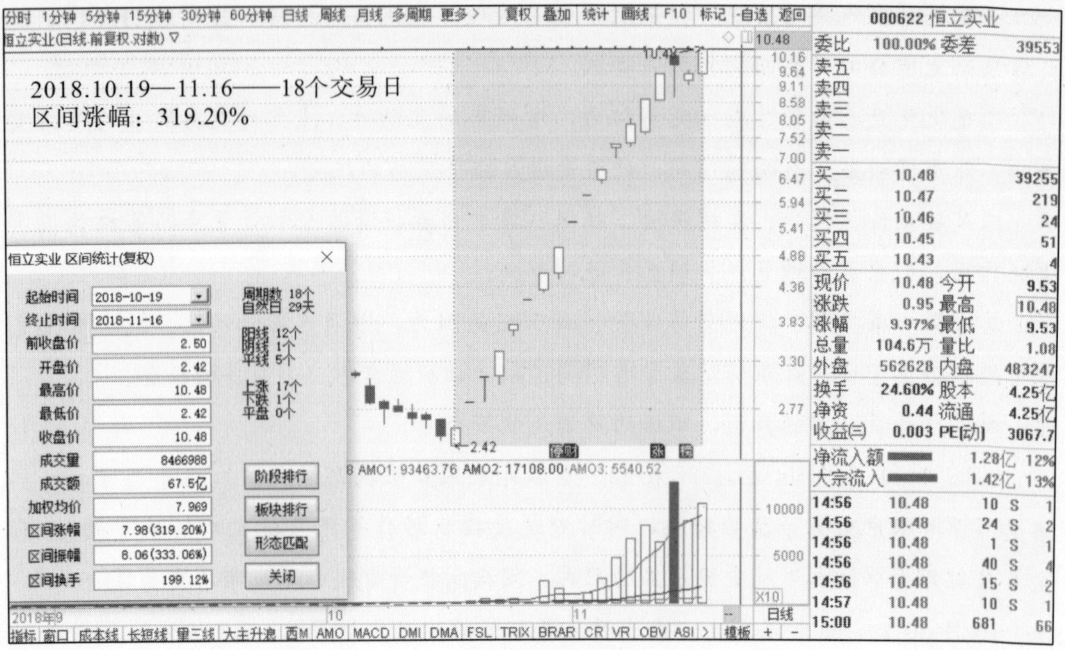

恒立实业走势图

对一江春水向东流的股市，证监会在关键时刻发文，目的就在于以重拾信心、强化信心为重点，向资本市场释放出稳信心、稳预期的强烈信号。

如果政策朝令夕改，同样也会给市场带来剧痛。2018 年 11 月 23 日，在证监会一纸对新的游资带头大哥×××所在的海通证券上海建国西路营业部警示函的杀威棒下，大盘跳空低开低走，倾泻而下收出长阴线，市场游资作鸟兽散。这纸对游资的杀威棒，却宣告了监管态度开始对游资再次转向严格监管。“鼓励交易”与“禁止炒作”前后不到一个月时间。有人戏言，“翻手为云覆手为雨、成也萧何败也萧何”；如果对“鲶鱼效应”都不允许的话，那么市场将会被死鱼熏得臭气冲天、无人问津。

欣慰的是，2018 年 12 月 20 日，国务院金融委召开资本市场改革与发展座谈会：要坚决落实市场化原则，减少对交易的行政干预。会议认为，当前资本市场风险得到较为充分的释放，已经具备长期投资价值，改革面临比较好的有利时机。资本市场改革已经形成高度共识，即将进入一砖一瓦的实施阶段。要坚决落实市场化原则，减少对交易的行政干预。要借鉴国际上通行做法，积极培育中长期投资者，畅通各类资管产品规范进入资本市场的渠道。监管部门要加强与市场沟通，积极倾听市场声音。

政策鼓励交易，资金就敢于进场做多，股市就有了活力；政策禁止炒作，资金就飞快撤出，市场就失去了活力。这就是国内 A 股市场的典型特色，不理解这个特色，就赚不到钱；不理解这个特色，即使是赚了钱，照样要吐出来。

当然了，造成理念不同的原因很多，譬如很多人在看不同的书，接受不同的理念；即使是看同一本书，得出的结论也大有差别，原因是加进了自己的观点。更何况每一本书写作的人不同、倡导的理念不同；有些书是学者写的，有些书是实战家写的，有些书是剽窃拼凑的，有些书是请别人代笔的，有些书是某集团为某种利益而创作的……当你接受了或者认同了某些理念，并把它当成自己的观点来指导操作的时候，就得到了你自己的结果。你自己的结果就告诉了你，你的选择是正确的还是错误的。想想看，连管理层都能随机应变、知错就改，一些人却抱着已经亏损累累的股票、抱着一些看似正确的废话还在执迷不悟——能赚钱吗？

我们再说技术。炒股最重要的技术有三个，就是直线、曲线和 K 线。

直线就是支撑线、压力线，上升的支撑线、下降的压力线、平行的压力线、平行的支撑线都要学会画，它们在某种程度上表示的是一种趋势、一种力量、一种市场的共识。

曲线就是移动平均线，包括济安线、成本均线，它们也是随股价的变动而变动的，取的是某一段时间内的平均值，既是趋势的反映，也是波浪谷峰与谷底的勾勒。

K线一方面是价格表示形态，另一方面是K线的组合形态。K线是日本人发明的，比起美国线要直观、好用。价格形态又是美国人发明的，二者结合在一起则非常直观。在K线里，最经典的是《酒田战法》的78种经典形态，读懂它，结合价格形态、直线、曲线，就能知道价格到顶到底的转折、价格的持续，从而决定自己的操作。《借刀斩牛股之酒田战法解析》就是专门研究K线的，炒股的朋友最好背下它。《借刀斩牛股之79种经典实例》里面就有主要价格形态的介绍。

技术里包含的这些知识，对一个有文化的人、一个理解能力强的人、一个记忆力强的人，大概半年时间就足够了。

最后我们说纪律。纪律考验的是理解力、执行力。理解不了，就谈不上执行；理解了、犹豫了，也照样执行不了。相信每一个稍有操作经验的人都有自己的纪律，关键还是执行不执行的问题。关于炒股的纪律我专门写了第六本书《主升浪之巧取豪夺》，也是牛散的"三大纪律八项注意"，这里就不再赘述。

涨停板战法的重点：一是涨停板的主力，二是主升浪的题材，三是自己的想法。心理学有个著名的ABC理论，A指事件的起因，B是想法，C是事件的结果。相同的A可能导致不同的C，关键就在B。你就是那个关键的B。

我的理念、技术、纪律分散在我已经出版的六本书（《狙击涨停板》《猎取主升浪》《借刀斩牛股之酒田战法解析》《借刀斩牛股之79种经典实例》《主升浪之快马加鞭》《主升浪之巧取豪夺》）之中。我写的书是我学习经典理论的结晶，是我实盘经验的总结。《狙击涨停板》一书于2008年由四川人民出版社出版发行，一上市就受到了广大读者朋友们的喜欢和好评，出版社已经再版两次、重印十几次。曾经有读者问《狙击涨停板》已经出版10年了，还有用吗？我问他学过哲学没有，知道什么是规律吗？他幡然醒悟，并告诉我明白了。规律是什么？规律就是指事物内在的本质的必然的联系，规律在一定的条件下会重复地发挥作用。

《狙击涨停板》揭示了主力运作的规律，揭示了涨停板的位置与性质，揭示了主升浪的秘密——我相信它将伴随着涨停板的交易制度而并存。狙击涨停板是我的原创，一经面世，就受到了不仅仅是读者的追捧，很多不同形式的仿制品也纷纷出笼，更有甚者连《狙击涨停板》的书名也剽窃去了——你一上网就可以看到不同形式的剽窃者在利用狙击涨停板而哗众取宠。我郑重地告诉大家，我从不组织什么QQ群收费平台、微信群收费平台、博客收费等以达到敛财目的。网上假借我的书名——个人欺骗、团伙欺骗很多——凡此种种任何收费的行为，你可以视为骗子，务必提高警惕，防止上当受骗！骗子往往能得逞一时，但绝对不会长久；时间会让上当受骗者觉醒。一旦成千上万的受骗者识破了骗局，他们就会给骗子铸造塑像的，这个塑像不会让人仰望，只会像杭州西湖岳飞墓前的秦桧跪在那里遭受世人的唾骂，甚至连自己的子孙都羞于启齿自己姓秦……

在四川人民出版社编审王定宇女士的再三说服下，这次我做了重新修订，逐字逐句地修订，工作量很大；除做了文字的修改外，在保留原版经典图形的基础上，又选择了其后大量经典的图例；经历了十多年的验证，充分证明了涨停板战法的持久性、实用性。相信这本曾经让许多散户进入百万富翁行列的书照样会在新一轮牛市里给有缘分的读者带来丰厚的回报，预祝你也是下一个百万富翁。

另外，我从千百封信件和QQ留言中选择了我记忆深刻的几封信件和QQ留言截图，希望对大家是一个借鉴。

这些信件和留言截图是他们用“心”来说的，我们也要用“心”来读、来思考；思考一下他人的真情实感，思考一下他人的所失所得，思考一下他人的所迷所悟，从而反思、反省、反悟；如此才能从他人的经历中迎来自己的一次破茧而出的升华，迎来自己炒股生涯一场华丽的蜕变。

要想在股市里赚钱，请静下心来认真地读原著，并对原著中的实例进行复盘验证；用事实来改变自己的交易理念、交易技术、交易纪律才是赢利之道。

我的体会：读书一是要读经典的原著、名著；二是要静心阅读、静心思考；三是要实盘，在实盘中做到知行合一。唯有心静、思考，反省、实盘，才能悟道、才能蜕变升华。

张　华

2019年3月第三版修订于上海·国际财富中心

机遇就在你面前

从2012年12月4日到2013年12月3日整整一年时间，上证指数（999999）创出了2444.80的高点，也创出了1849.65的低点；从2012年12月4日的1949.46点运行到2013年12月3日的2222.67点，区间上涨了273.21点；而创业板指（399006）从2012年12月4日的585.44点启涨，创出了1423.97点的新高点，运行到2013年12月3日的1255.33点，区间涨幅669.89点——这就是结构性的牛市！这就是在你面前的机遇！

这一年，以手游概念为主线的创业板跑出了许多牛股，譬如300052中青宝、300027华谊兄弟、300148天舟文化、300133华策影视、300336新文化、300295三六五网、300315掌趣科技、300226上海钢联、300251光线传媒以及以6字开头的600536中国软件、600633浙报传媒（现名浙数文化）等传媒娱乐股，它们一路上涨、连续翻番——这就是结构性的牛市！这就是在你面前的机遇！不知你当时买进了没有？

2013年，上海自贸区成为中国政府撬动整个经济的升级和结构转型的依托，寄托着中央打造中国经济升级版、实现国内体制机制新突破的重点期望，被誉为新一轮改革开放的重要突破口。上海自贸板块的600648外高桥、600639浦东金桥、600663陆家嘴、600278东方创业、603128华贸物流、600822上海物贸、600018上港集团、600832（现为600637）东方明珠等主流股票扶摇直上、如日中天——这就是结构性的牛市！这就是在你面前的机遇！不知你当时买进了这个板块的哪些个股？

面对结构性的牛市、面对一个又一个牛股的主升浪，如果您参与了、买进了、盈利了——恭喜您！您是股海里的弄潮英雄；如果您身在股市却错失良机，那么就要思考为什么把握不住机遇。是思维、是理念、是心态、是技术的问题，还是机遇的问题……其实，每一个牛股的主升浪都离不开涨停板，这就是我《狙击涨停板》的理念。

其实，每一个牛股的形态都是有规律的，这就是我《借刀斩牛股（之一）——酒田战法解析》里告诉大家的78种经典形态！那本书里记载了价值连城的经典战法，也是长短适合的波段战法，更是随机应变的K线艺术。该书在2013年2月由四川人民出版社出版发行，全国各地新华书店、淘宝、当当等网站均有销售。如果您有幸读了那本书，我想就是照猫画虎您也不会错失结构性牛市里的许多黑马、白马的主升浪。

想当初，四川人民出版社编审余其敏女士在审阅《借刀斩牛股——酒田战法解析》的初稿后，建议在形态之后写进实例，当时我考虑：

第一，如果将实例附在每一种形态之后，书稿将会很厚，读者携带不方便。

第二，如果以股票过去的历史走势来选例，给人一种事后聪明、马后炮的感觉，现实意义不大；况且，历史的图表会由于图表坐标的变形而误导读者；真正有实战价值的书籍应尽量减少用历史图表来验证方法，而要让未来的走势验证方法的实用性。

第三，我见到炒股亏损的人太多，少则几万元、几十万元，多则几百万元甚至上千万元。也见过因亏损而导致精神失常的人，见过因炒股而债台高筑最终导致自杀的人，见过因炒股而妻离子散、家庭破裂的人，也见过屡战屡败而没有技术的人……这些善良的股民在没有掌握股价运行的节奏、规律，没有掌握技术的时候，怀揣着在股市里赚钱的梦想，踏上了一条不归之路。这些悲惨的现实强烈地震撼着我的心灵。我不愿写一些对读者没有实际帮助的书，也不愿写一些实战价值不大的书，更不想为写书而偷懒去找一些过去的走势图来忽悠读者。我想写具有实战价值，对读者有用、有帮助的书。

因此，我要以市场当前的符合经典战法的实际走势来选例，更要让股票今后的走势来验证每种战法的结果，从而具备实用性。这样，虽然写起来很辛苦，但只要能给读者带来实际的帮助、带来有实战价值的方法，我就心安而理得。这就是《借刀斩牛股（之二）——79种经典实例》的写作初衷，也是2013年股市里许多牛股对《借刀斩牛股（之一）——酒田战法解析》的验证。2013年股市的实例说明了这两本书是相辅相成的姊妹花。

在这本书里，我采取了标准的格式：

第一小段：每一种战法的文字精解；

第一张图：每一种战法出现时的形态（大多是指整个图表的最后一根乃至几根K线构成形态）；

第二张图：形态出现当天的K线分时图；在分时图里，准确地记录了当天盘口的数据及其图形，因而对理解当天K线的形成帮助很大。如果将这些图形在隔天后回放，都会丢失竞价图，也会有变形而失真；

第三张图：在第一张图提示的标准形态之后，经过数个交易日后涨跌幅度超过20%甚至100%的走势图。

这里特别提示各位读者，经典的图形具有价值连城的指导作用。在趋势将要转折的时候，我们会发现市场中很多股票走出了相同的形态。如果你熟知这些图形的含义，你就会及时而准确地把握市场趋势的转折点，从而会在顶部适时出局以回避大幅的下跌。譬如，在2013年2月18日，中信证券、兴业证券、山西证券同时出现了下跌三法形态，这些个股同时出现的顶部信号就是一个公开的通告，就看你是否懂得这些信号的含义；如果你懂得其中的含义，也及时清仓出局，那么你就会保住胜利的果实，不会在股市里再坐电梯了。同样的，如果你熟知这些图形的含义，你就会及时而准确地把握市场趋势的转折点，也会在突破底部出现主升浪时及时介入其中，享受股价上涨的快乐。譬如，2013年8—9月的上海自贸板块，许多股票涨停，此时你介入该板块的题材股，将会享受到主力拉升的乐趣。

朋友们，有道是“操千曲而后晓声，观千剑而后识器”。图谱读得多了，你就心中有数了、知道如何去做了。假如你对这些类似的许多形态没有掌握，读一下这本书，记下实例的图形将会使你的炒股技术突飞猛进，发生一个根本性的、质的变化。到那时，你也会临危不惧、随机应变信如神；到那时，你也就不会错失一波又一波的行情；到那时，你也就不会错失一个又一个牛股的主升浪——从而把握住一次又一次的盈利机遇了！机遇！机遇！——机遇就在你面前——这就是本书送给你的机遇。

目 录

79 种经典实例（上篇）

79种经典实例（中篇）

79种经典实例（下篇）

借刀斩牛股之79种经典实例（上篇）

一、大阳线（实例 1）002243 通产丽星

大阳线都是低开高走，收盘在当天最高位附近，其上涨幅度在 5% 以上。大阳线以光头为最强势，有微短的上影线次之。长期下跌后的大阳线、主力洗盘之后的大阳线最有价值，主力大举进场的大阳线、板块联动拉起的大阳线、资金合力推动的大阳线、特殊事件引起的大阳线是首选品种。

大阳线是主力资金发动行情的标志，盘中若看到各路资金以秋风扫落叶的气势在拉升大阳线，如果大阳线向上突破了 8 日均线，就是进场买进的关键时刻了！此时应积极地参与领头羊板块中的领头羊个股。

2018 年 7 月 12 日，002243 通产丽星在长期大幅下跌之后，低开高走，收出一根大阳线，开启了一波连续的上涨行情。

1. 大阳线（实例 1）002243 通产丽星

大阳线（实例 1）002243 通产丽星

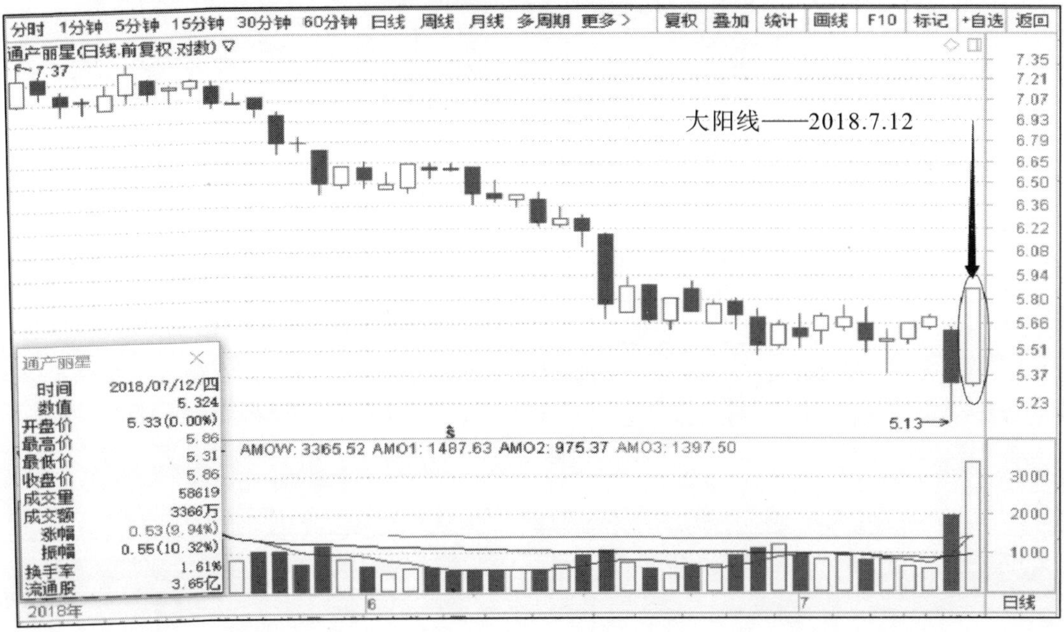

002243 通产丽星 2018. 7. 12 分时图

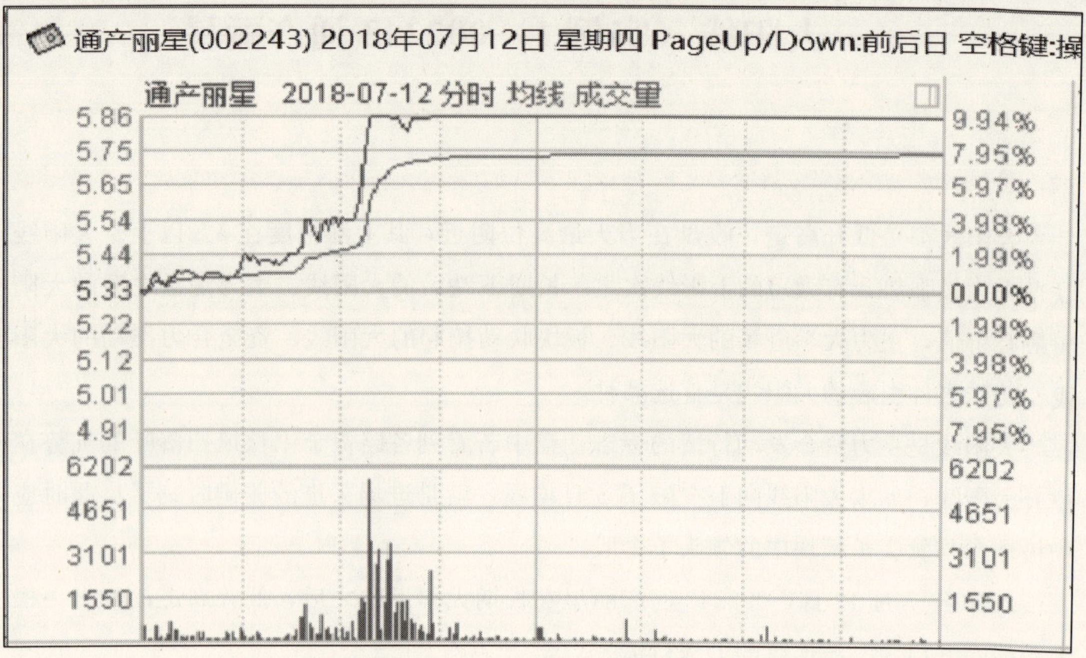

002243 通产丽星 2018（7. 12—7. 25）区间涨幅：107. 13%

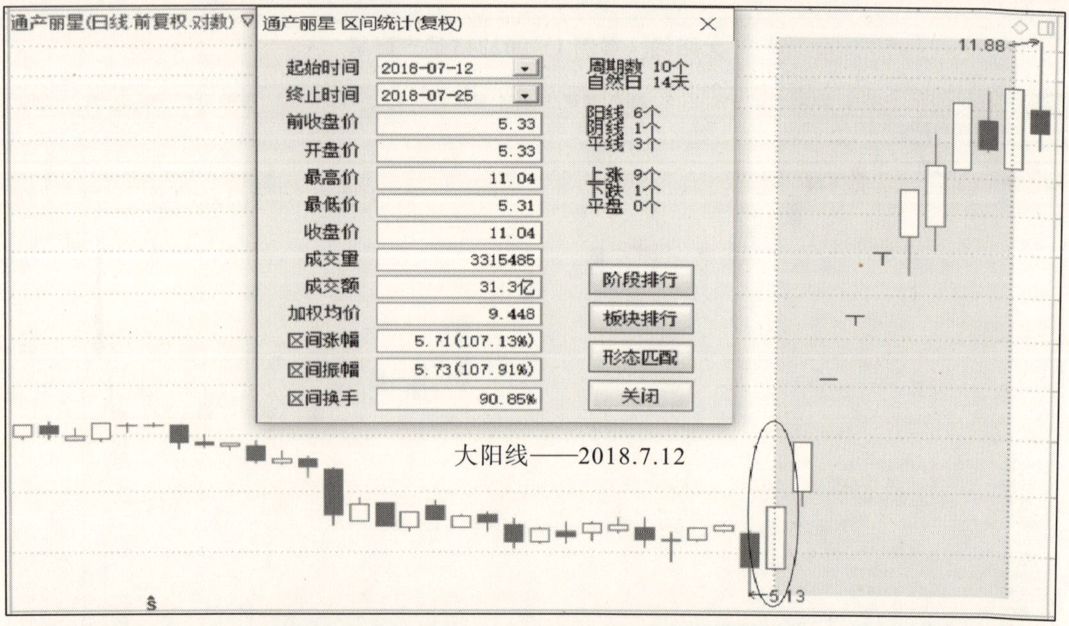

主力资金进场的大阳线，就是我们行动的信号！

2. 大阳线（实例 2）300052 中青宝

2013 年 4 月 24 日，300052 中青宝在股价突破前高点后，2013 年 4 月 25 日《中国证券报》刊登消息称："中青宝（300052）首季业绩增一倍。中青宝公布 2013 年一季报，公司报告期内实现营收 4342.76 万元，同比增长 41.35%，实现归属于上市公司股东净利润 384.77 万元，增长 111.27%。基本每股收益 0.03 元。中青宝相关负责人表示，公司二季度在移动互联网领域、全球化运营层面还将有积极的举措……"于是该股拉开了上涨的主升浪，在 2013 年 5 月 9 日涨停板创出新高点后回调，用大阴线洗出跟风盘后就一路上涨，区间 74 个交易日，股价涨幅高达 550.34%！这一波主升浪，背后的根源是中青宝踏上了网络游戏行业快速发展的列车。它给我们的启示是：不仅要关注长期下跌后的大阳线，也要关注洗盘后的大阳线，它的上涨幅度之大、时间之长、利润之大，都是不可小看的！

300052 中青宝洗盘后的大阳线

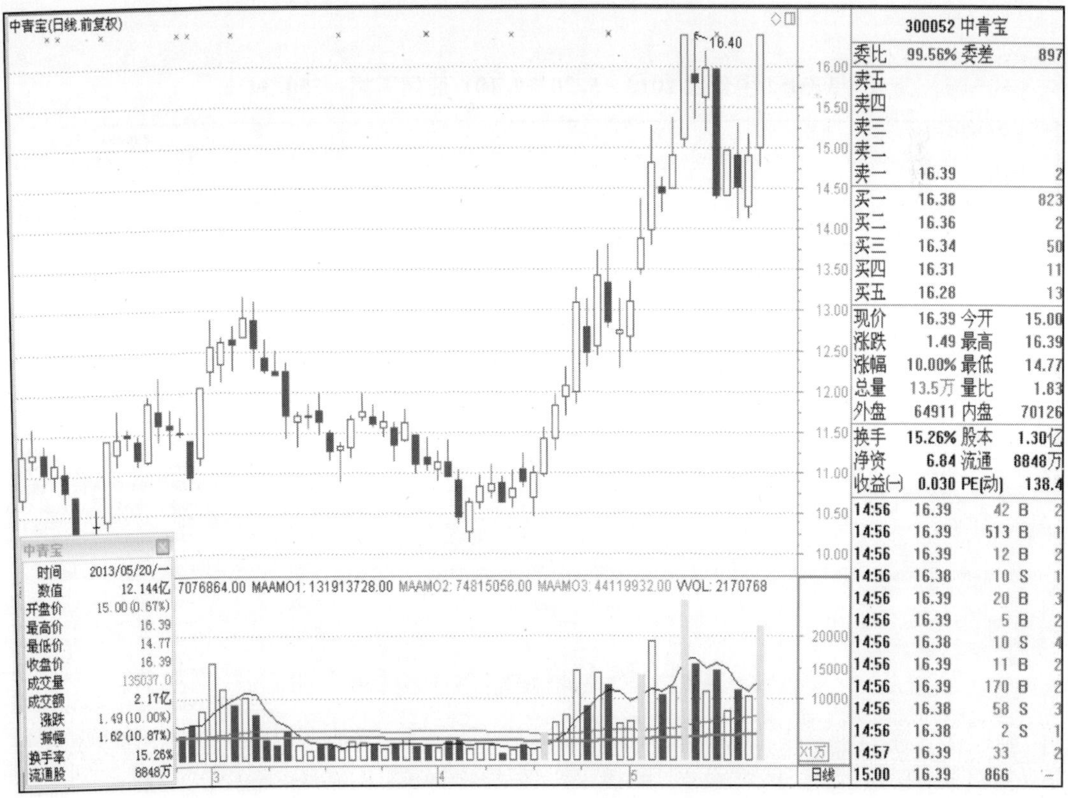

300052 中青宝 2013.5.20 分时图

300052 中青宝 2013（5.20—9.10）区间涨幅：550.34%

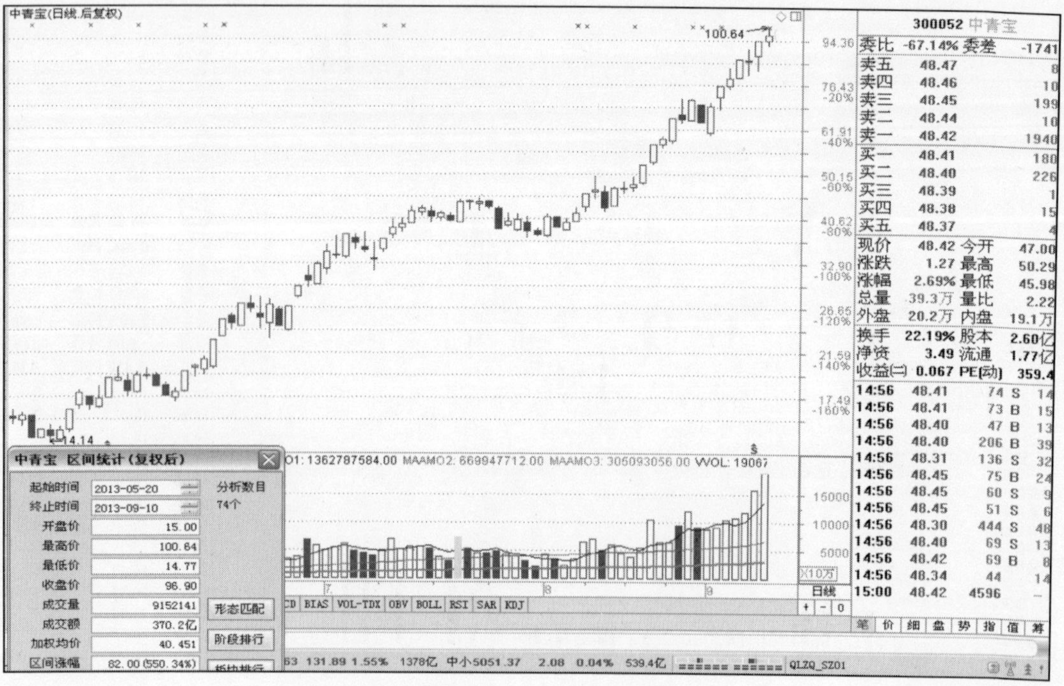

二、大阴线（实例 1）600663 陆家嘴

大阴线通常是开高收低，其下跌幅度大于 5%，收盘于当天低位附近，形成一根长长的大阴线。无论是光头光脚的大阴线还是带有下影线的大阴线，杀伤力都很大。

一波大幅上涨之后出现在高位的大阴线，且伴随着超前的成交量，无疑是主力在出货，当这种大阴线初露端倪，当天盘中反弹必须尽快地清仓出局，回避其后下跌的风险。

在较低位出现大幅高开低走的大阴线，通常是盘中主力借利空消息制造恐惧，具有震仓、洗盘、吸筹的特性。

2015 年 6 月 12 日，600663 陆家嘴跳空高开后短暂震荡，冲高后一路下行，当天收出一根大阴线；其后连续快速下跌，18 个交易日 600663 陆家嘴区间跌幅高达 53.78%。

大阴线（实例 1）600663 陆家嘴

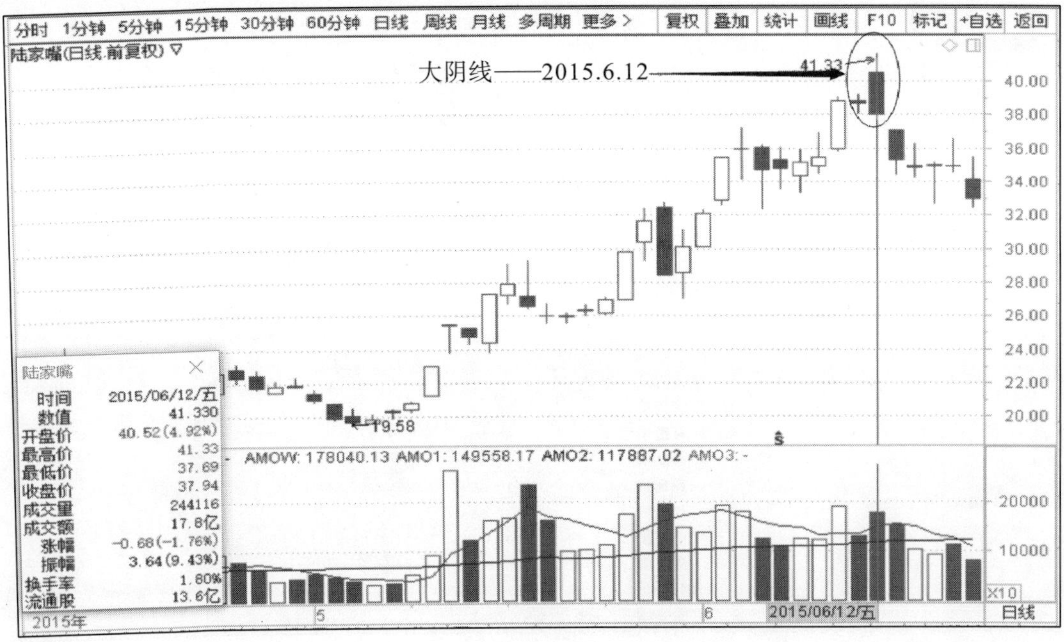

600663 陆家嘴 2015. 6. 12 分时图

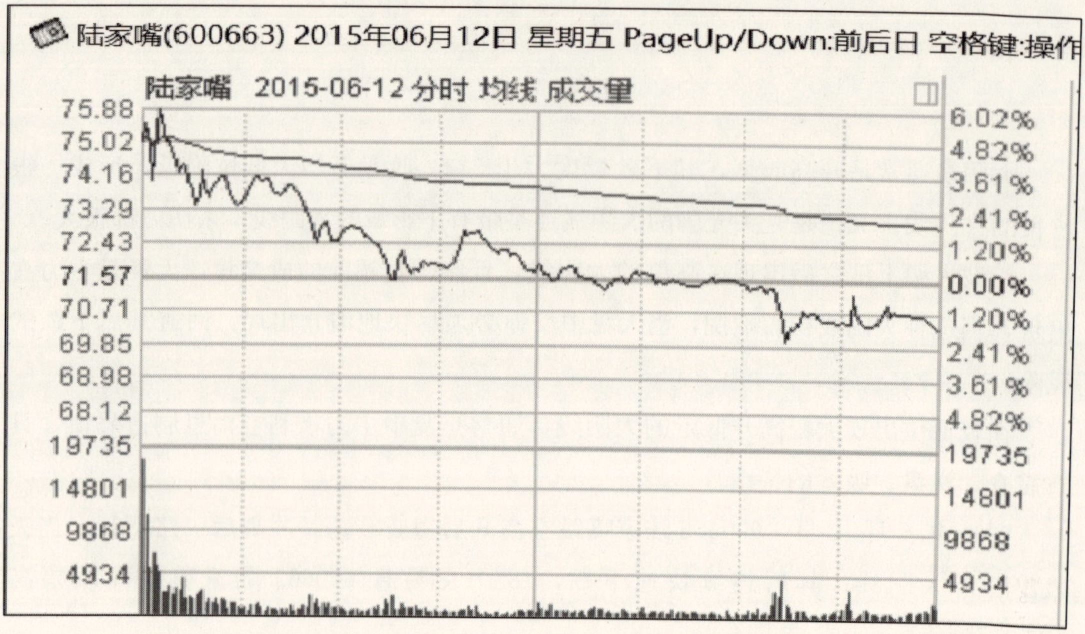

600663 陆家嘴 2015（6. 12—7. 8）区间跌幅：53. 78%

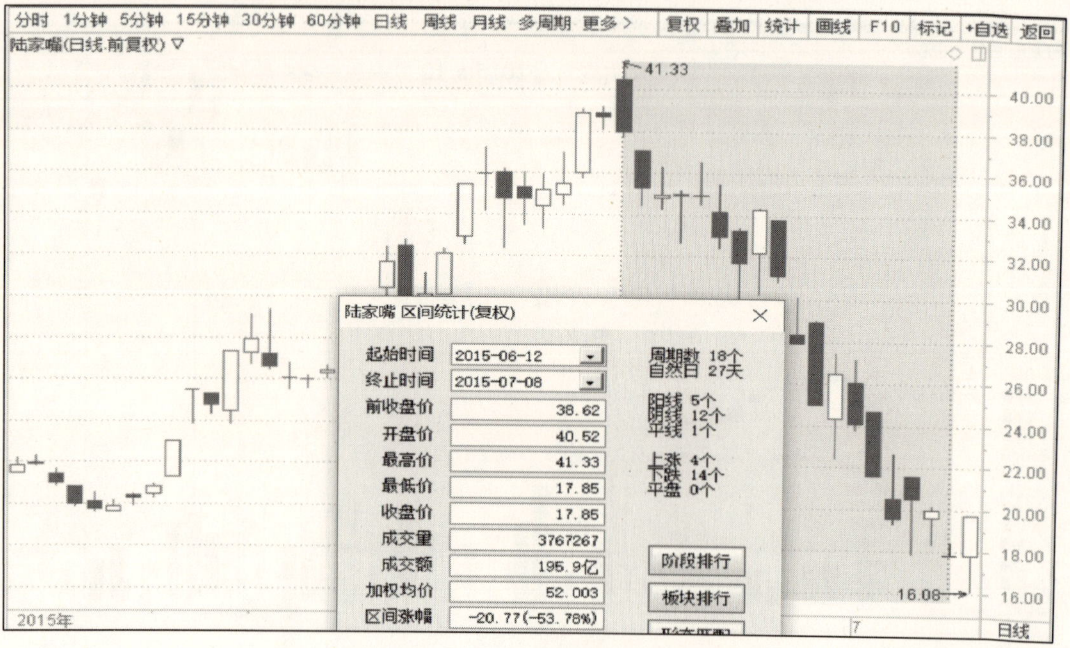

大阴线（实例 2）600340 华夏幸福

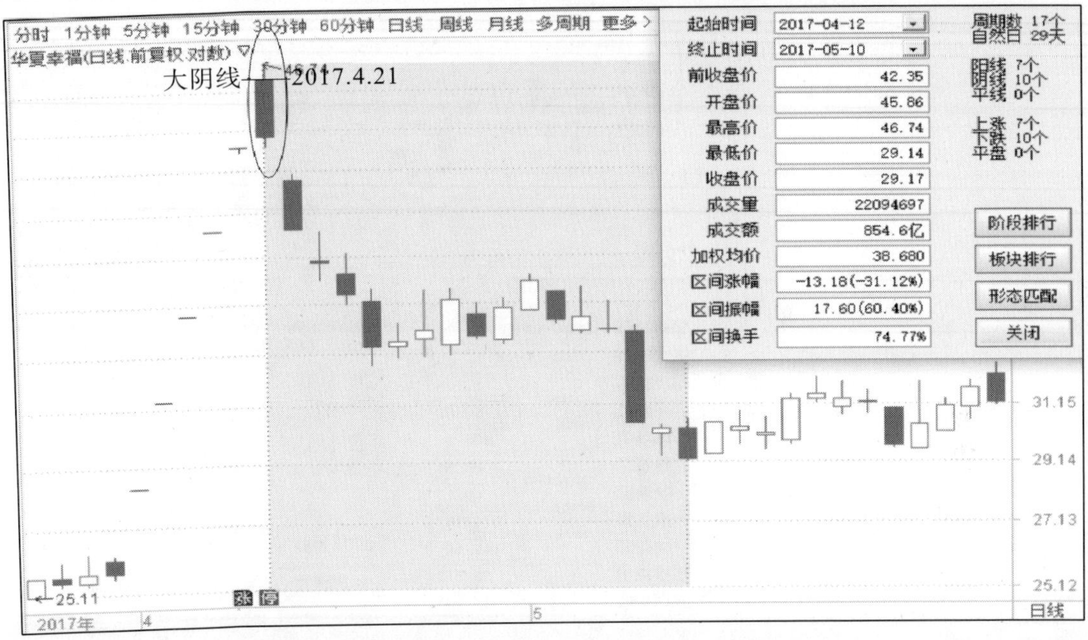
分时 1分钟 5分钟 15分钟 30分钟 60分钟 日线 周线 月线 多周期 更多
华夏幸福(日线 前复权 对数)
大阴线
2017.4.21
起始时间 2017-04-12
终止时间 2017-05-10
前收盘价 42.35
开盘价 45.86
最高价 46.74
最低价 29.14
收盘价 29.17
成交量 22094697
成交额 854.6亿
加权均价 38.680
区间涨幅 -13.18(-31.12%)
区间振幅 17.60(60.40%)
区间换手 74.77%
周期数 17个
自然日 29天
阳线 7个
阴线 10个
平线 0个
上涨 7个
下跌 10个
平盘 0个
阶段排行
板块排行
形态匹配
关闭
31.15
29.14
27.13
25.12
25.11
涨停
2017年
4
5
日线

600340 华夏幸福 2017. 4. 12 分时图

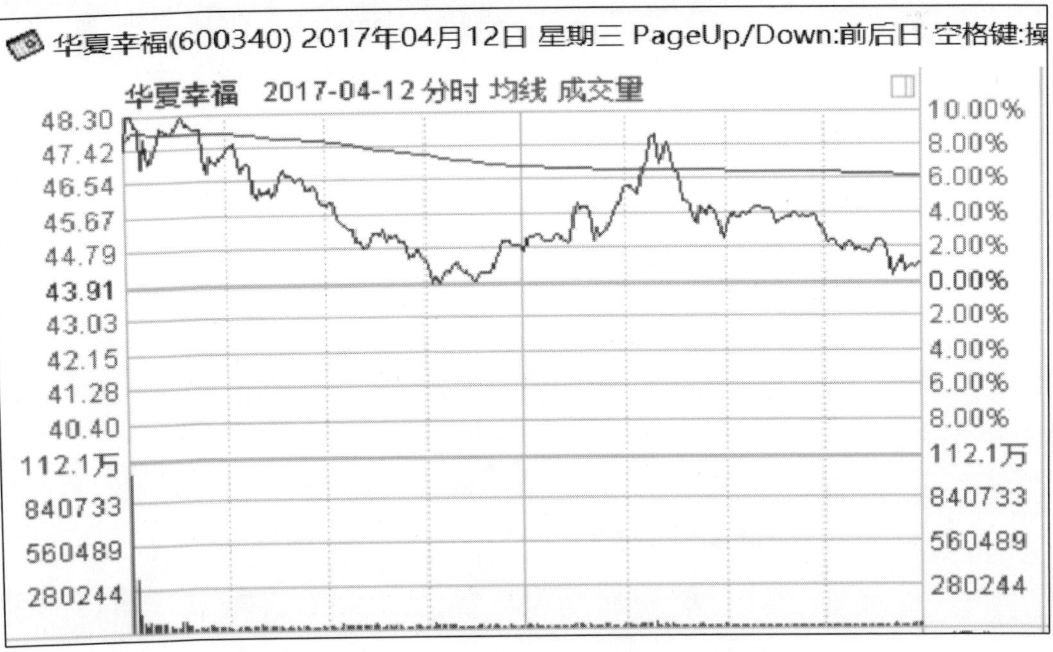
华夏幸福(600340) 2017年04月12日 星期三 PageUp/Down:前后日 空格键:操
华夏幸福 2017-04-12 分时 均线 成交量
48.30
47.42
46.54
45.67
44.79
43.91
43.03
42.15
41.28
40.40
10.00%
8.00%
6.00%
4.00%
2.00%
0.00%
2.00%
4.00%
6.00%
8.00%
112.1万
840733
560489
280244

大阴线（实例3）600259 广晟有色（2010. 10. 18）

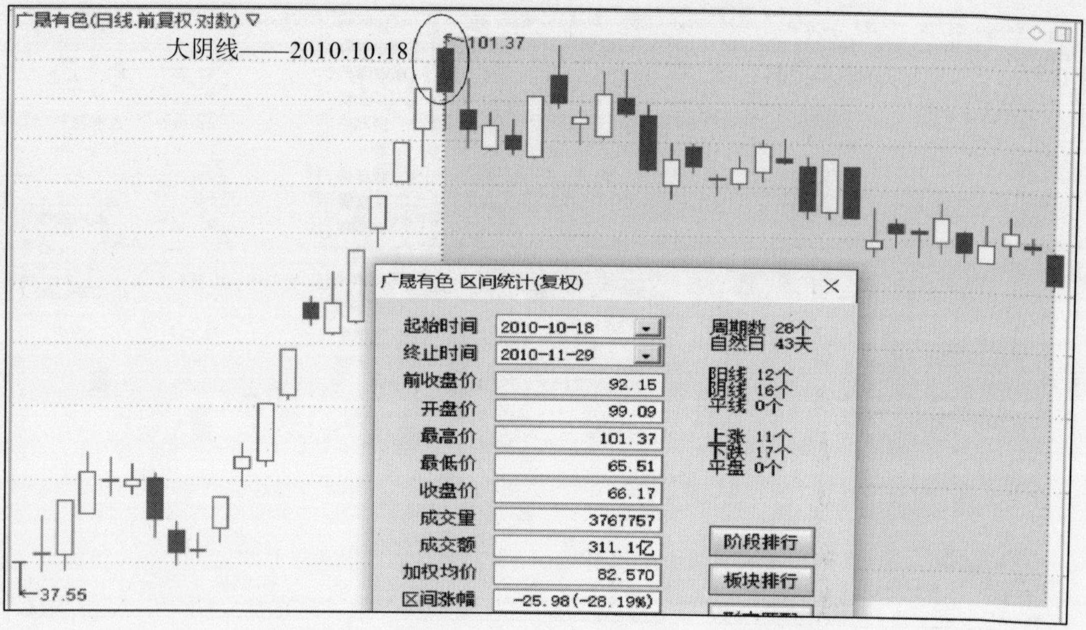

大阴线（实例4）603000 人民网（2019. 3. 13）

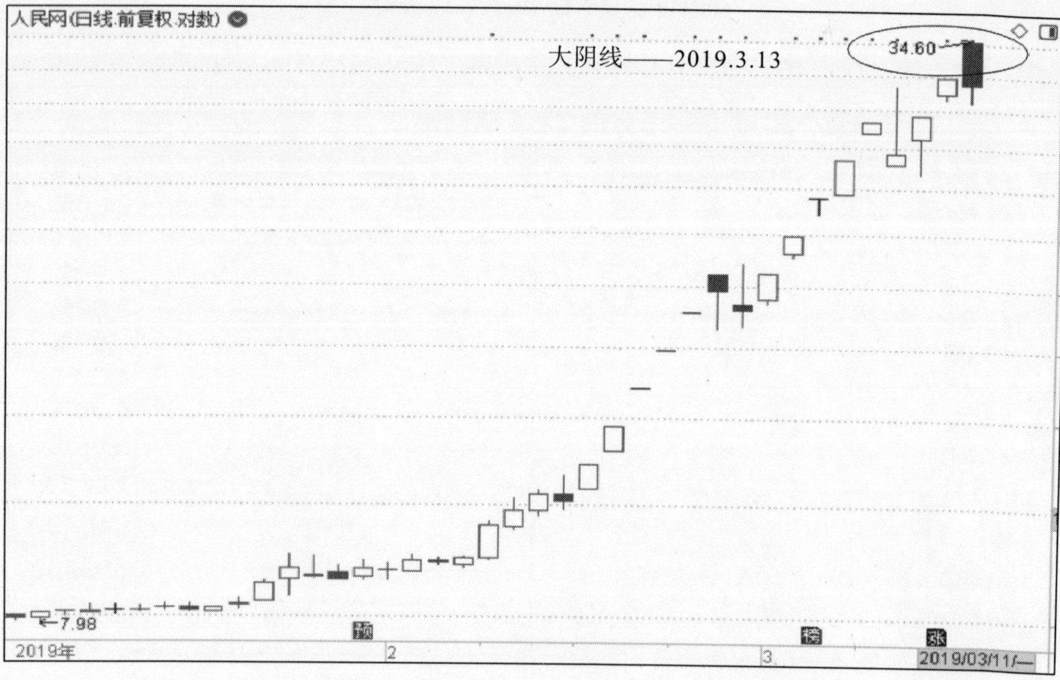

大阴线（实例 5）000159 国际实业（2019. 3. 28）

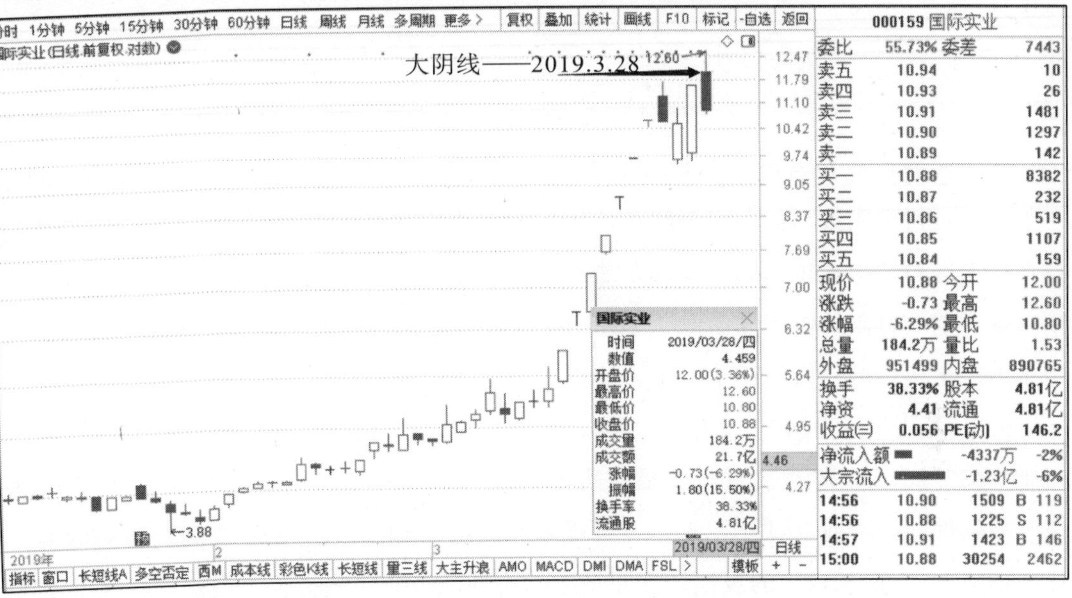

大阴线（实例 5）000159 国际实业（2019. 3. 28）

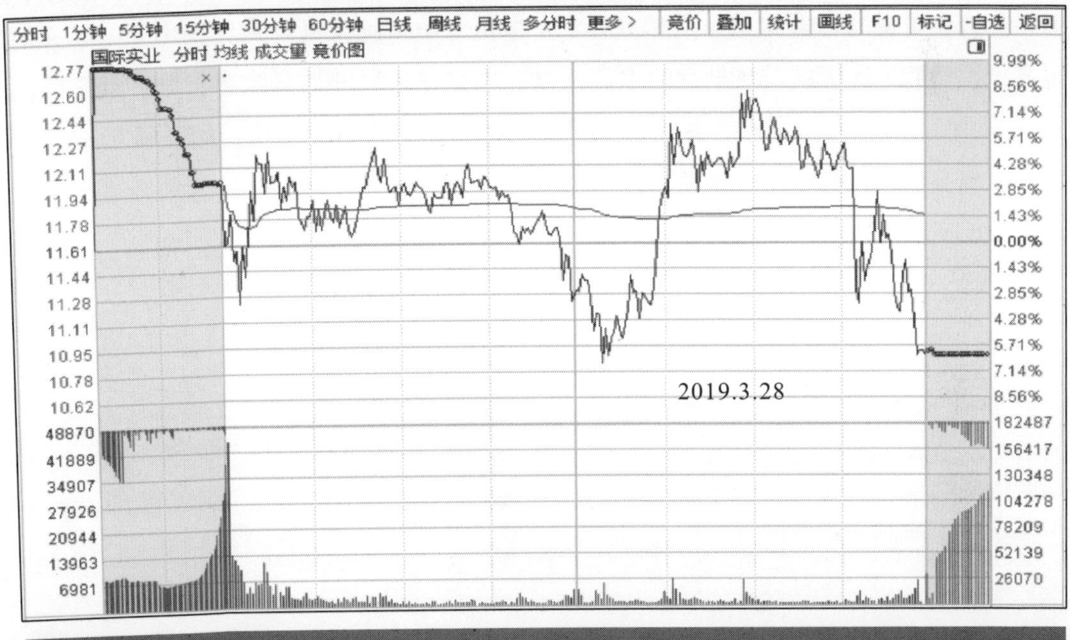

主力资金离场的大阴线，就是我们卖出的信号！

三、覆盖线（实例1）002151北斗星通

覆盖线通常是大幅开高、大幅收低，下跌幅度大于5%的阴线，覆盖线的跌幅小于大阴线；这根阴线与前一根阳线相比较，阴线击穿了阳线实体的50%，击穿的幅度越大，上涨行情出现顶部向下反转的概率越大。盘中只要是下跌幅度大于5%或者长阴击穿了前一日阳线的实体50%，都是主力不再维持上涨行情、开始出货的信号。既然主力在出货，散户就应该学习主力要卖出而不是买进。

002151北斗星通从2012年12月24日的15.05元启涨，一路飙升到2013年1月11日的37.70元，26个交易日涨幅高达149.34%，堪称2013年开年第一牛股。作为国家战略性新兴产业，《“十二五”专项规划》提出，“十二五”末，导航与位置服务产业要形成1000亿元以上的规模。北斗星通作为导航行业的领头羊，当然会首先受到资金的关注。暴涨后的1月17日，有报道称：“北斗星通控股子公司和芯星通科技（北京）有限公司曾在2012年参与该工程北斗模块的投标工作，但未中标。”当天北斗星通在集合竞价诱高，以8.54%的幅度开盘，微低走后快速拉高，盘中创出41.40元的最高价，然后迅速下跌，将早盘的追高买盘一网打尽；反弹后又大幅下跌，盘中跌幅大于5%；其后主力借反弹诱多并大量出货，反弹也一波弱于一波，最终以6.01%的跌幅收出一根覆盖线，当天振幅高达17.48%，换手率高达40.46%。其后一直震荡下跌至2013年4月2日，区间49个交易日，跌幅达21.14%。

1. 覆盖线（实例 1）002151 北斗星通

覆盖线（实例 1）002151 北斗星通

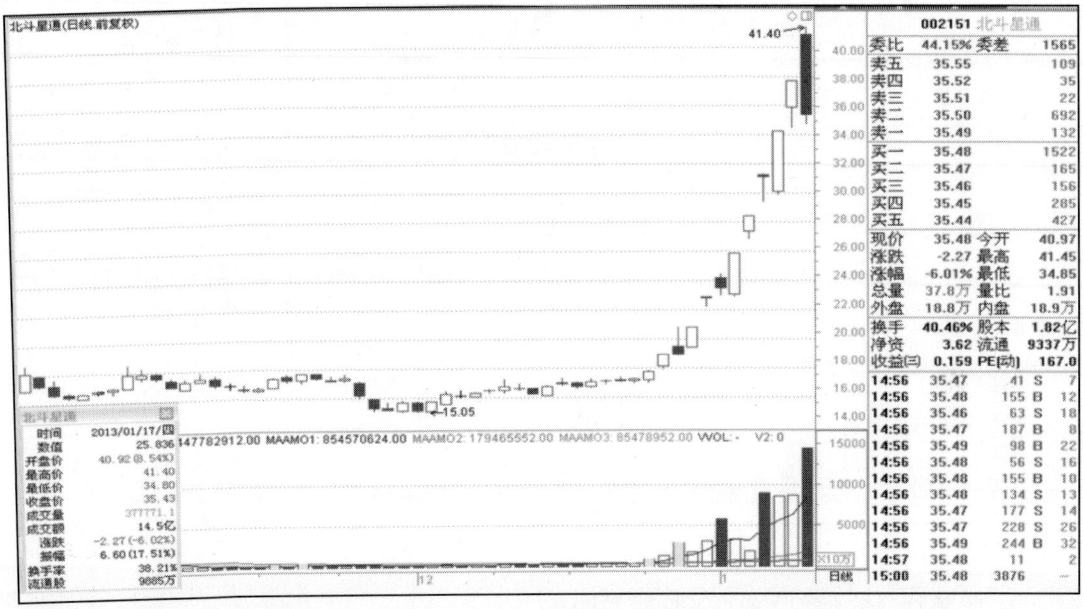

002151 北斗星通 2013. 1. 17 分时图

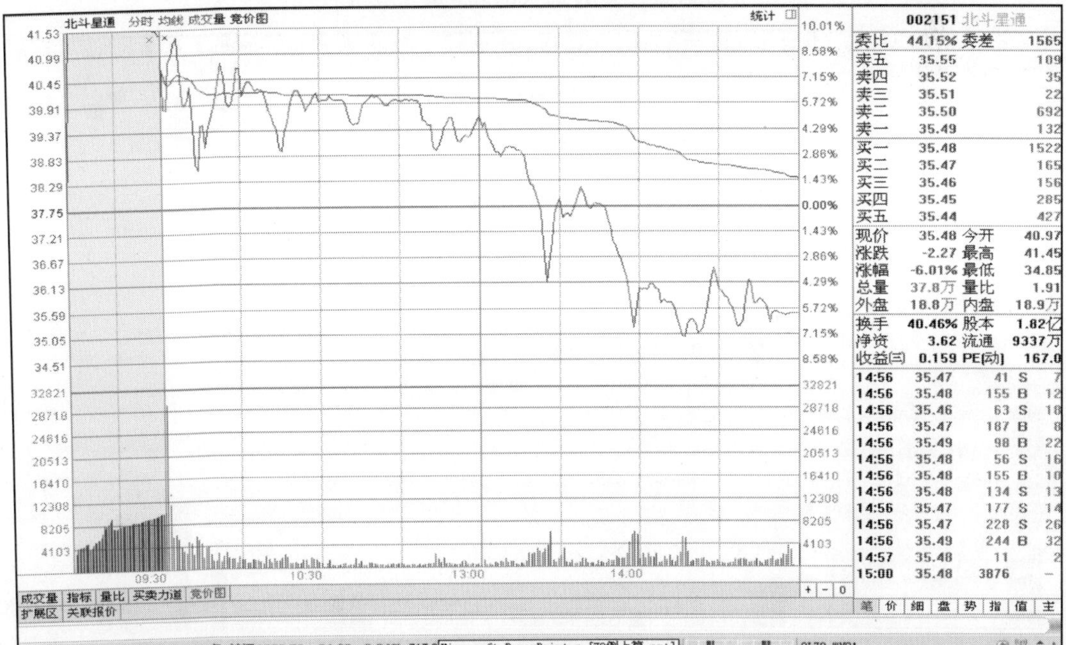

002151 北斗星通 2013（1. 17—4. 2）区间跌幅：21. 14%

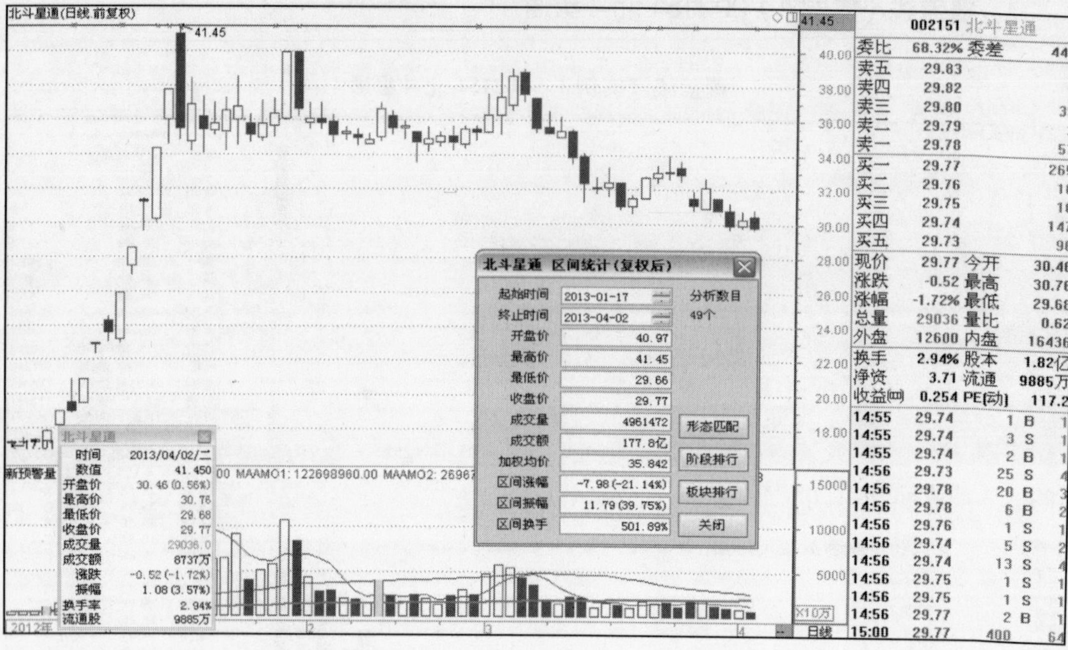

2. 覆盖线（实例 2）603969 银龙股份

覆盖线（实例 2）603969 银龙股份

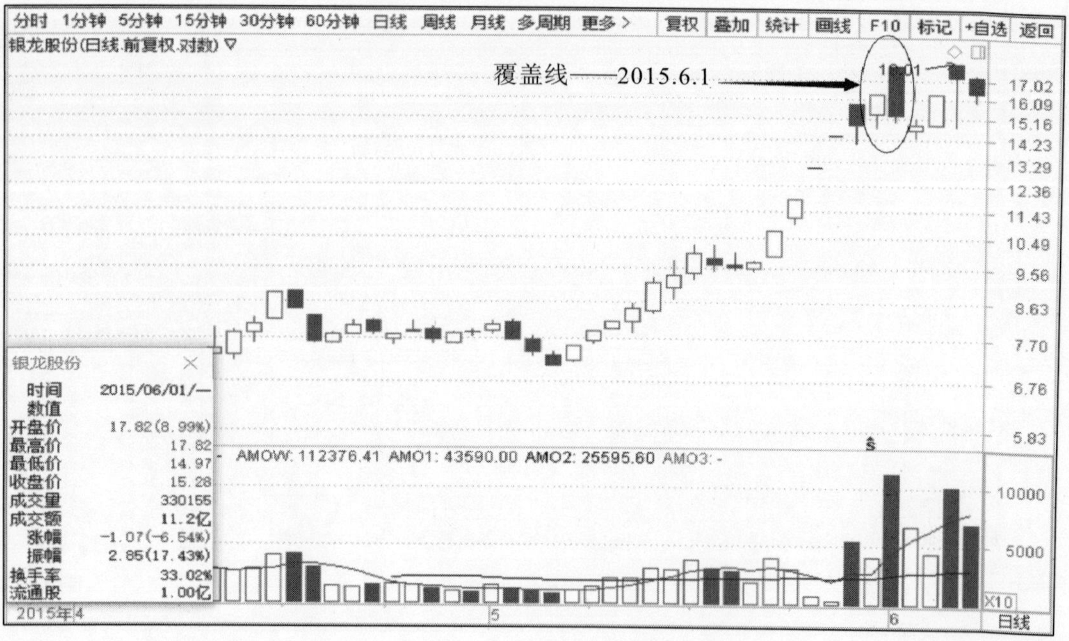

603969 银龙股份 2015. 6. 1 分时图

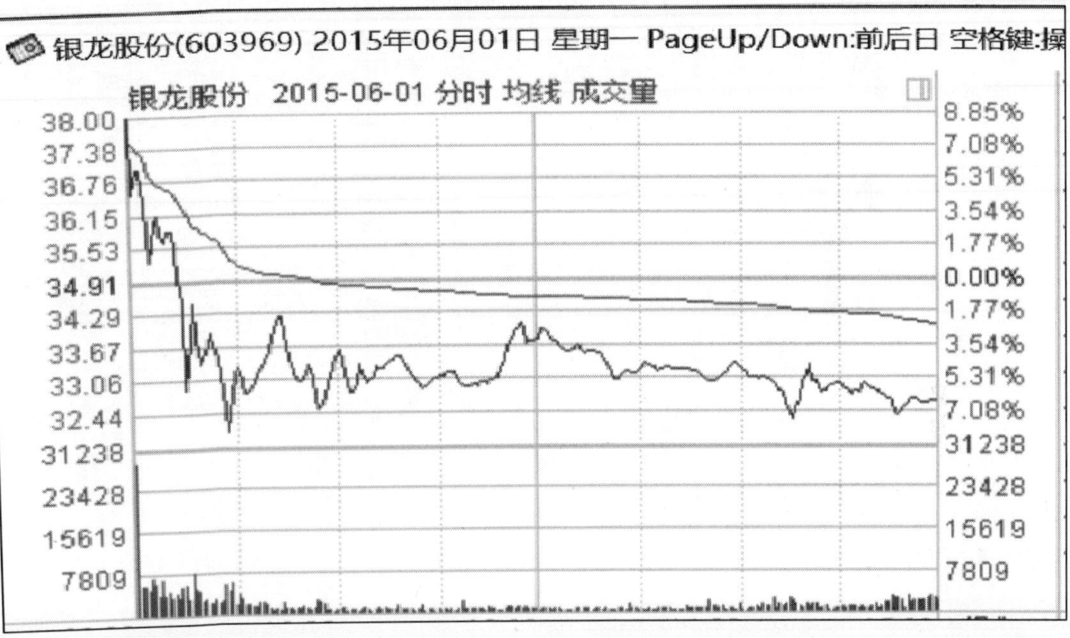

603969 银龙股份 2015（6. 1—7. 8）区间跌幅：65. 87%

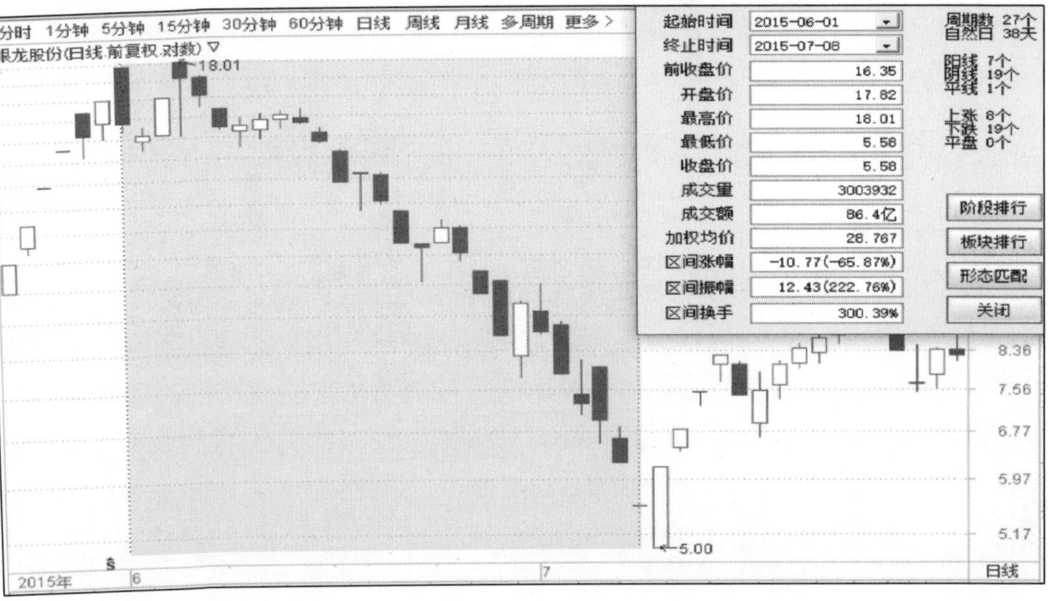

覆盖线（实例 3）002146 荣盛发展

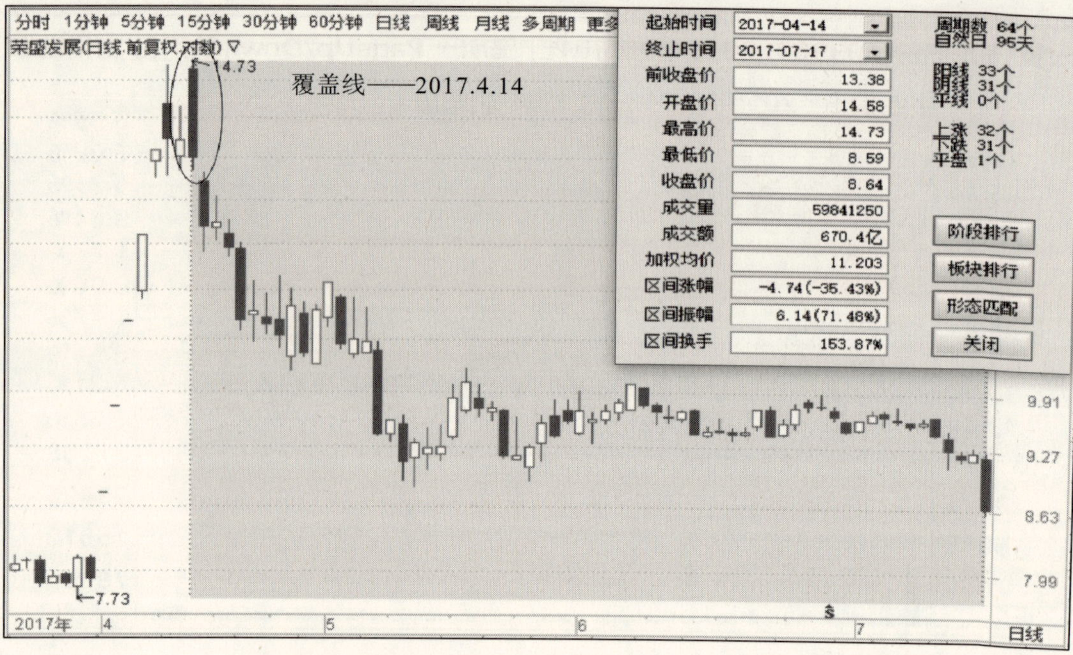

分时 1分钟 5分钟 15分钟 30分钟 60分钟 日线 周线 月线 多周期 更多
荣盛发展(日线,前复权,对数) ▽
14.73
覆盖线——2017.4.14
7.73
起始时间 2017-04-14
终止时间 2017-07-17
前收盘价 13.38
开盘价 14.58
最高价 14.73
最低价 8.59
收盘价 8.64
成交量 59841250
成交额 670.4亿
加权均价 11.203
区间涨幅 -4.74(-35.43%)
区间振幅 6.14(71.48%)
区间换手 153.87%
周期数 64个
自然日 95天
阳线 33个
阴线 31个
平线 0个
上涨 32个
下跌 31个
平盘 1个
阶段排行
板块排行
形态匹配
关闭
9.91
9.27
8.63
7.99
2017年 4 5 6 7
日线

覆盖线（实例 4）300667 必创科技

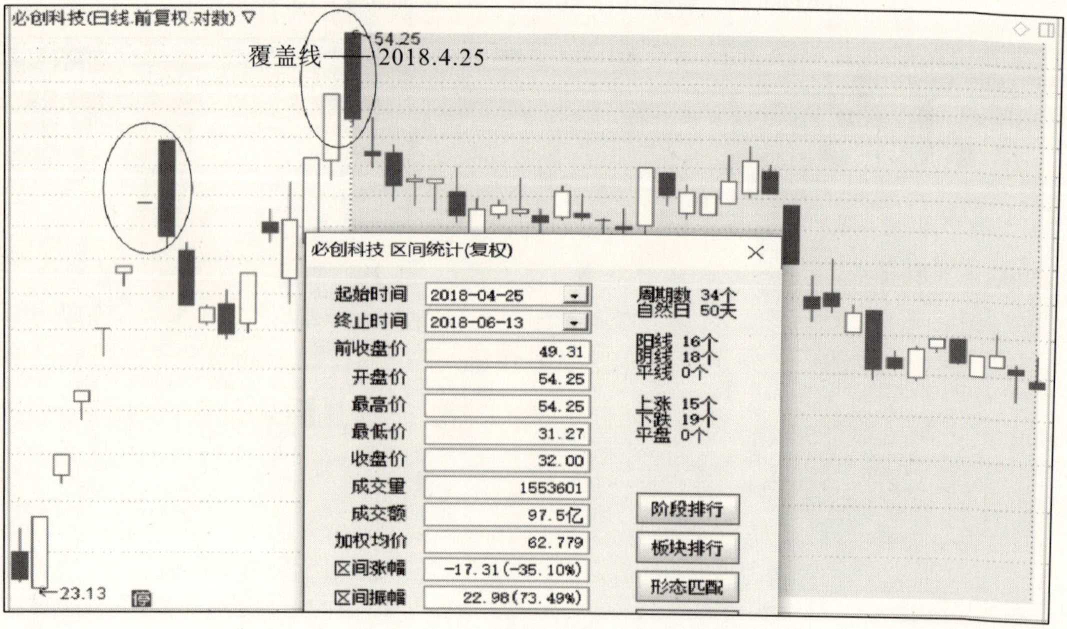

必创科技(日线,前复权,对数) ▽
54.25
覆盖线——2018.4.25
23.13
必创科技 区间统计(复权)
起始时间 2018-04-25
终止时间 2018-06-13
前收盘价 49.31
开盘价 54.25
最高价 54.25
最低价 31.27
收盘价 32.00
成交量 1553601
成交额 97.5亿
加权均价 62.779
区间涨幅 -17.31(-35.10%)
区间振幅 22.98(73.49%)
周期数 34个
自然日 50天
阳线 16个
阴线 18个
平线 0个
上涨 15个
下跌 19个
平盘 0个
阶段排行
板块排行
形态匹配

覆盖线（实例 5）300390 天华超净

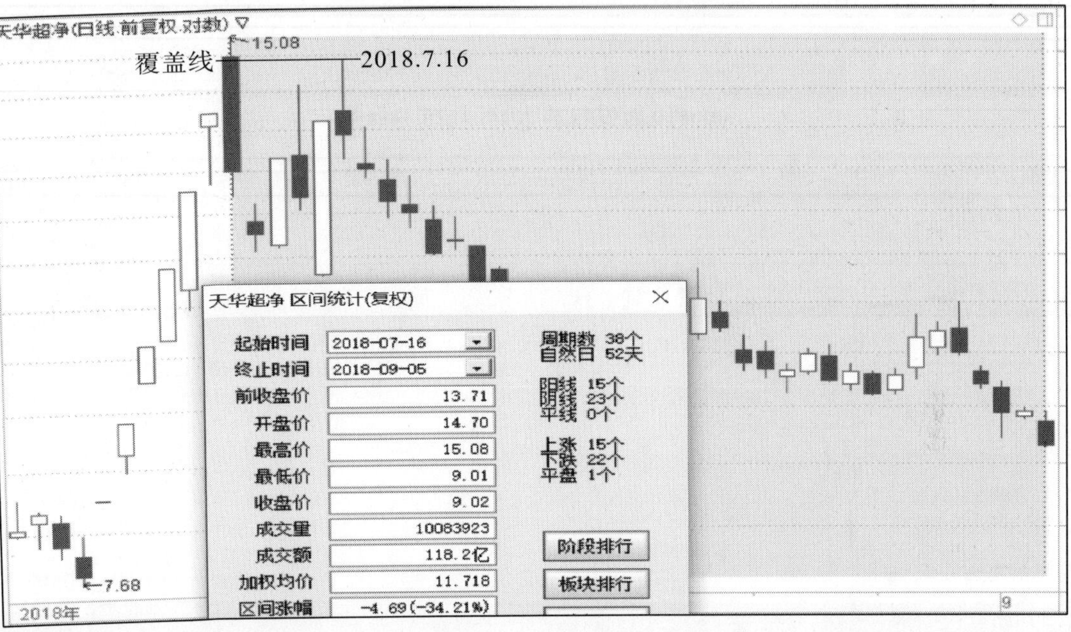
天华超净(日线,前复权,对数)
15.08
覆盖线
2018.7.16
7.68
2018年
9
天华超净 区间统计(复权)
起始时间 2018-07-16
终止时间 2018-09-05
前收盘价 13.71
开盘价 14.70
最高价 15.08
最低价 9.01
收盘价 9.02
成交量 10083923
成交额 118.2亿
加权均价 11.718
区间涨幅 -4.69(-34.21%)
周期数 38个
自然日 52天
阳线 15个
阴线 23个
平线 0个
上涨 15个
下跌 22个
平盘 1个
阶段排行
板块排行

覆盖线（实例 6）000610 西安旅游

分时 1分钟 5分钟 15分钟 30分钟 60分钟 日线 周线 月线 多周期 更多 复权 叠加 统计 画线 F10 标记 -自选 返回
000610 西安旅游
西安旅游(日线,前复权,对数)
覆盖线——2019.3.28
17.70
6.51
2019年
2
3
西安旅游
时间 2019/03/28/四
数值 11.941
开盘价 16.86(3.50%)
最高价 17.70
最低价 14.89
收盘价 15.21
成交量 108.8万
成交额 17.8亿
涨幅 -1.08(-6.63%)
振幅 2.81(17.25%)
换手率 46.25%
流通股 2.35亿
委比 93.21% 委差 12142
卖五 15.28 176
卖四 15.27 201
卖三 15.26 22
卖二 15.25 28
卖一 15.22 15
买一 15.21 2550
买二 15.20 9390
买三 15.19 188
买四 15.18 349
买五 15.17 107
现价 15.21 今开 16.86
涨跌 -1.08 最高 17.70
涨幅 -6.63% 最低 14.89
总量 108.8万 量比 1.52
外盘 526067 内盘 562024
换手 46.25% 股本 2.37亿
净资 3.68 流通 2.35亿
收益(四) 0.407 PE(动) 37.4
净流入额 -6998万 -4%
大宗流入 -1.43亿 -8%
14:56 15.20 208 S 34
14:56 15.20 525 S 75
14:57 15.30 529 B 95
15:00 15.21 23419 2090
指标 窗口 长短线A 多空否定 西M 成本线 彩色K线 长短线 量三线 大主升浪 AMO MACD DMI DMA FSL 模板 日线

000610 西安旅游 2019. 3. 28 分时图

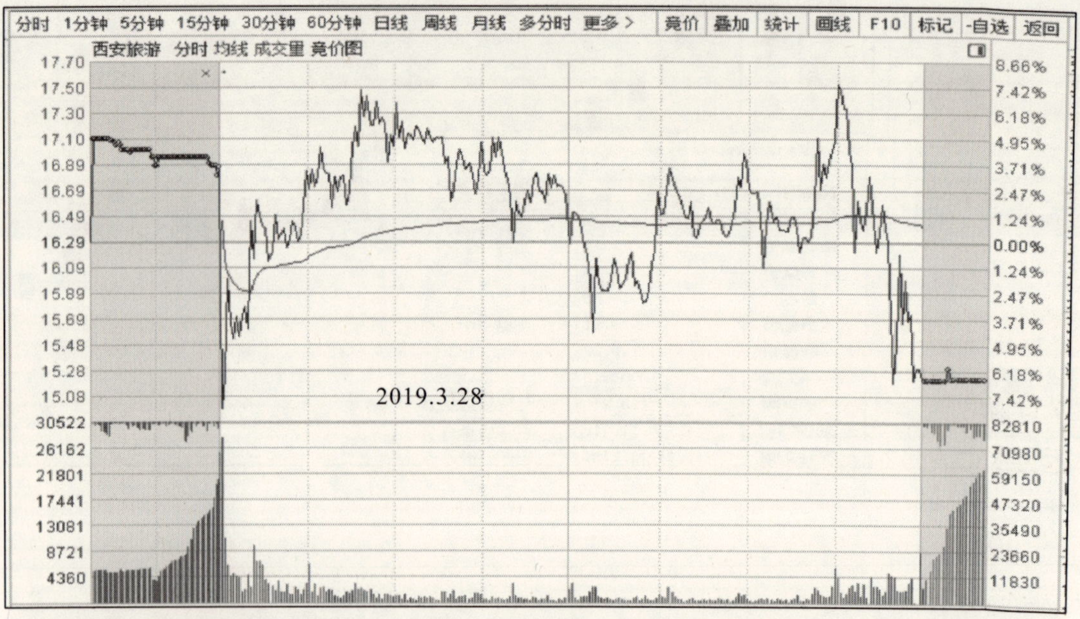
分时 1分钟 5分钟 15分钟 30分钟 60分钟 日线 周线 月线 多分时 更多 >
竟价 叠加 统计 画线 F10 标记 -自选 返回
西安旅游 分时 均线 成交量 竟价图
17.70
17.50
17.30
17.10
16.89
16.69
16.49
16.29
16.09
15.89
15.69
15.48
15.28
15.08
8.66%
7.42%
6.18%
4.95%
3.71%
2.47%
1.24%
0.00%
1.24%
2.47%
3.71%
4.95%
6.18%
7.42%
2019.3.28
30522
26162
21801
17441
13081
8721
4360
82810
70980
59150
47320
35490
23660
11830

宁可信其有，不可信其无。

曹操的“名言”

《三国演义》第四回写到曹操刺杀董卓失败，逃亡途中被俘，遇陈宫而获释，之后至吕伯奢家，因误会杀其全家，再逃，路遇吕伯奢，再杀之，并留下曹操“宁教我负天下人，休叫天下人负我”这句名言。这句话凸显了曹操奸诈多疑的个性，也反映出曹操奸雄的本性（《三国志》载曹操说的原话是：宁我负人，毋人负我。没有“天下”二字，这两个字是《三国演义》加上的）。我们不考证历史，我们只谈故事刻画的曹操的本性。

《三国演义》是这样写的：

且说曹操逃出城外，飞奔谯郡。路经中牟县，为守关军士所获，擒见县令。操言：“我是客商，复姓皇甫。”县令熟视曹操，沉吟半晌，乃曰：“吾前在洛阳求官时，曾认得汝是曹操，如何隐讳！且把来监下，明日解去京师请赏。”把关军士赐以酒食而去。至夜分，县令唤亲随人暗地取出曹操，直至后院中审究；问曰：“我闻丞相待汝不薄，何故自取其祸?”操曰：“燕雀安知鸿鹄志哉！汝既拿住我，便当解去请赏。何必多问！”县令屏退左右，谓操曰：“汝休小觑我。我非俗吏，奈未遇其主耳。”操曰：“吾祖宗世食汉禄，若不思报国，与禽兽何异？吾屈身事卓者，欲乘间图之，为国除害耳。今事不成，乃天意也！”县令曰：“孟德此行，将欲何往?”操曰：“吾将归乡里，发矫诏，召天下诸侯兴兵共诛董卓：吾之愿也。”县令闻言，乃亲释其缚，扶之上坐，再拜曰：“公真天下忠义之士也！”曹操亦拜，问县令姓名。县令曰：“吾姓陈，名宫，字公台。老母妻子，皆在东郡。今感公忠义，愿弃一官，从公而逃。”操甚喜。是夜陈宫收拾盘费，与曹操更衣易服，各背剑一口，乘马投故乡来。

行了三日，至成皋地方，天色向晚。操以鞭指林深处谓宫曰：“此间有一人姓吕，名伯奢，是吾父结义弟兄；就往问家中消息，觅一宿，如何？”宫曰：“最好。”二人至庄前下马，入见伯奢。奢曰：“我闻朝廷遍行文书，捉汝甚急，汝父已避陈留去了。汝如何得至此？”操告以前事，曰：“若非陈县令，已粉身碎骨矣。”伯奢拜陈宫曰：“小侄若非使君，曹氏灭门矣。使君宽怀安坐，今晚便可下榻草舍。”说罢，即起身入内。良久乃出，谓陈宫曰：“老夫家无好酒，容往西村沽一樽来相待。”言讫，匆匆上驴而去。

操与宫坐久，忽闻庄后有磨刀之声。操曰：“吕伯奢非吾至亲，此去可疑，当窃听之。”二人潜步入草堂后，但闻人语曰：“缚而杀之，何如？”操曰：“是矣！今若不先下手，必遭擒获。”遂与宫拔剑直入，不问男女，皆杀之，一连杀死八口。搜至厨下，却见缚一猪欲杀。宫曰：“孟德心多，误杀好人矣！”急出庄上马而行。

行不到二里，只见伯奢驴鞍前鞒悬酒二瓶，手携果菜而来，叫曰：“贤侄与使君何故便去？”操曰：“被罪之人，不敢久住。”伯奢曰：“吾已吩咐家人宰一猪相款，贤侄、使君何憎一宿？速请转骑。”操不顾，策马便行。行不数步，忽拔剑复回，叫伯奢曰：“此来者何人？”伯奢回头看时，操挥剑砍伯奢于驴下。宫大惊曰：“适才误耳，今何为也？”操曰：“伯奢到家，见杀死多人，安肯干休？若率众来追，必遭其祸矣。”宫曰：“知而故杀，大不义也！”操曰：“宁教我负天下人，休叫天下人负我。”陈宫默然。

当夜，行数里，月明中敲开客店门投宿。喂饱了马，曹操先睡。陈宫寻思：“我将谓曹操是好人，弃官跟他；原来是个狼心之徒！今日留之，必为后患。”便欲拔剑来杀曹操。正是：设心狠毒非良士，操卓原来一路人。

读完这节故事，我们可以知道曹操本性是宁可我对不起天下人、不可以天下人对不起我，这就是一个大大的奸贼，毫无情意可言。在股票的大阴线、覆盖线的形态中，你是否会看出操盘的主力在这里也是这种奸雄之心态呢？这里你不逃，面临的就是吕伯奢一家的命运！但这里不存在误杀，而是彻头彻尾的屠杀！

四、十字星（实例 1）399001 深证成指

☆ 十字星的开盘价、收盘价几乎在同一价位，但上下各收出影线，按影线的长短，可将其分为十字星、长十字星、T 字线、倒 T 字线。

☆ 十字星是多空双方产生分歧、力量暂时达到均衡状态的一种 K 线，它消耗了多方与空方的力量和信心。

☆ 十字星所处的位置对十字星转折的方向具有决定性的作用。股价大幅上涨之后，处在高位的十字星、长十字星、倒 T 字线向下转折的概率大。十字星出货后的上涨，更多的是为诱多出货。在这一波出货后会有一波较大幅度的下跌。相反，长期下跌特别是最后的暴跌后以及短期洗盘后的十字星、长十字星、T 字线则向上转折的概率大。

十字星（实例 1）399001 深证成指

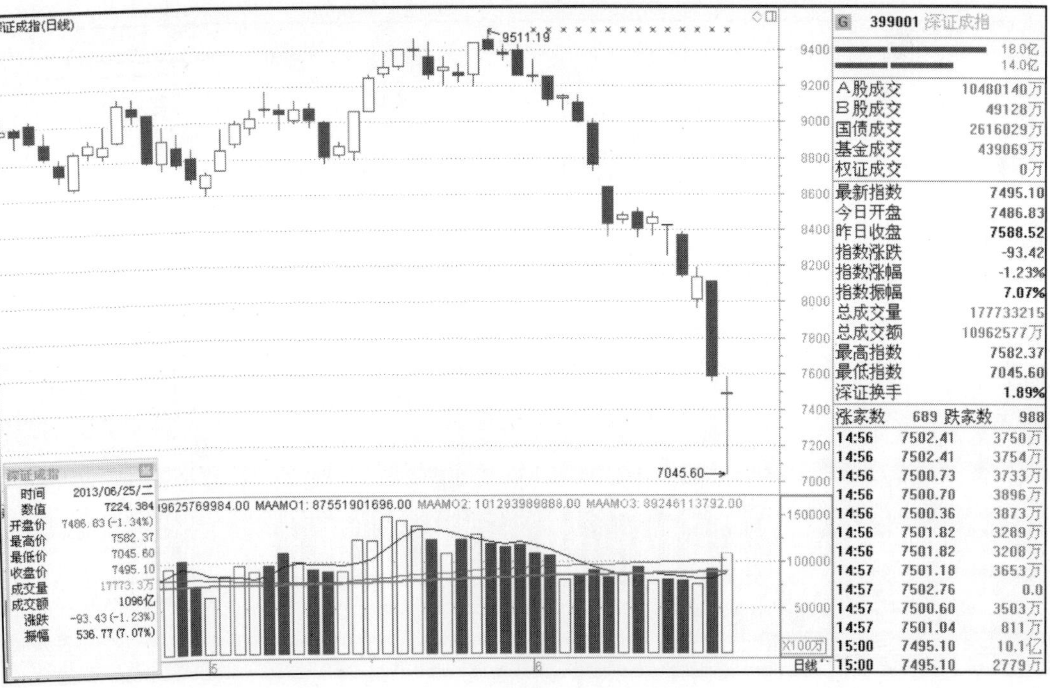

399001 深证成指 2013. 6. 25 分时图

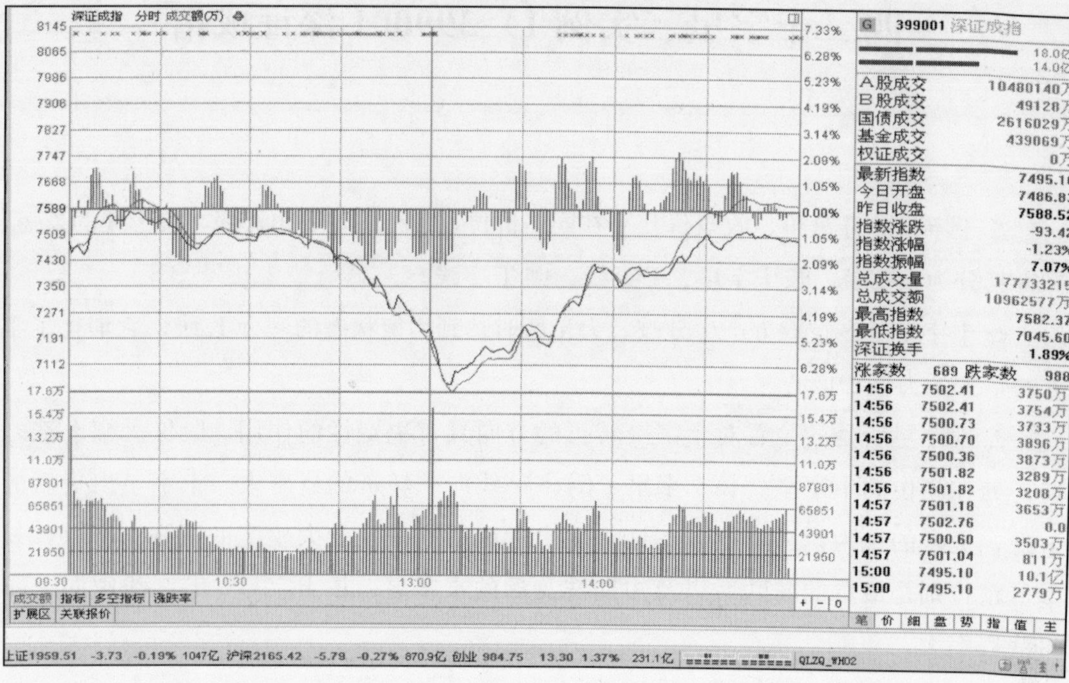

399001 深证成指 2013（6. 25—9. 14）区间涨幅：1171. 58 点

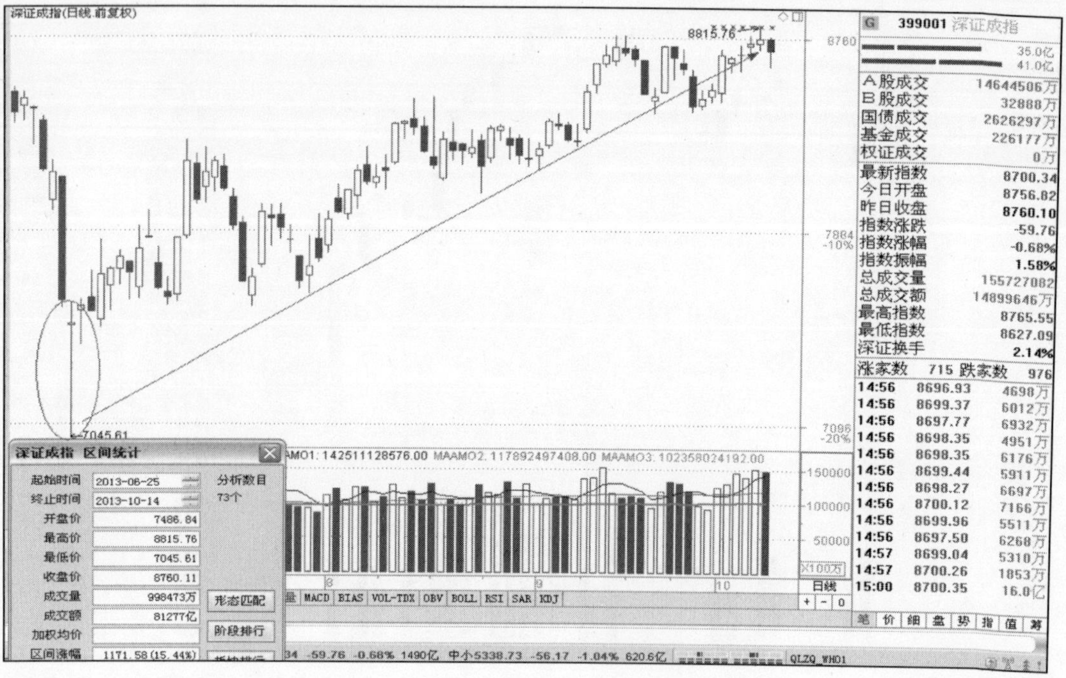

十字星（实例 2）601992 金隅集团

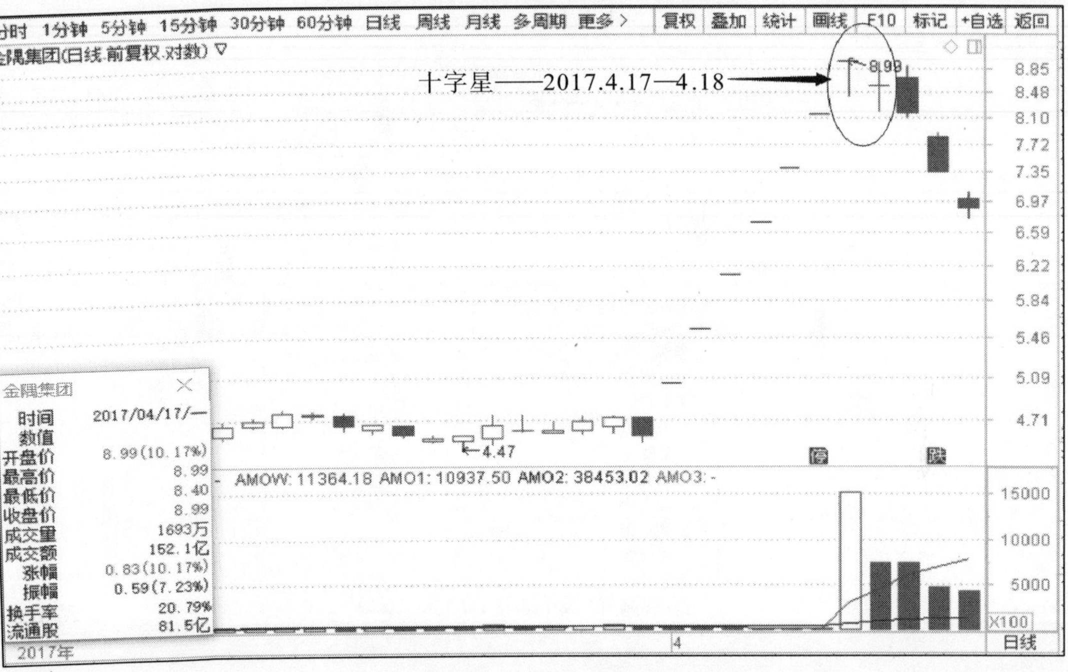
分时 1分钟 5分钟 15分钟 30分钟 60分钟 日线 周线 月线 多周期 更多 > 复权 叠加 统计 画线 F10 标记 +自选 返回
金隅集团(日线,前复权,对数) ▽
十字星——2017.4.17—4.18
8.99
4.47
AMOW: 11364.18 AMO1: 10937.50 AMO2: 38453.02 AMO3: -
金隅集团
时间 2017/04/17/一
数值
开盘价 8.99(10.17%)
最高价 8.99
最低价 8.40
收盘价 8.99
成交量 1693万
成交额 152.1亿
涨幅 0.83(10.17%)
振幅 0.59(7.23%)
换手率 20.79%
流通股 81.5亿
2017年
日线

十字星（实例 3）000605 渤海股份

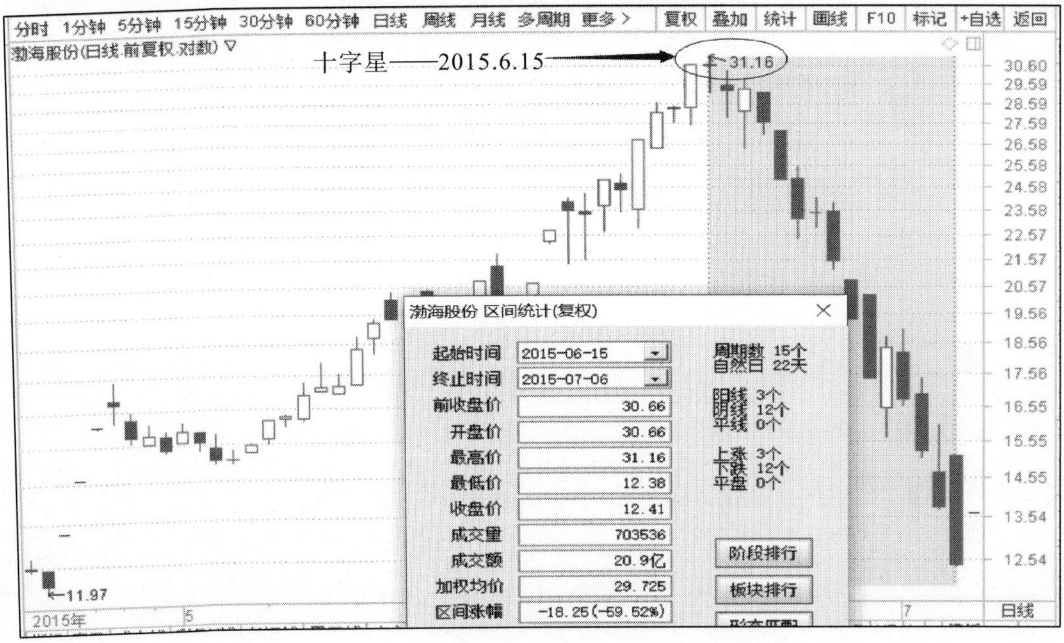
分时 1分钟 5分钟 15分钟 30分钟 60分钟 日线 周线 月线 多周期 更多 > 复权 叠加 统计 画线 F10 标记 +自选 返回
渤海股份(日线,前复权,对数) ▽
十字星——2015.6.15
31.16
11.97
渤海股份 区间统计(复权)
起始时间 2015-06-15
终止时间 2015-07-06
前收盘价 30.66
开盘价 30.66
最高价 31.16
最低价 12.38
收盘价 12.41
成交量 703536
成交额 20.9亿
加权均价 29.725
区间涨幅 -18.25(-59.52%)
周期数 15个
自然日 22天
阳线 3个
阴线 12个
平线 0个
上涨 3个
下跌 12个
平盘 0个
阶段排行
板块排行
2015年
日线

十字星（实例 4）300259 新天科技

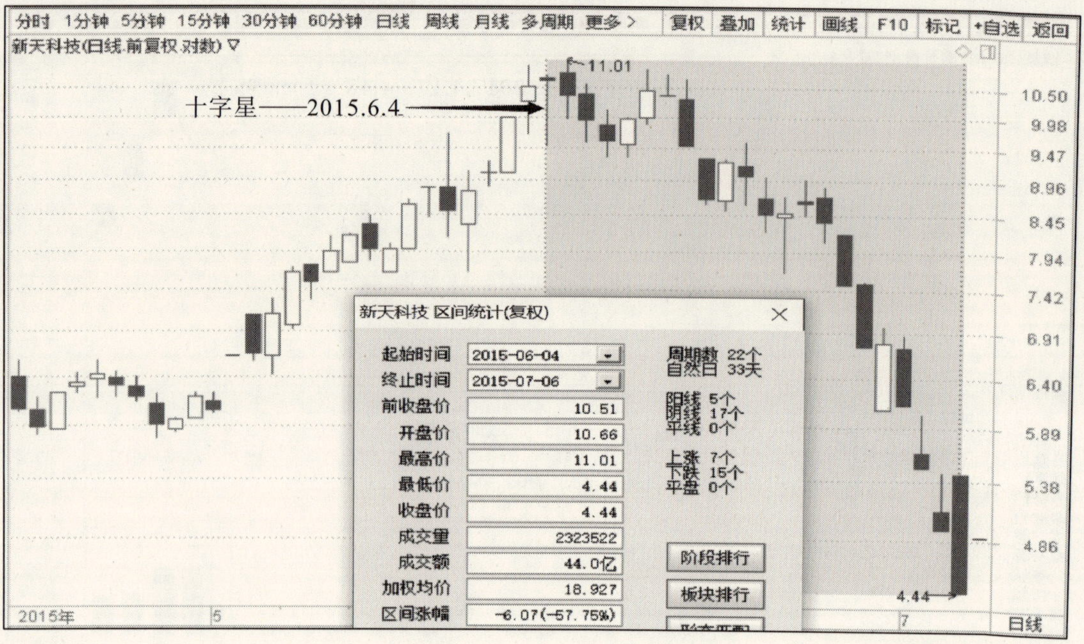

分时 1分钟 5分钟 15分钟 30分钟 60分钟 日线 周线 月线 多周期 更多＞ 复权 叠加 统计 画线 F10 标记 +自选 返回
新天科技(日线.前复权.对数) ▽
十字星——2015.6.4
11.01
10.50
9.98
9.47
8.96
8.45
7.94
7.42
6.91
6.40
5.89
5.38
4.86
4.44
新天科技 区间统计(复权)
起始时间 2015-06-04
终止时间 2015-07-06
前收盘价 10.51
开盘价 10.66
最高价 11.01
最低价 4.44
收盘价 4.44
成交量 2323522
成交额 44.0亿
加权均价 18.927
区间涨幅 -6.07(-57.75%)
周期数 22个
自然日 33天
阳线 5个
阴线 17个
平线 0个
上涨 7个
下跌 15个
平盘 0个
阶段排行
板块排行
2015年
5
7
日线

十字星（实例 5）600405 动力源

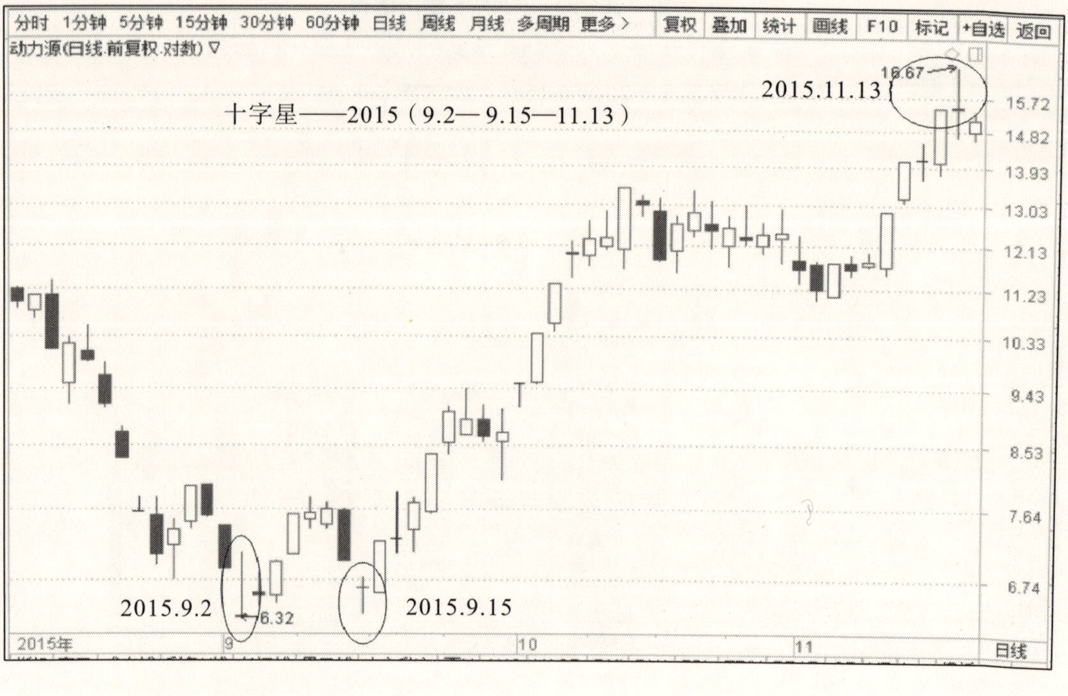

分时 1分钟 5分钟 15分钟 30分钟 60分钟 日线 周线 月线 多周期 更多＞ 复权 叠加 统计 画线 F10 标记 +自选 返回
动力源(日线.前复权.对数) ▽
十字星——2015（9.2—9.15—11.13）
2015.11.13
16.67
15.72
14.82
13.93
13.03
12.13
11.23
10.33
9.43
8.53
7.64
6.74
2015.9.2
6.32
2015.9.15
2015年
9
10
11
日线

十字星（实例 6）000709 河钢股份

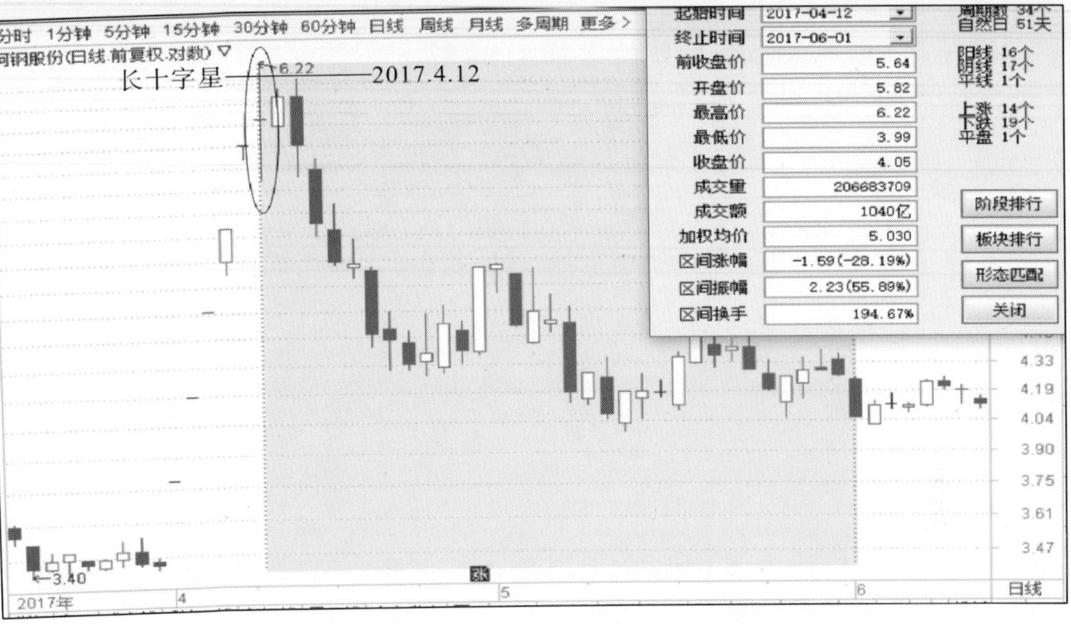

十字星（实例 7）300137 先河环保

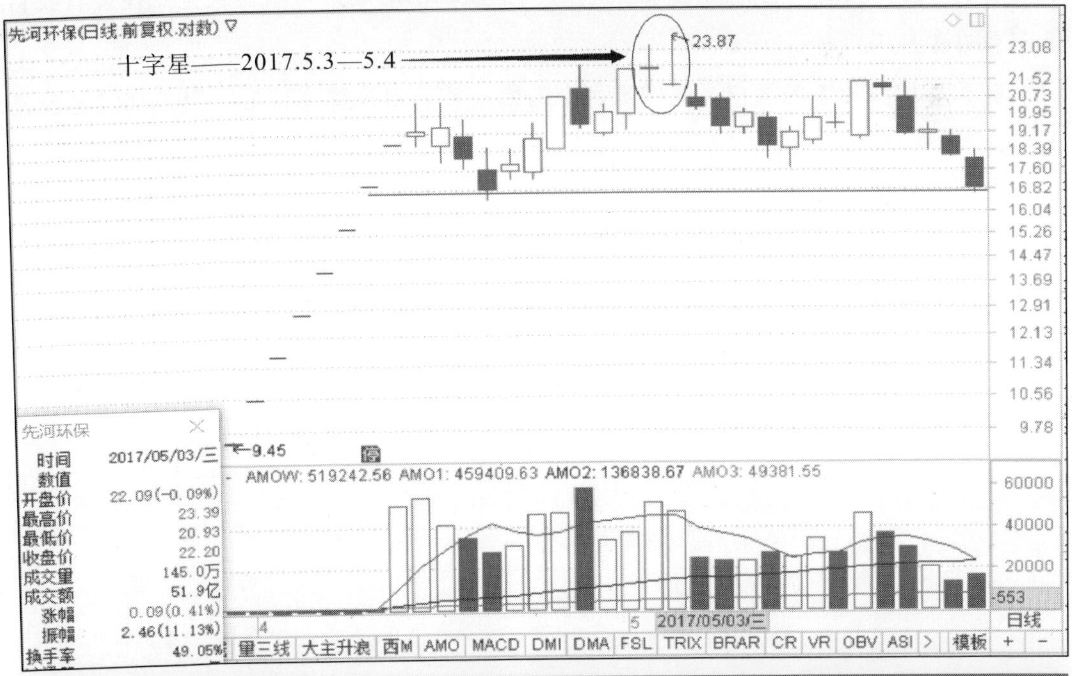

志大才疏，就像失去光的火焰。

鹰和箭

《伊索预言》中有一则鹰和箭的寓言讲道：一只老鹰坐在高高的岩石上，注意着一只兔子的行动，想捉住它做一顿丰盛的午餐。一个弓箭手在隐蔽的地方看见了老鹰，便向它射了一箭，使它受了致命的伤。老鹰向那射进胸部的箭看了一眼，瞥见箭上的羽毛竟是自己身上的，它悲哀地叹道："这对我是加倍的痛苦，因为我竟死在装有我自己羽毛的箭上。"

看不懂 K 线形态的散户，就像寓言中的鹰一样，自我感觉很好，岂不知满足就是无知。

好好学习 K 线技术吧，读懂了再去操作，就不会亏损在自己的无知上了。

五、极短线（实例 1）002166 莱茵生物

极短线的涨跌幅度大约在 1%以下，极短线可阴可阳；运行的时间可长可短，短则十几根，长则多达 3 个月。极短线不但 K 线长度短，其对应的成交量也小，这说明市场人气涣散、交投清淡、没有行情，无论是盘中主力还是观望者都在等待盘整的突破。突破后行情将急剧地变化，向上突破后就是急剧地涨，向下突破后就是急剧地跌。

一般来讲，高位出现极短线要谨防下跌，低位出现极短线要注意向上的突破。当极短线在盘整的时候，观望就是上策，不要过早地介入不明朗的行情中，一定要待突破的方向确定之后再行动。如果极短线向下击穿了 8 日均线，就必须清仓出局！反之，如果在极短线之后向上突破了 8 日均线，就是进场买进的关键时刻了！

极短线（实例 1）002166 莱茵生物——其后向上跳空突破

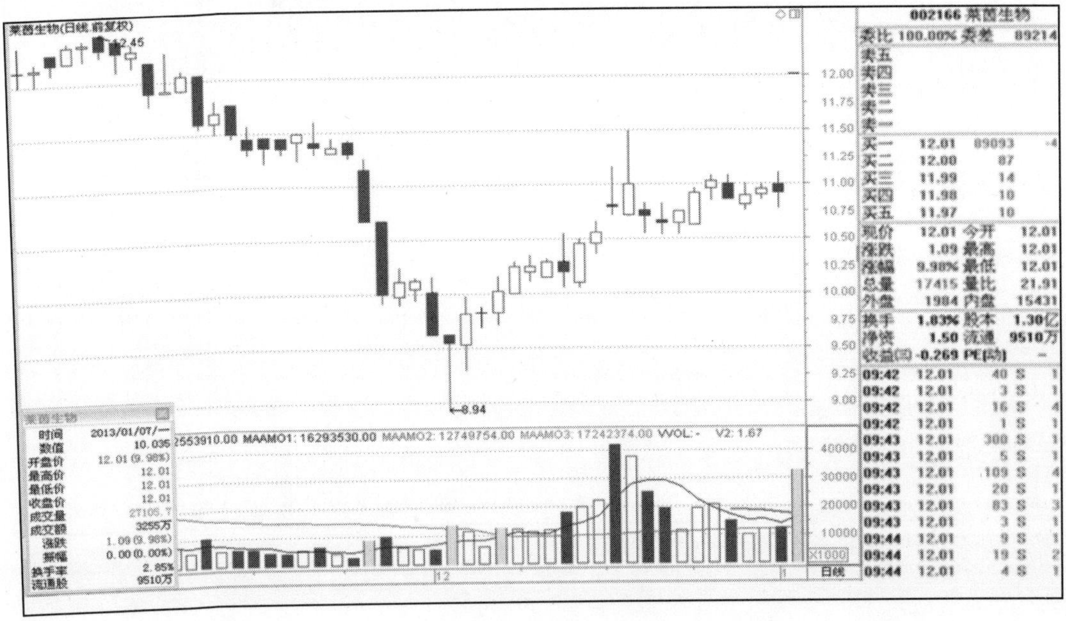

002166 莱茵生物 2013. 1. 7 分时图

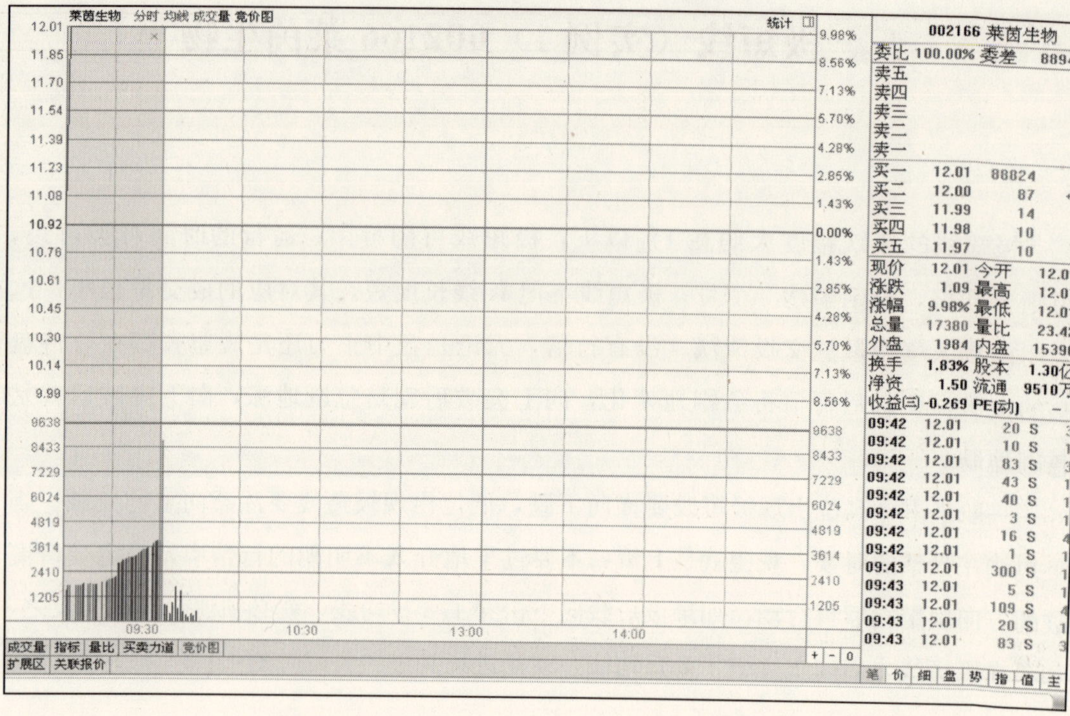

002166 莱茵生物 2013（1. 7—1. 15）区间涨幅：80. 40%

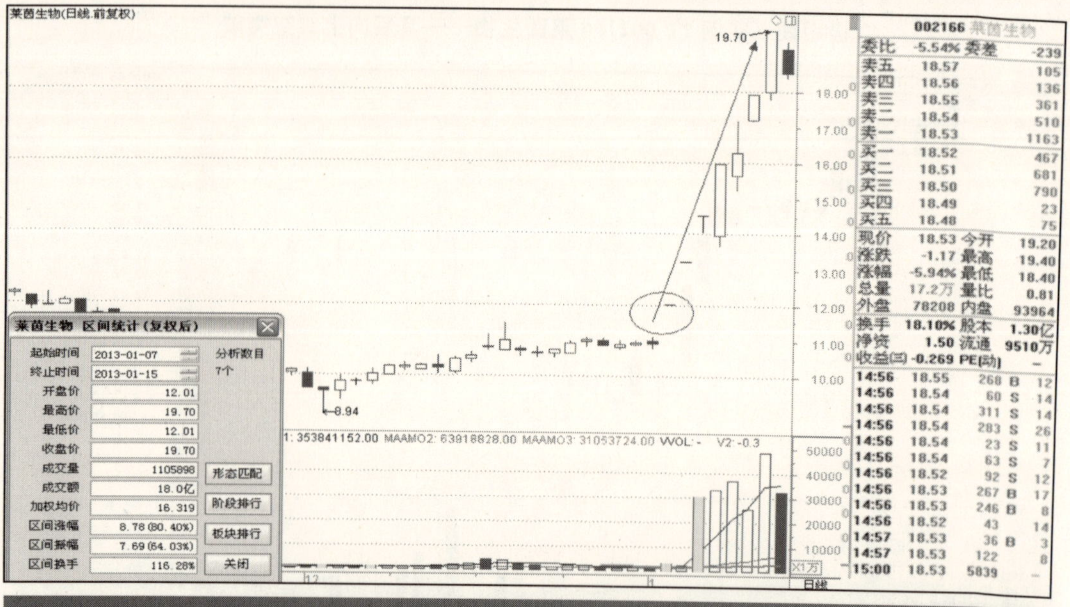

但将冷眼看螃蟹，看你横行到几时。

极短线（实例 2）601111 中国国航——其后向下运行

601111 中国国航 2013. 2. 18 分时图

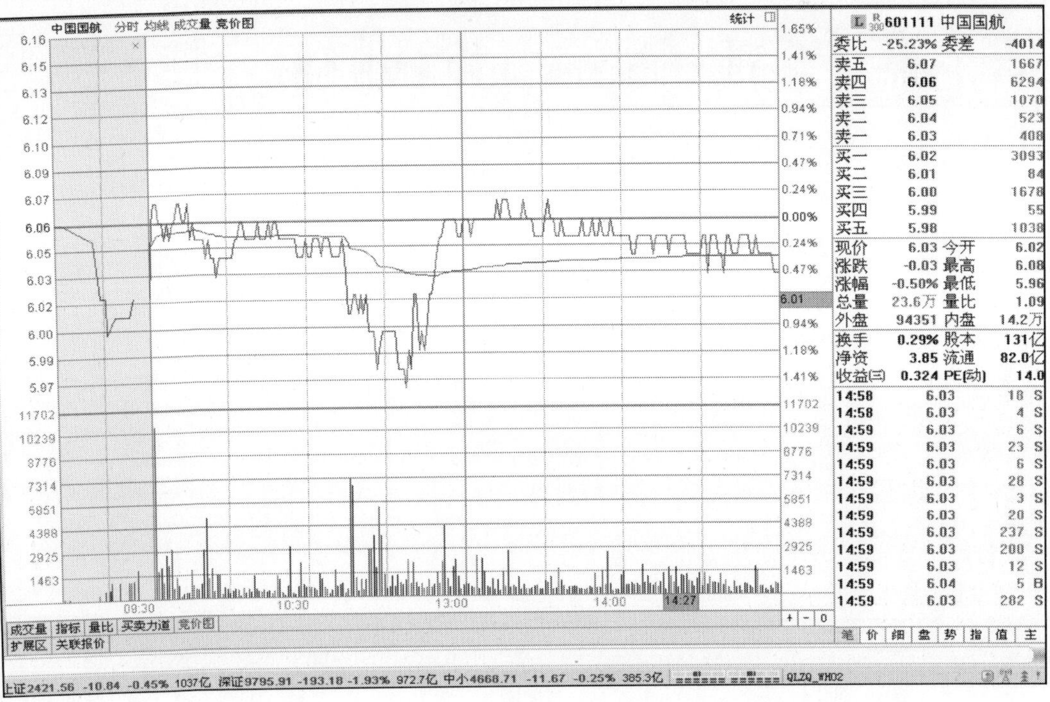

601111 中国国航 2013（2.18—7.8）区间跌幅：35.50%

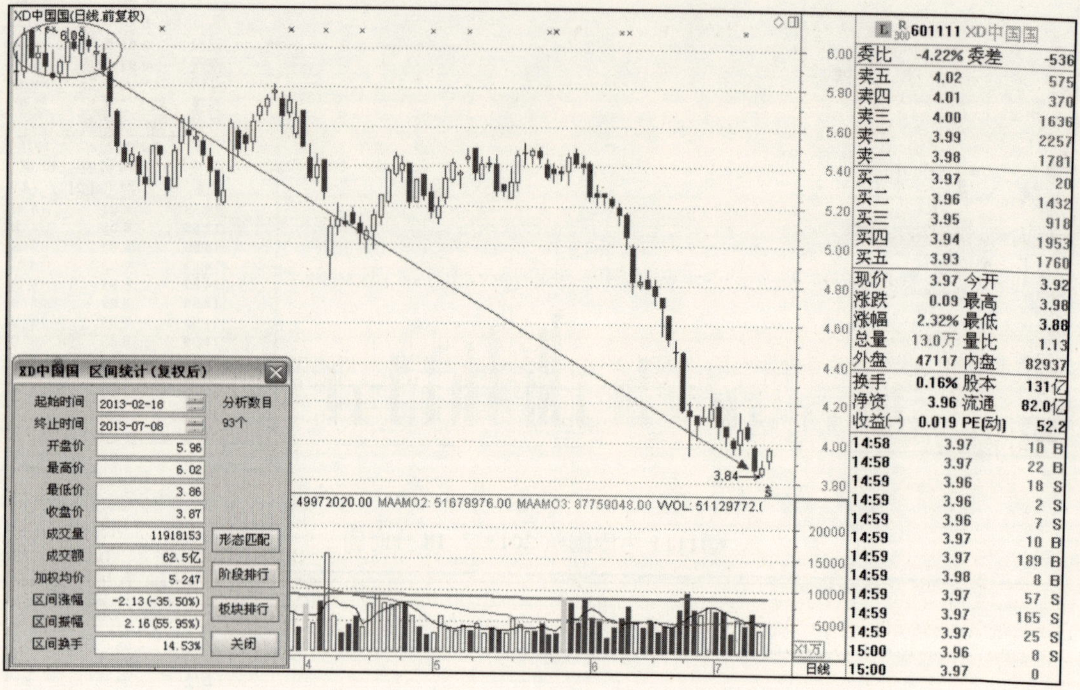

六、连续线（实例）600251 冠农股份

☆ 连续线是指前后几根 K 线连续上下排列，次日的开、收盘价都在前几日价幅之内（阴阳不论），但是中间绝对不开窗。少则三五根日线连在一起，多则十来根日线连在一起。多空双方在连续线中处于胶着、谨慎的状态。

☆ 连续线出现的位置将决定其后的运行方向。如果股价在一波大幅上涨且主力有出货行为之后出现连续线，那无疑是主力维持在高位出货的一种形态，特别是价格向下击穿了 8 日均线，那就是下跌的开始，这里也是最后的逃命机会。如果长期下跌之后出现连续线，那是跌势衰弱的明证。

☆ 600251 冠农股份从 2013 年 7 月 19 日开始，连续 6 天出现了连续线，第七天，一根阴线破位击穿了 8 日均线后，便开始了 60 多天的下跌，区间跌幅达到 34.96%。

连续线（实例）600251 冠农股份

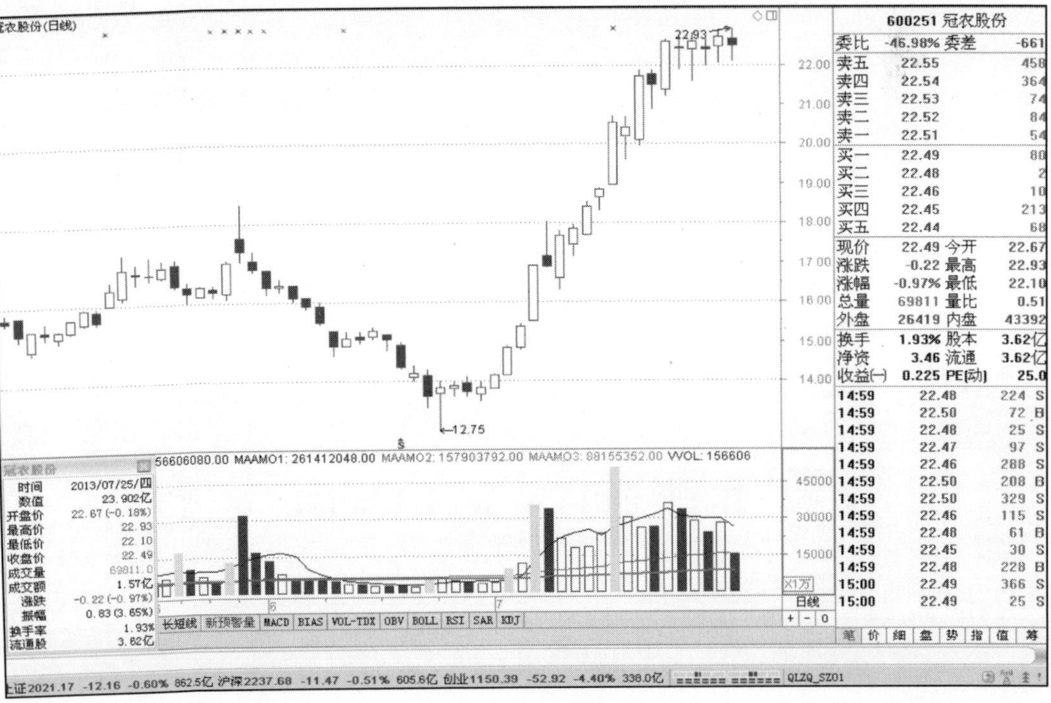

600251 冠农股份 2013. 7. 25 分时图

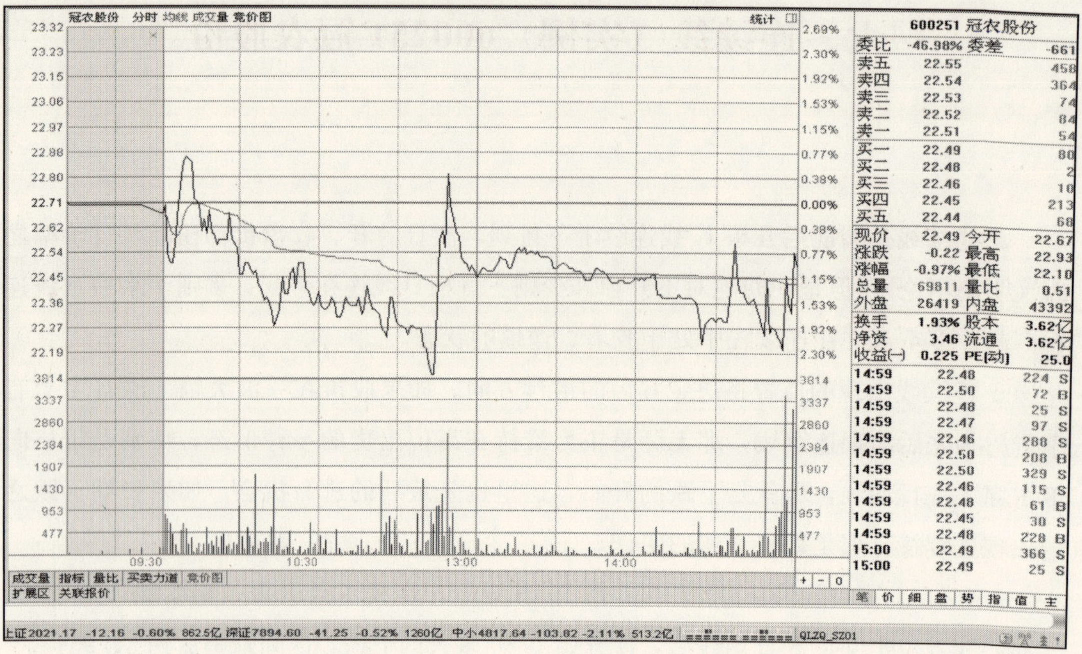

600251 冠农股份 2013（7. 25—10. 29）区间跌幅：34. 96%

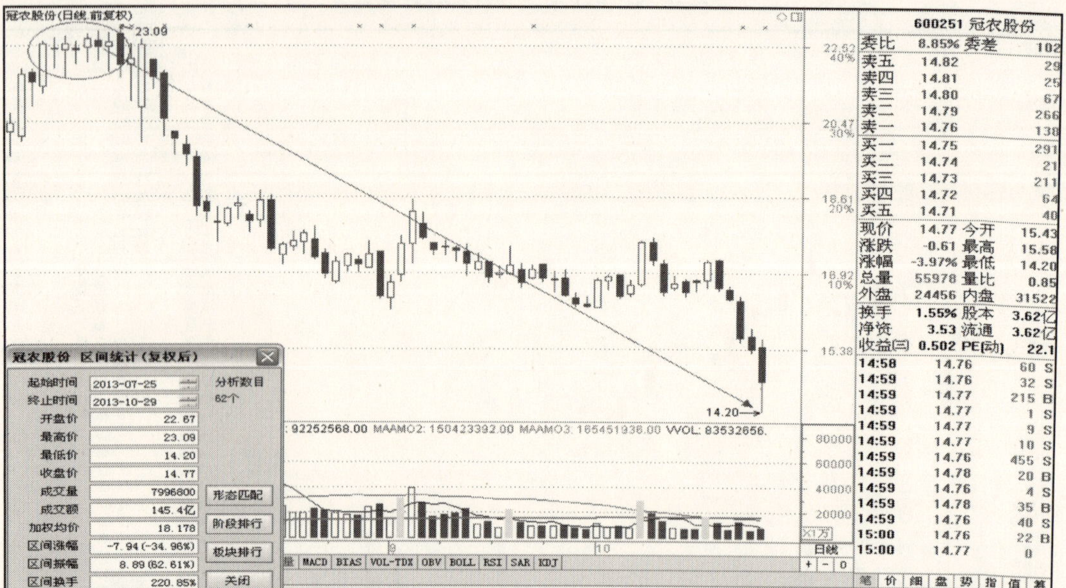

从善如流，才能避过灾难！

七、切入线（实例 1）600803 威远生化

☆切入线分为底部的阳切入线与顶部的阴切入线。阳切入线是指第二天阳线开盘价切在前一日 K 线的最低点（含影线在内），类似于小型 W 底，预示着底部的到来，属于看涨的信号。阴切入线是指第二天的阴线开在前日最高点（含影线在内），类似于小型的 M 头，预示着顶部的到来，属于下跌信号。亦有在其后下跌反弹，相隔几个交易日后切入前最高价，构成标准的 M 头形态。证券市场总是或多或少地处于被操纵状态，特别是在关键位可以看到主力操纵股价的痕迹。

☆阳切入线说明主力不愿意看到再低的价位了，当阳切入线伴随着成交量的放大，无疑是到了阶段性底部，行情将就此止跌、反转、上涨。

☆阴切入线说明主力无力再将股价拉高了，这里将形成阶段性顶部，上涨行情将在此反转下跌。注意：阴切入线也会出现在顶部后的次高位。

☆600803 威远生化（现名新奥股份）在 2012 年 11 月 30 日后因涉及重大资产重组事宜，连续 12 个交易日大幅上涨 90.20%后，2013 年 1 月 8 日刊登股票交易异常波动公告。公告称：本公司股票（股票代码：600803）在 2012 年 12 月 31 日，2013 年 1 月 4 日、7 日连续三个交易日内收盘价涨幅偏离值累计达到 20%，属于股票交易异常波动。经询问本公司控股股东，我公司确认：除公司已公告的涉及公司重大资产重组的相关事项外，公司不存在其他应披露而未披露可能对本公司股票价格产生较大影响的事项，到目前为止并自本披露日起未来三个月内，控股股东不会筹划除前述事项外的其他重大资产重组、收购、发行股份等重大事项。次日，以前一个交易日最高价开盘后，一路下跌，盘中反弹从未过当天均价线，当日以大阴线收盘。其后下跌、反弹、下跌，在 101 个交易日下跌幅度达到 40.53%。

切入线（实例 1）600803 威远生化

威远生化(日线 前复权)
13.20
6.85
600803 威远生化
委比 -49.44% 委差 -929
卖五 12.07 929
卖四 12.06 179
卖三 12.05 75
卖二 12.03 130
卖一 12.02 91
买一 12.00 215
买二 11.99 11
买三 11.98 6
买四 11.96 223
买五 11.95 20
现价 12.02 今开 13.20
涨跌 -1.18 最高 13.20
涨幅 -8.94% 最低 11.88
总量 32.0万 量比 1.46
外盘 15.2万 内盘 16.9万
换手 16.96% 股本 3.12亿
净资 2.64 流通 1.89亿
收益(三) 0.159 PE(动) 56.6
威远生化
时间 2013/01/09/三
数值 10.233
开盘价 13.20(0.00%)
最高价 13.20
最低价 11.88
收盘价 12.02
成交额 3.91亿
涨跌 -1.18(-8.94%)
振幅 1.32(10.00%)
换手率 16.96%
流通股 1.89亿
MAAMO1: 305278048.00 MAAMO2: 64224464.00 MAAMO3: 32816630.00 VVOL: - V2: -0.0
日线

600803 威远生化 2013. 1. 9 分时图

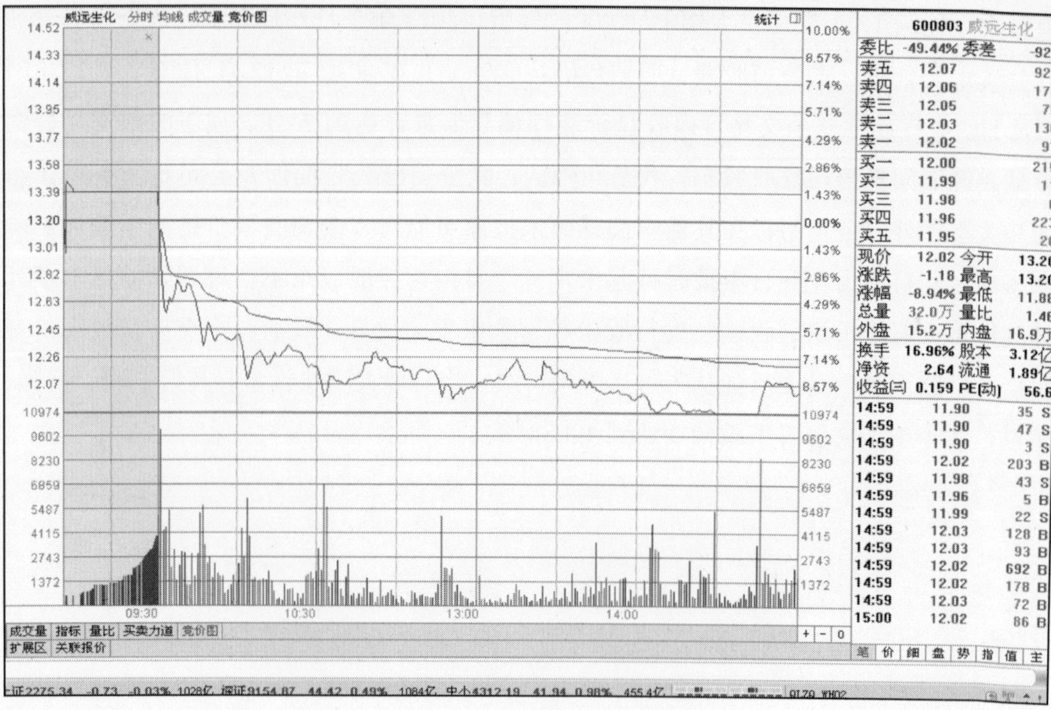
威远生化 分时 均线 成交量 竞价图
统计
09:30
10:30
13:00
14:00
成交量 指标 量比 买卖力道 竞价图
扩展区 关联报价
600803 威远生化
委比 -49.44% 委差 -929
现价 12.02 今开 13.20
涨跌 -1.18 最高 13.20
涨幅 -8.94% 最低 11.88
总量 32.0万 量比 1.46
外盘 15.2万 内盘 16.9万
换手 16.96% 股本 3.12亿
净资 2.64 流通 1.89亿
收益(三) 0.159 PE(动) 56.6
笔 价 细 盘 势 指 值 主

600803 威远生化 2013（1.9—6.24）区间跌幅：40.53%

切入线（实例 2）002131 利欧股份

002131 利欧股份 2013. 7. 30 分时图

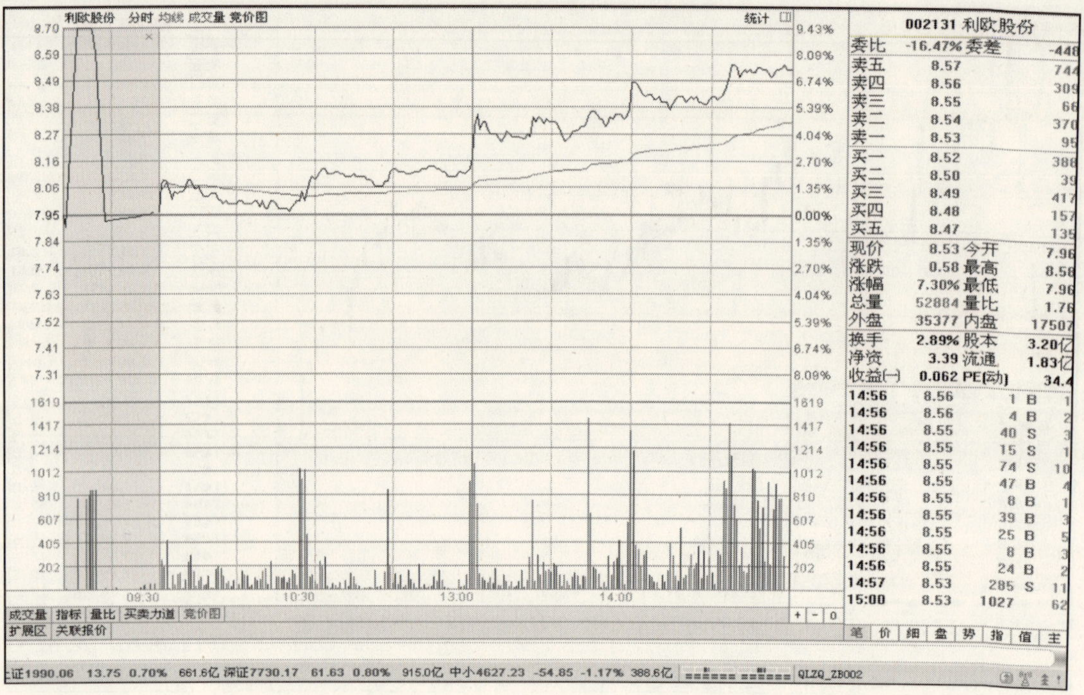

002131 利欧股份 2013（7. 30—10. 9）区间涨幅：63. 52%

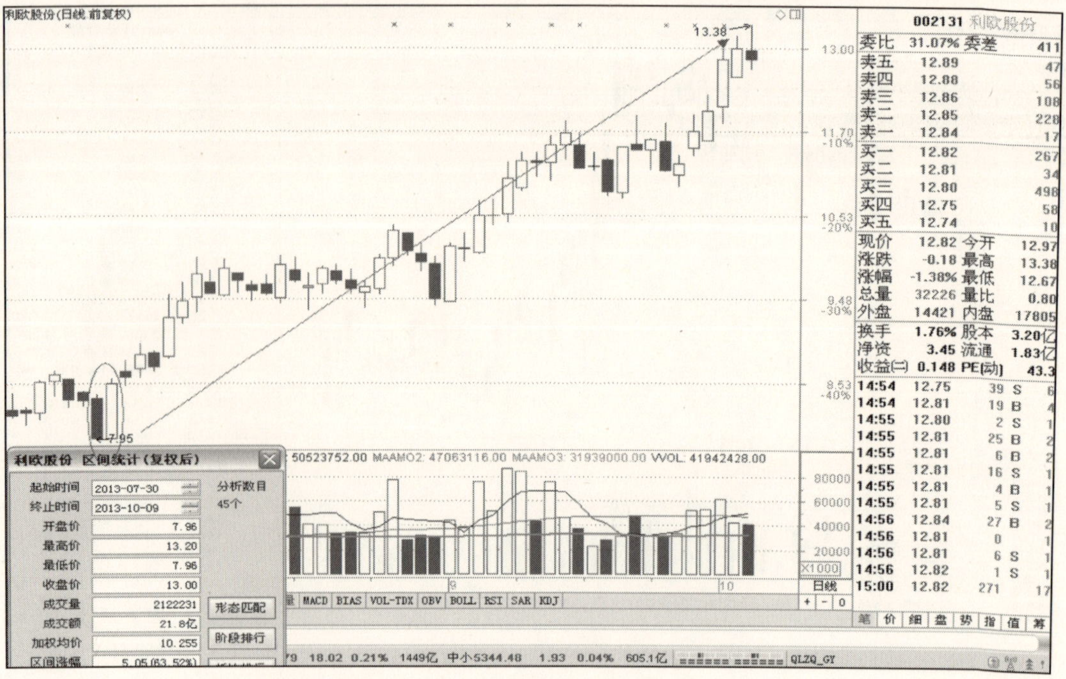

切入线（实例 3）600833 第一医药

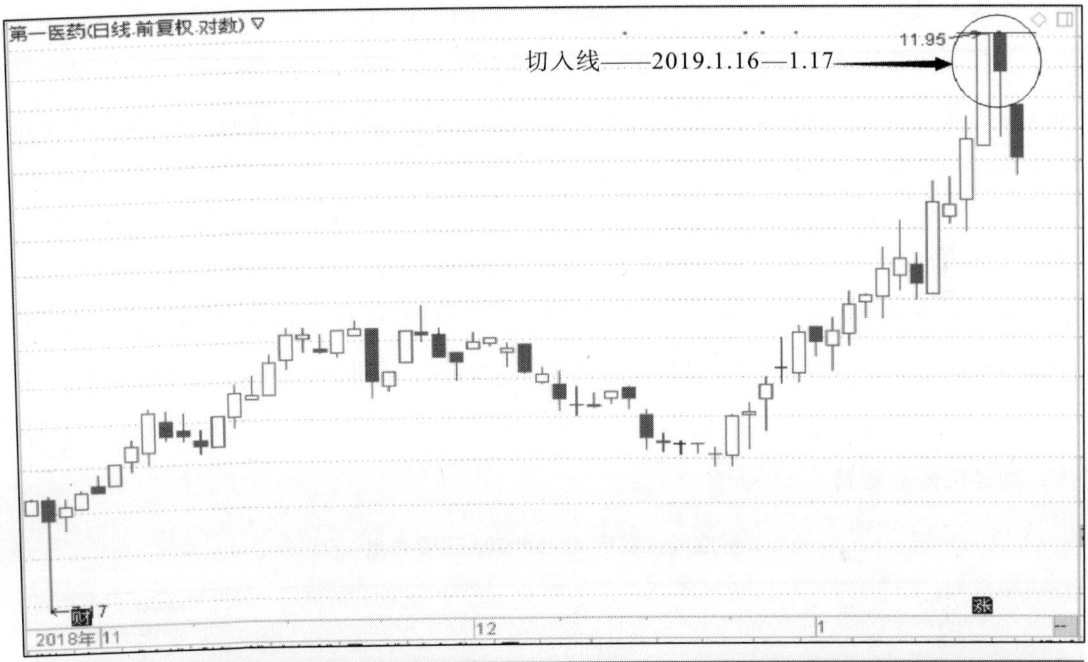
第一医药(日线.前复权.对数) ▽
切入线——2019.1.16—1.17
11.95
2018年 11
12
1

当断不断，反受其乱！

八、探底线（实例 1）600703 三安光电

☆ 探底线宛如一把雨伞，实体的顶部有极短的上影线，实体的下部有极长的下影线，下影线通常要大于实体 2 倍以上。探底线有阴阳之别，其形态相似，只不过阳线做多的力量要大于阴线而已。无论阴阳，都表示出空方力量即将衰竭，行情将就此止跌反转。

☆ 在一波下跌之后出现一支探底线，说明在空方力量的释放下价格创下了新的最低价，其后做多力量逢低不断买进，推高股价收出小实体、长下影的 K 线形态，下跌的行情大多将在此止跌，止跌后将是上升的开始。也要与其后的 K 线组合起来研判，次日价格的高开、低开都是是否探底成功的初步验证，如果其后价格运行在探底线的实体之上，则探底成功，反转向上的概率大。若其后的价格运行未能超过探底线的实体，则还需耐心等待。

探底线（实例 1）600703 三安光电

600703 三安光电 2013. 4. 16 分时图

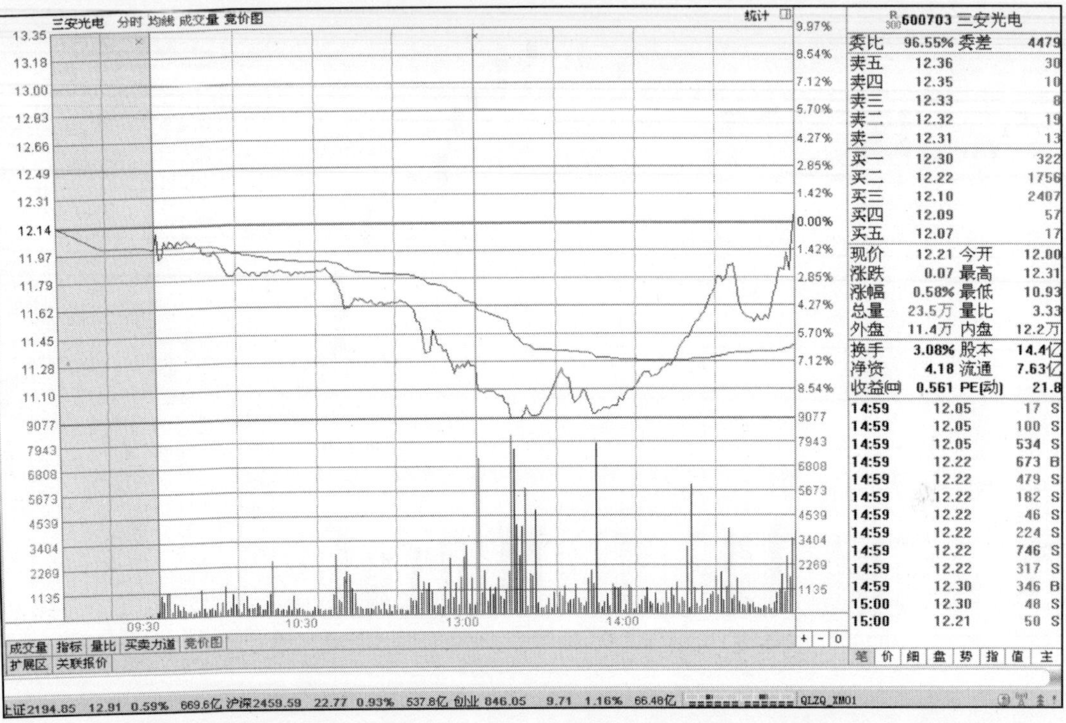

600703 三安光电 2013（4. 16—5. 20）区间涨幅：61. 12%

探底线（实例 2）999999 上证指数

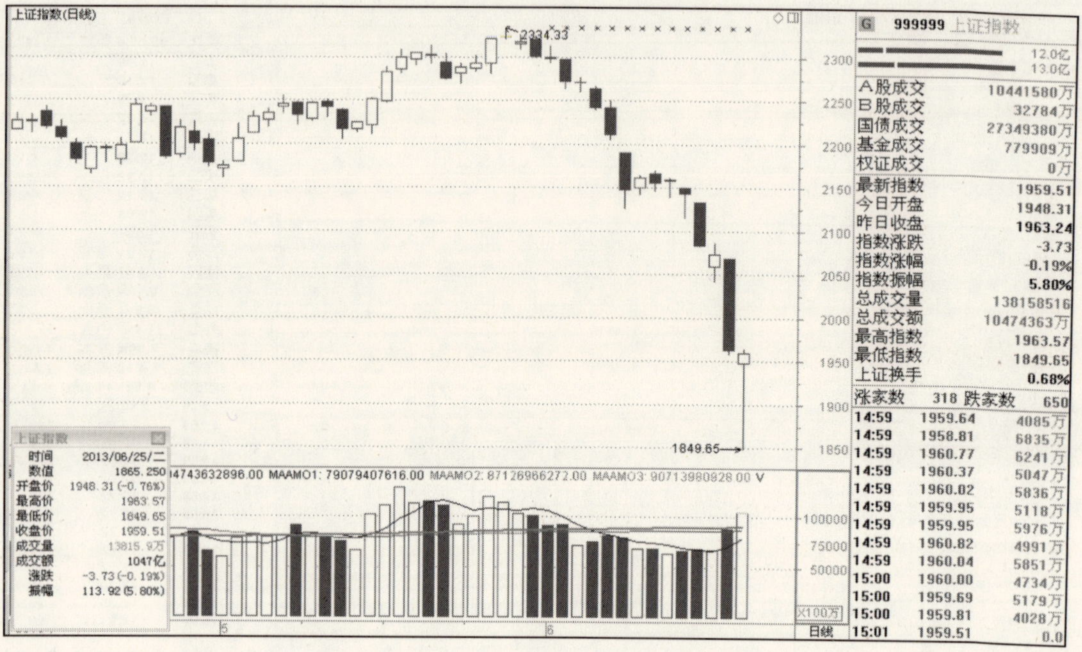
上证指数(日线)
2334.33
1849.65
999999 上证指数
A股成交 10441580万
B股成交 32784万
国债成交 27349380万
基金成交 779909万
权证成交 0万
最新指数 1959.51
今日开盘 1948.31
昨日收盘 1963.24
指数涨跌 -3.73
指数涨幅 -0.19%
指数振幅 5.80%
总成交量 138158516
总成交额 10474363万
最高指数 1963.57
最低指数 1849.65
上证换手 0.68%
涨家数 318 跌家数 650
时间 2013/06/25/二
数值 1865.250
开盘价 1948.31(-0.76%)
最高价 1963.57
最低价 1849.65
收盘价 1959.51
成交量 13815.9万
成交额 1047亿
涨跌 -3.73(-0.19%)
振幅 113.92(5.80%)
MAAMO1: 79079407616.00 MAAMO2: 87126966272.00 MAAMO3: 90713980928.00
日线

999999 上证指数 2013. 6. 25 分时图

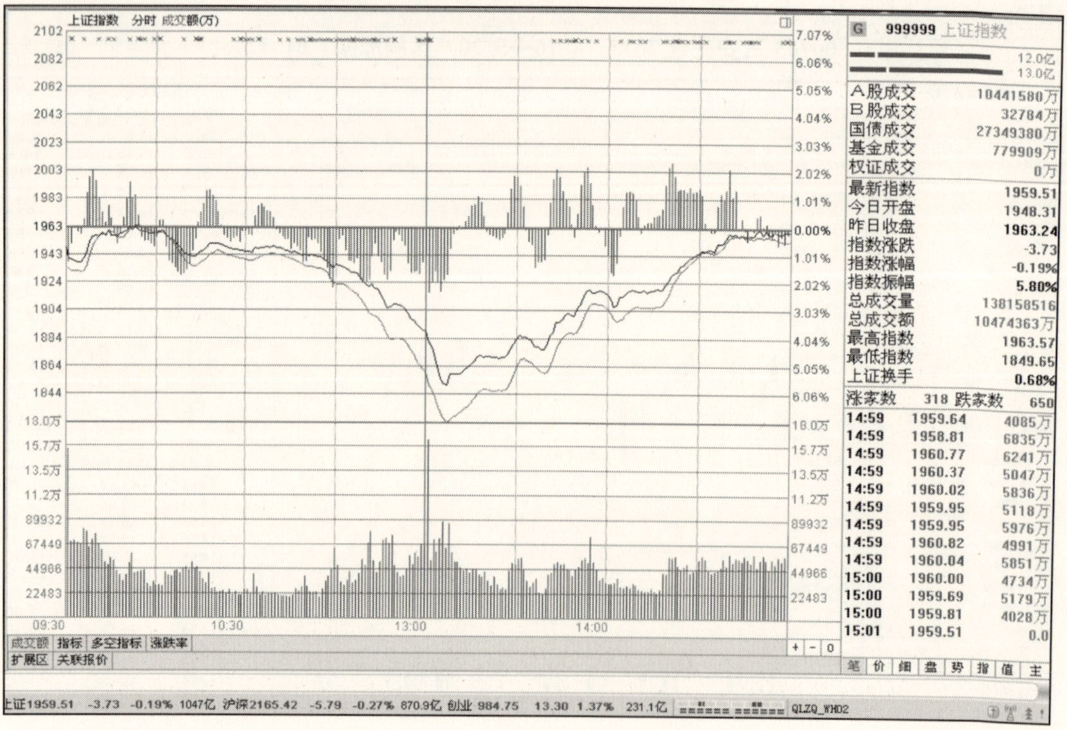
上证指数 分时 成交额(万)
999999 上证指数
A股成交 10441580万
B股成交 32784万
国债成交 27349380万
基金成交 779909万
权证成交 0万
最新指数 1959.51
今日开盘 1948.31
昨日收盘 1963.24
指数涨跌 -3.73
指数涨幅 -0.19%
指数振幅 5.80%
总成交量 138158516
总成交额 10474363万
最高指数 1963.57
最低指数 1849.65
上证换手 0.68%
涨家数 318 跌家数 650
09:30
10:30
13:00
14:00
成交额 指标 多空指标 涨跌率
扩展区 关联报价
上证1959.51 -3.73 -0.19% 1047亿 沪深2165.42 -5.79 -0.27% 870.9亿 创业 984.75 13.30 1.37% 231.1亿

999999 上证指数 2013（6. 25—9. 12）区间涨幅：292. 37 点

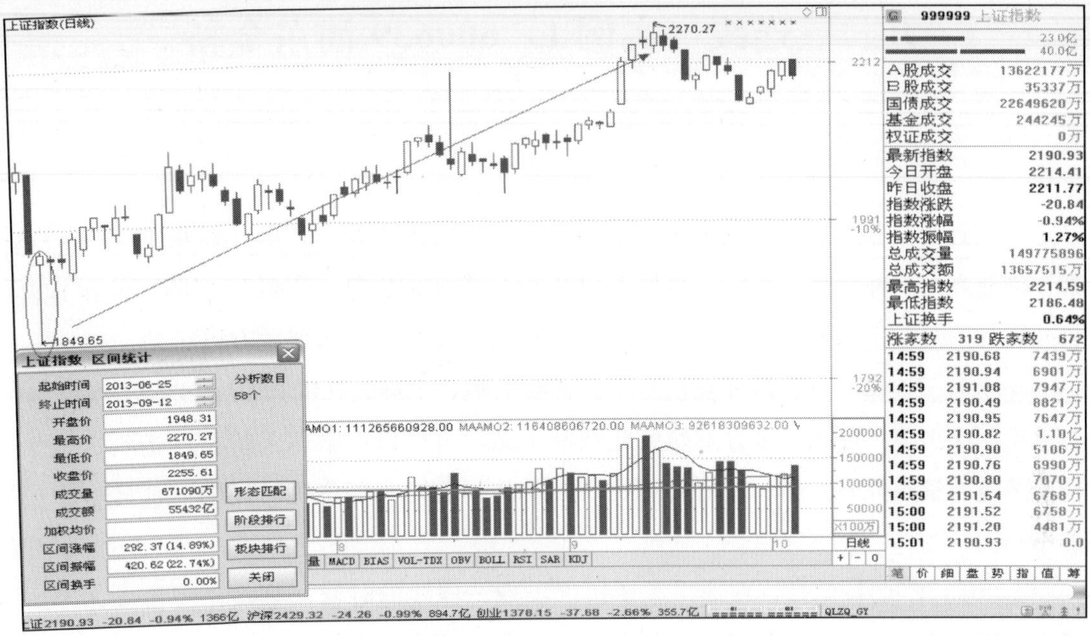

探底线（实例 3）600639 浦东金桥

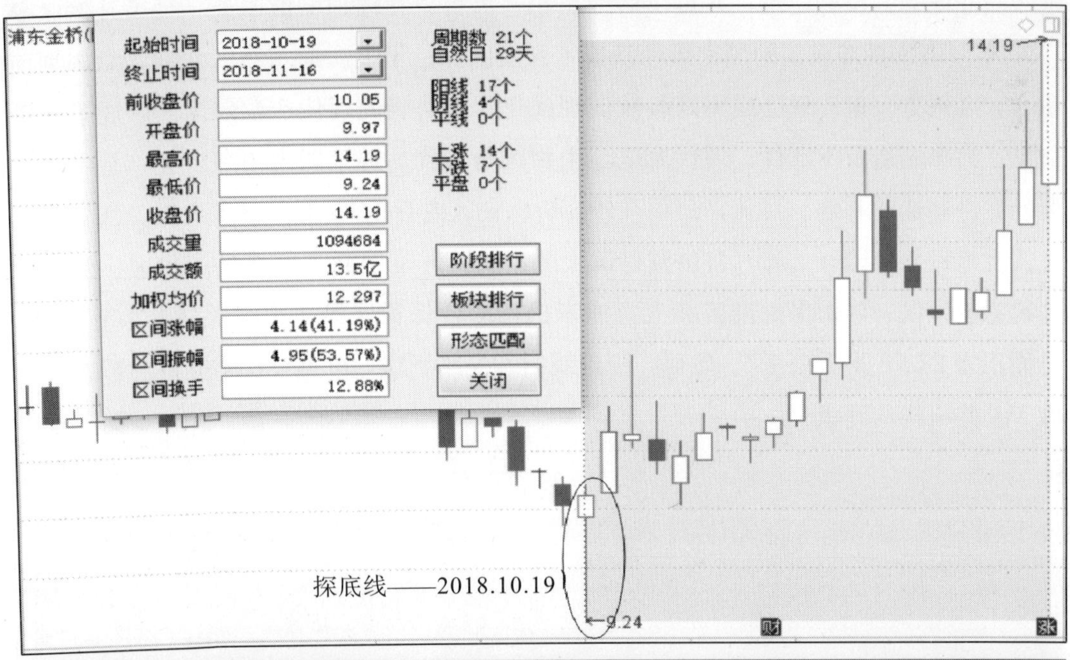

经典的形态，绝不会出差错！

九、三连线（实例1）600639浦东金桥

☆三连线是指形态类似的K线3天连在一起，上升则是三连阳，每根K线的价格都在创新高；下降则是三连阴，每根K线的价格都在创新低。下降三连阴即使出现跌势减弱的信号，也不要急于买进，必须等到K线的止跌形态出现后方可行动。

☆上升三连阳一旦出现滞涨信号（实体在缩短、上影线在加长），特别是前期大幅上涨后再次出现三连线，多方不妨就此获利了结，也可以用第四天价格的运行区域来检验多空力量的强弱，然后做出去留决定。对临近前期头部位置时候的三连线更要倍加小心。

☆2013年9月24日，在浦东金桥再次出现三连线的时候，某些评级机构还在对浦东金桥做出买进的评级，其理由是“公司具有房地产概念、新上海概念、长江三角概念、参股金融概念。公司主要从事金桥开发区的开发，包括工业、办公、科研、住宅、商业配套的投资建设，并提供后续出租、出售、管理和增值服务。金桥开发区是1990年经国家批准成立的国家级经济技术开发区，位于上海浦东新区北部，总规划面积27.38平方公里。现已成为高科技、现代化、多功能的现代产业园区，形成了电子信息、汽车制造及零部件、现代家电、生物医药与食品加工四大主导产业，是中国重要的先进制造业基地。目前，公司在外高桥保税区内有1.78万平方米仓库。国务院已正式批准设立中国（上海）自由贸易试验区，试验区范围涵盖外高桥保税区、外高桥保税物流园区、洋山保税港区和上海浦东机场综合保税区等4个海关特殊监管区域，总面积为28.78平方公里”。然而，三连线后却一路下跌，可见，技术分析的形态远远胜于某些机构的评级！

三连线（实例 1）600639 浦东金桥

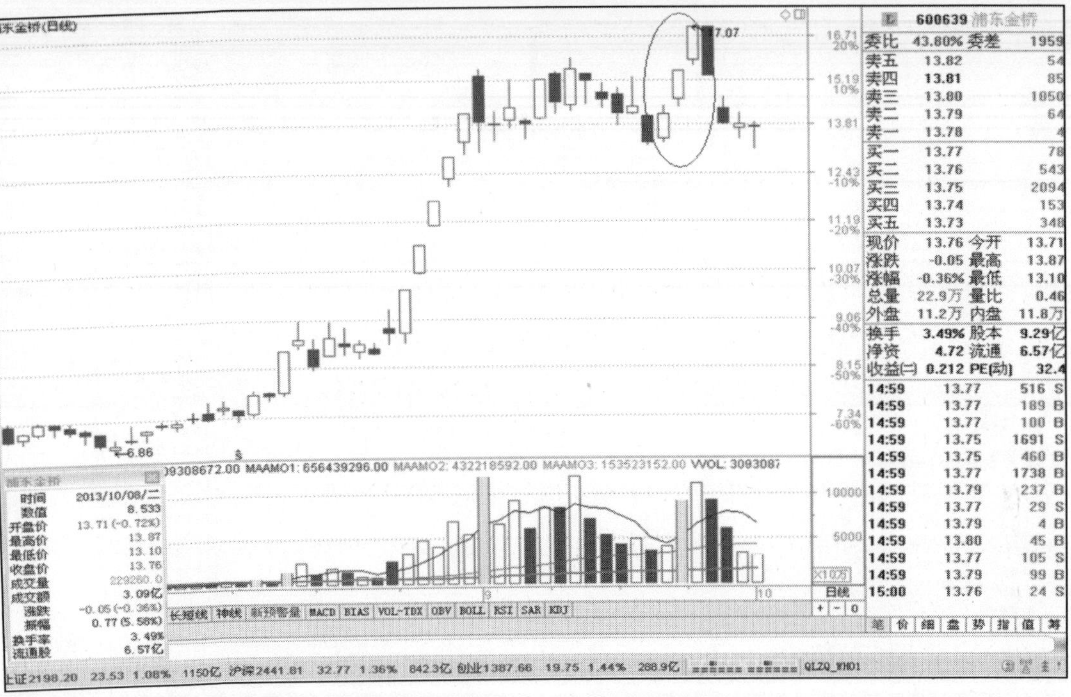

600639 浦东金桥 2013. 9. 26 分时图

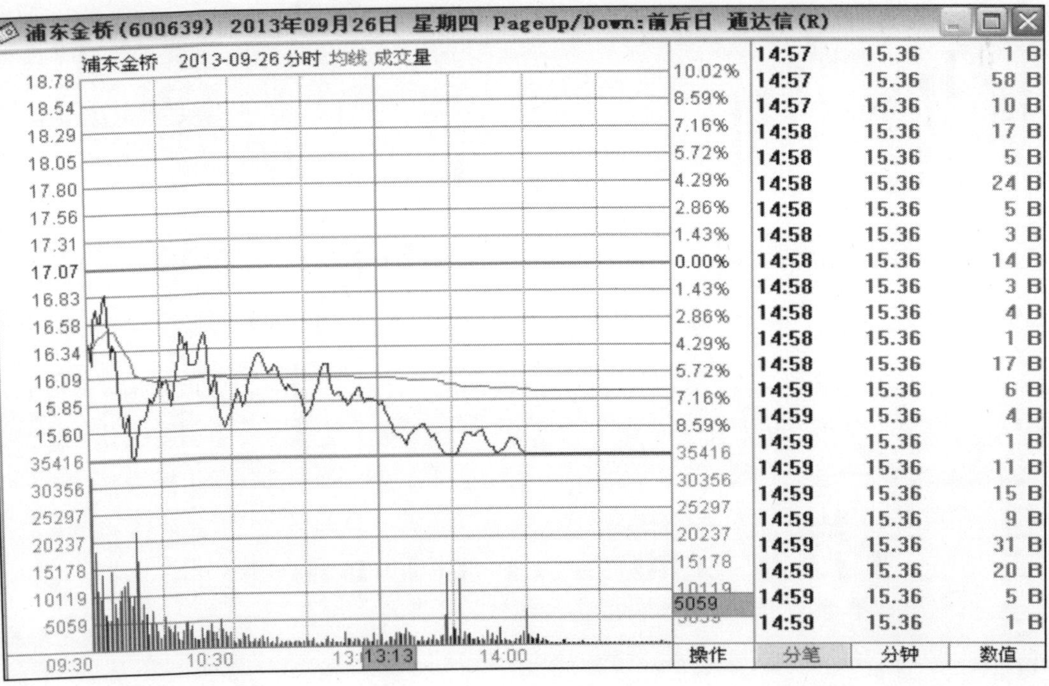

600639 浦东金桥 2013（9. 26—10. 31）区间跌幅：34. 50%

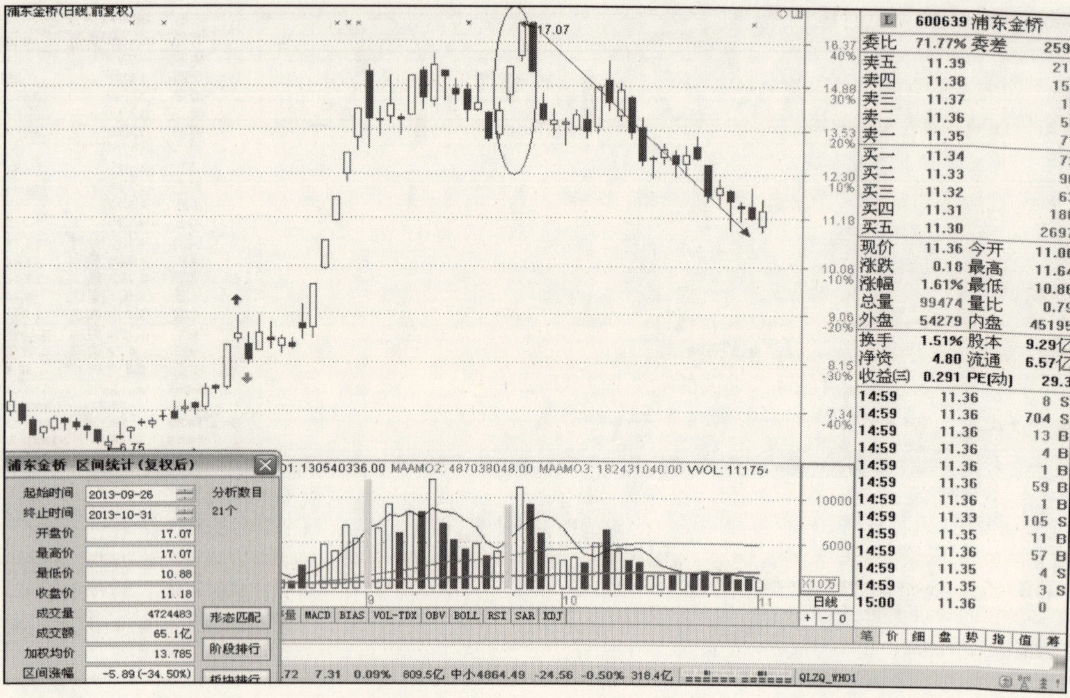

三连线（实例 2）300270 中威电子

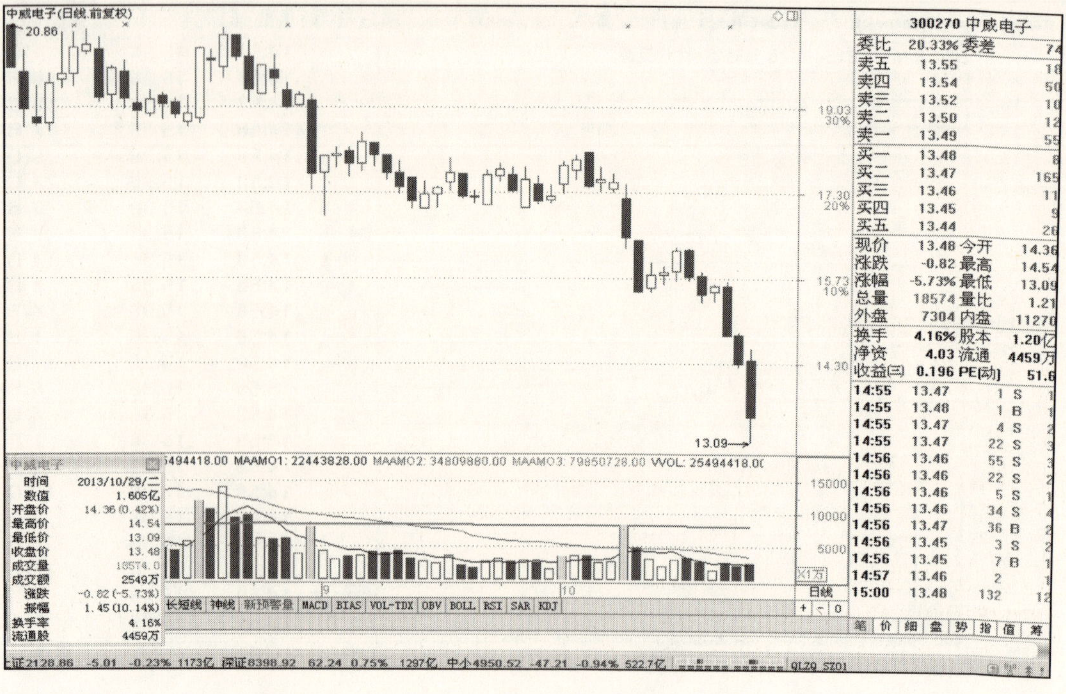

300270 中威电子 2013. 10. 29 分时图

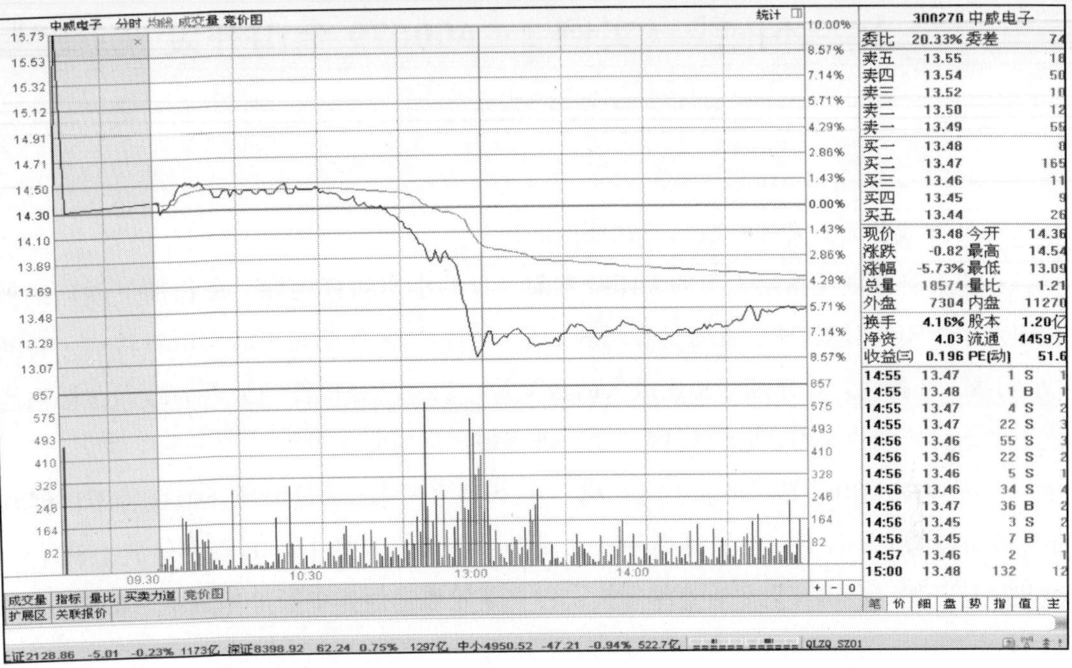

300270 中威电子 2013（10. 30—11. 18）区间涨幅：17. 73%

近水知鱼性，近山识鸟音。

十、怀抱线（实例1）600679 金山开发

☆怀抱线分为上升怀抱线与下跌怀抱线。

☆上升怀抱线是指第二天的大阳线将前一日的小阴线怀抱住。在长期下跌后的低位出现“小阴线”，就是空方力量衰竭的信号，当第二天低开高走的大阳线将前一日的“小阴线”怀抱住，且伴随着急剧放大的成交量，当日就是极佳的买进信号。在怀抱线之上的运行区间也是可以加仓的区域，突破盘整区间就是主升浪。

☆600679 金山开发（现名上海凤凰）在 2013 年 6 月 25 日出现怀抱线后不再创新低，横向盘整；8 月下旬，受自贸区概念提振，在二级市场上，上海本地股上演了一波集体拉升潮，金山开发尽管业绩亏损，但在本轮概念炒作中股价却翻了一番多。

怀抱线（实例 1）600679 金山开发

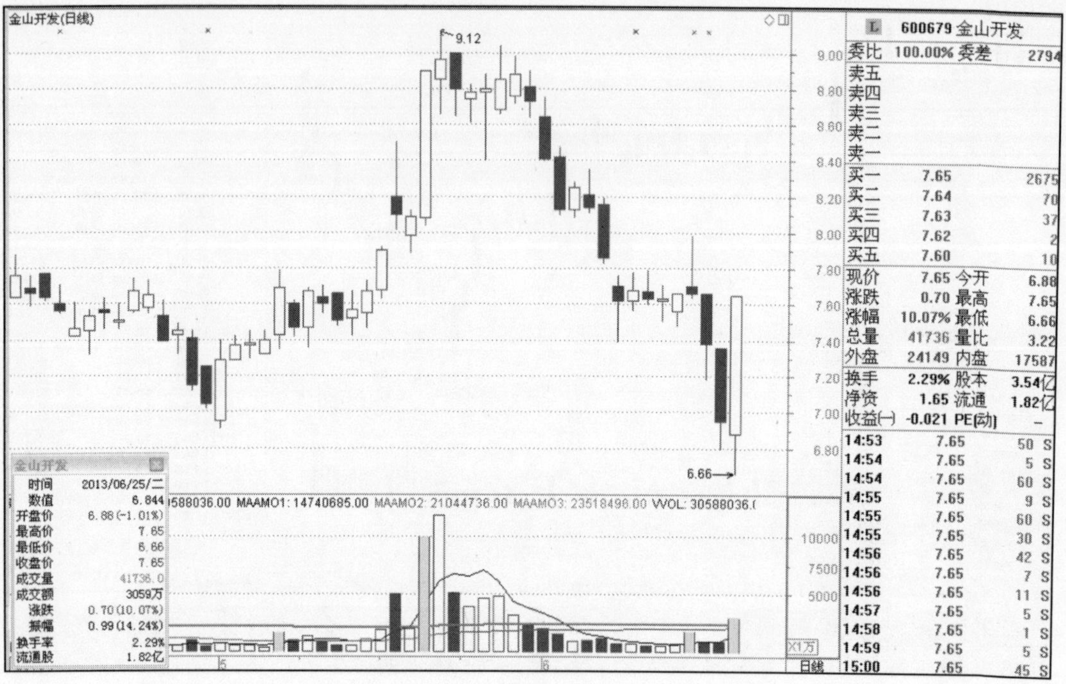

600679 金山开发 2013. 6. 25 分时图

600679 金山开发 2013（6. 25—9. 10）区间涨幅：142. 73%

怀抱线（实例 2）399001 深证成指

☆下跌怀抱线是指第二天的大阴线将前一日的“小阳线”怀抱住。在一波上涨之后出现“小阳线”，就是多方力量衰减的信号，第二天高开低走，一举击穿“小阳线”的最低价，且伴随着超前的成交大量，并且怀抱线向下击穿了 8 日均线，当日就是极佳的卖出信号，就必须清仓出局！

☆深证成指在 2013 年 2 月 18 日跳空高开低走，盘中一波低于一波下跌不断，10:39击穿了前一日阳线的最低价，其后反弹不到均价线，最终以怀抱线收盘。其后一路下跌，84 个交易日，下跌高达 2493.99 点。

怀抱线（实例 2）399001 深证成指

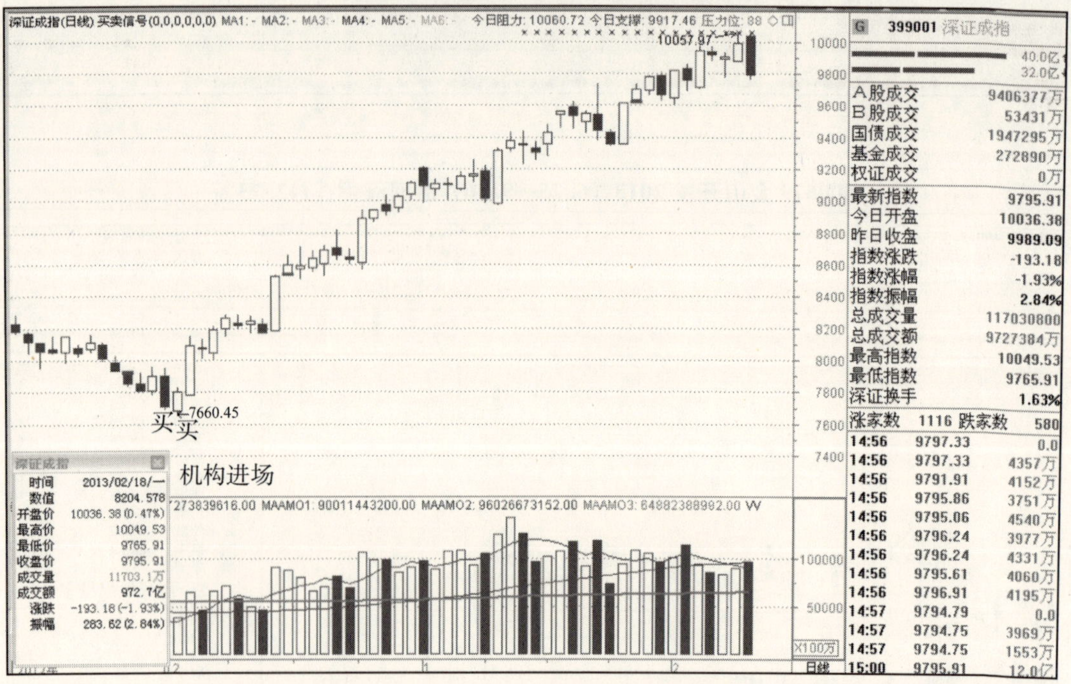

399001 深证成指 2013（2. 18—6. 25）区间跌幅：2493. 99 点

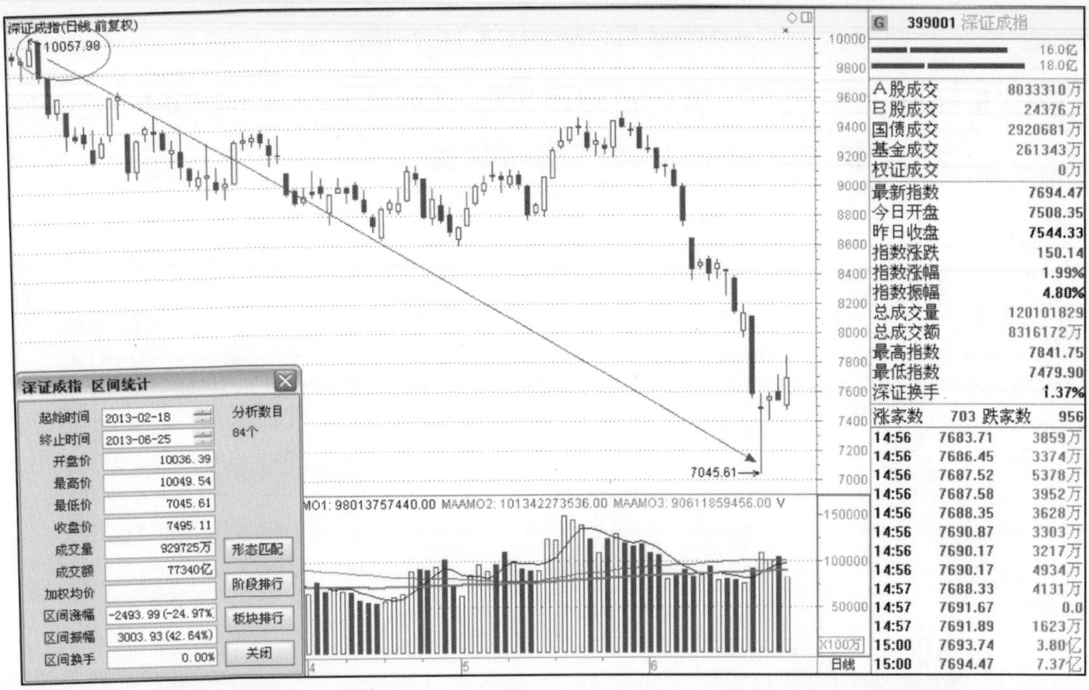

怀抱线（实例 3）600288 大恒科技

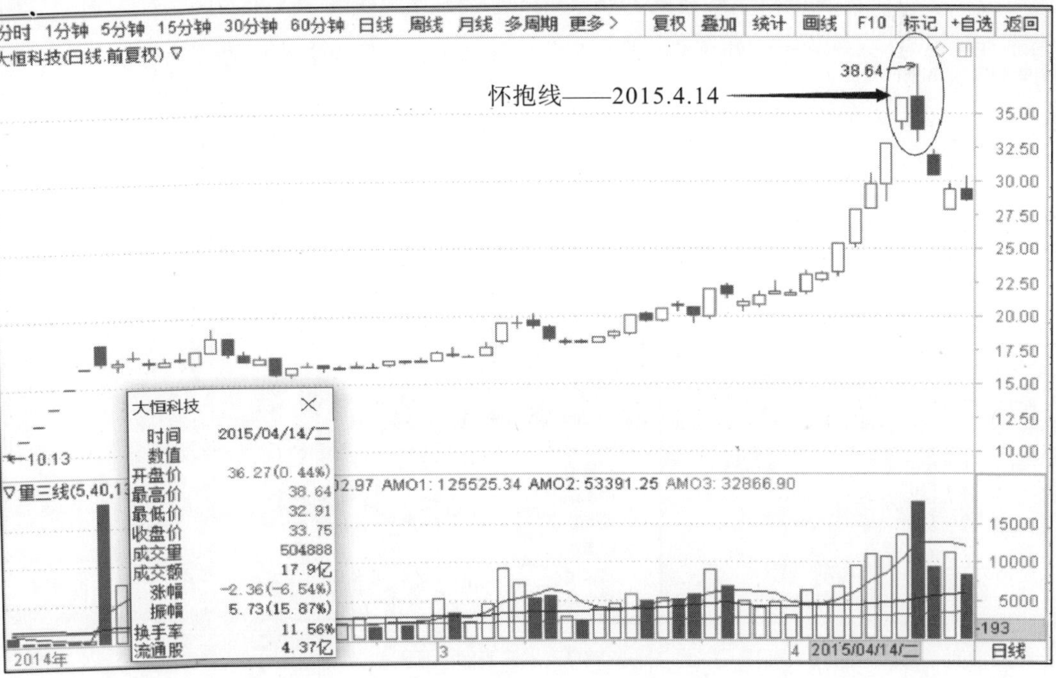

600288 大恒科技 2015. 4. 14 分时图

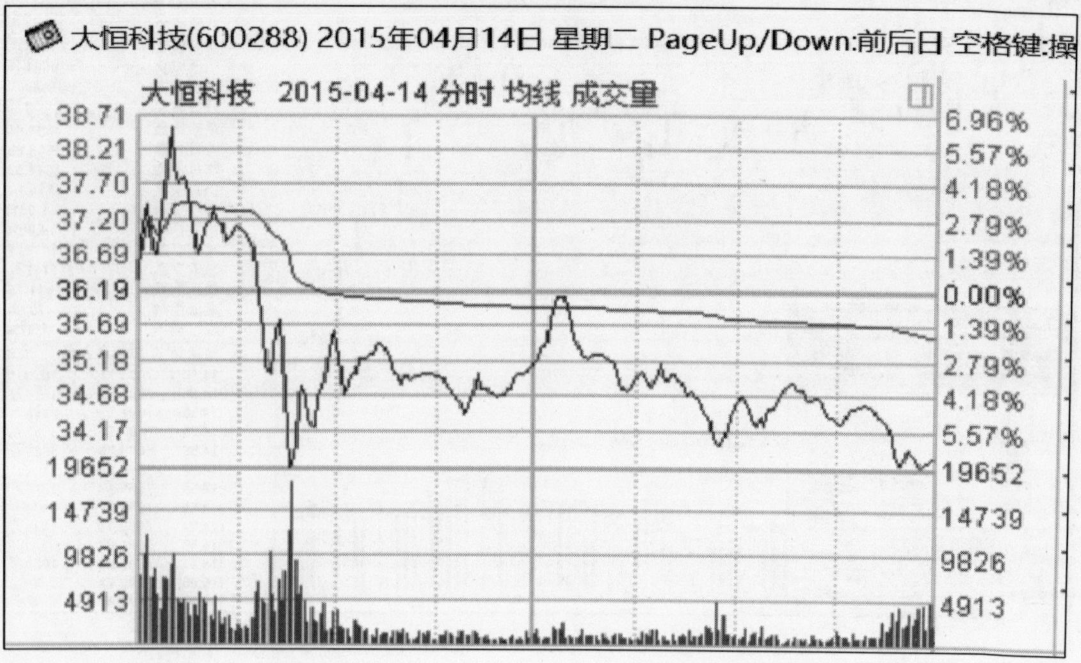

600288 大恒科技 2015（4. 14—7. 8）区间跌幅：63. 45%

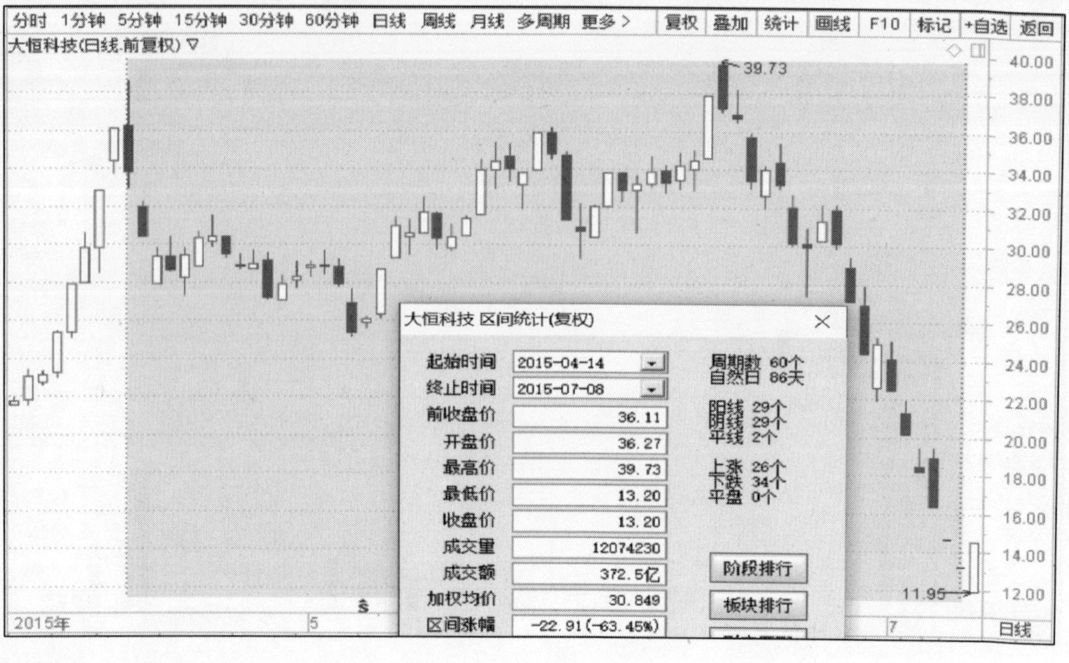

怀抱线（实例 4）603616 韩建河山

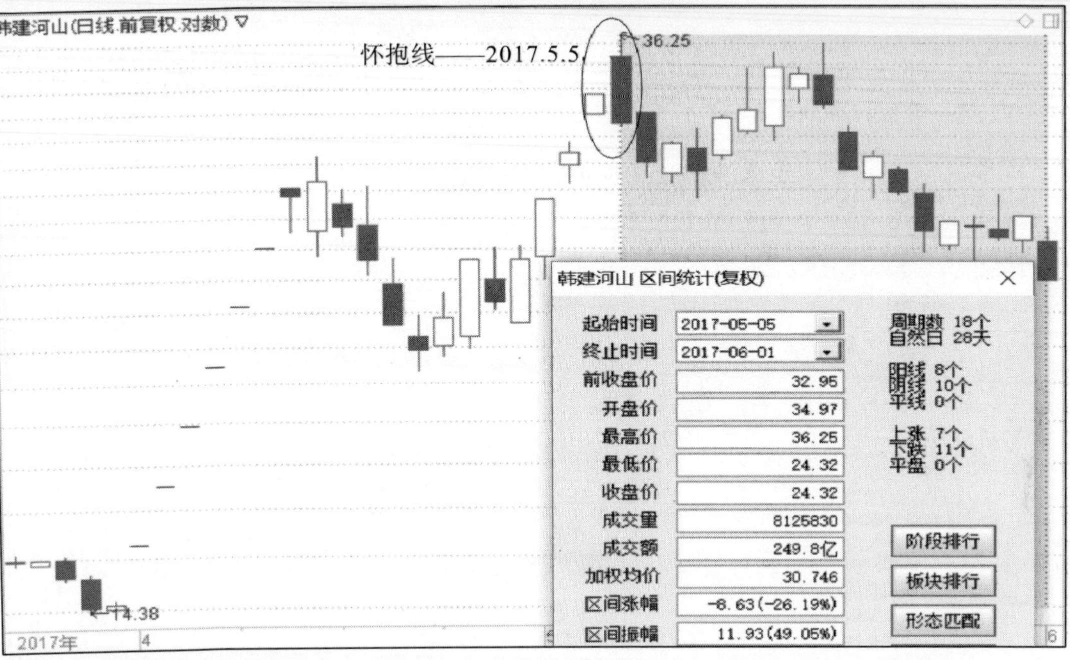
韩建河山(日线,前复权,对数) ▽
怀抱线——2017.5.5
36.25
4.38
2017年
4
韩建河山 区间统计(复权)
起始时间 2017-05-05
终止时间 2017-06-01
前收盘价 32.95
开盘价 34.97
最高价 36.25
最低价 24.32
收盘价 24.32
成交量 8125830
成交额 249.8亿
加权均价 30.746
区间涨幅 -8.63(-26.19%)
区间振幅 11.93(49.05%)
周期数 18个
自然日 28天
阳线 8个
阴线 10个
平线 0个
上涨 7个
下跌 11个
平盘 0个
阶段排行
板块排行
形态匹配

怀抱线（实例 5）000058 深赛格

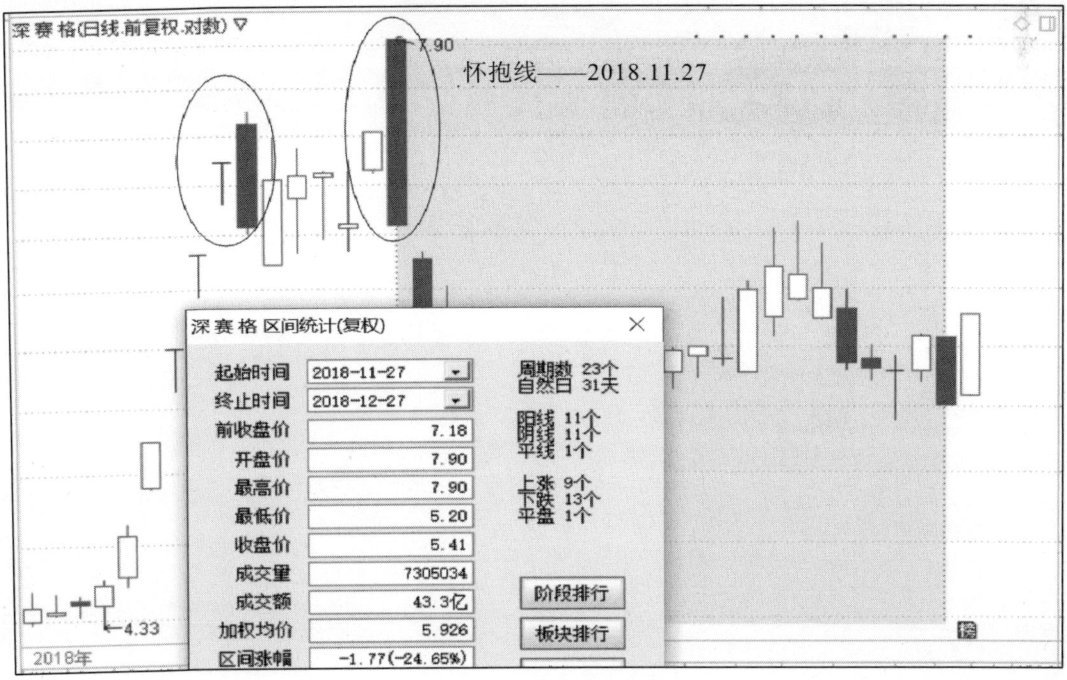
深赛格(日线,前复权,对数) ▽
7.90
怀抱线——2018.11.27
4.33
2018年
深赛格 区间统计(复权)
起始时间 2018-11-27
终止时间 2018-12-27
前收盘价 7.18
开盘价 7.90
最高价 7.90
最低价 5.20
收盘价 5.41
成交量 7305034
成交额 43.3亿
加权均价 5.926
区间涨幅 -1.77(-24.65%)
周期数 23个
自然日 31天
阳线 11个
阴线 11个
平线 1个
上涨 9个
下跌 13个
平盘 1个
阶段排行
板块排行

怀抱线（实例 6）300647 超频三

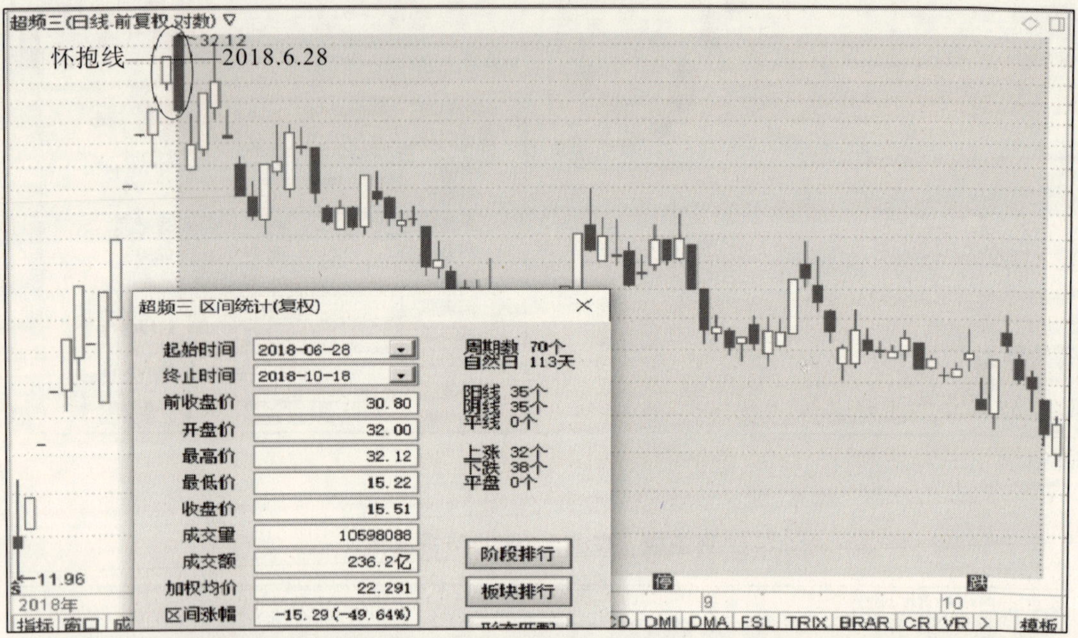
超频三(日线.前复权.对数) ▽
32.12
怀抱线
2018.6.28
11.96
2018年
9
10
超频三 区间统计(复权)
起始时间 2018-06-28
终止时间 2018-10-18
前收盘价 30.80
开盘价 32.00
最高价 32.12
最低价 15.22
收盘价 15.51
成交量 10598088
成交额 236.2亿
加权均价 22.291
区间涨幅 -15.29(-49.64%)
周期数 70个
自然日 113天
阳线 35个
阴线 35个
平线 0个
上涨 32个
下跌 38个
平盘 0个
阶段排行
板块排行
DMI DMA FSL TRIX BRAR CR VR
模板

好的忠告，也绝不会来得太晚！

十一、跳空（实例 1）600532 宏达矿业

☆ 跳空是指第二日的价格与前一日的价格之间（包括影线）存在着价格断档，断档位置没有交易。如果两日影线之间互补了跳空缺口，则不属于跳空缺口。

☆ 跳空缺口分为普通缺口、突破缺口、持续性缺口、消耗性缺口。

☆ 其中突破缺口最具买进价值。普通缺口虚晃一枪的成分居多；突破缺口的跳空隐含着重大的内幕，突破性跳空是先知先觉的主力力量的爆发信号，也是普通投资人凭 K 线可以制胜“内幕”的一个有力的法宝。

☆ 跳空有“向上跳空”与“向下跳空”的区别，都属于急剧涨跌的先兆。突破性的跳空缺口一旦出现，并且突破了短线组，就要迅速地抢先一步。注意：向上的突破跳空缺口要迅速地以高价买入，不能犹豫，这里的机会往往是稍纵即逝；向下的突破跳空缺口要迅速地以低价卖出，不能犹豫，这里将是最后的逃命机会。

☆ 宏达矿业在 2012 年 12 月 12 日摘掉 ST 帽子当日出现了一个突破性的跳空缺口，股价创了新高，在其后 2012 年 12 月 21 日由华阳科技更名宏达矿业后，连续出现了 4 个涨停板，从突破性的跳空缺口起，17 个交易日大涨了 84.35%。注意：最后的一个跳空缺口涨停板打开后一直再未封板，属于一个消耗性的缺口，之后，开始了漫漫熊途之路。

跳空（实例 1）600532 宏达矿业

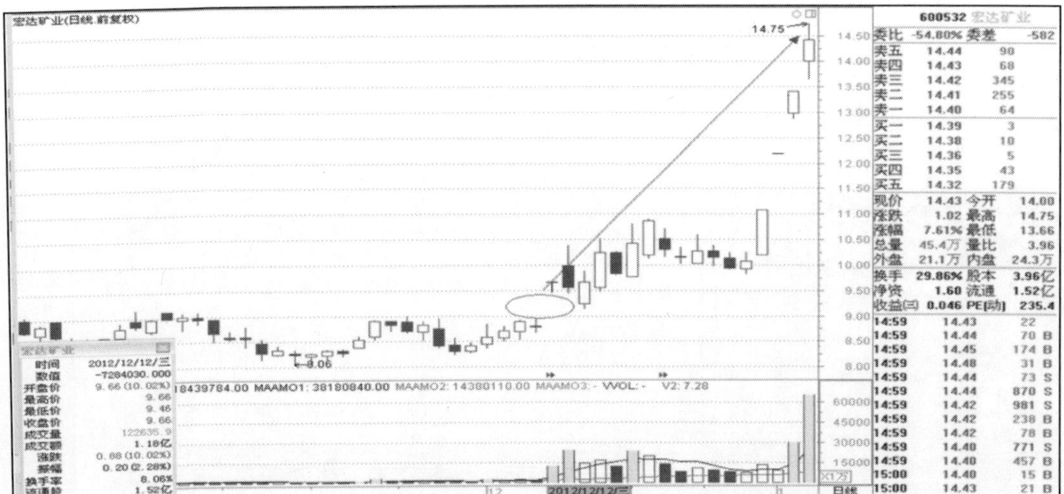

600532 宏达矿业 2013. 1. 8 分时图

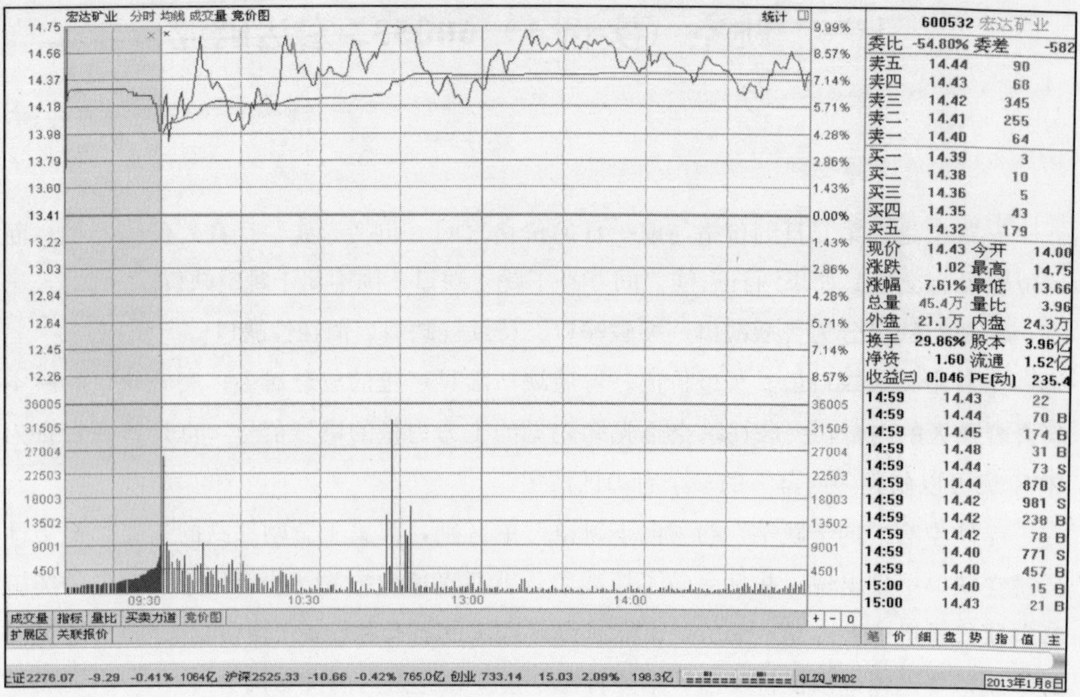

600532 宏达矿业 2013（1. 8—6. 25）区间跌幅：43. 70%

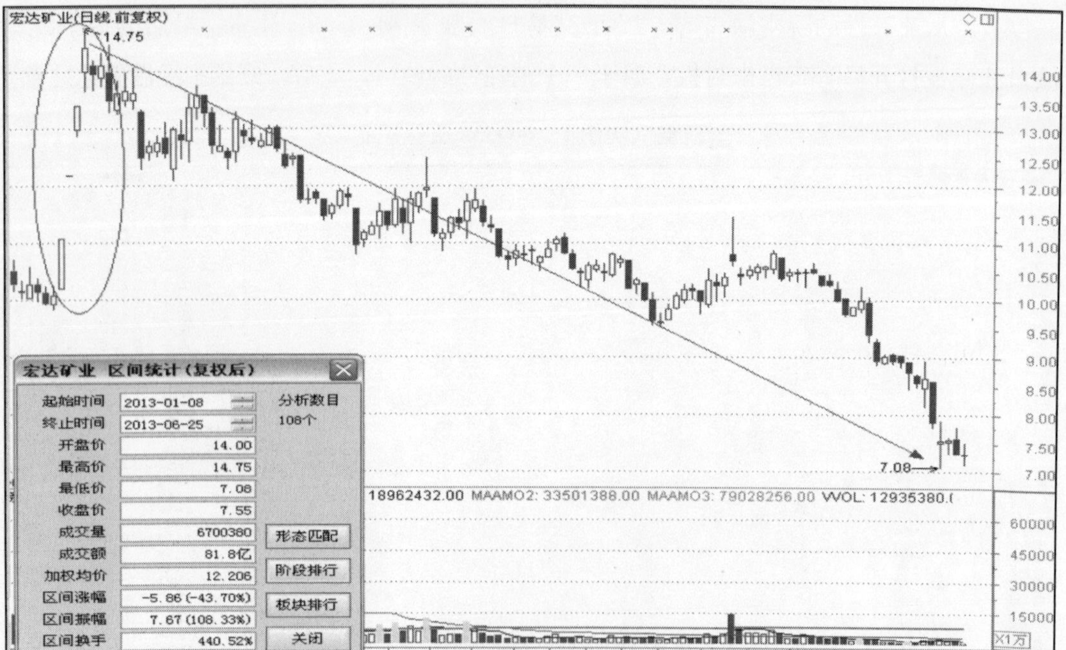

跳空（实例 2）600988 赤峰黄金向下的突破性跳空缺口

☆ 赤峰黄金（600988）由 ST 宝龙更名而来，2013 年 2 月 7 日复牌，日涨跌幅限制恢复为 10%。在 2013 年 2 月 7 日摘帽更名后未见上涨，相反的是连续 3 日放量下跌，特别是在 2 月 18 日出现了一个向下的突破性跳空下跌缺口，其后向下的跳空缺口先后出现了 8 个，跌幅之大、时间之长，令持股者心惊胆战。

☆ 2013 年 1 月 24 日在重大重组完成后，公司主营业务变更为黄金采选与销售。2013 年 2 月 7 日公司摘帽更名完成后，股价不但没涨反而连续 3 个交易日下跌，这与当时黄金价格的“跌跌不休”不无关系。金价一反多年来在国内春节上涨的惯例，2013 年春节连续阴跌。2 月 8 日国际金价周跌幅达到 3.53%，最终报收于 1609.5 美元/盎司。至此，国际金价在 2012 年 10 月后不断下行，总体跌幅已经超过 10%。受到主要经济体利好经济数据的影响，全球避险情绪明显回落，避险资产黄金表现低迷。

☆ 在二级市场上，赤峰黄金股价前期明显强于大盘，但在重组完成复盘后 K 线组合形成圆顶形态，又有向下的突破性跳空下跌缺口，而国际金价短期难改震荡下行趋势，该股也一路持续下跌寻求底部。直到 2013 年 6 月 20 日，一个涨停板才改变了“跌跌不休”的颓势。

600988 赤峰黄金 2013. 2. 18 向下跳空突破

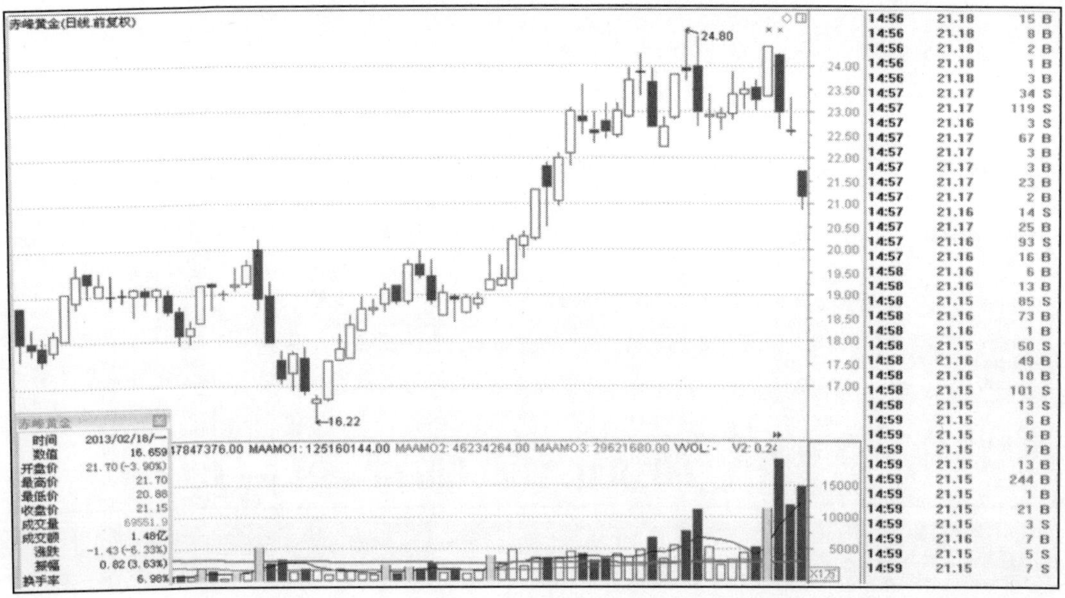

600988 赤峰黄金 2013. 2. 18 分时图

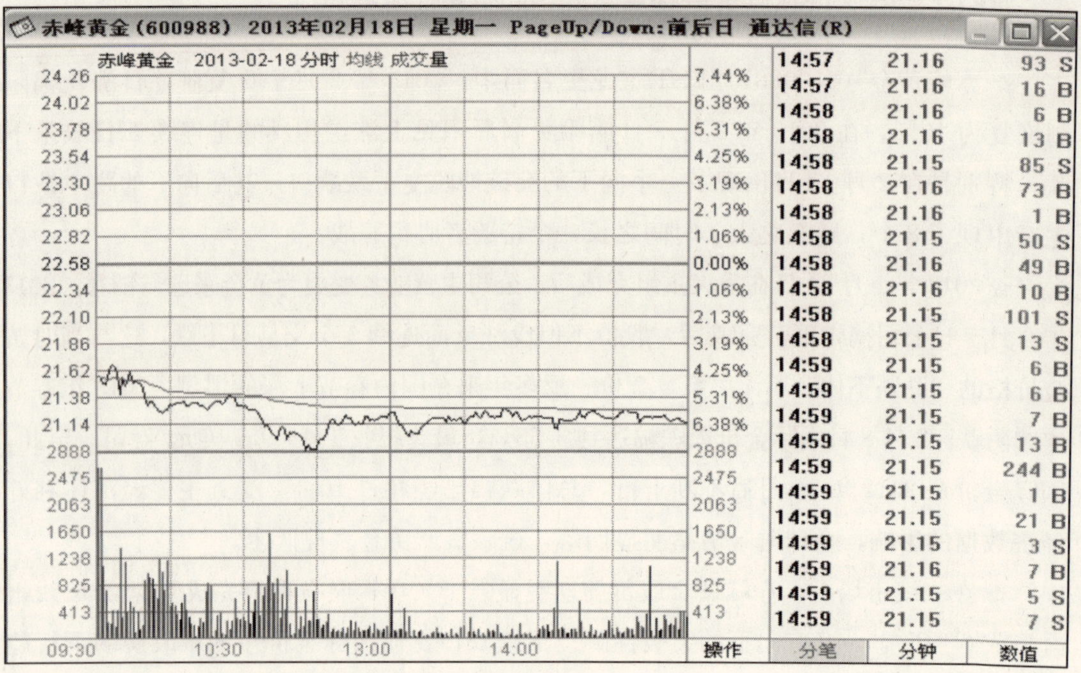

600988 赤峰黄金 2013（2. 8—6. 20）区间跌幅：45. 00%

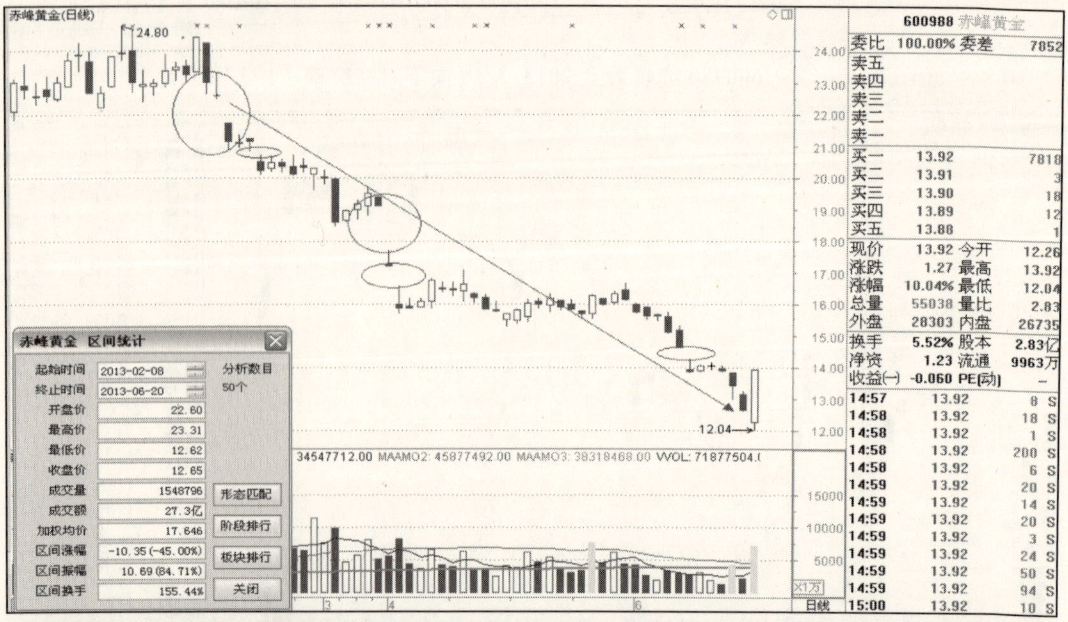

经典的形态，常常是无价之宝。

以假乱真

☆ 动物园要淘汰一只 25 岁的老狼，按照动物园的规矩，淘汰的方法就是打死狼。电影厂获得这个消息后，马上与动物园联系，因为他们要拍一部《狼的故事》的影片，这只老狼正好可以派上用场。

☆ 为了拍到狼垂死时的镜头，电影厂的工作人员把这只老狼关进笼子里扔到荒郊野外饿了几天几夜。在狼奄奄一息的时候，他们完成了影片的拍摄。当天晚上工作人员确定狼已经“死”去，于是就没有把笼子锁上，准备第二天处理后事。谁知第二天人们赶到现场时，却看到笼子旁一只两眼闪着寒光的老狼。在人们诧异的目光中，那只老狼飞快地逃向远方。

凶恶的狼以奄奄一息来装死，当骗过工作人员的注意后，飞快地逃向远方。

股市里的主力有时也像狼样，用装死来骗散户，当他们建仓后便残酷地洗盘，然后试盘，然后装死。当你听到不懂的散户在这时大骂这个死股的时候，要提高警惕、密切关注，谨防它突然发作、直冲云霄……

十二、孕出线（实例1）000912 泸天化

☆ 孕出线分为“阴孕阳”与“阳孕阴”两种。

☆ 在一波下跌之后出现一根大阴线，给持股者心理造成巨大的恐慌，次日，价格却没有继续下跌，反而跳空高开微高走，收出一根小阳线，阳线的交易区间都在前一日的交易区间内，形成“阴孕阳”的形态，这是空方力量渐弱的先兆。如果第三天价格继续走高，说明市场的反转得到了确认。

☆ 在一波上涨之后出现一根大阳线，给市场一个继续看涨的希望，次日却没有继续上涨，反而向下跳空低开微低走，收出一根小阴线，阴线的交易区间都在前一日的交易区间内，形成“阳孕阴”形态，这是多方力量衰弱的先兆，当日最好先出局回避。注意：孕出线后价格依然运行在孕出线的长阳开盘价之上，其后反身上涨，经常是在进一步地诱多，因而逢高出局是最佳的选择。

000912 泸天化在一波主升浪之后，在顶部相继出现见顶 K 线形态，先是吊首线，紧接着是浪高线，然后再大阳线后组合成一个孕出线形态，其后一路下跌，56 个交易日区间跌幅高达 61.70%。

孕出线（实例 1）000912 泸天化

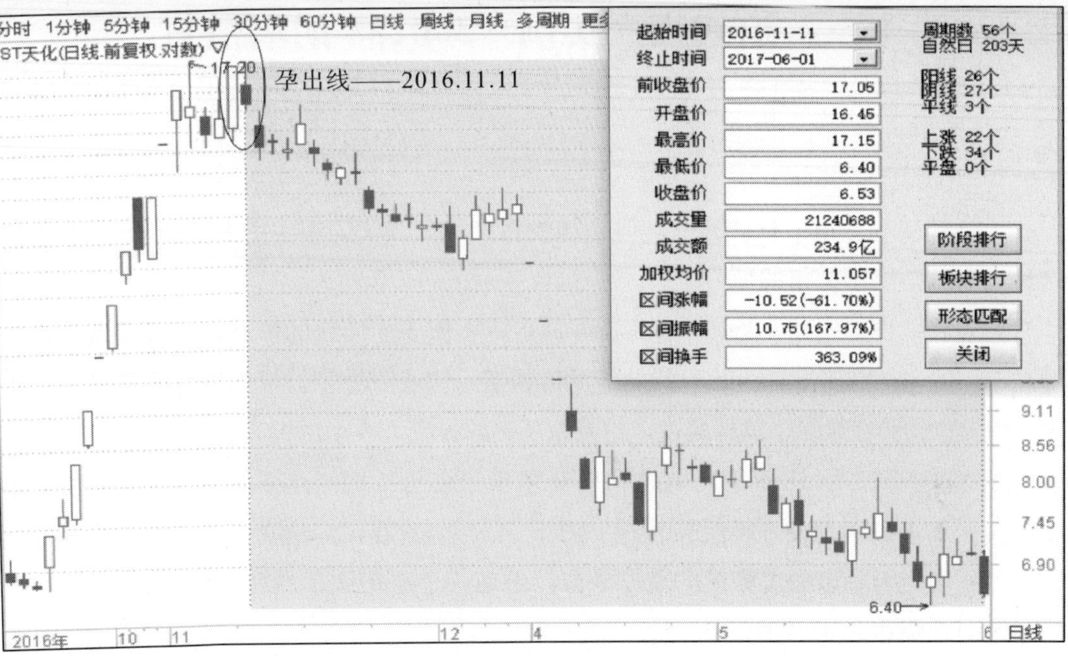

孕出线（实例 2）300353 东土科技

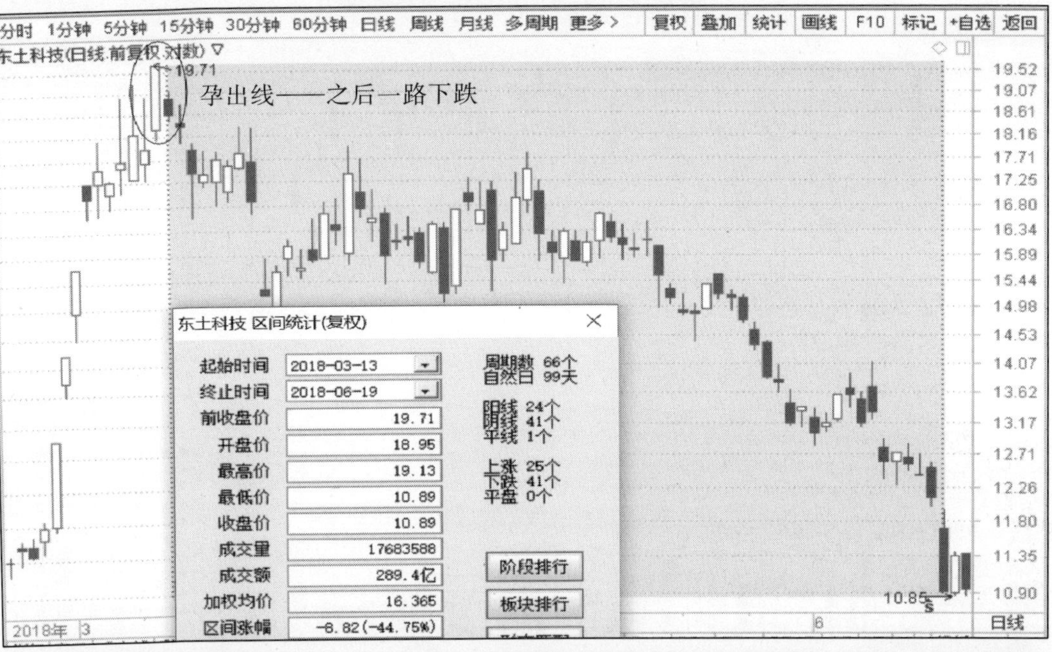

忠告是要遵守，而不是称赞！

十三、迫切线（实例）300288 朗玛信息

☆迫切线——第三日线开低，但是却收在第二天阴线的影线之下，两者正好相切，这种线形也是属于抛售的信号之一。

☆迫切线也有两种形态：一种是低开低走，类似于连续线的形态；一种是跳空低开却高走，但收盘价却与前一根K线的最低价相切，这表明做多力量不够，或许就是盘中主力借大盘的势在延缓下跌的速度，给爱抢反弹的投资人一个诱饵，它常常是昙花一现。

☆2013年10月15日朗玛信息刊登业绩预告公告：朗玛信息预计2013年前三季度归属于上市公司股东的净利润盈利4035万—4611万元，比上年同期下降20%—30%。公告当天，该股击穿横向盘整平台，出现一个迫切线，然后一路下跌，19个交易日区间跌幅达到31.99%。

迫切线（实例）300288 朗玛信息

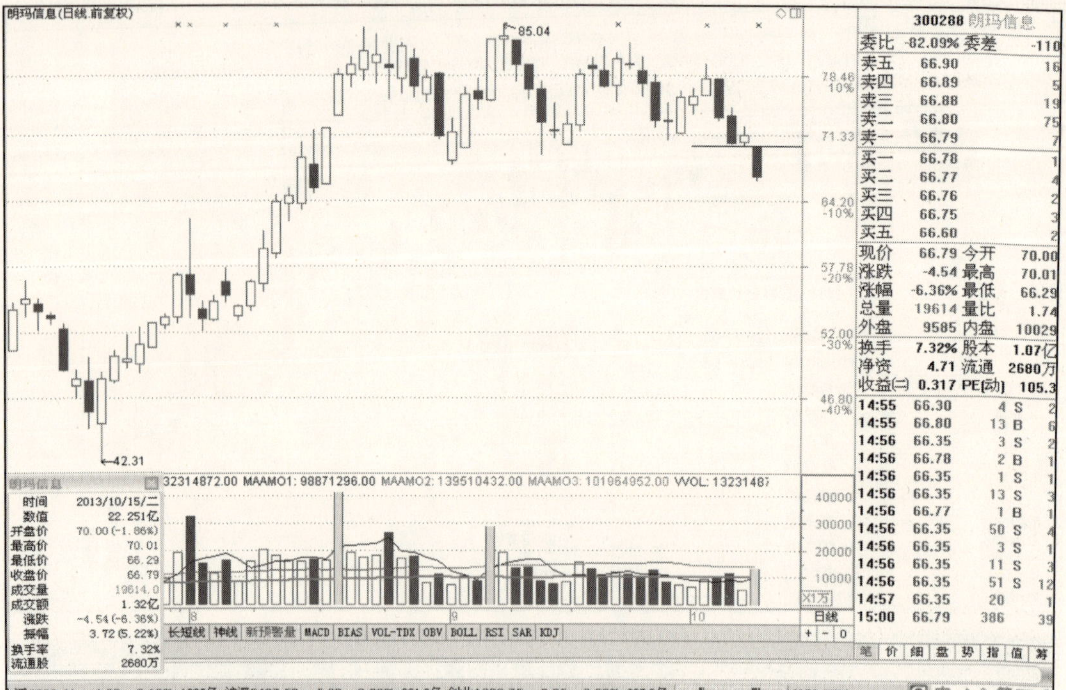

300288 朗玛信息 2013. 10. 15 分时图

300288 朗玛信息 2013（10. 15—11. 8）区间跌幅：31. 99%

先避风险，再谈利润。

十四、入首线（实例1）999999 上证指数

☆入首线是迫切线的延长，就是第三日的阳线更深入前日的日线之中，但深入的幅度却没有突破前一日阴线实体的50%。虽然多空双方在这里激烈交战，但做多的力量依然不够强，多方没有战胜空方，其后价格会继续下行。

☆注意：下跌初期的入首线仅仅是一个反弹，是在短线组之下的一个反弹，但受压于短线组的压力，在这里不可能出现向上反转的走势。

☆上证指数在2012年12月4日创下1949.46的新低点后反转上涨，一直涨到2013年2月18日（47个交易日）创下2444.80点的高点后开始下跌，2月20日出现了一根入首线，一直下跌到6月25日（82个交易日）才止跌，区间跌了423.40点。

入首线（实例1）999999 上证指数

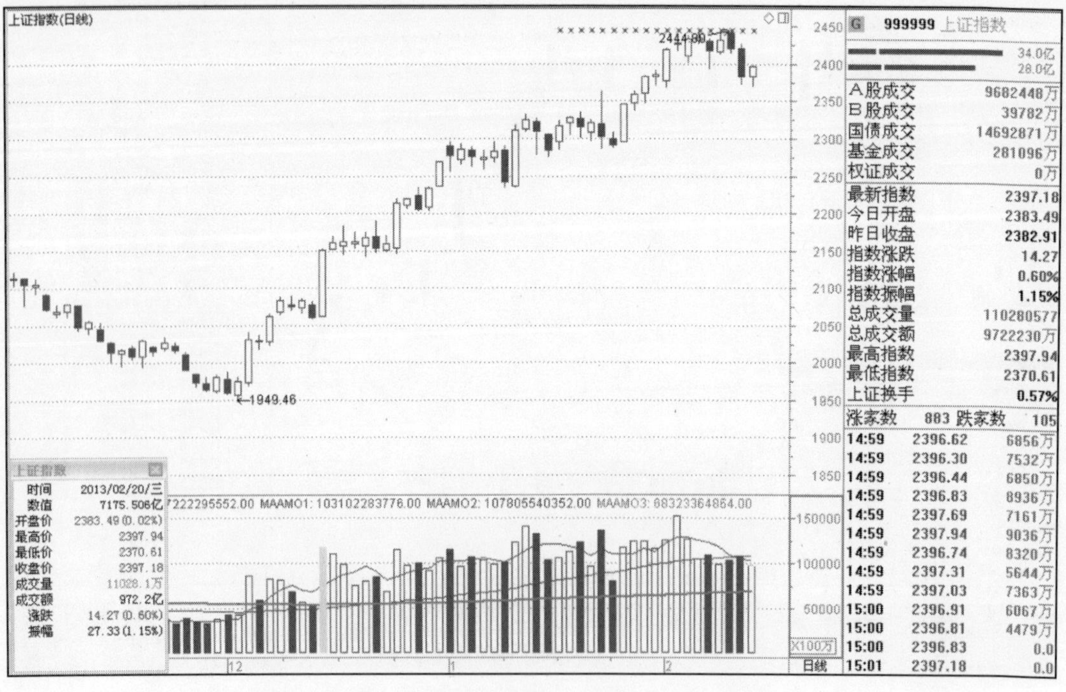

999999 上证指数 2013. 2. 20 分时图

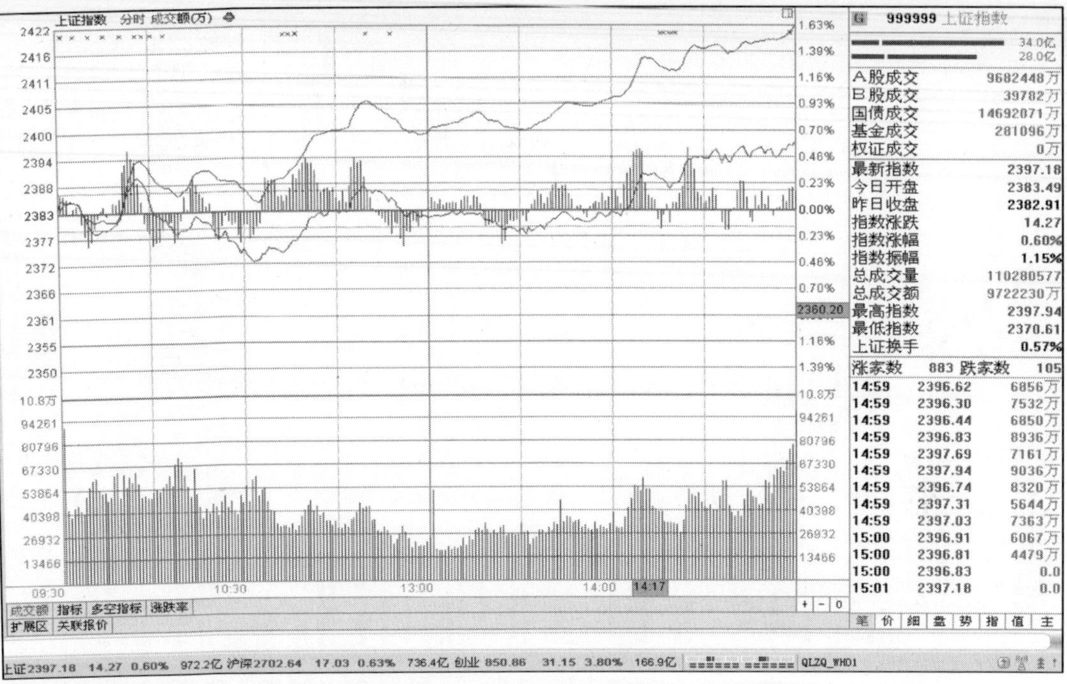

999999 上证指数 2013（2. 20—6. 25）区间跌幅：423. 40 点

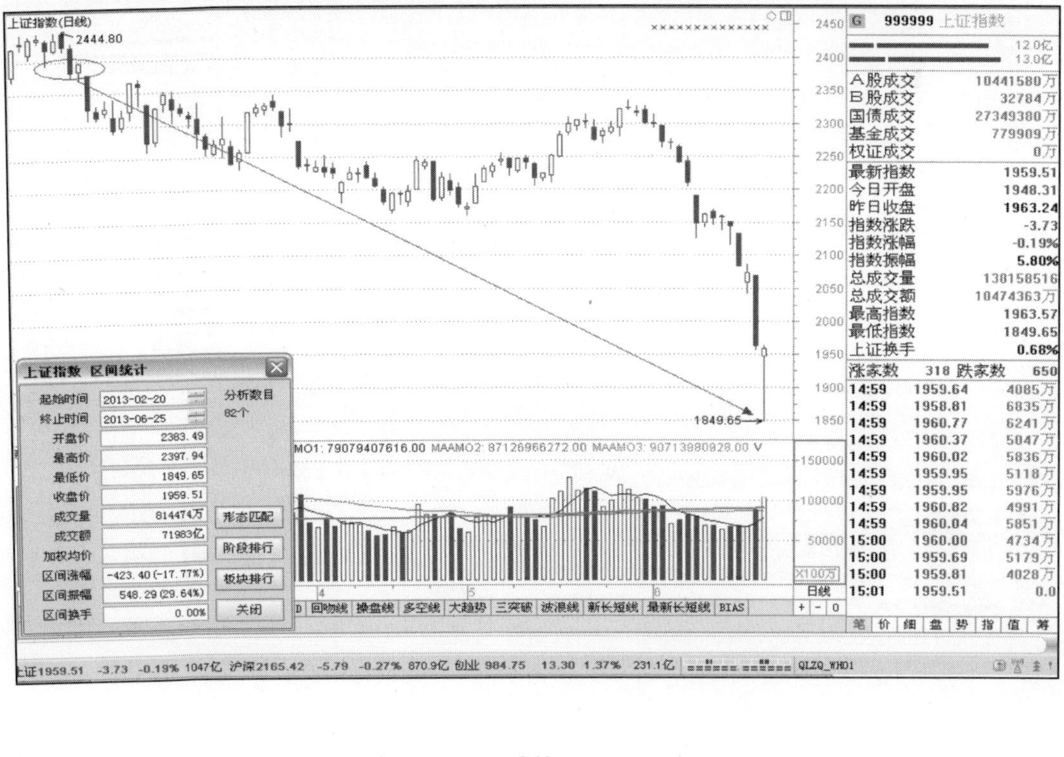

入首线（实例 2）399001 深证成指

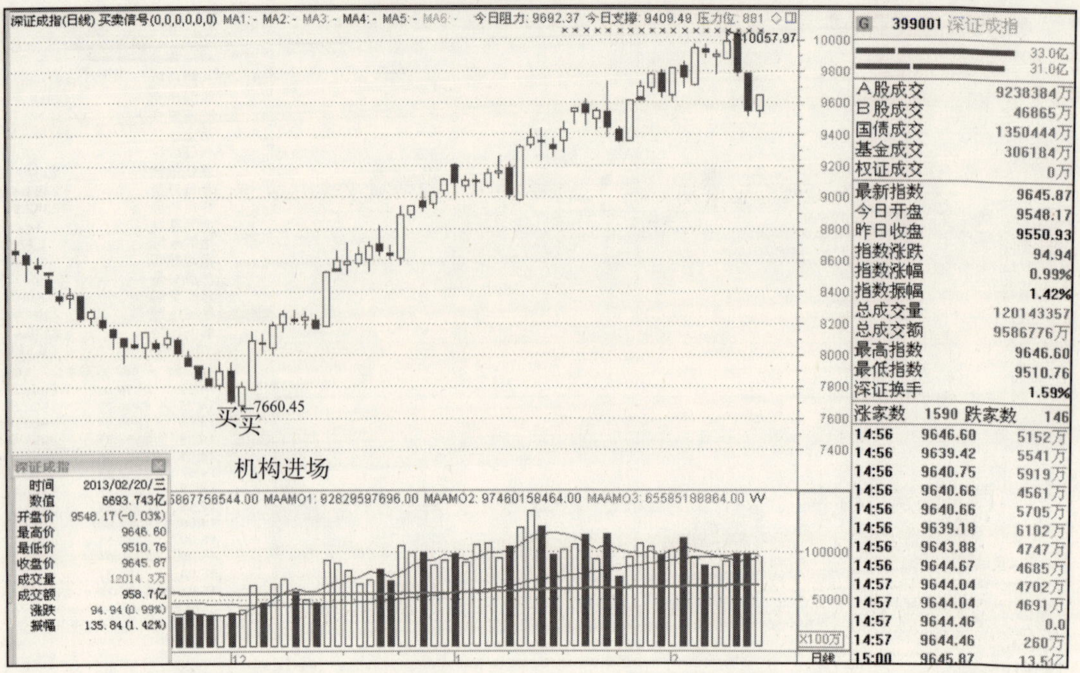

399001 深证成指 2013. 2. 20 分时图

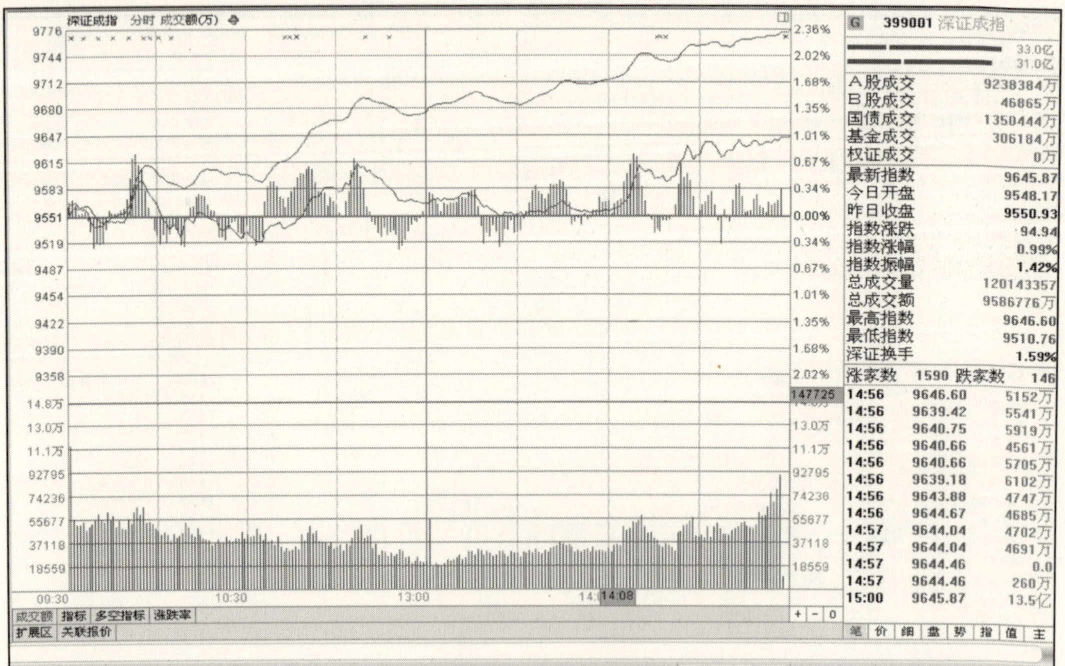

399001 深证成指 2013（2. 20—6. 25）区间跌幅：2055. 84 点

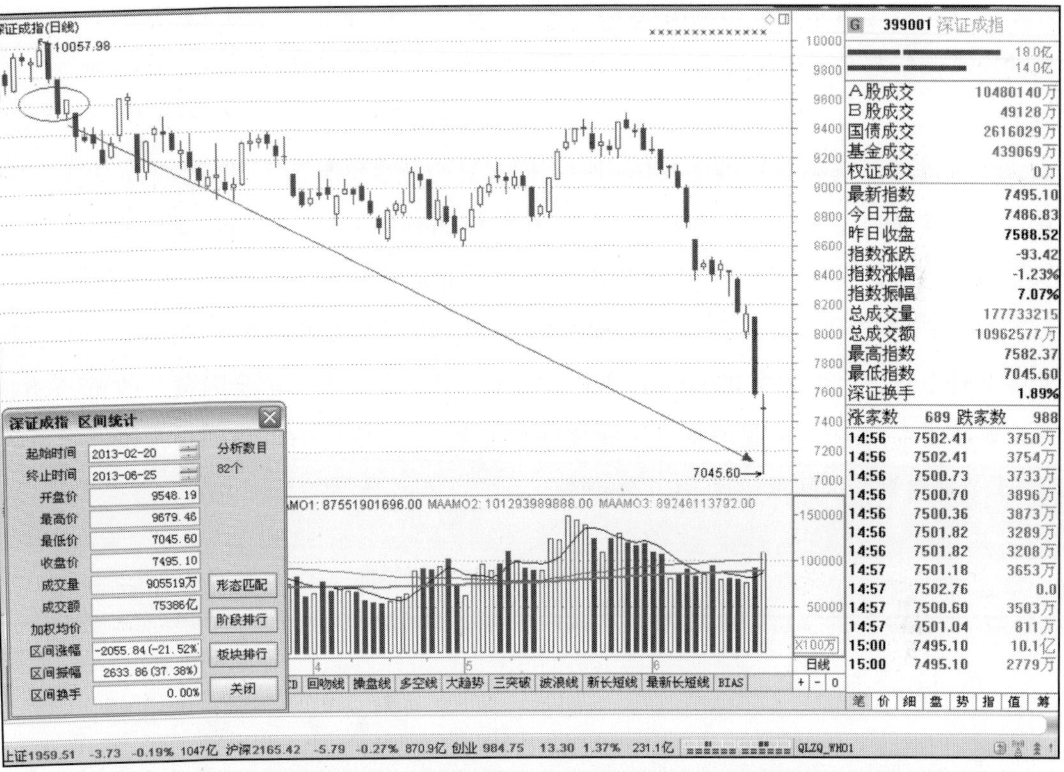

为了面子，反而会失去里子。

十五、黑三兵（实例1）002582 好想你

☆ 在一波上升走势的顶端出现了阴线，一连 3 天都如此，则构成黑三兵。黑三兵后的反涨阳线都是卖出的机会，不久市场将大幅滑落，甚至随后可能一连下挫 1 个月以上。

☆ 标准的黑三兵是 K 线的实体相切，即次日的开盘价与前一日的收盘价相切。注意，也有变异的黑三兵，次日跳空低开，在实体间有向下跳的缺口，实体未相切——这是做空力量更强的一种信号。如果黑三兵向下击穿了 8 日均线，就必须清仓出局！

☆ 2013 年 2 月 21 日，002582 好想你在貌似上升三法之后出现了又一次的黑三兵。而在 2 月 5 日、2 月 20 日的新闻报道中，则是利好不断，谓之“全面营销改革预期业绩向好转折”“专卖店渠道改革继续深化逐步显效”。而股价的走势则是价格连续下挫了 61 个交易日，区间跌幅达 34.72%。

黑三兵（实例 1）002582 好想你

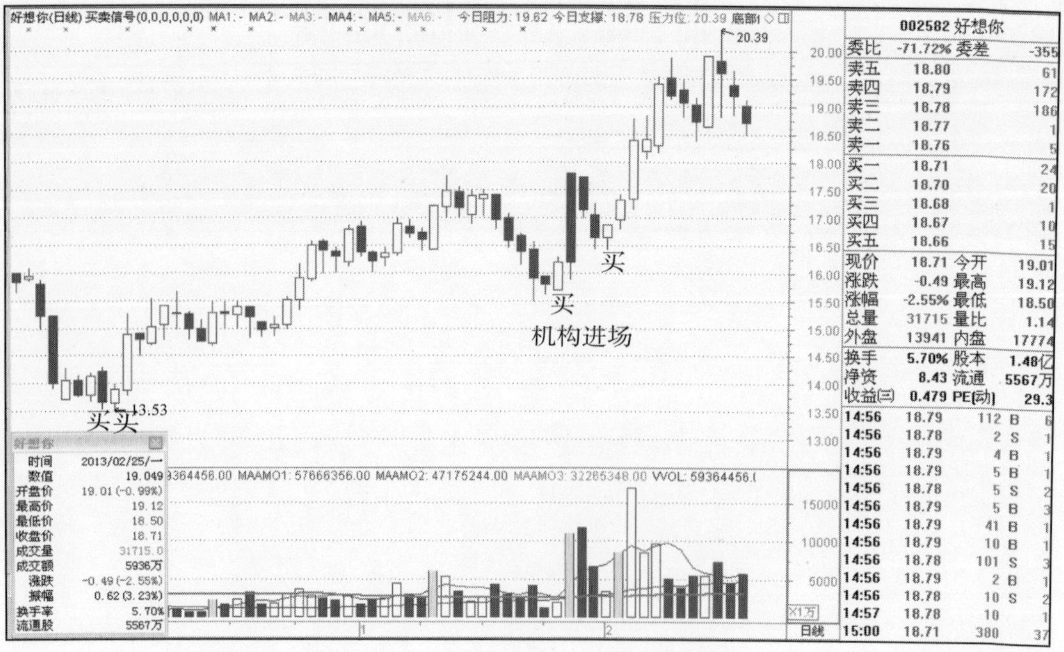

002582 好想你 2013. 2. 25 分时图

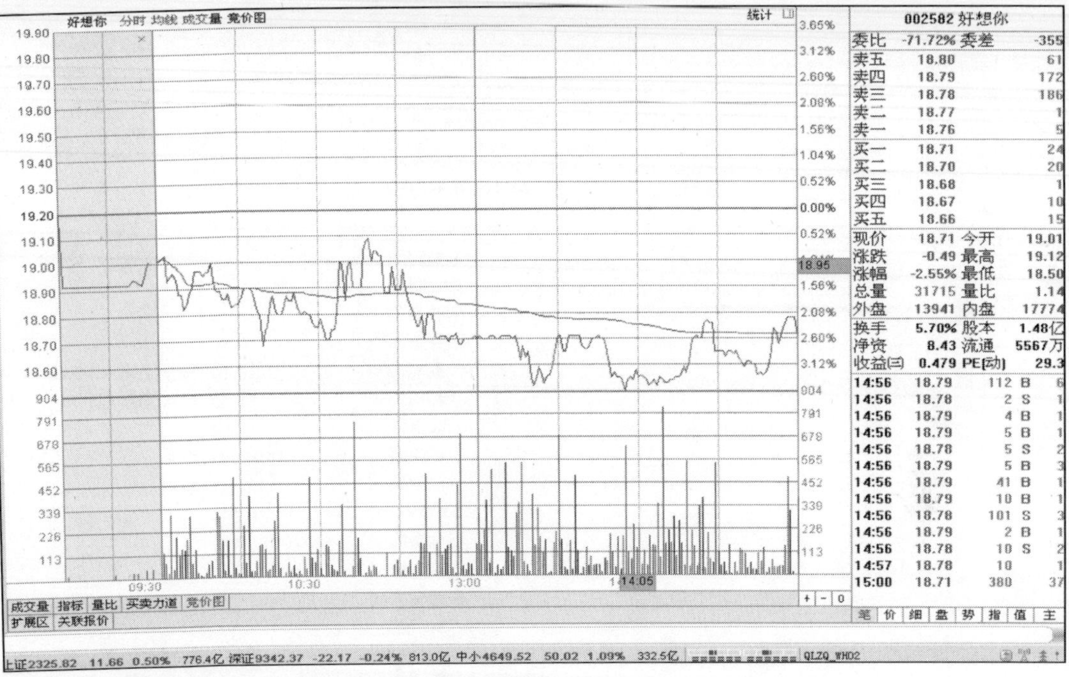

002582 好想你 2013（2. 21—6. 25）区间跌幅：34. 72%

黑三兵（实例 2）601606 长城军工

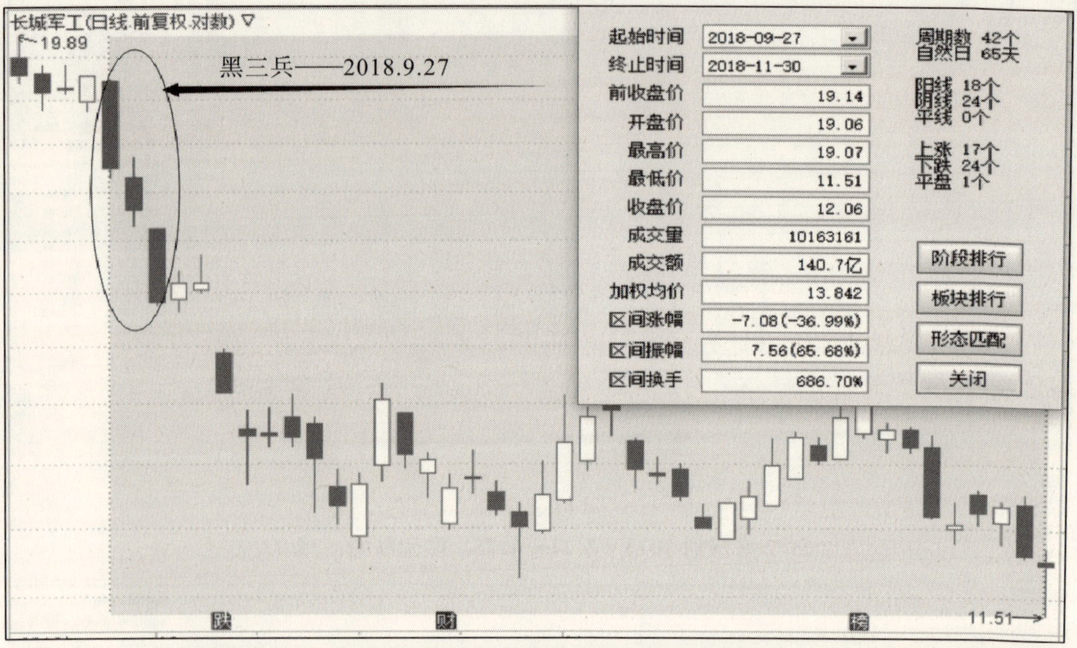
长城军工(日线,前复权,对数)
19.89
黑三兵——2018.9.27
起始时间 2018-09-27
终止时间 2018-11-30
前收盘价 19.14
开盘价 19.06
最高价 19.07
最低价 11.51
收盘价 12.06
成交量 10163161
成交额 140.7亿
加权均价 13.842
区间涨幅 -7.08(-36.99%)
区间振幅 7.56(65.68%)
区间换手 686.70%
周期数 42个
自然日 65天
阳线 18个
阴线 24个
平线 0个
上涨 17个
下跌 24个
平盘 1个
阶段排行
板块排行
形态匹配
关闭
11.51

路逢险处须当避，不是才人莫献诗。

连环计

曹操攻打江东前，苦于士兵不服水土。当时蒋干在东吴遇上庞统，并极力推荐庞统去见曹操。《三国演义》第四十七回这样写道：

既至操寨，干先入见，备述前事。操闻凤雏先生来，亲自出帐迎入，分宾主坐定，问曰："周瑜年幼，恃才欺众，不用良谋。操久闻先生大名，今得惠顾，乞不吝教诲。"统曰："某素闻丞相用兵有法，今愿一睹军容。"操教备马，先邀统同观旱寨。统与操并马登高而望。统曰："傍山依林，前后顾盼，出入有门，进退曲折，虽孙、吴再生，穰苴复出，亦不过此矣。"操曰："先生勿得过誉，尚望指教。"于是又与同观水寨。见向南分二十四座门，皆有艨艟战舰，列为城郭，中藏小船，往来有巷，起伏有序，统笑曰："丞相用兵如此，名不虚传！"因指江南而言曰："周郎，周郎！克期必亡！"操大喜。回寨，请入帐中，置酒共饮，同说兵机。统高谈雄辩，应答如流。操深敬服，殷勤相待。统佯醉曰："敢问军中有良医否？"操问何用。统曰："水军多疾，须用良医治之。"时操军因不服水土，俱生呕吐之疾，多有死者，操正虑此事；忽闻统言，如何不问？统曰："丞相教练水军之法甚妙，但可惜不全。"操再三请问。统曰："某有一策，使大小水军，并无疾病，安稳成功。"操大喜，请问妙策。统曰："大江之中，潮生潮落，风浪不息；北兵不惯乘舟，受此颠簸，便生疾病。若以大船小船各皆配搭，或三十为一排，或五十为一排，首尾用铁环连锁，上铺阔板，休言人可渡，马亦可走矣，乘此而行，任他风浪潮水上下，复何惧哉？"曹操下席而谢曰："非先生良谋，安能破东吴耶!”统曰:“愚浅之见,丞相自裁之。”操即时传令,唤军中铁匠,连夜打造连环大钉,锁住船只。诸军闻之,俱各喜悦。后人有诗曰:“赤壁鏖兵用火攻,运筹决策尽皆同。若非庞统连环计,公瑾安能立大功?”

至第四十九回曹操便被周瑜纵火大败。

在这里,庞统怂恿曹操把战舰用铁链勾连起来,然后周瑜纵火焚烧,使之无法逃脱,这就是连环之计。连环计就是让敌人自己牵制自己,然后再去谋取。用一条计谋使敌人自己牵制自己,再用一计进攻敌人,两条计谋结合起来运用,就能够摧毁势力强大的敌人。在股市里,可以看到盘中的主力深谙此道。明明是在顶部,它操作成一个上升三法形态,当你以为价格还要上涨买进之后,立马来一个黑三兵,将买进之人深套其中,然后一去不回头——看看好想你这股票,主力运用的正是连环计。

十六、二星（实例）600247 成城股份

☆在一波上涨的顶部，两根极短线衔接在一起构成二星形态。这是上涨动能逐渐衰弱的信号，在这里是不能买进的，最好卖出以回避即将下行的风险。

☆保守的投资人在价格跌破 8 日均线时就不能再保守了，必须尽快脱手。

☆600247 成城股份（现名*ST 成城）因“筹划重大事项”停牌了两个多月，在 2013 年 2 月 4 日恢复交易后，6 个交易日累计涨幅达 64.52%——背后故事关键词：资产注入+补涨。当二星出现后，公司表示“煤炭业务将成为公司新的利润增长点”。其后股价在高位盘整后却是一路下跌，区间跌幅高达 35.44%。

二星（实例）600247 成城股份

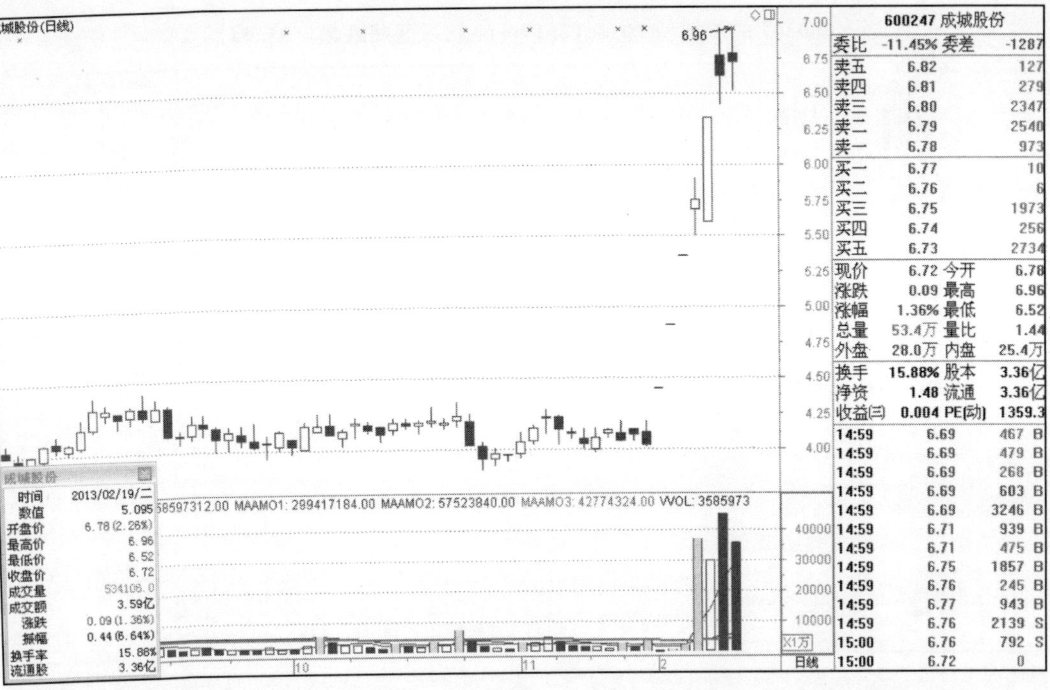

600247 成城股份 2013. 2. 19 分时图

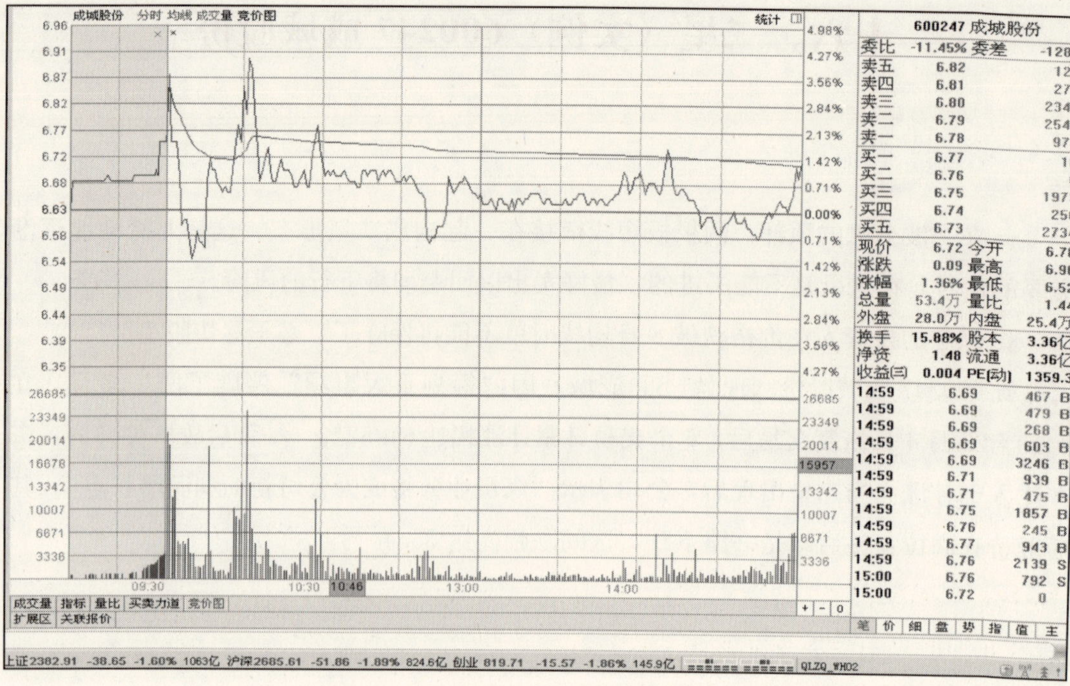

600247 成城股份 2013（2. 19—6. 28）区间跌幅：35. 44%

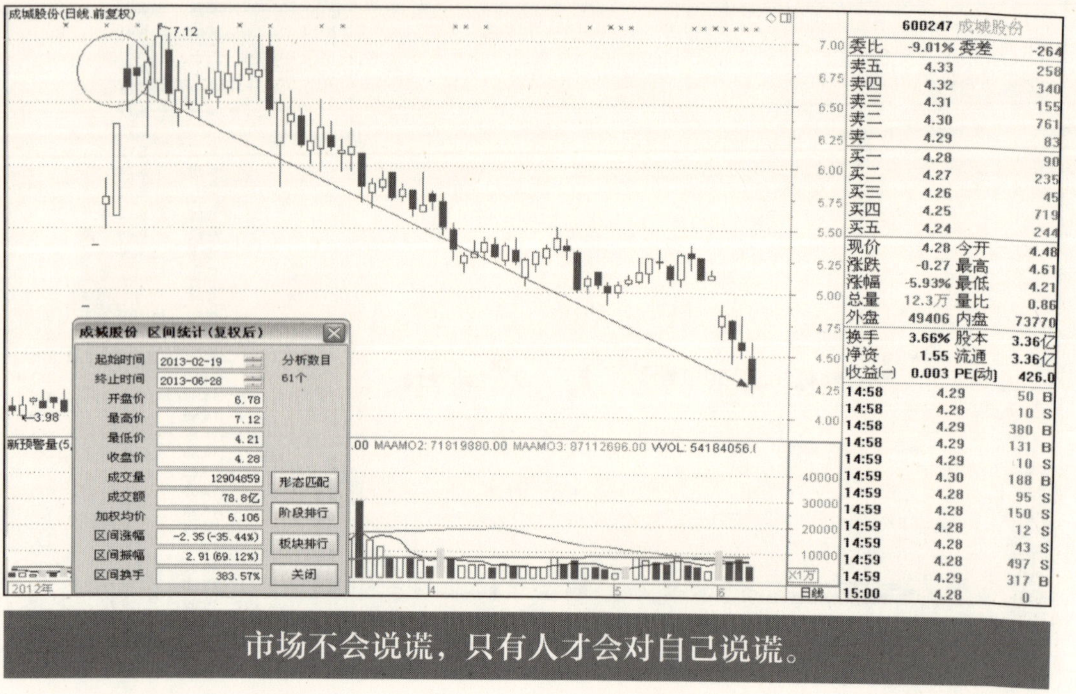

市场不会说谎，只有人才会对自己说谎。

十七、三星（实例）002129 中环股份

☆在一波连续下跌之后，出现了三根极短线串在一起即构成三星形态。它与二星一样是行情走到多空分歧的地界，这里的三星有价格止跌的意味，行情有可能在其后转换。

☆注意：多空在这里已经都很谨慎，价格很难继续下跌，当价格放量突破了三星的最高价，就是多方战胜空方的信号，也是可以做多的信号。

☆2013 年 4 月 23 日，002129 中环股份在一根大阴线后出现三星形态，随后 2013 年 4 月 25 日公布了中环股份 2013 年一季度净利润和经营性现金流大幅改善、业绩拐点出现的利好消息。2013 年 5 月 2 日，又公布了几条重要的利好：1. 小路条获批，GW 中心项目又前进一步；2. GW 中心项目呈现多元化实施方式；3. C7 中国拟首发，CFZ 和 C7 有望实现完美结合，共同打造高效高质量的光伏发电系统，进而推动光伏产业的平价上网，公司主导的华夏聚光公司将具备巨大的成长空间。其后 110 个交易日，区间涨幅达 149.40%。

三星（实例）002129 中环股份

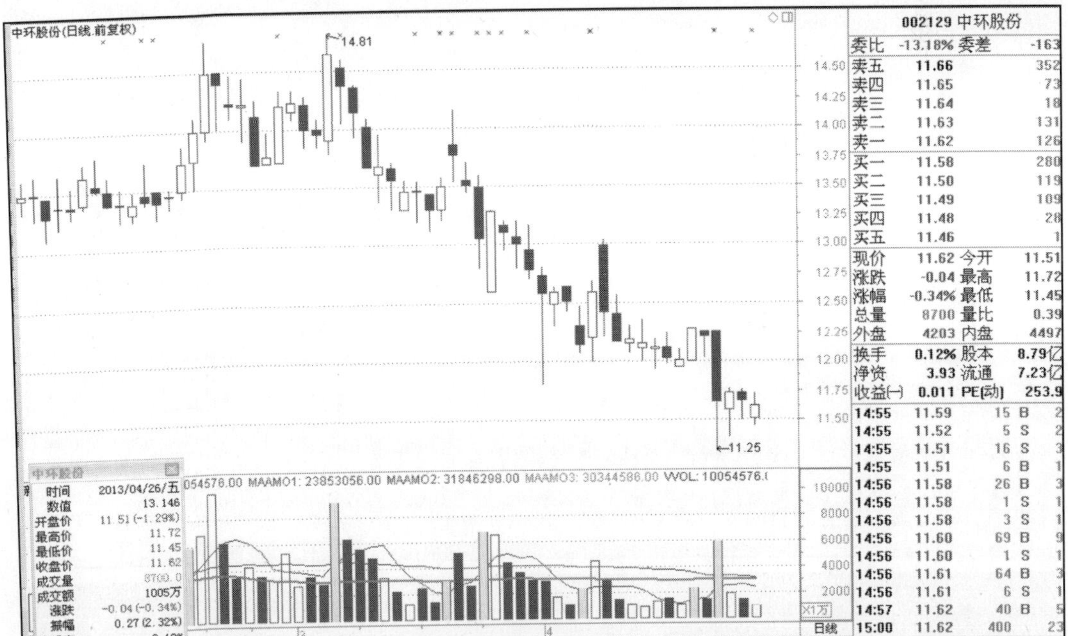

002129 中环股份 2013. 4. 26 分时图

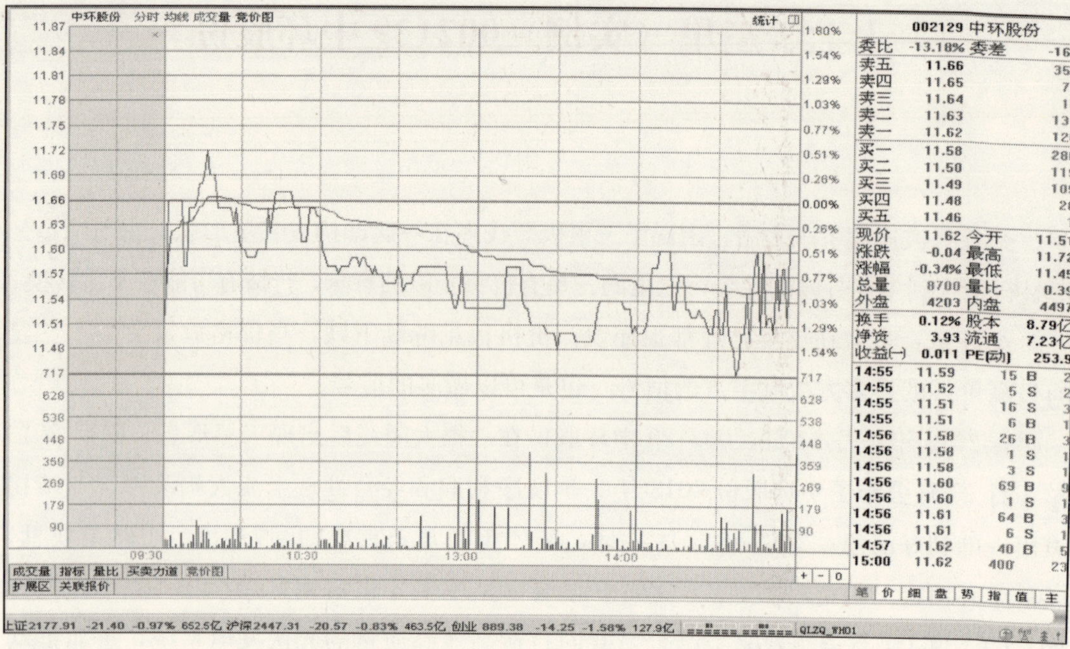

002129 中环股份 2013（4. 26—10. 21）区间涨幅：149. 40%

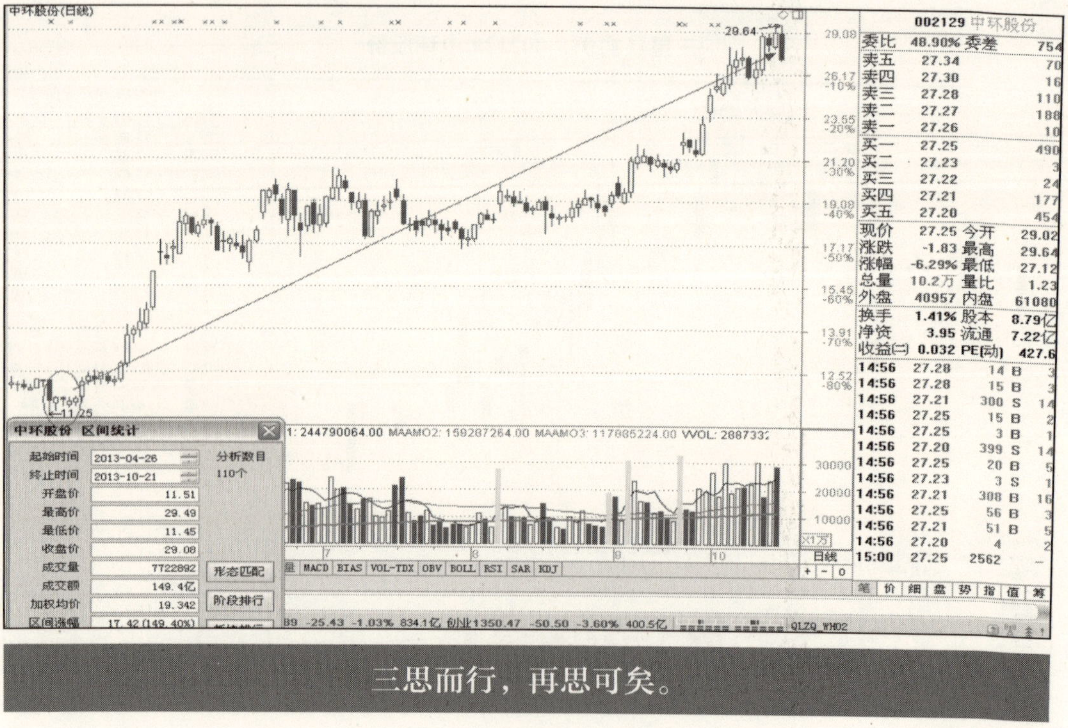

三思而行，再思可矣。

十八、反打前三（实例）000869 张裕 A

☆ 反打前三是指在下跌途中反弹时出现了一根阳线，可以包络先前的三根日线（阴阳不论）。

☆ 在价格走势逐渐下落的形态中，这根突然出现的大阳线似乎扭转了颓势，其实它只是一日的行情，这里的反弹如果没有量的配合，如果是在尾盘偷袭的拉起，骗线的时候居多，这里也是转卖的契机，最好是逢高卖出。

☆ 2012 年 11 月 22 日中国酒业协会发表声明称，通过对全国白酒产品大量全面的测定，白酒产品中基本上都含有塑化剂成分。张裕 A 的主营业务是以葡萄和苹果为原料的葡萄酒、白兰地、香槟酒和保健酒的酿制、生产与销售。塑化剂事件对市场低迷的影响不仅出现在白酒行业，000869 张裕 A 所在的葡萄酒行业也是处在“半斤对八两”的境况。从该股的形态走势上，在 2013 年 1 月 23 日出现了反打前三的形态，其后不断地震荡下跌。

反打前三（实例）000869 张裕 A

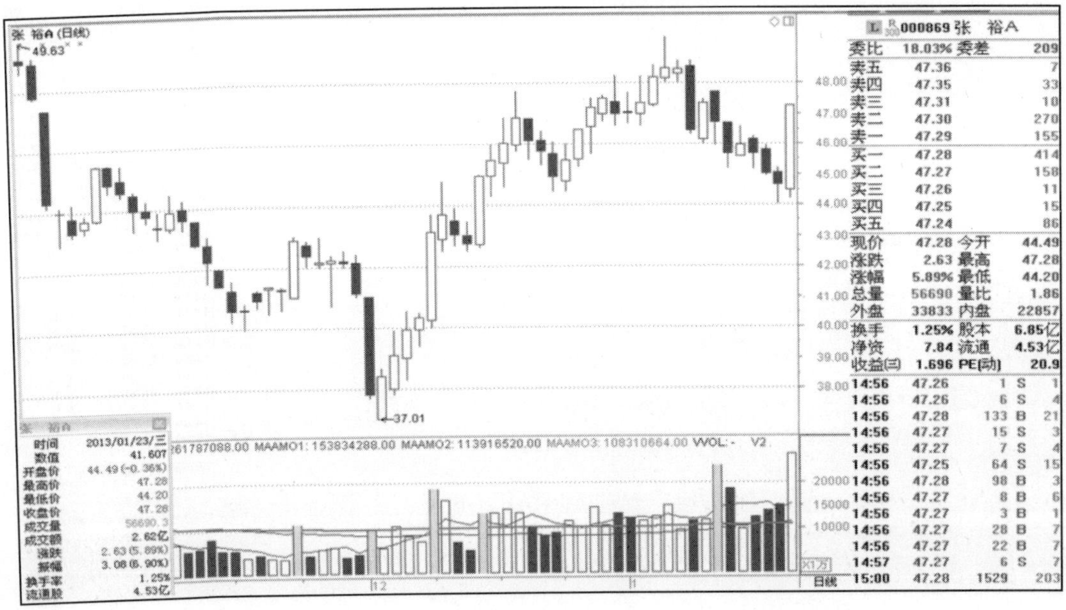

000869 张裕 A 2013. 1. 23 分时图

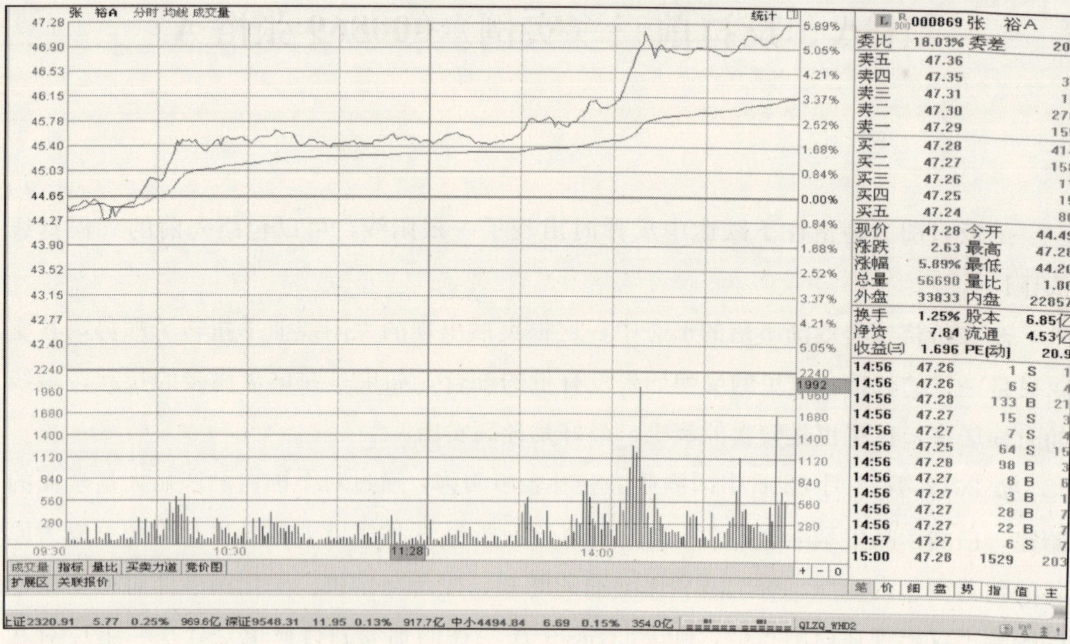

000869 张裕 A 2013（1. 24—10. 29）区间跌幅：39. 39%

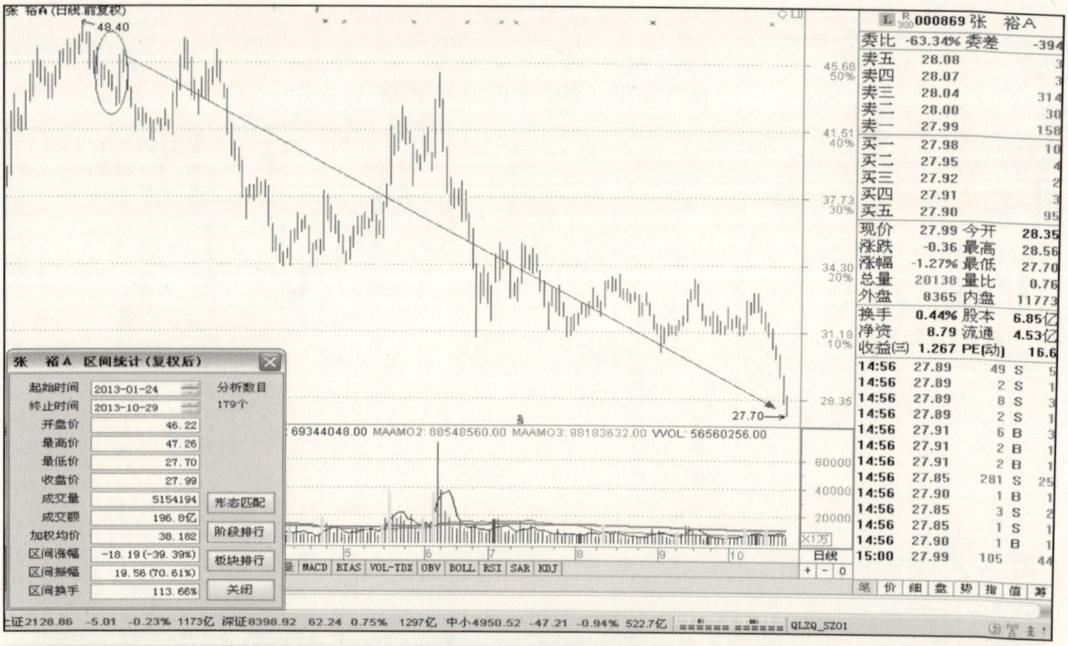

引君入瓮，多行不义必自毙。

十九、反拖线（实例1）002071江苏宏宝

☆反拖线分为上升反拖线与下降反拖线两种。两种都是调整形态，这里的调整，是为其后的走势积蓄力量。

☆上升反拖线是指在原来上升走势中，突然出现一根长阴线，似乎将原上涨趋势扭转过来，实际上是上涨途中的一次洗盘行为，其后将涨得更猛烈。如果在上升的途中出现了这种线形，不是卖出的时机，反而是买进的信号。

☆下降反拖线是指在原来下跌的途中，突然出现一根阳线，似乎要将下跌的局势扭转过来，实际上是下跌途中的一次诱多，其后会继续下跌。如果在下跌途中出现这种形态，就是卖出的时机，而不是买进的信号。

☆2013年5月10日，002071江苏宏宝在一波连续上涨创新高后走出了一个上升反拖线形态，5月13日发布公告：公司拟披露重大事项，上午开市起临时停牌。2013年8月9日，停牌两个多月的江苏宏宝公布资产重组方案，主业将变为电视剧制作与发行。这次主业的变化，恰逢市场对传媒娱乐板块的热炒。复牌当天就是一字板开盘，其后11个交易日连续一字涨停板，区间涨幅高达184.91%。2013年8月25日，江苏宏宝刊登了一则最新公告：【最新公告】【2013－08－26】刊登股票停牌公告：今起停牌。公告称：公司股票（股票简称：江苏宏宝，股票代码：002071）近期涨幅较大，公司拟就是否存在应披露而未披露的影响公司股票价格异常波动的事项进行核实，为避免二级市场大幅波动，保护投资者利益，公司股票将于2013年8月26日开市起停牌，公司将在核实上述事项并披露相关公告后复牌。其后29日复牌后又一个涨停板，其后一直涨至2013年10月9日，区间涨幅高达392.21%。

反拖线（实例 1）002071 江苏宏宝

江苏宏宝(日线)
6.19
4.72
002071 江苏宏宝
委比 25.61% 委差 427
现价 6.03 今开 6.17
涨跌 -0.13 最高 6.18
涨幅 -2.11% 最低 5.89
总量 66460 量比 1.63
外盘 31395 内盘 35065
换手 3.69% 股本 1.84亿
净资 1.65 流通 1.80亿
收益(一) 0.009 PE(动) 168.8
时间 2013/05/10/五
开盘价 6.17 (0.16%)
最高价 6.18
最低价 5.89
收盘价 6.03
成交量 66460.0
成交额 3979万
涨跌 -0.13 (-2.11%)
振幅 0.29 (4.71%)
换手率 3.69%
流通股 1.80亿
日线

002071 江苏宏宝 2013.5.10 分时图

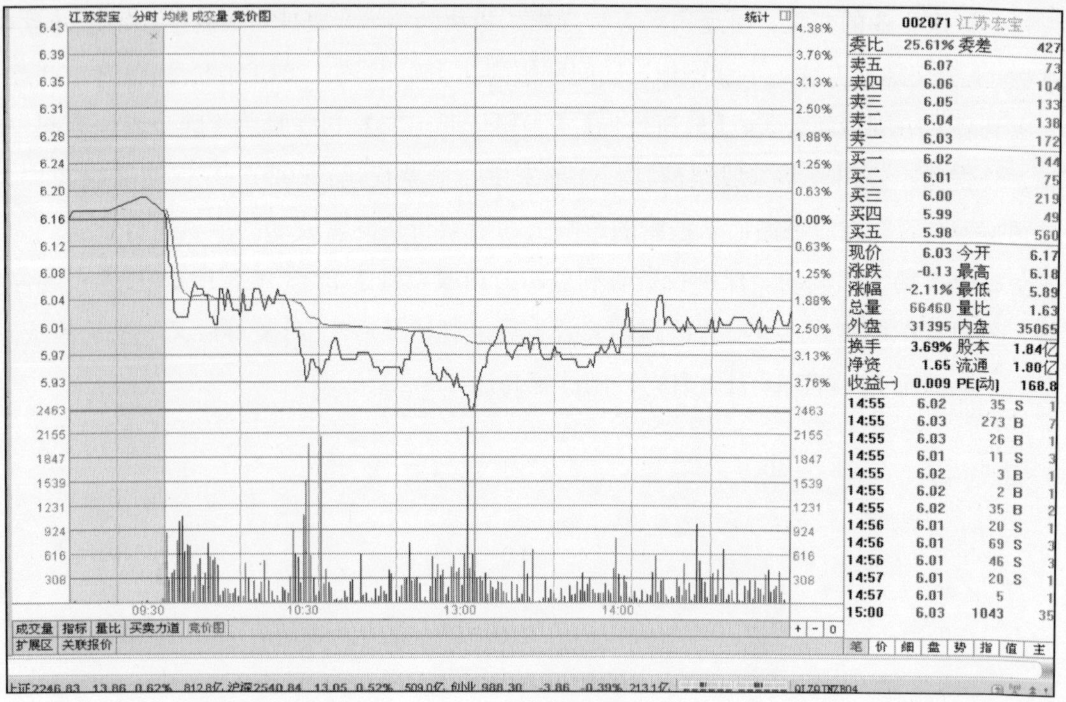
江苏宏宝 分时 均线 成交量 竞价图
统计
09:30
10:30
13:00
14:00
002071 江苏宏宝
委比 25.61% 委差 427
现价 6.03 今开 6.17
涨跌 -0.13 最高 6.18
涨幅 -2.11% 最低 5.89
总量 66460 量比 1.63
外盘 31395 内盘 35065
换手 3.69% 股本 1.84亿
净资 1.65 流通 1.80亿
收益(一) 0.009 PE(动) 168.8
15:00 6.03 1043

002071 江苏宏宝 2013（5. 10—10. 9）区间涨幅：392. 21%

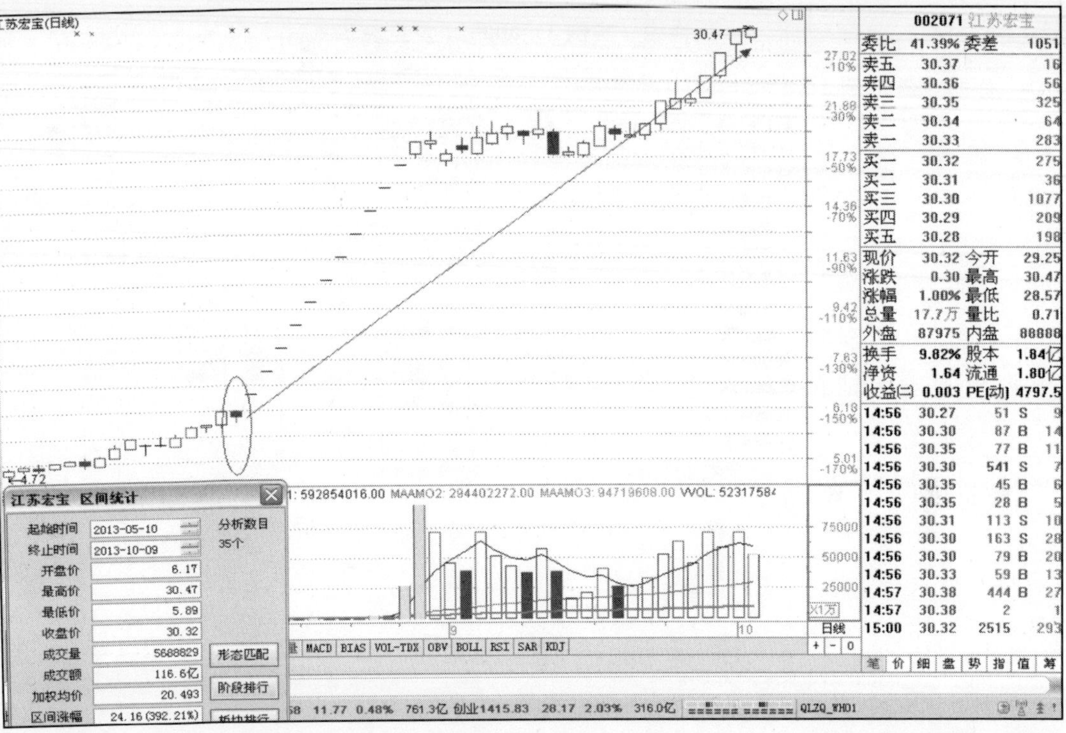

反拖线（实例 2）002194 * ST 凡谷

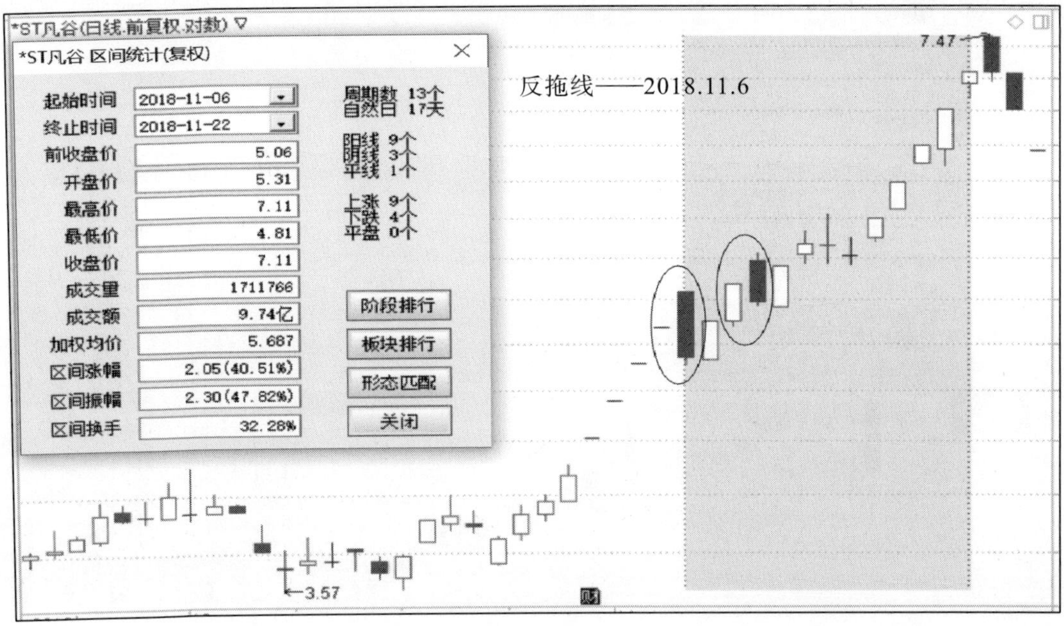

反拖线（实例 3）600624 复旦复华

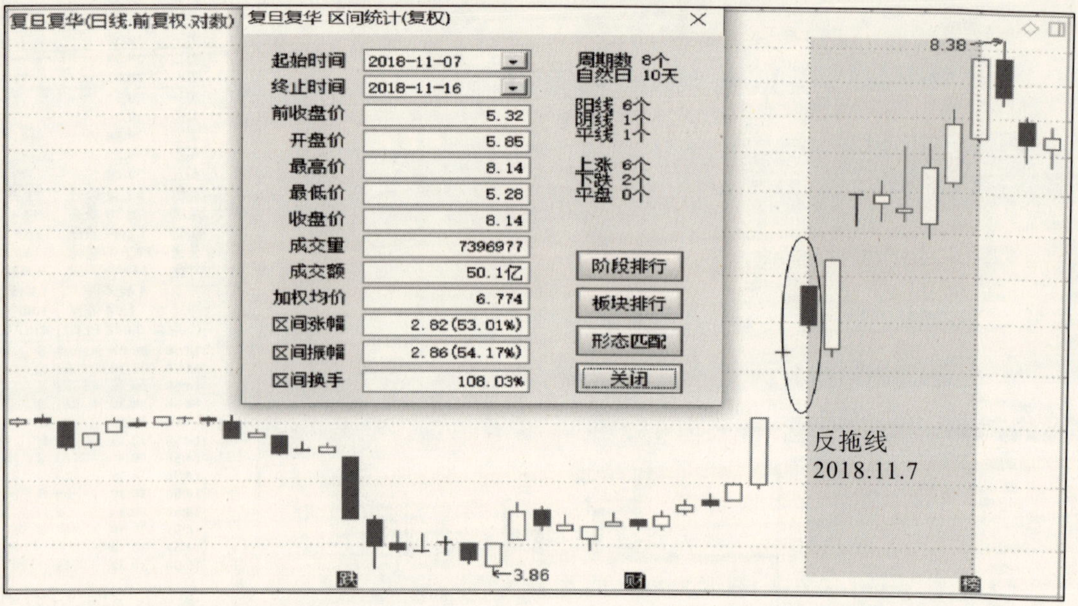
复旦复华(日线.前复权.对数)
复旦复华 区间统计(复权)
起始时间 2018-11-07
终止时间 2018-11-16
前收盘价 5.32
开盘价 5.85
最高价 8.14
最低价 5.28
收盘价 8.14
成交量 7396977
成交额 50.1亿
加权均价 6.774
区间涨幅 2.82(53.01%)
区间振幅 2.86(54.17%)
区间换手 108.03%
周期数 8个
自然日 10天
阳线 6个
阴线 1个
平线 1个
上涨 6个
下跌 2个
平盘 0个
阶段排行
板块排行
形态匹配
关闭
8.38
3.86
反拖线
2018.11.7

反拖线（实例 4）600218 全柴动力

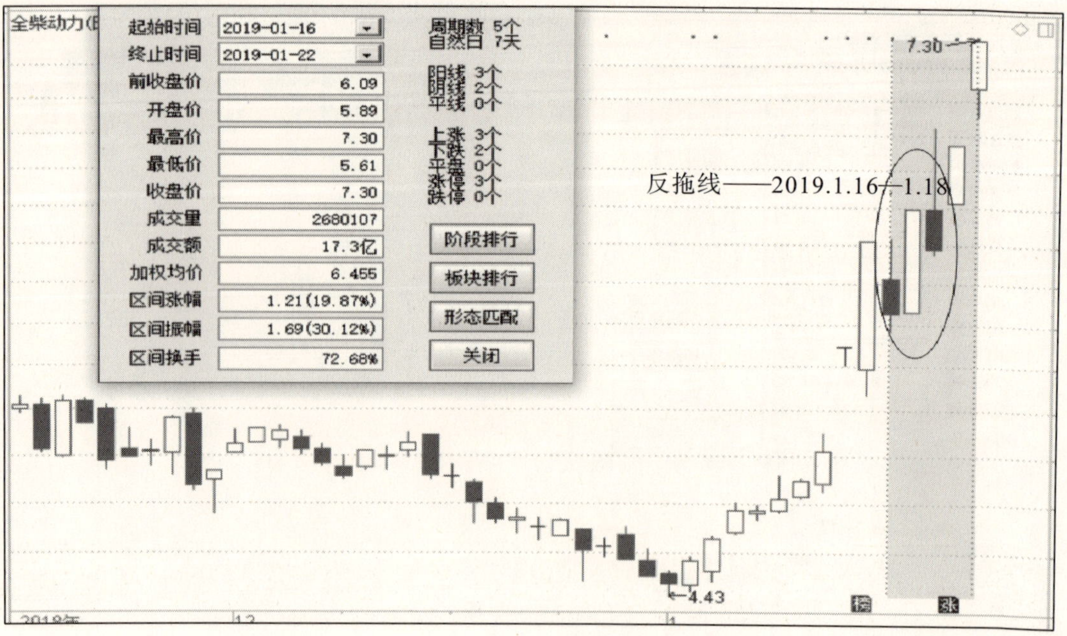
全柴动力(日
起始时间 2019-01-16
终止时间 2019-01-22
前收盘价 6.09
开盘价 5.89
最高价 7.30
最低价 5.61
收盘价 7.30
成交量 2680107
成交额 17.3亿
加权均价 6.455
区间涨幅 1.21(19.87%)
区间振幅 1.69(30.12%)
区间换手 72.68%
周期数 5个
自然日 7天
阳线 3个
阴线 2个
平线 0个
上涨 3个
下跌 2个
平盘 0个
涨停 3个
跌停 0个
阶段排行
板块排行
形态匹配
关闭
7.30
反拖线——2019.1.16—1.18
4.43

反拖线（实例 5）600975 新五丰

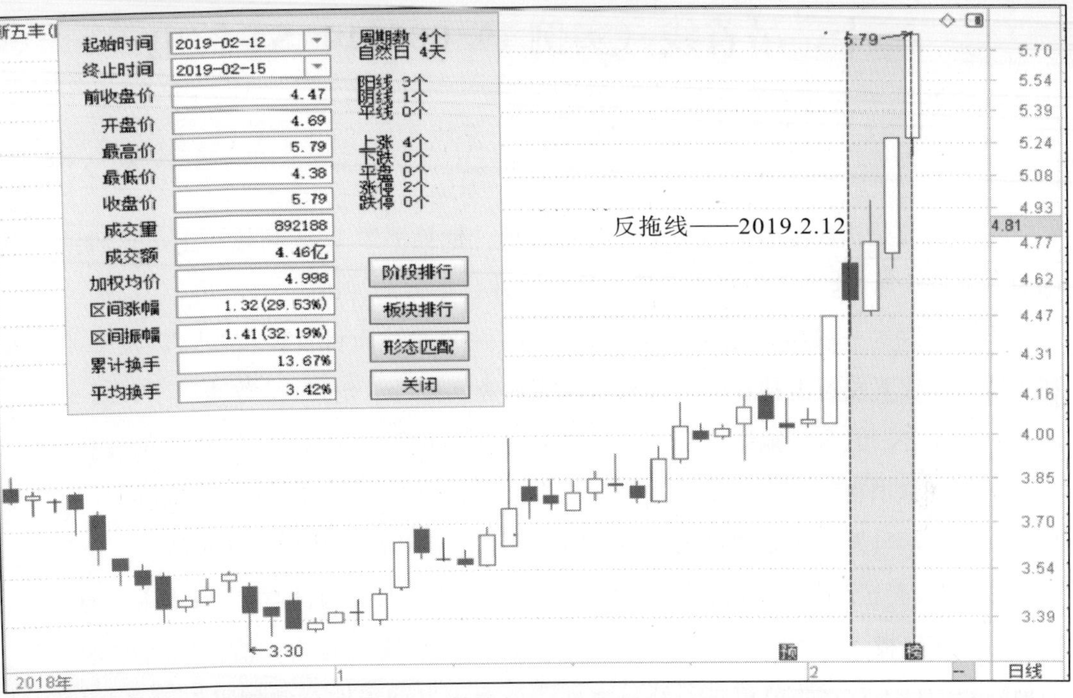

600975 新五丰 2019（2.12—3.29）区间涨幅：151.01%

无限风光在险峰！

二十、吊首线（实例1）002114*ST锌电

☆吊首线是指在上升的走势中，突然出现一根长下影K线高悬在上，这种线形就称为“吊首线”，这是多头买势受挫的信号，并且十分的神准。

☆吊首线这一线形，可以推断为空头一时性的回补而将价位拉高，以及多头的获利了结而导致下端拉出甚长的下影来（影线约为实体的3倍）。吊首线跳空，看来似乎还有一些涨势，但这是骗线形态之一，多头绝对不可贸然进场，否则将立刻被套牢。

☆注意：吊首线与当日的成交量相结合，准确性更高。如果次日开盘价低于吊首线的收盘价，当天反弹必须卖出。相反的是没有放量的吊首线却是在骗线。

☆002114*ST锌电（现名罗平锌电）在2013年1月17日因重大资产重组复牌后，连续7个涨停板，1月25日公司公告称：公司关注并核实的相关情况说明如下：“前期披露的信息不存在需要更正、补充之处。公司未发现近期公共传媒报道了可能或已经对公司股票交易价格产生较大影响的未公开重大信息。经向管理层核实，近期公司生产经营情况正常，内外部经营环境未发生重大变化。经核查，公司控股股东及实际控制人不存在关于公司的应披露而未披露的重大事项，或处于筹划阶段的重大事项。经核查，股票异常波动期间，控股股东、实际控制人未买卖公司股票。”

☆2013年1月28日，也是公告市场一切正常后的周日后，该股高开低走，尾盘发力拉出吊首线，次日，高开低走，其后49个交易日波动下行，区间跌幅达34.27%。

吊首线（实例 1）002114 * ST 锌电

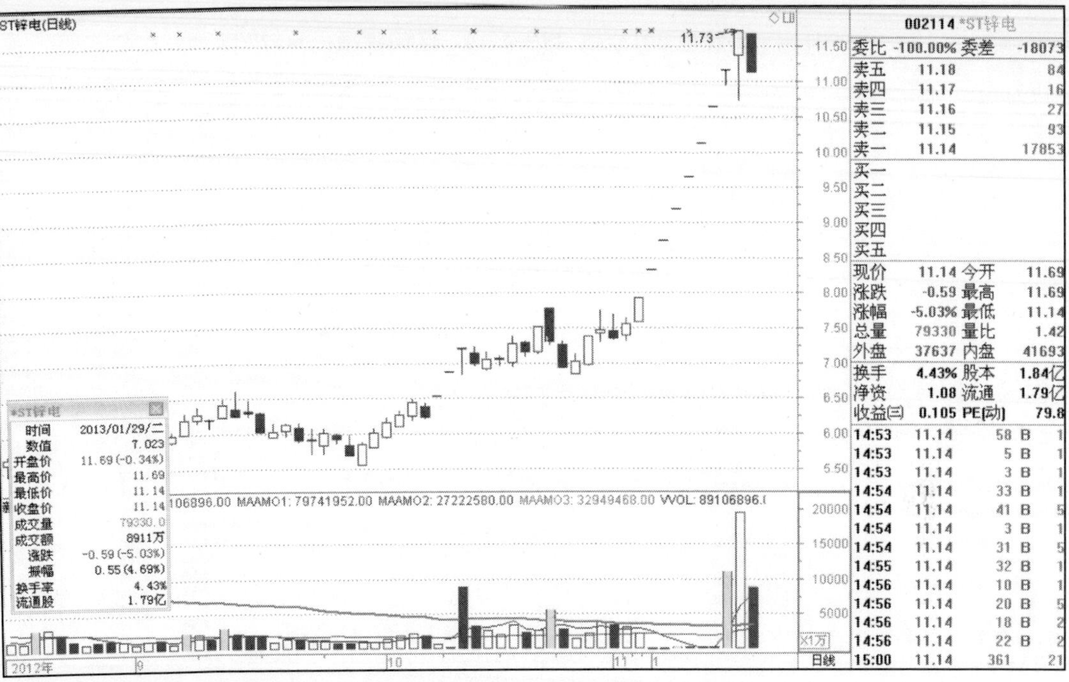

002114 * ST 锌电 2013. 1. 29 分时图

002114* ST 锌电 2013（1.29—4.16）区间跌幅：34.27%

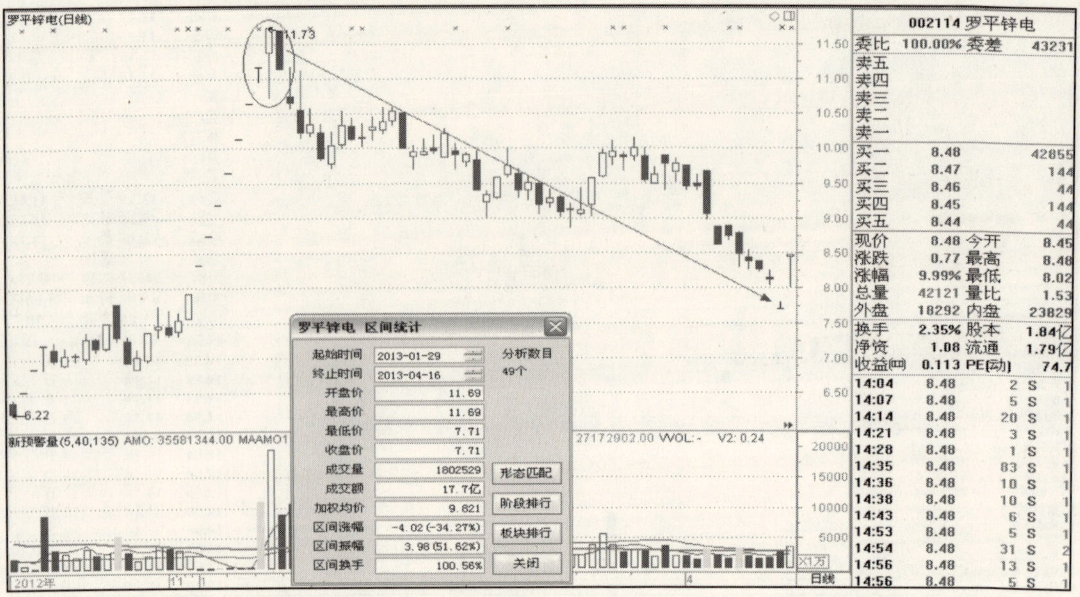

吊首线（实例2）000615 京汉股份

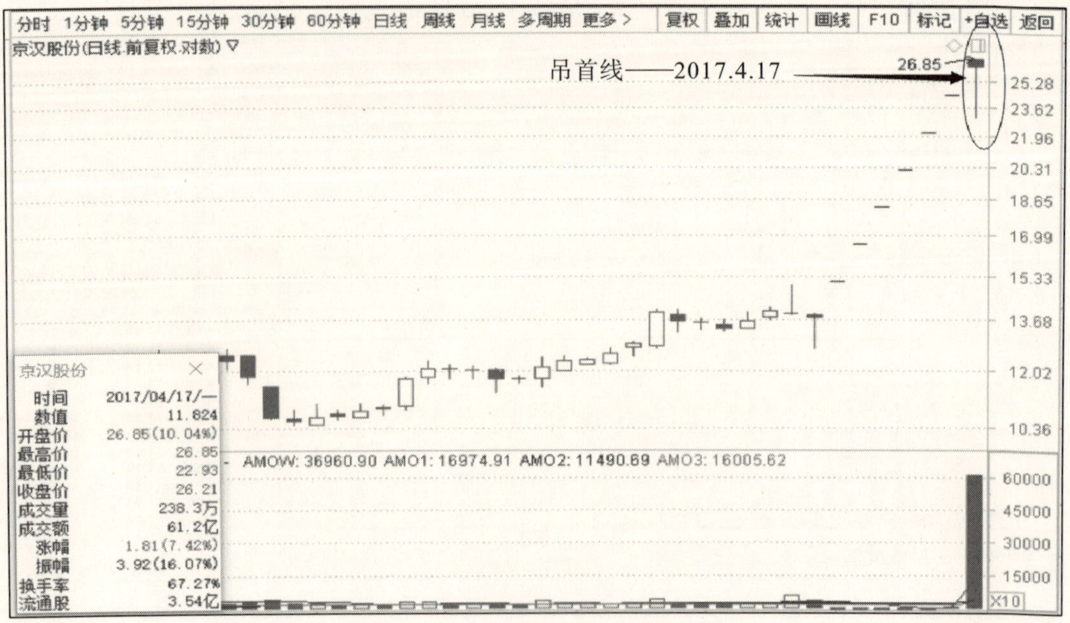

000615 京汉股份 2017. 4. 17 分时图

000615 京汉股份 2017（4. 17—7. 18）区间跌幅：55. 12%

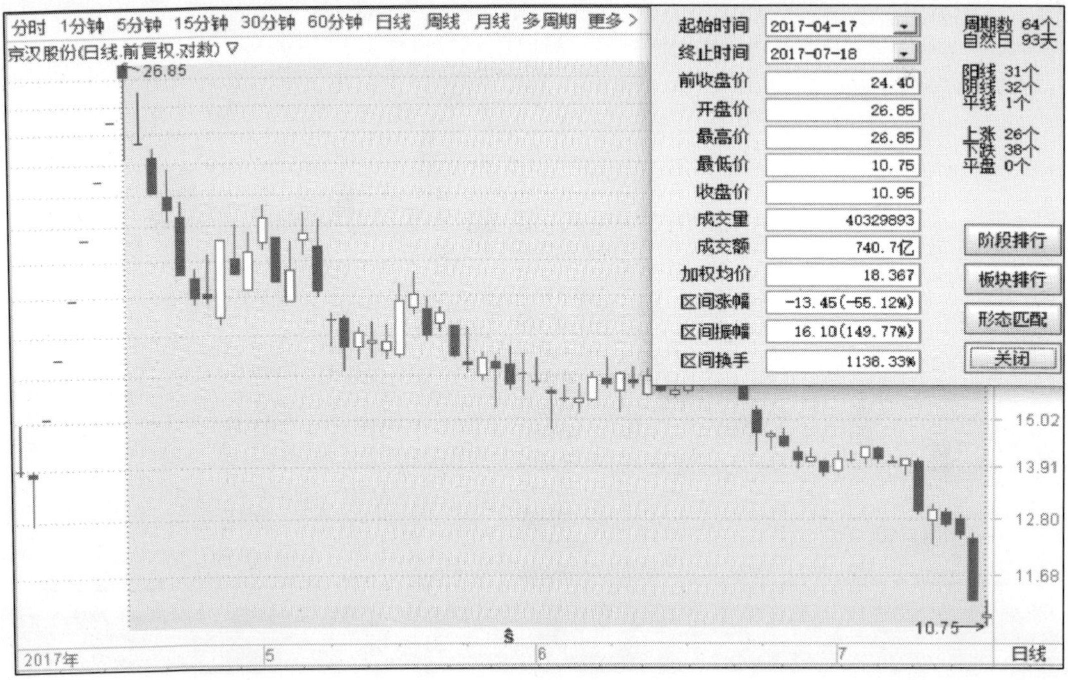

吊首线（实例 3）600477 杭萧钢构

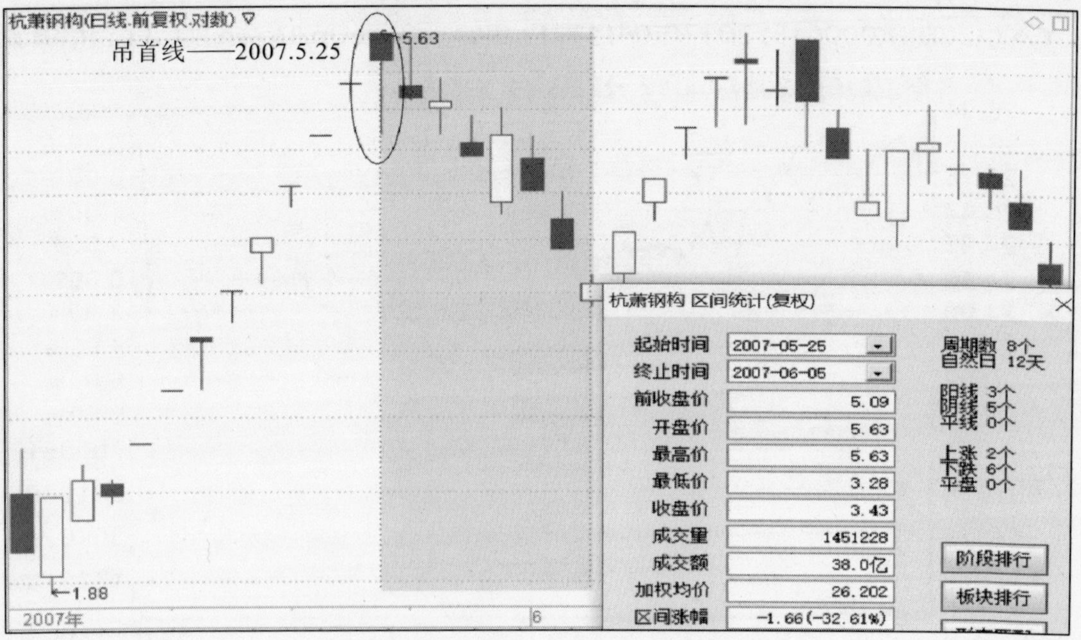
杭萧钢构(日线.前复权.对数)
吊首线——2007.5.25
5.63
1.88
2007年
6
杭萧钢构 区间统计(复权)
起始时间 2007-05-25
终止时间 2007-06-05
前收盘价 5.09
开盘价 5.63
最高价 5.63
最低价 3.28
收盘价 3.43
成交量 1451228
成交额 38.0亿
加权均价 26.202
区间涨幅 -1.66(-32.61%)
周期数 8个
自然日 12天
阳线 3个
阴线 5个
平线 0个
上涨 2个
下跌 6个
平盘 0个
阶段排行
板块排行

吊首线（实例 4）002346 柘中股份

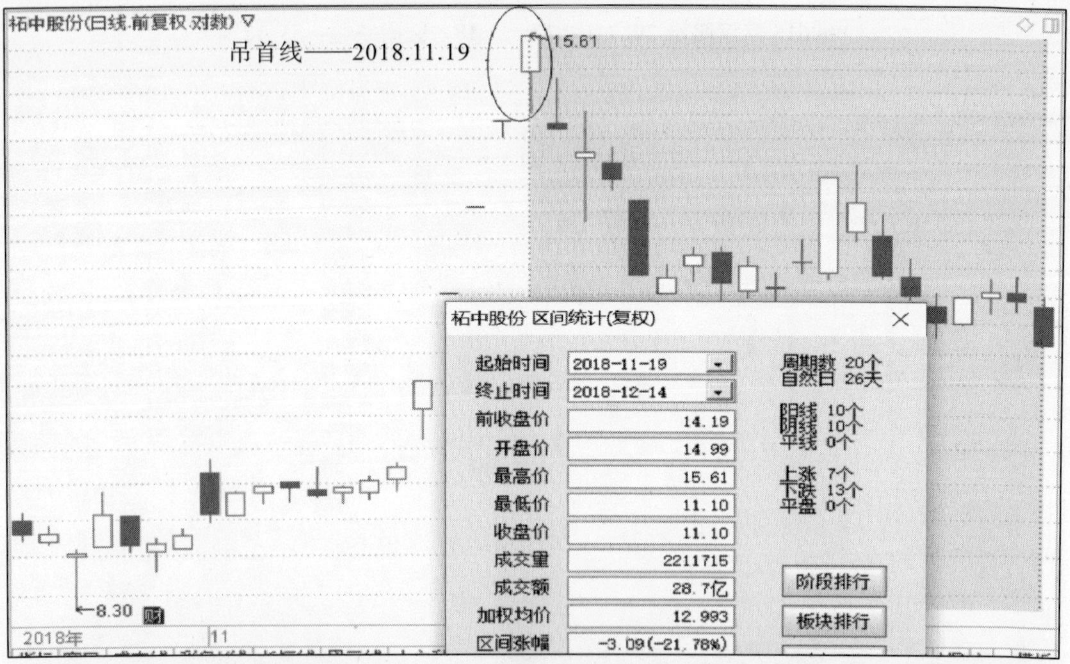
柘中股份(日线.前复权.对数)
吊首线——2018.11.19
15.61
8.30
2018年
11
柘中股份 区间统计(复权)
起始时间 2018-11-19
终止时间 2018-12-14
前收盘价 14.19
开盘价 14.99
最高价 15.61
最低价 11.10
收盘价 11.10
成交量 2211715
成交额 28.7亿
加权均价 12.993
区间涨幅 -3.09(-21.78%)
周期数 20个
自然日 26天
阳线 10个
阴线 10个
平线 0个
上涨 7个
下跌 13个
平盘 0个
阶段排行
板块排行

差之毫厘，失之千里。

二十一、下阻线（实例 1）002451 摩恩电气

☆ 下阻线就是吊首线出现在一连下挫位置的底部。多头在这里几乎已全面抛售，再往下跌已不可能。虽然曾一度试探低价，但不成之后又告缩回，而以吊首线收盘。

☆ 如果这时价格走势已经下跌 1 个月以上，更可确认市场的行情将要反转，因此多头可以买入。

☆ 注意：这种 K 线形态如果出现在长期下跌之后，那无疑是再也跌不下去了，在这尾盘最后一刻，当 K 线形态即将定型之时，不妨买进。

☆ 次日价格突破了下阻线的收盘价，那就确认了这是阶段性的底部，不妨再加仓买进。

☆ 其后，如果价格向上突破了 8 日均线，就是进场买进的关键时刻了，那一波稳定的上涨就会出现。

☆ 在下阻线中，要求下影线的长度大于实体的两倍以上，下影线越长，探底越深，买盘的力度越强；正像地基的深度决定房子的高度，而下阻线就是地基的深度。

下阻线（实例 1）002451 摩恩电气

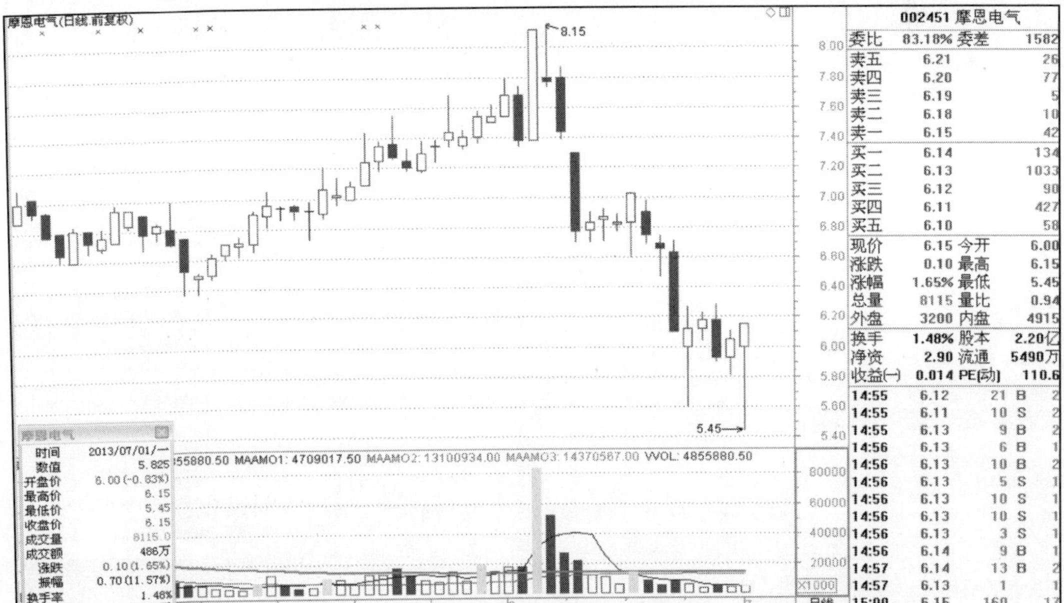

002451 摩恩电气 2013.7.1 分时图

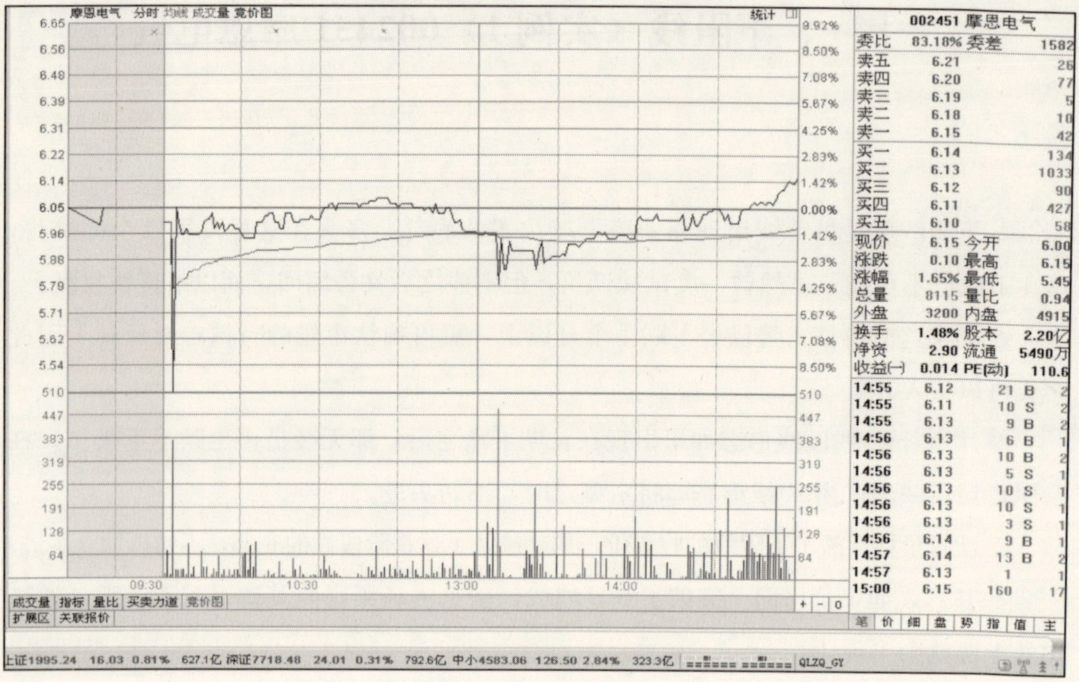

002451 摩恩电气 2013（7.1—9.24）区间涨幅：69.12%

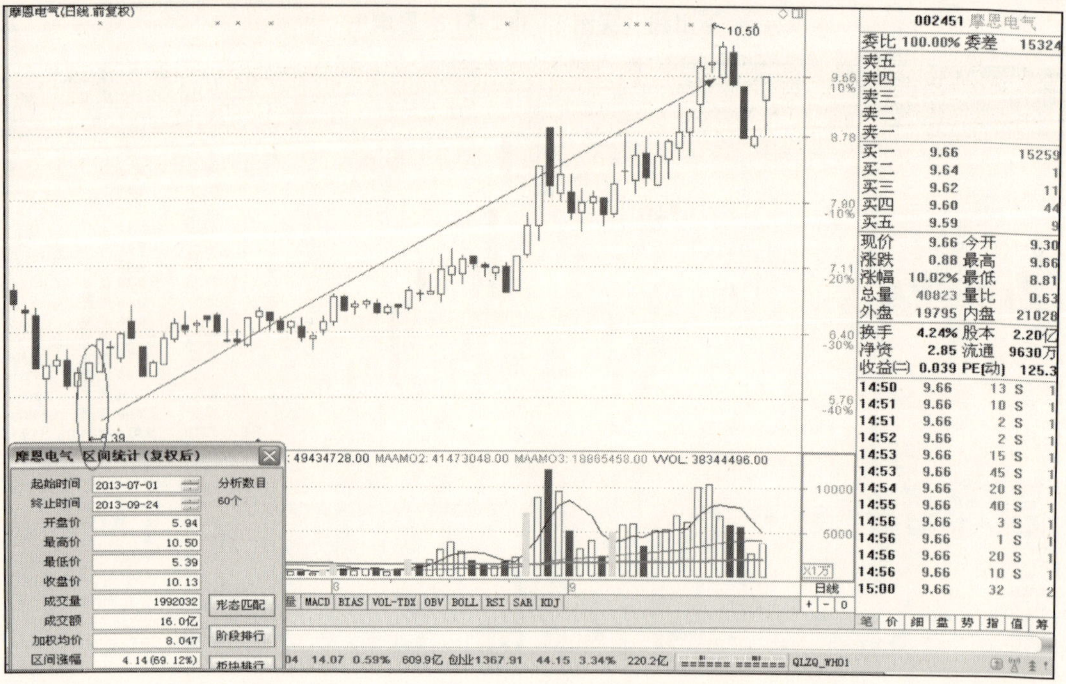

下阻线（实例 2）**300283 温州宏丰**

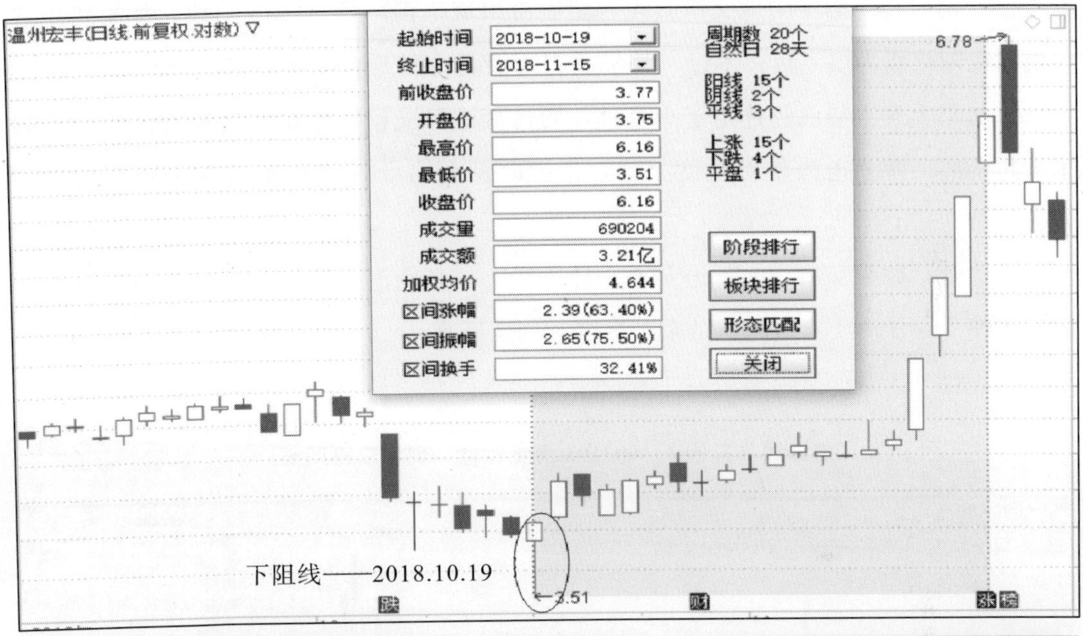
温州宏丰(日线,前复权,对数)
起始时间 2018-10-19
终止时间 2018-11-15
前收盘价 3.77
开盘价 3.75
最高价 6.16
最低价 3.51
收盘价 6.16
成交量 690204
成交额 3.21亿
加权均价 4.644
区间涨幅 2.39(63.40%)
区间振幅 2.65(75.50%)
区间换手 32.41%
周期数 20个
自然日 28天
阳线 15个
阴线 2个
平线 3个
上涨 15个
下跌 4个
平盘 1个
阶段排行
板块排行
形态匹配
关闭
6.78
3.51
下阻线——2018.10.19

好的思路，会让人走向光明。

二十二、交错线（实例 1）002195 海隆软件

☆ 交错线是一阳一阴地交错其间，然后再出现一根略微下降的阴线，如果再出现一根阴线则将成为黑三兵；不过，如果只有两根阴线则无法预测它的走向将如何。

☆ 如果上升走势已经连走了 1 个月，而再接这种交错线的话，这时行市大约已到了天井头部；后续走势是否再度上扬，得随时留意市场的成交量与未平仓量的结构变化。

☆ 注意：如果交错线向下击穿了 8 日均线，就必须清仓出局！相反，当交错线后向上突破了 8 日均线，则调整结束，会继续创出新高。

交错线（实例 1）002195 海隆软件（现名二三四五）

002195 海隆软件 2013. 7. 31 分时图

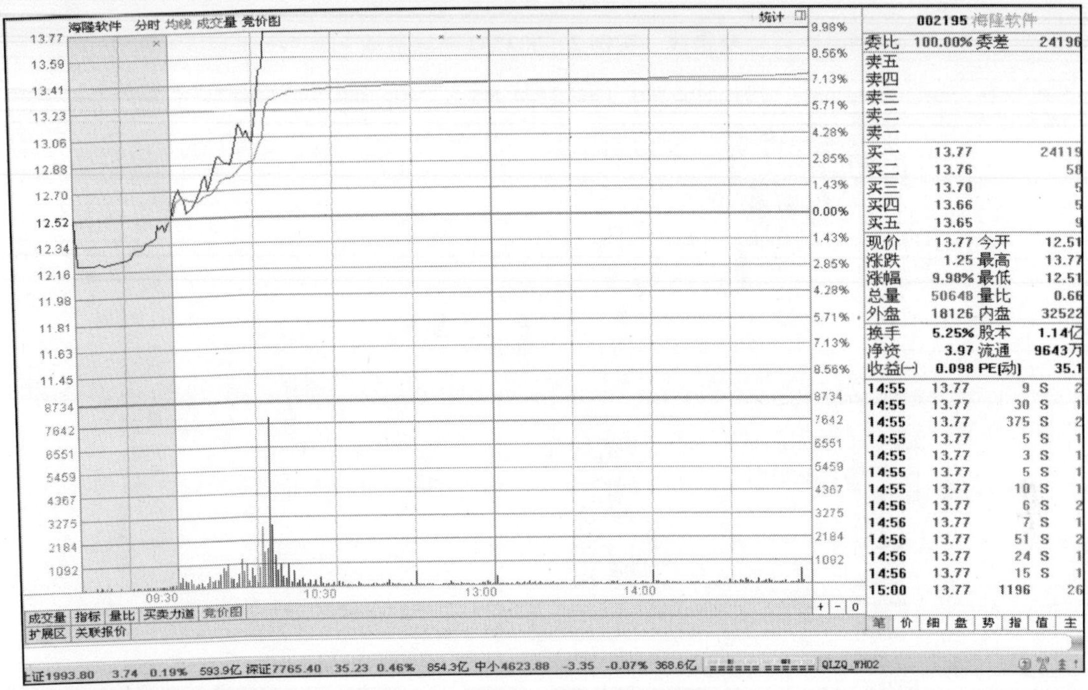

002195 海隆软件 2013（7. 31—8. 5）区间涨幅：38. 58%

交错线（实例 2）002732 燕塘乳业

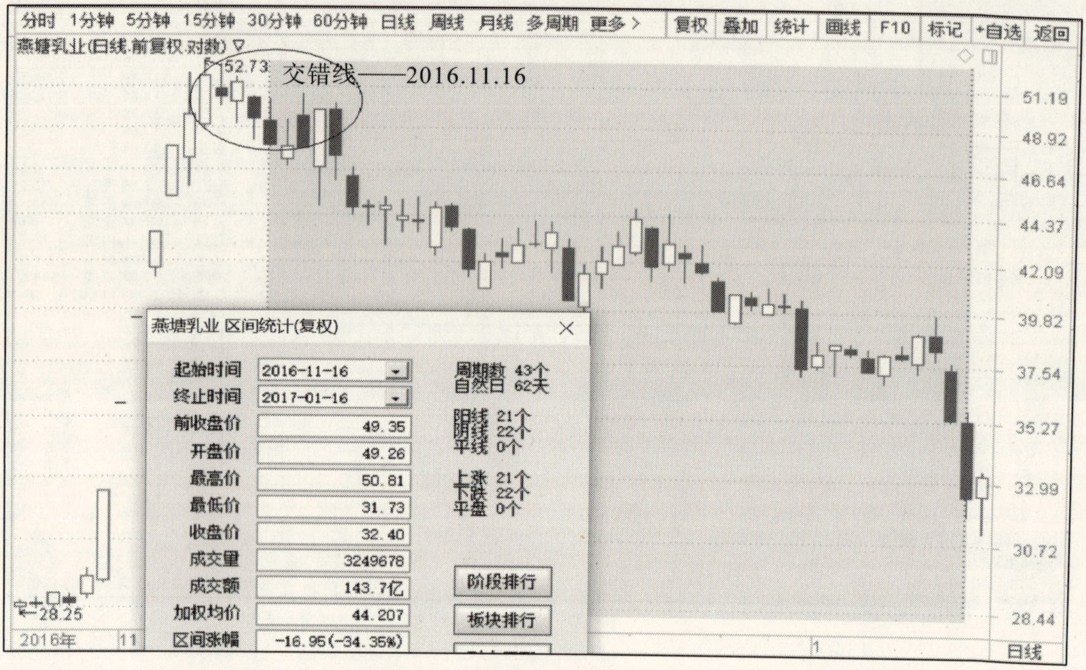
交错线——2016.11.16
燕塘乳业 区间统计(复权)
起始时间 2016-11-16
终止时间 2017-01-16
前收盘价 49.35
开盘价 49.26
最高价 50.81
最低价 31.73
收盘价 32.40
成交量 3249678
成交额 143.7亿
加权均价 44.207
区间涨幅 -16.95(-34.35%)
周期数 43个
自然日 62天
阳线 21个
阴线 22个
平线 0个
上涨 21个
下跌 22个
平盘 0个
阶段排行
板块排行

交错线（实例 3）000856 冀东装备

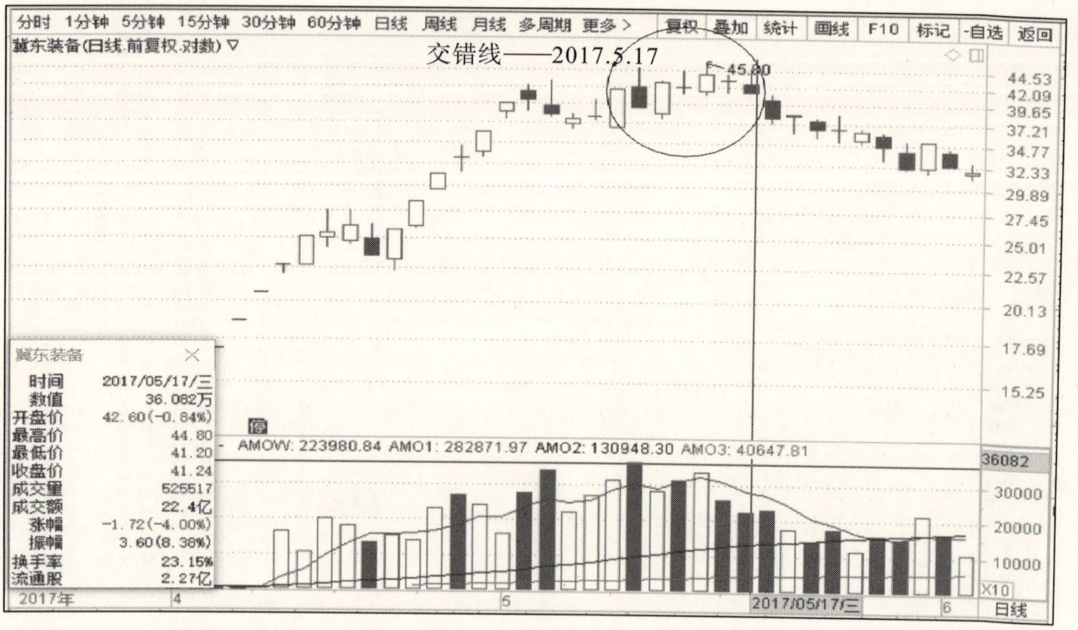
交错线——2017.5.17
冀东装备
时间 2017/05/17/三
数值 36.082万
开盘价 42.60(-0.84%)
最高价 44.80
最低价 41.20
收盘价 41.24
成交量 525517
成交额 22.4亿
涨幅 -1.72(-4.00%)
振幅 3.60(8.38%)
换手率 23.15%
流通股 2.27亿
AMOW: 223980.84 AMO1: 282871.97 AMO2: 130948.30 AMO3: 40647.81

交错线（实例 4）002457 青龙管业

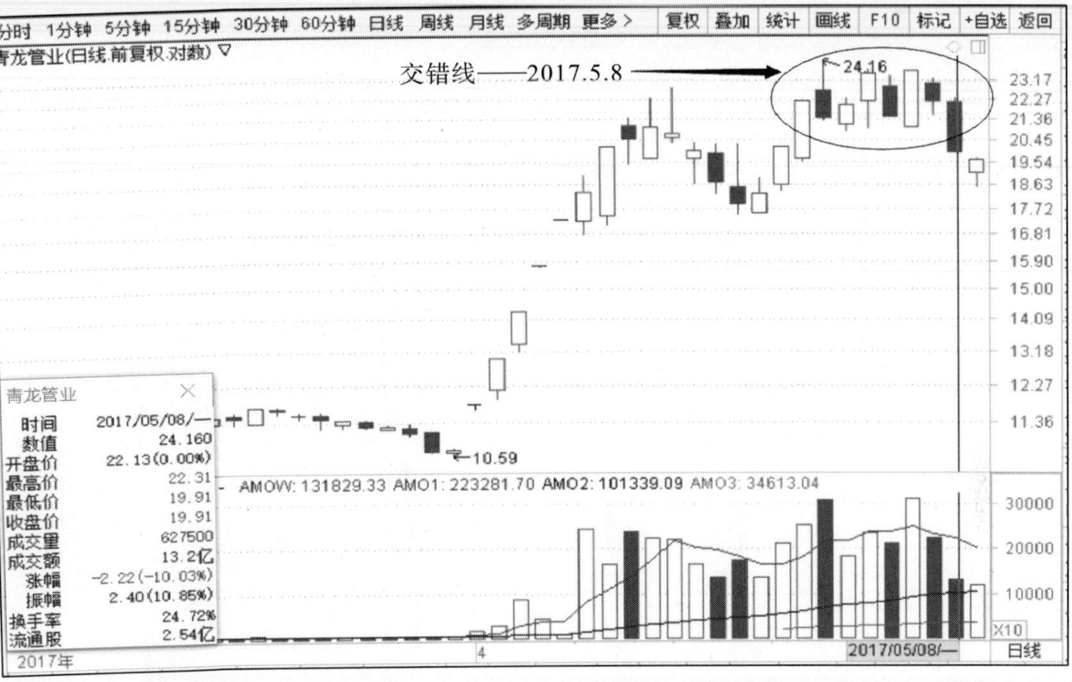

002457 青龙管业 2017（5.8—7.31）区间跌幅：47.31%

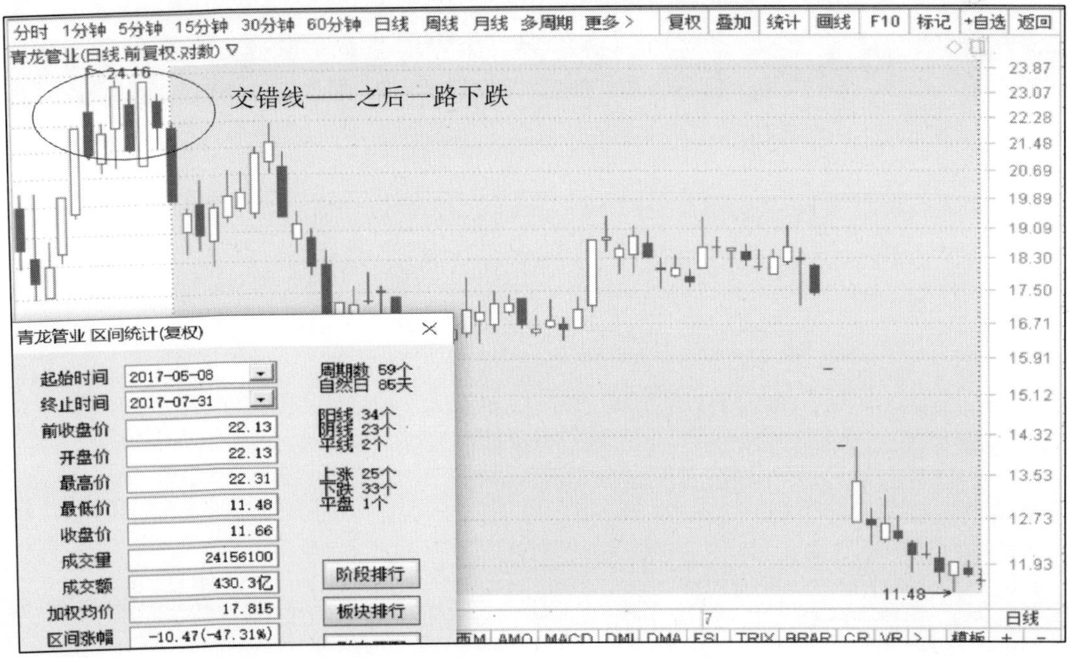

交错线（实例 5）300023 宝德股份

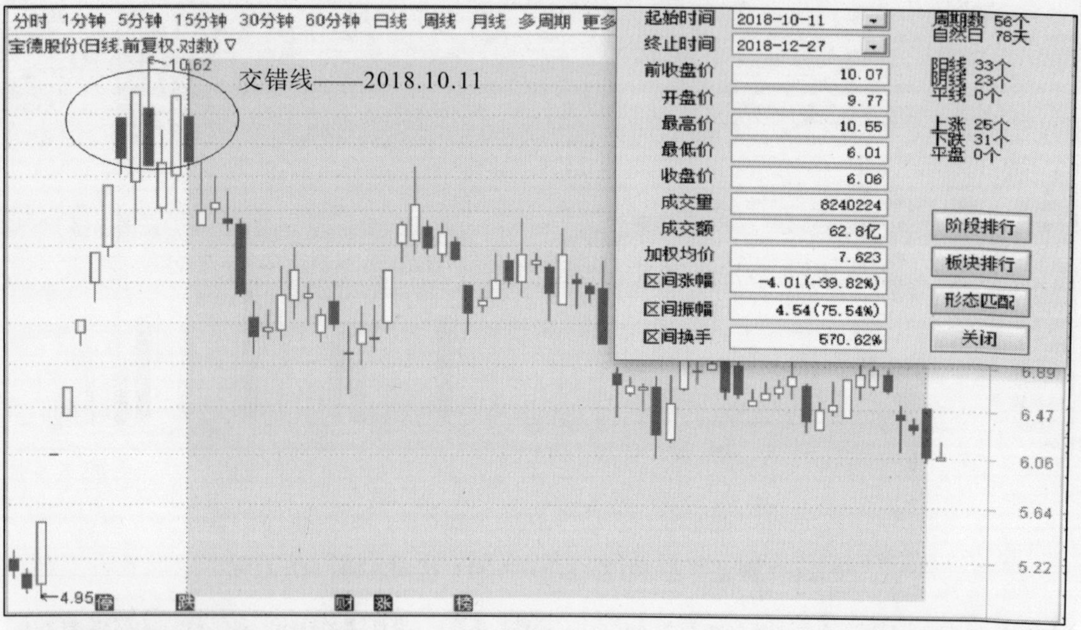
分时 1分钟 5分钟 15分钟 30分钟 60分钟 日线 周线 月线 多周期 更多
宝德股份(日线.前复权.对数)
10.62
交错线——2018.10.11
4.95
起始时间 2018-10-11
终止时间 2018-12-27
前收盘价 10.07
开盘价 9.77
最高价 10.55
最低价 6.01
收盘价 6.06
成交量 8240224
成交额 62.8亿
加权均价 7.623
区间涨幅 -4.01(-39.82%)
区间振幅 4.54(75.54%)
区间换手 570.62%
周期数 56个
自然日 78天
阴线 33个
阳线 23个
平线 0个
上涨 25个
下跌 31个
平盘 0个
阶段排行
板块排行
形态匹配
关闭
6.89
6.47
6.06
5.64
5.22

险象环生，绝处逢生。

二十三、外孕十字星（实例 1）600260 凯乐科技

☆ 外孕十字星分为高档外孕十字星与低档外孕十字星两种形态。

☆ 高档外孕十字星是在一波上涨顶端的阳线的次日，跳空低开，盘中上下波动，但波幅均未超出阳线的范围，这表明多空分歧、市场陷入胶着的状态，不确定的心理正在市场蔓延。十字星在前一根阳线的位置越低越看跌，这时，卖出是上策。

☆ 低档外孕十字星是在一波下跌底端的阴线的次日，出现了跳空高开的价格，盘中上下波动，但波幅均未超出阴线的范围，说明多空分歧、市场陷入胶着状态。不过，十字星在前一根阴线的位置越高越看涨，这时是买进的契机。

外孕十字星（实例 1）600260 凯乐科技

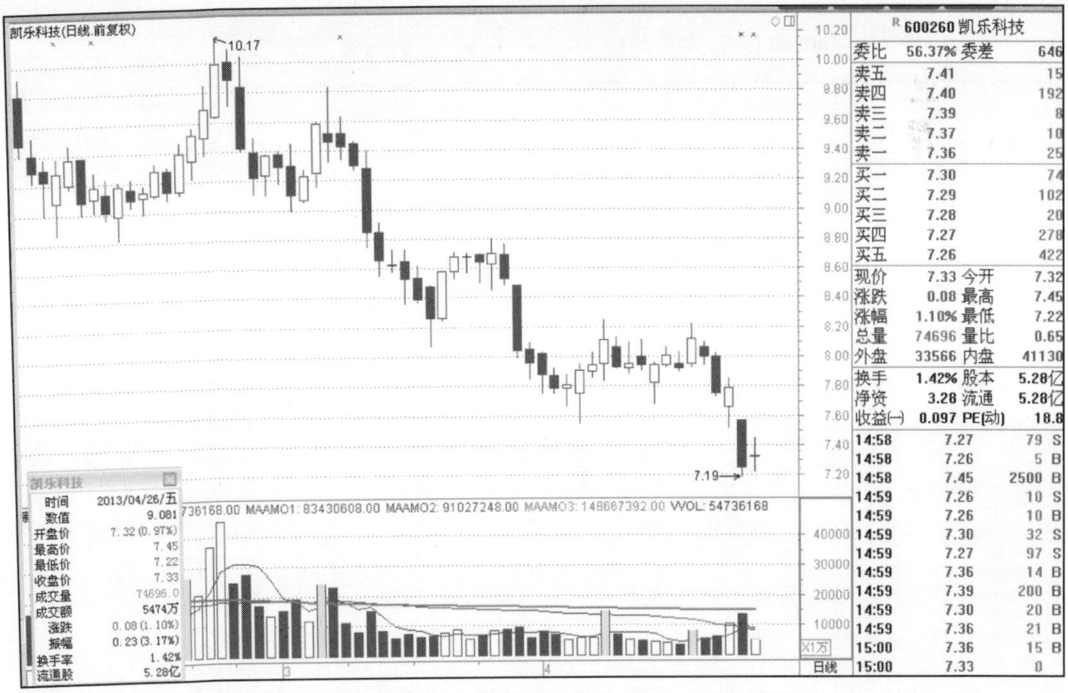

600260 凯乐科技 2013. 4. 26 分时图

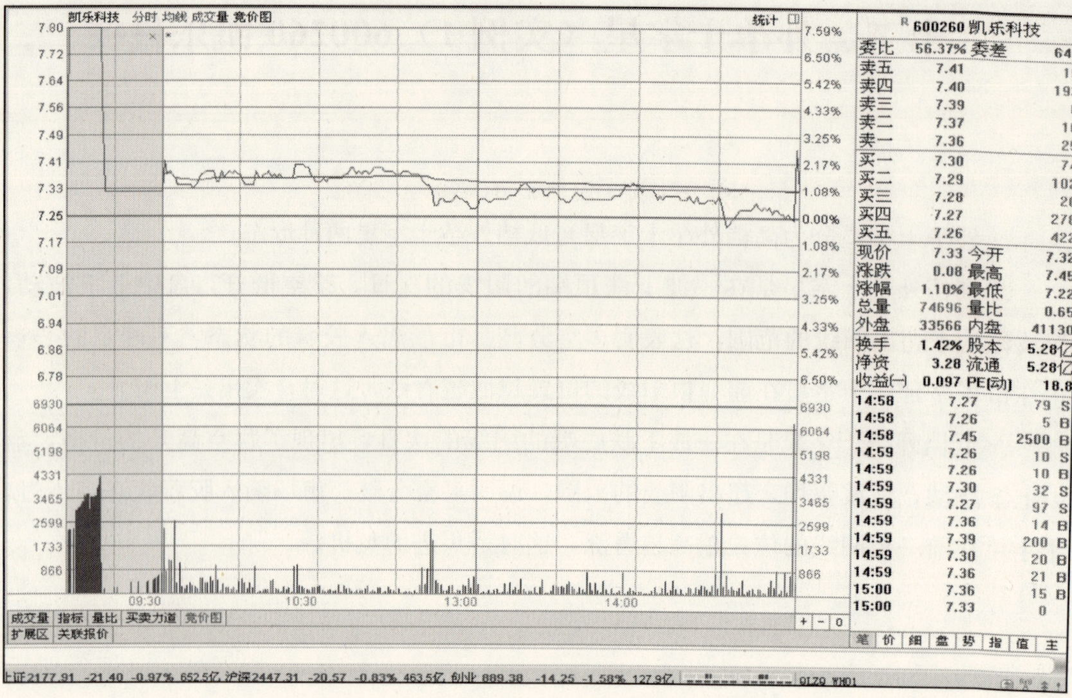

600260 凯乐科技 2013（4. 26—6. 6）区间涨幅：25. 52%

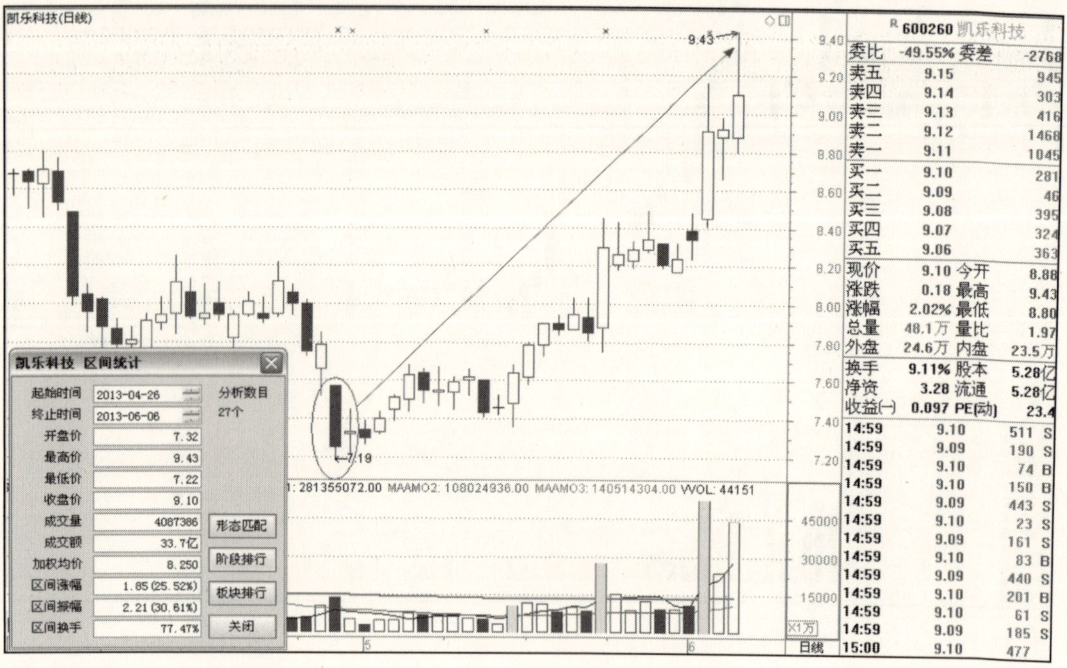

外孕十字星（实例 2）600981 汇鸿集团

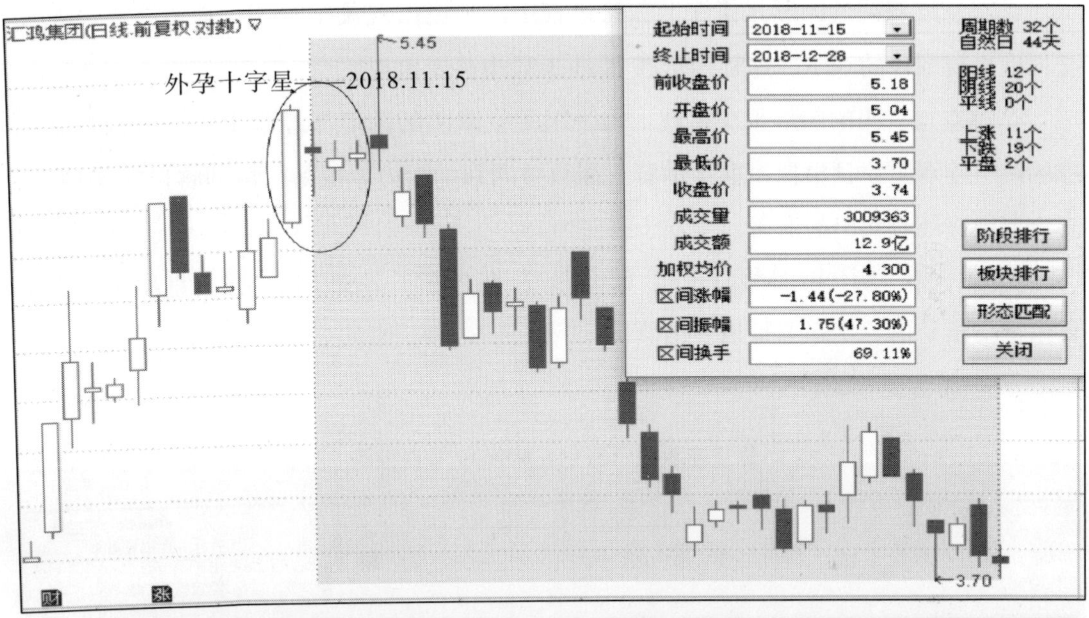
汇鸿集团(日线.前复权.对数)
5.45
外孕十字星——2018.11.15
3.70
财
涨
起始时间 2018-11-15
终止时间 2018-12-28
前收盘价 5.18
开盘价 5.04
最高价 5.45
最低价 3.70
收盘价 3.74
成交量 3009363
成交额 12.9亿
加权均价 4.300
区间涨幅 -1.44(-27.80%)
区间振幅 1.75(47.30%)
区间换手 69.11%
周期数 32个
自然日 44天
阳线 12个
阴线 20个
平线 0个
上涨 11个
下跌 19个
平盘 2个
阶段排行
板块排行
形态匹配
关闭

良言乃是无价之宝！

二十四、跳空连双阴（实例）600640号百控股

☆跳空连双阴的图形是指在上涨的过程中，不但出现跳空双阴，而且不出一两天又再度出现同样的双阴。这种线形在K线走势中甚少出现。

☆跳空连双阴的图形很少出现，但一组跳空双阴的图形却经常出现。当这种不标准的跳空连双阴一旦出现，就预示着上涨行情遇到了阻力，也是行情即将反转的信号，多方要做好随时卖出的准备。

☆2013年10月10日号百控股（600640）在大涨了240%后，有消息称该股牵手翼信欲染指易信，实际上是诱多出货。

跳空连双阴（实例）600640号百控股

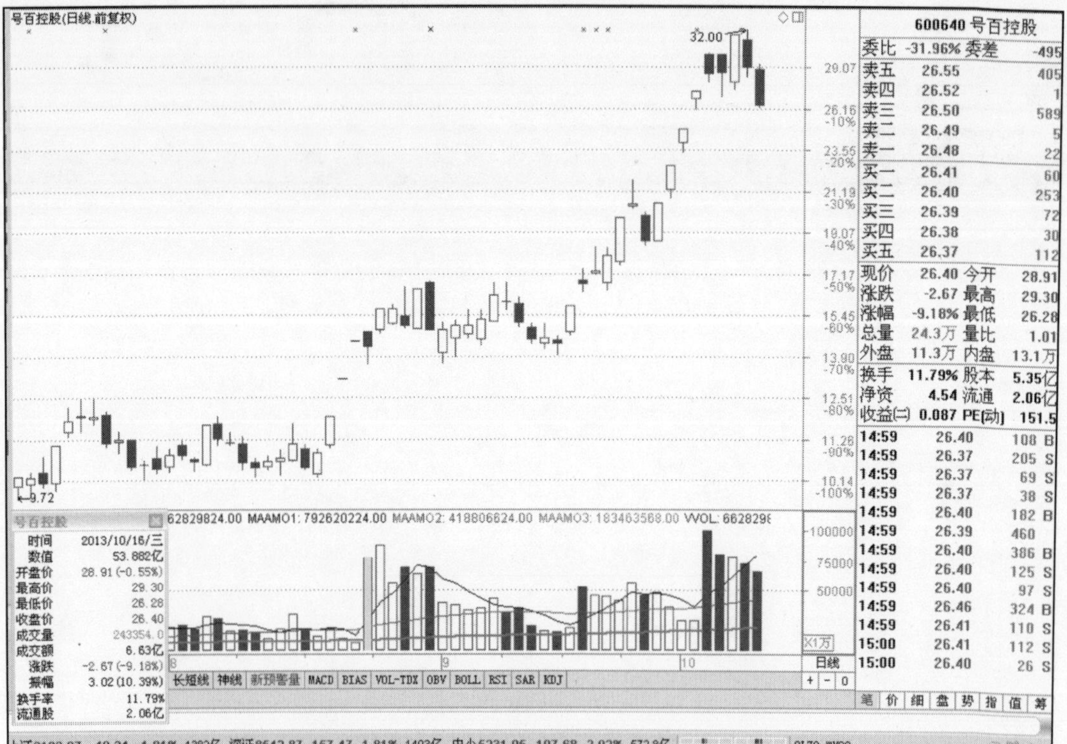

600640 号百控股 2013. 10. 16 分时图

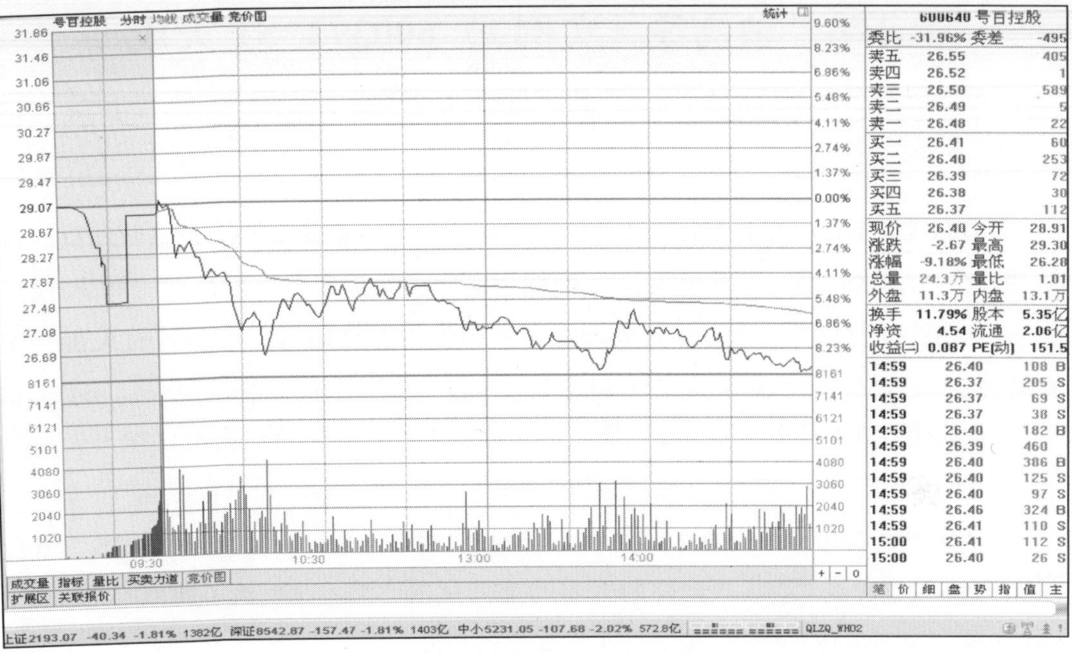

600640 号百控股 2013（10. 15—11. 8）区间跌幅：37. 83%

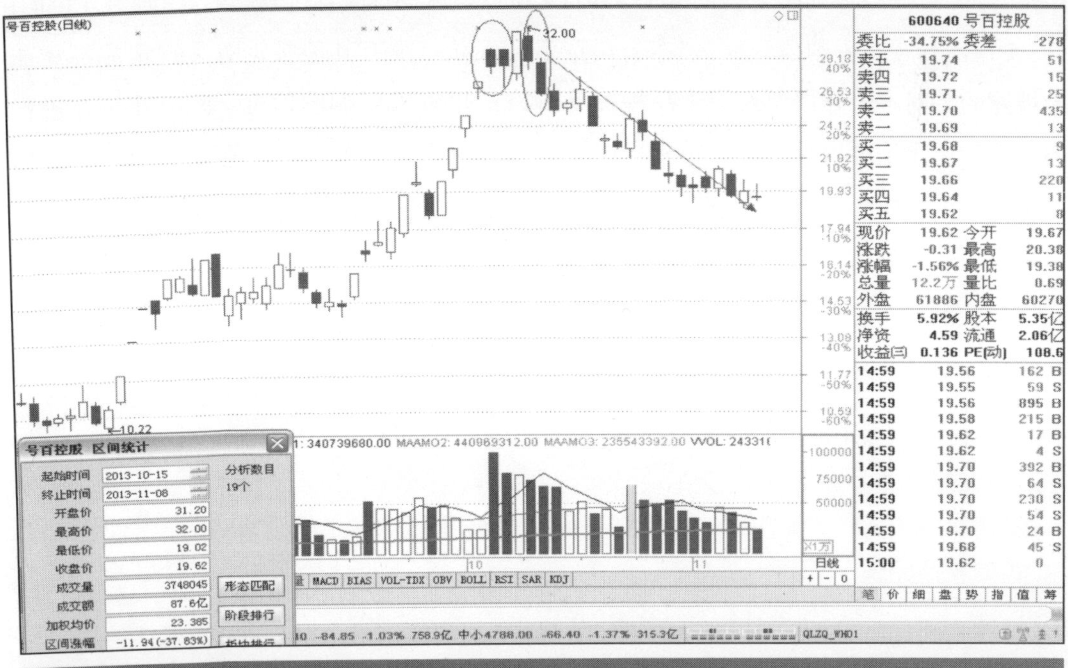

相信你所看到的，而不要相信你所想到的。

二十五、浪高线（实例1）600392*ST天成

☆浪高线是指在一波上涨后，某日跳空高开，盘中出现急剧地涨、急剧地跌的走势，收盘时形成实体小、上下影线长的K线形态。这是多空严重分歧的一种K线形态，多方在价格创新高后无力守住阵地，空方则乘机大量抛售，将当时的买盘一网打尽。

☆如果浪高线对应着天量成交，无疑是主力出货的信号，持股人最好在当天卖出回避下跌的风险。

☆在K线理论中有一个观点，就是在一个波段的底部出现了什么K线形态，那么在这个波段的顶部经常会出现同样的K线形态，反之亦然。这就给了我们一个预期，当这种K线形态出现的时候，要谨防买卖部位的临近。

☆600392*ST天成（现名盛和资源）在公布了公司上报资产重组消息后于2012年12月4日涨停，其后连续上涨了29个交易日，区间涨幅达197.09%。到2013年1月24日，刊登了一则公告称："本公司董事会确认，没有其他根据有关规定应披露而未披露的、对本公司股票及衍生品种交易价格产生较大影响的信息。除上述正在进行的重大资产重组事宜外，本公司到目前为止并在未来三个月内，不存在其他正在筹划的重大资产重组、收购、发行股份等行为。"在一切貌似正常后，24日当天却收出了一根浪高线，其后92个交易日，区间股价跌幅高达52.45%。

浪高线（实例 1）600392 * ST 天成

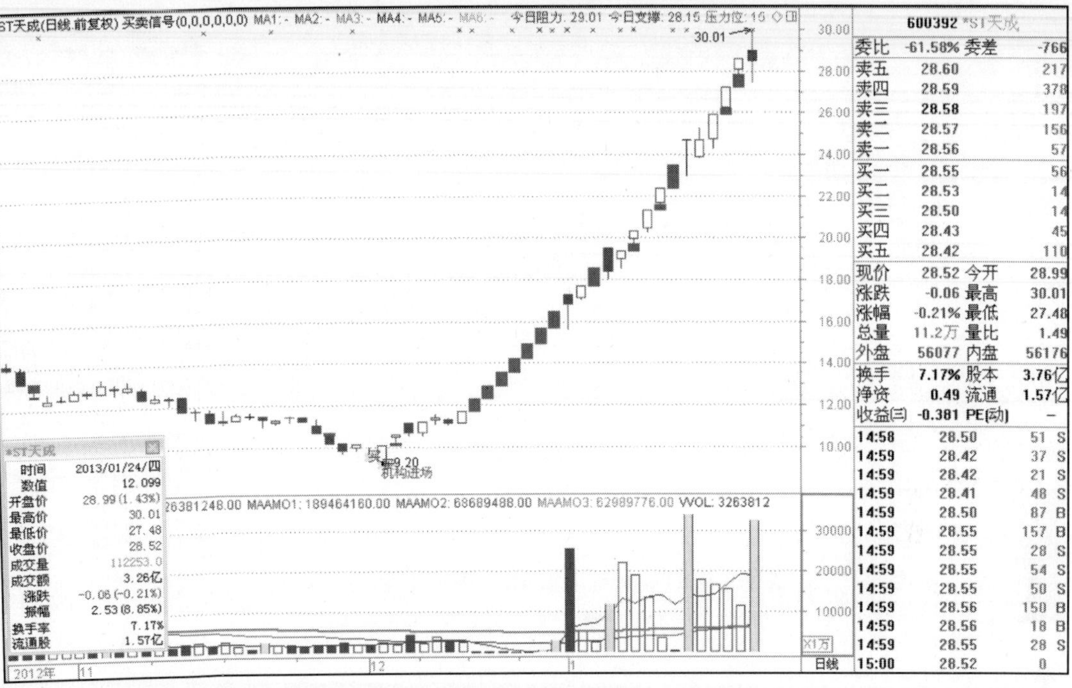
*ST天成(日线,前复权) 买卖信号(0,0,0,0,0,0) MA1: - MA2: - MA3: - MA4: - MA5: - MA6: - 今日阻力: 29.01 今日支撑: 28.15 压力位: 15
30.01
买
9.20
机构进场
时间 2013/01/24/四
数值 12.099
开盘价 28.99 (1.43%)
最高价 30.01
最低价 27.48
收盘价 28.52
成交量 112253.0
成交额 3.26亿
涨跌 -0.06 (-0.21%)
振幅 2.53 (8.85%)
换手率 7.17%
流通股 1.57亿
26381248.00 MAAMO1: 189464160.00 MAAMO2: 68689488.00 MAAMO3: 62989776.00 VOL: 3263812
2012年 11 12 1
日线
600392 *ST天成
委比 -61.58% 委差 -766
卖五 28.60 217
卖四 28.59 378
卖三 28.58 197
卖二 28.57 156
卖一 28.56 57
买一 28.55 56
买二 28.53 14
买三 28.50 14
买四 28.43 45
买五 28.42 110
现价 28.52 今开 28.99
涨跌 -0.06 最高 30.01
涨幅 -0.21% 最低 27.48
总量 11.2万 量比 1.49
外盘 56077 内盘 56176
换手 7.17% 股本 3.76亿
净资 0.49 流通 1.57亿
收益(三) -0.381 PE(动) -

600392 * ST 天成 2013. 1. 24 分时图

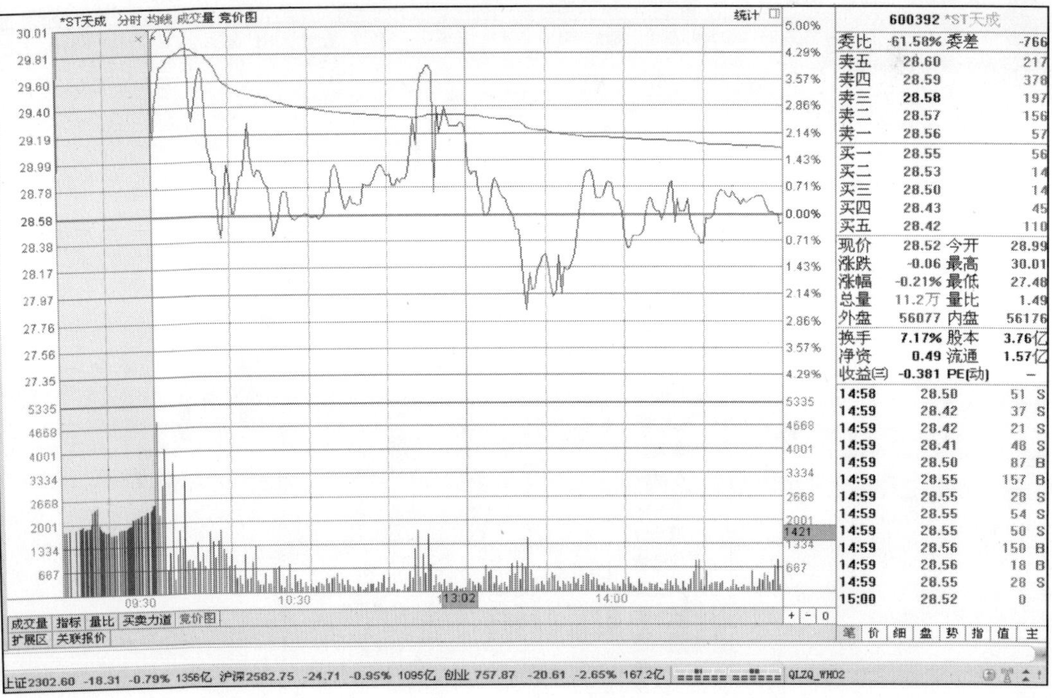
*ST天成 分时 均线 成交量 竞价图
统计
09:30 10:30 13:02 14:00
成交量 指标 量比 买卖力道 竞价图
扩展区 关联报价
上证2302.60 -18.31 -0.79% 1356亿 沪深2582.75 -24.71 -0.95% 1095亿 创业 757.87 -20.61 -2.65% 167.2亿
600392 *ST天成
委比 -61.58% 委差 -766
现价 28.52 今开 28.99
涨跌 -0.06 最高 30.01
涨幅 -0.21% 最低 27.48
总量 11.2万 量比 1.49
外盘 56077 内盘 56176
换手 7.17% 股本 3.76亿
净资 0.49 流通 1.57亿
收益(三) -0.381 PE(动) -
15:00 28.52 0

600392*ST 天成 2013（1.24—6.25）区间跌幅：52.45%

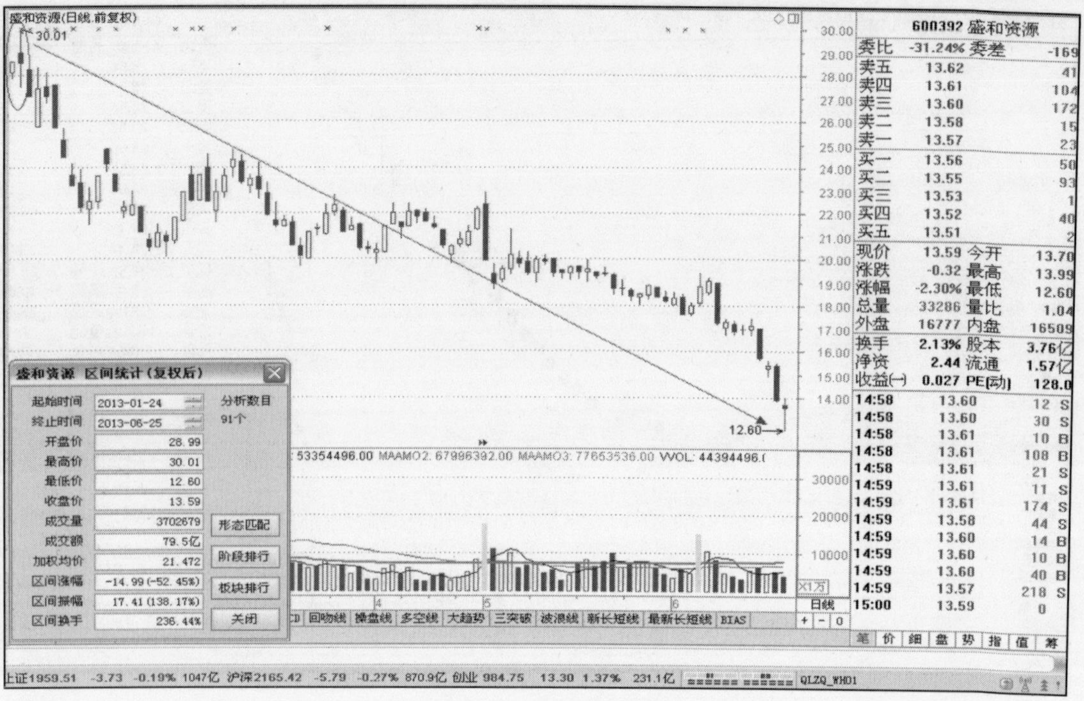

浪高线（实例 2）600321 国栋建设（后变更为*ST 正源，现名 ST 正源）

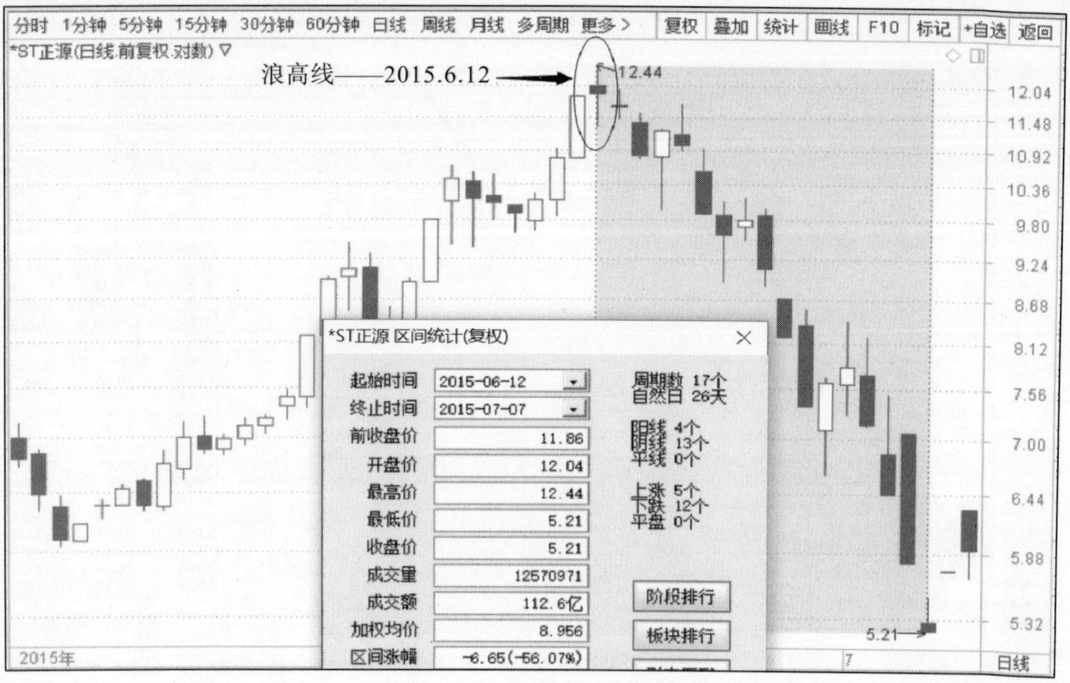

浪高线（实例3）300295 三六五网

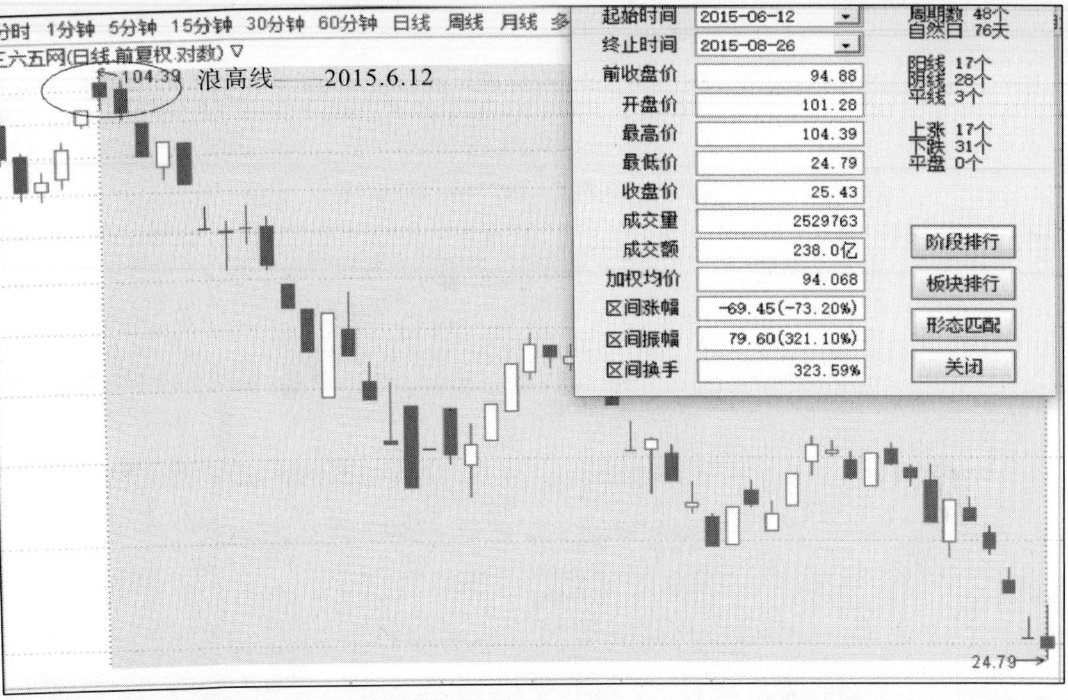

分时 1分钟 5分钟 15分钟 30分钟 60分钟 日线 周线 月线 多
三六五网(日线,前复权,对数)
104.39
浪高线——2015.6.12
起始时间 2015-06-12
终止时间 2015-08-26
前收盘价 94.88
开盘价 101.28
最高价 104.39
最低价 24.79
收盘价 25.43
成交量 2529763
成交额 238.0亿
加权均价 94.068
区间涨幅 -69.45(-73.20%)
区间振幅 79.60(321.10%)
区间换手 323.59%
周期数 48个
自然日 76天
阳线 17个
阴线 28个
平线 3个
上涨 17个
下跌 31个
平盘 0个
阶段排行
板块排行
形态匹配
关闭
24.79

浪高线（实例4）600149 ST 坊展

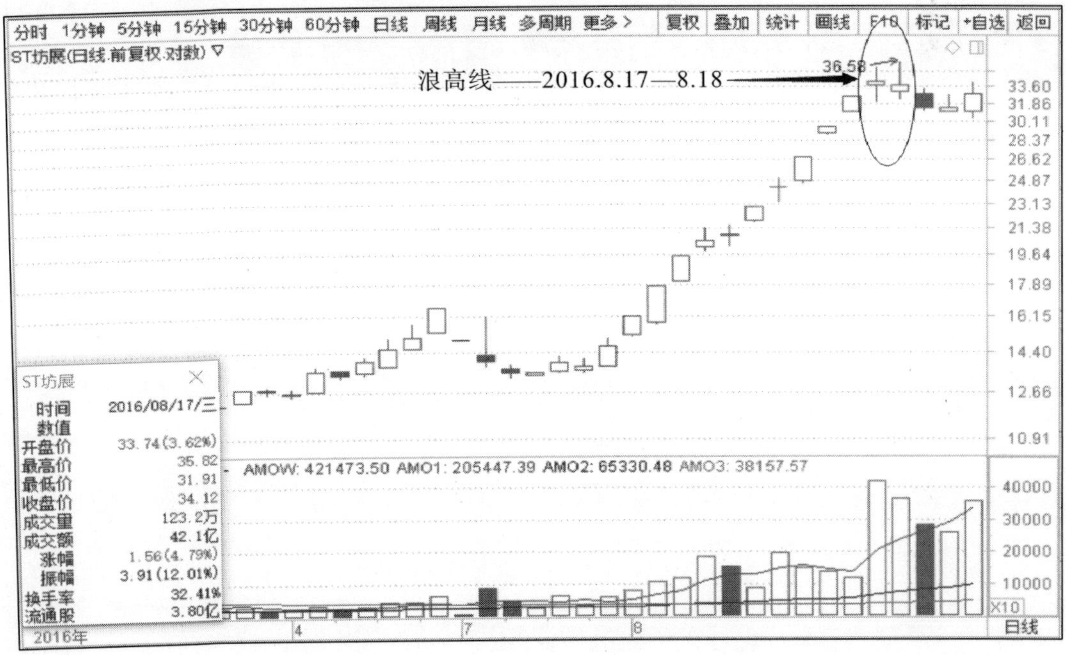

分时 1分钟 5分钟 15分钟 30分钟 60分钟 日线 周线 月线 多周期 更多＞ 复权 叠加 统计 画线 F10 标记 +自选 返回
ST坊展(日线,前复权,对数)
浪高线——2016.8.17—8.18
36.58
33.60
31.86
30.11
28.37
26.62
24.87
23.13
21.38
19.64
17.89
16.15
14.40
12.66
10.91
ST坊展
时间 2016/08/17/三
数值
开盘价 33.74(3.62%)
最高价 35.82
最低价 31.91
收盘价 34.12
成交量 123.2万
成交额 42.1亿
涨幅 1.56(4.79%)
振幅 3.91(12.01%)
换手率 32.41%
流通股 3.80亿
AMOW: 421473.50 AMO1: 205447.39 AMO2: 65330.48 AMO3: 38157.57
40000
30000
20000
10000
X10
2016年
4
7
8
日线

浪高线（实例5）002158 汉钟精机

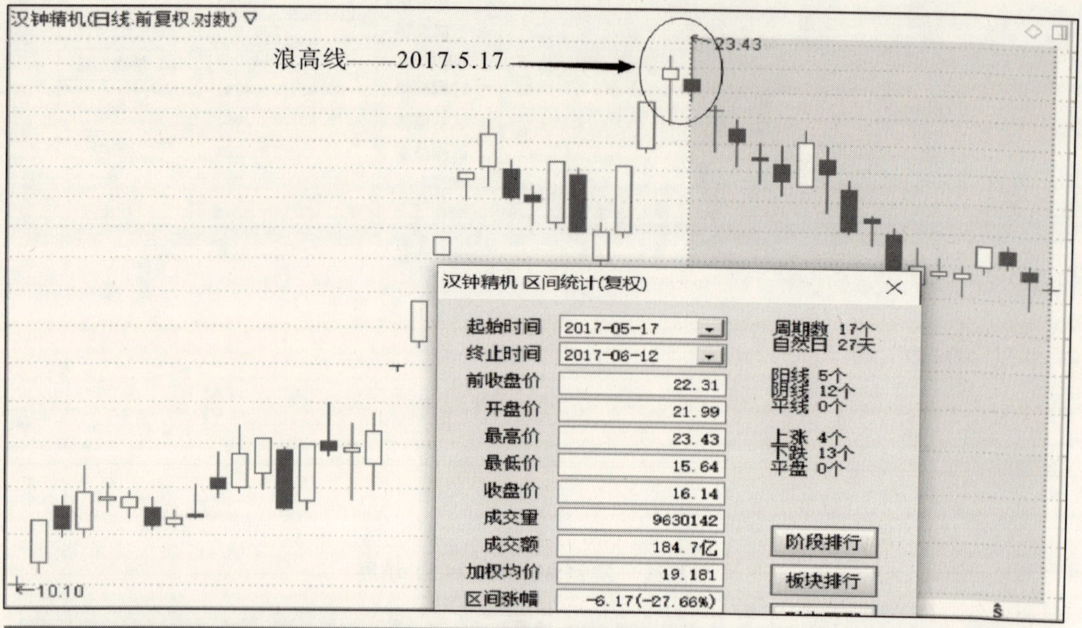
汉钟精机(日线 前复权 对数)
浪高线——2017.5.17
23.43
10.10
汉钟精机 区间统计(复权)
起始时间 2017-05-17
终止时间 2017-06-12
前收盘价 22.31
开盘价 21.99
最高价 23.43
最低价 15.64
收盘价 16.14
成交量 9630142
成交额 184.7亿
加权均价 19.181
区间涨幅 -6.17(-27.66%)
周期数 17个
自然日 27天
阴线 5个
阳线 12个
平线 0个
上涨 4个
下跌 13个
平盘 0个
阶段排行
板块排行

利好消息常常在高处公布，但高处不胜寒。

随机应变信如神

《三国演义》第四回写了当董卓废汉孝灵皇帝后，朝臣敢怒不敢言，无一计杀董卓。曹操自告奋勇，借得司徒王允七宝刀一口，刺杀董卓的一段故事。这段故事充分反映了曹操临危不惧、随机应变的处事能力，引人入胜。《三国演义》第四回原文如下：

次日，曹操佩着宝刀，来至相府，问："丞相何在?"从人云："在小阁中。"操径入。见董卓坐于床上，吕布侍立于侧。卓曰："孟德来何迟?"操曰："马羸［léi，瘦弱］行迟耳。"卓顾谓布曰："吾有西凉进来好马，奉先可亲去拣一骑赐予孟德。"布领令而出。操暗忖［cǔn，揣度（duó）、思量］曰："此贼合死!"即欲拔刀刺之，惧卓力大，未敢轻动。卓胖大不耐久坐，遂倒身而卧，转面向内。操又思曰："此贼当休矣!"急掣［chè，拉、拽］宝刀在手，恰待要刺，不想董卓仰面看衣镜中，照见曹操在背后拔刀，急回身问曰："孟德何为?"时吕布已牵马至阁外。操惶遽［huáng jù，惊惧、慌张］，乃持刀跪下曰："操有宝刀一口，献上恩相。"卓接视之，见其刀长尺余，七宝嵌饰，极其锋利，果宝刀也；遂递与吕布收了。操解鞘［qiào，装刀、剑的套子］付布。卓引操出阁看马，操谢曰："愿借试一骑。"卓就教与鞍辔［pèi，驾驭牲口的嚼子和缰绳］。操牵马出相府，加鞭望东南而去。

在这段故事里，我们看到曹操在行刺当中被董卓察觉、后有吕布来临的极其不利之时，随机应变，将宝刀献与董卓，而后纵马飞逃而去。其临危不惧、随机应变之机智、之行动令人感叹不尽。当你身处号百控股跳空连双阴的险境时，是否也会随机应变呢?

借刀斩牛股

之79种经典实例（中篇）

二十六、阳包阳（实例 1）300143 星河生物

☆阳包阳是指后一根日线被前一天的阳线所包络，近似于孕线形态。在前一天的大阳线后跳空低开，是空方抛压所致，多方力量不够强大，故收出小阳线。在大幅上涨之后，看到这个形态就应该考虑出局。这个形态表明多方力量已经不足。

☆2013 年 1 月 29 日，300143 星河生物（现名星普医科）在前一天放量后收出阳包阳 K 线形态，其后该股连跌 3 天。2013 年 2 月 21 日公告称：星河生物于 2013 年 2 月 20 日收到持股 5%以上股东广东南峰集团有限公司的股份减持告知函，南峰集团于 2013 年 2 月 19 日通过深圳证券交易所大宗交易系统减持了该公司所持有的星河生物的股份共 350 万股，2012. 8. 29—2013. 2. 19 期间，南峰集团累计减持星河生物股 384 万股，达到了星河生物总股本的 2. 60%。正是股东在高位的减持（可参考股东户数）形成放量滞涨，然后一路下跌，92 个交易日区间跌幅高达 43. 18%。

阳包阳（实例 1）300143 星河生物

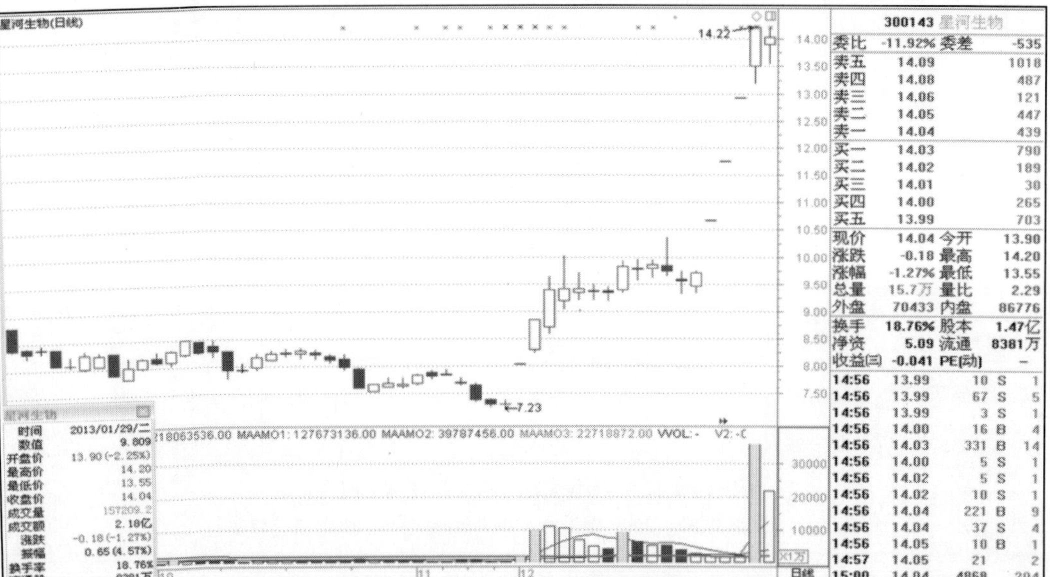

300143 星河生物 2013. 1. 29 分时图

300143 星河生物 2013（1. 29—6. 25）区间跌幅：43. 18%

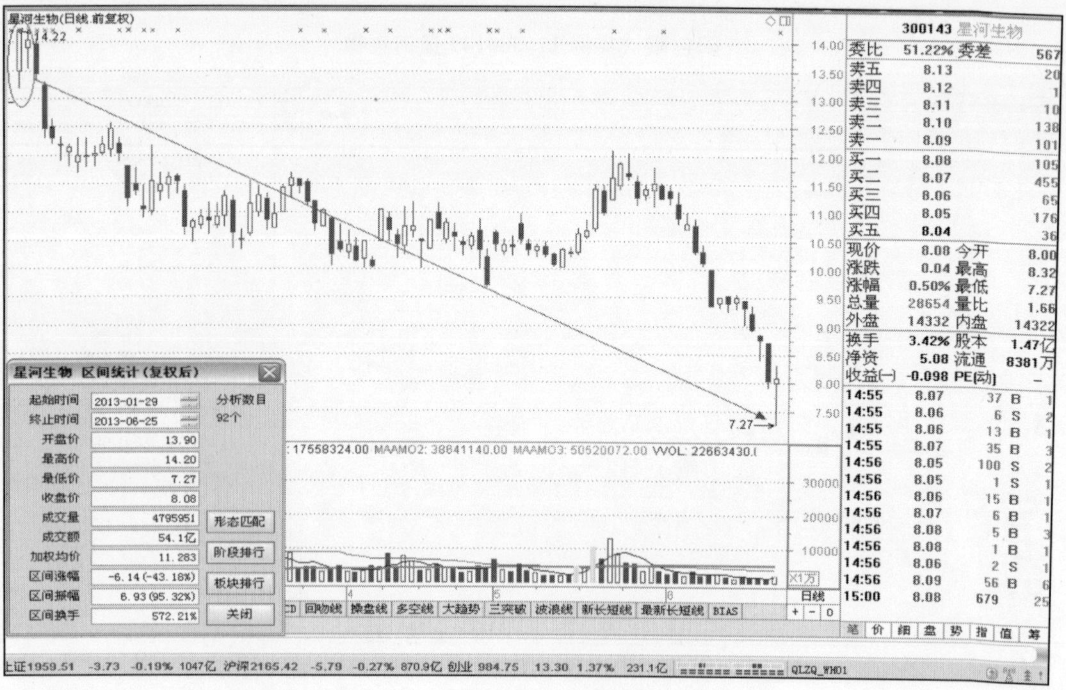

阳包阳（实例 2）300143 星普医科

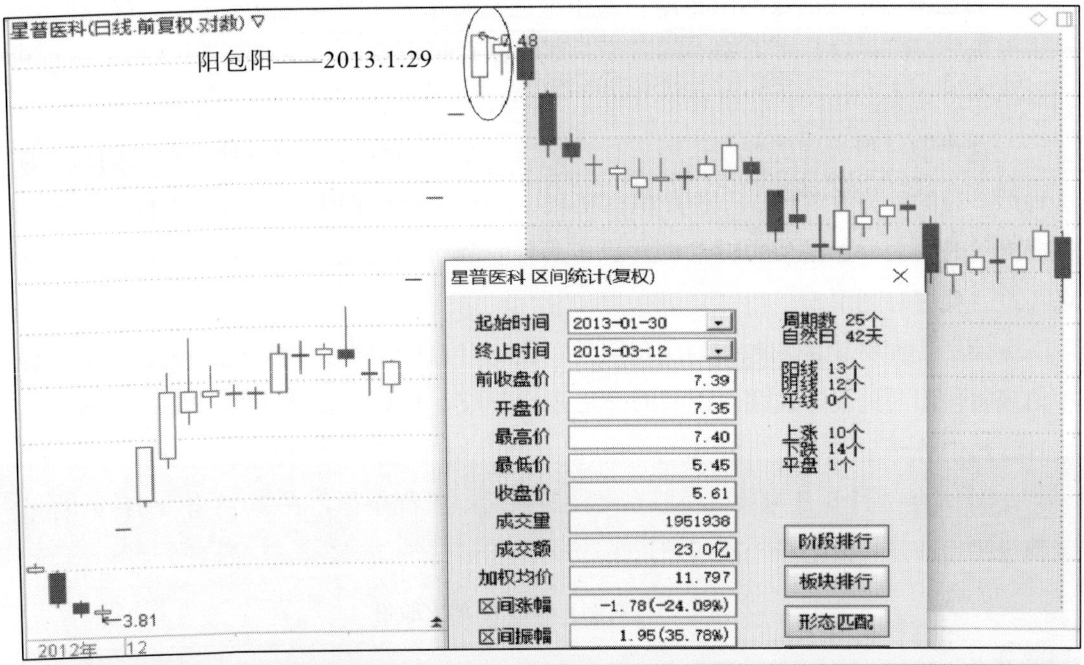
星普医科(日线.前复权.对数)
阳包阳——2013.1.29
7.48
3.81
2012年
12
星普医科 区间统计(复权)
起始时间 2013-01-30
终止时间 2013-03-12
前收盘价 7.39
开盘价 7.35
最高价 7.40
最低价 5.45
收盘价 5.61
成交量 1951938
成交额 23.0亿
加权均价 11.797
区间涨幅 -1.78(-24.09%)
区间振幅 1.95(35.78%)
周期数 25个
自然日 42天
阳线 13个
阴线 12个
平线 0个
上涨 10个
下跌 14个
平盘 1个
阶段排行
板块排行
形态匹配

先回避风险，再考虑获利。

二十七、阴包阴（实例）000933 神火股份

☆阴包阴正好与前述的阳包阳完全相反。它是指在下降走势中，后一根阴线被前一根阴线所包络，这是卖力缩小的明证。这时候行情可能接近底部，所以空头应立即回补平仓，多头在这时也应迅速地低价买入。

☆这里前一根大阴线包住了后一根小阴线，也是孕线形态的一种，在大阴包小阴这种形态后的走势有两种：一种是横盘整理，一种是反转向上。如果反转向上必然要有成交量的放大，那是主力行动的标志；另外，当价格向上突破了 8 日均线，就是进场买进的关键时刻了。

☆除了上面所说的阳包阳与阴包阴外，在上升途中也会出现阳包阴或是在下跌途中出现阴包阳的情况，这两者说明的都是多空分歧，日后的走势不得而知，要看下一根日线的走势而定。

☆2013 年 7 月 6 日神火股份股东增持股票后，股价企稳，在 2013 年 7 月 30 日出现阴包阴后即是一波上涨，涨幅超过了 35％。

阴包阴（实例）000933 神火股份

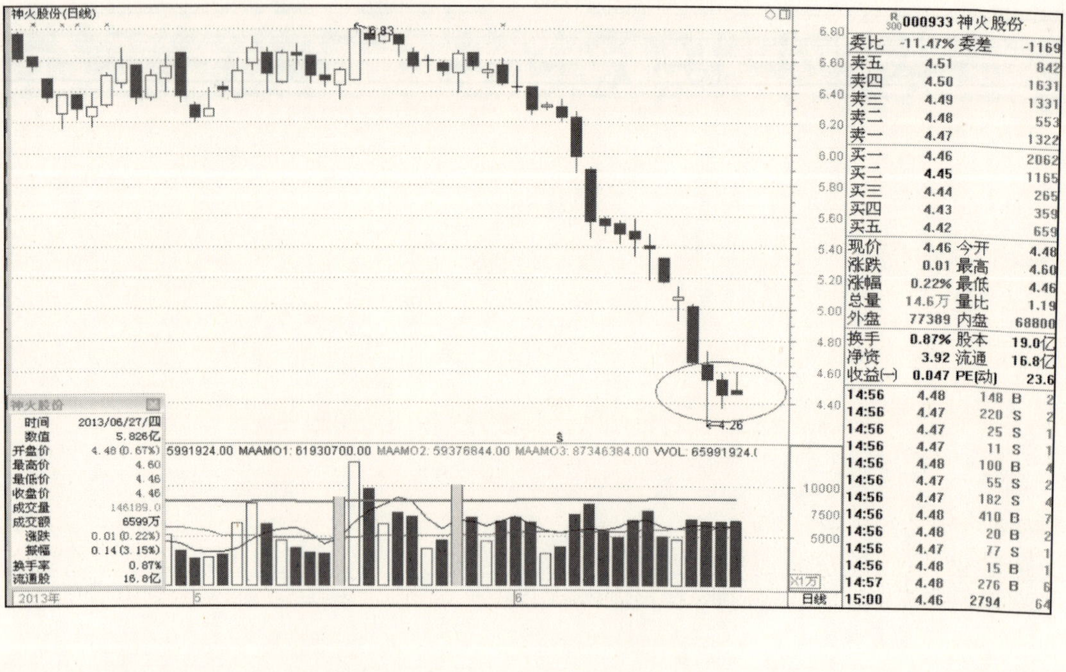

000933 神火股份 2013. 6. 27 分时图

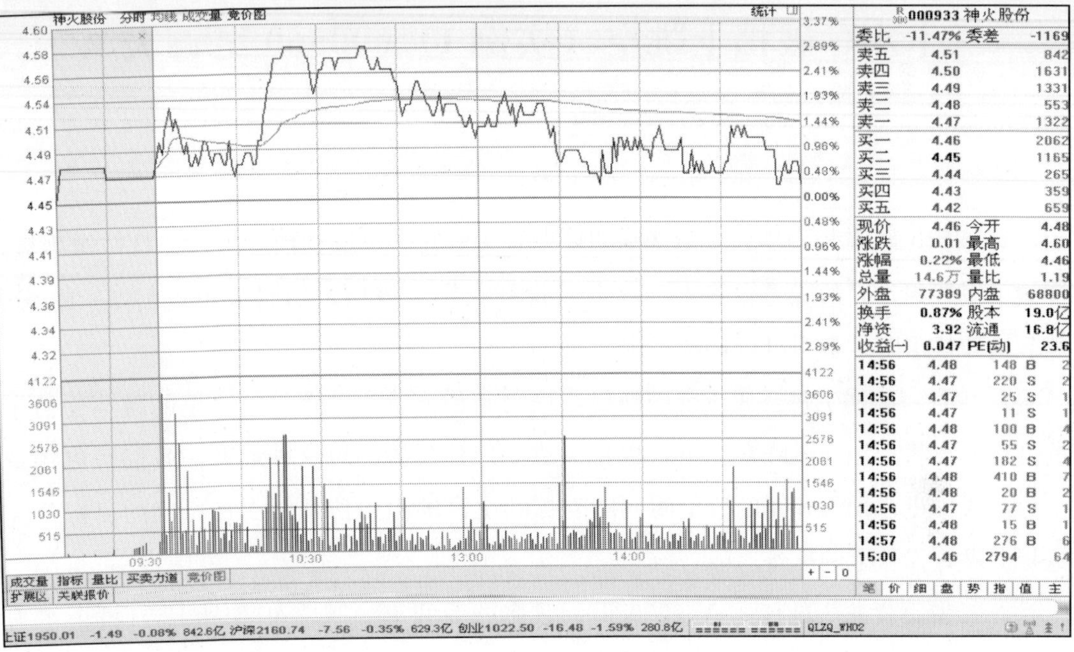

000933 神火股份 2013（7. 30—8. 14）区间涨幅：35. 18%

物极必反！

二十八、破档上跳空（实例 1）000560 昆百大 A

☆破档上跳空是市场大行情来临的征兆，尤其它的牛皮盘档愈久，一旦冲出牛皮，突破了短线组，它的威力愈惊人。以上所说的长期牛皮档，如属最短也需 7—12 根，遇到这种线形时，多头可以持续买进。

☆注意：破档上跳空属于突破缺口，这是破档上跳空的重点，这里的跳空突破了前高点，也将长短均线踩在脚下，也是买进的绝佳位置。对这种形态，我们可以用黄金分割线来进行预测和判断股价回调的支撑和上涨的阻力位，便于在可能的目标位附近提前做好操作上的准备。

☆云南百货龙头昆百大 A（000560，现名我爱我家）2013 年 2 月 19 日推出了为期 6 年的股权激励方案后开盘即跳空上涨，半小时内便封于涨停板。4 个交易日区间涨幅高达 37.47%。

破档上跳空（实例 1）000560 昆百大 A

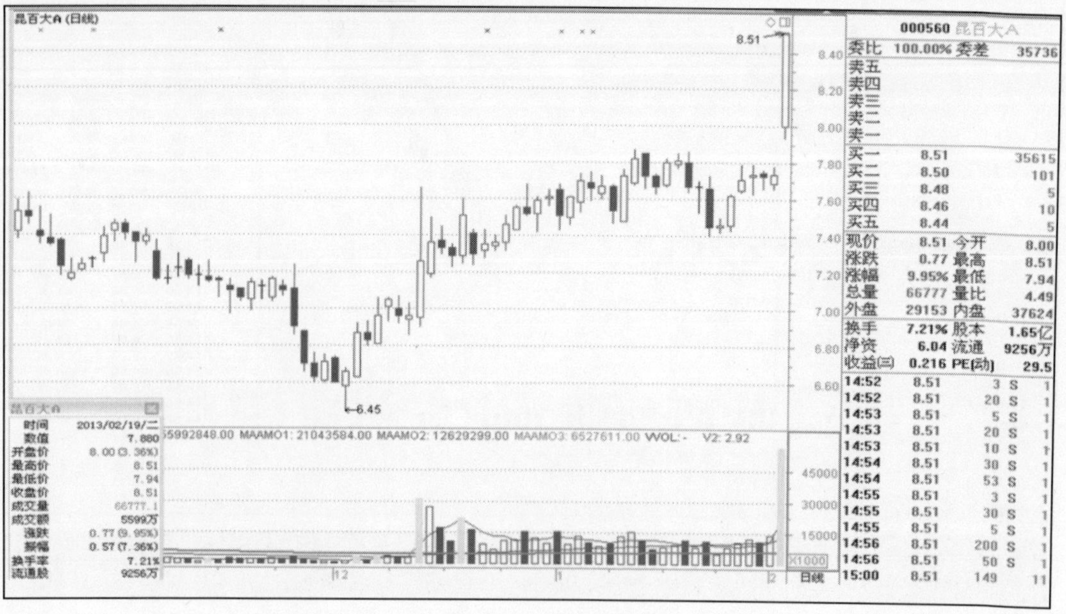

000560 昆百大 A 2013. 2. 19 分时图

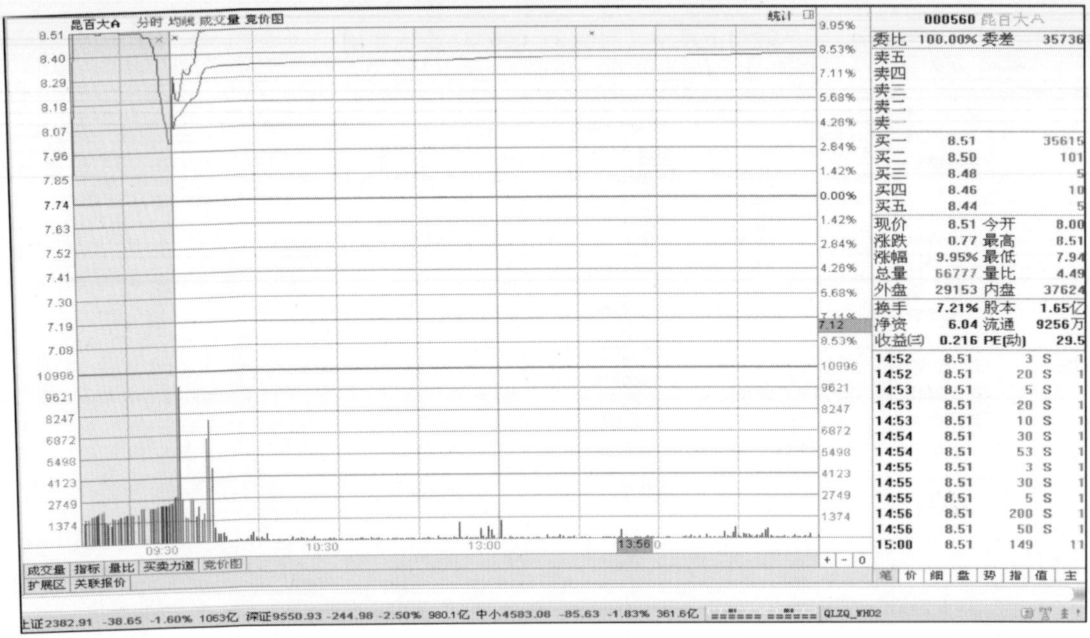

000560 昆百大 A 2013（2. 19—2. 22）区间涨幅：37. 47%

宁向直中取，不可曲中求。

破档上跳空（实例 2）000732 泰禾集团

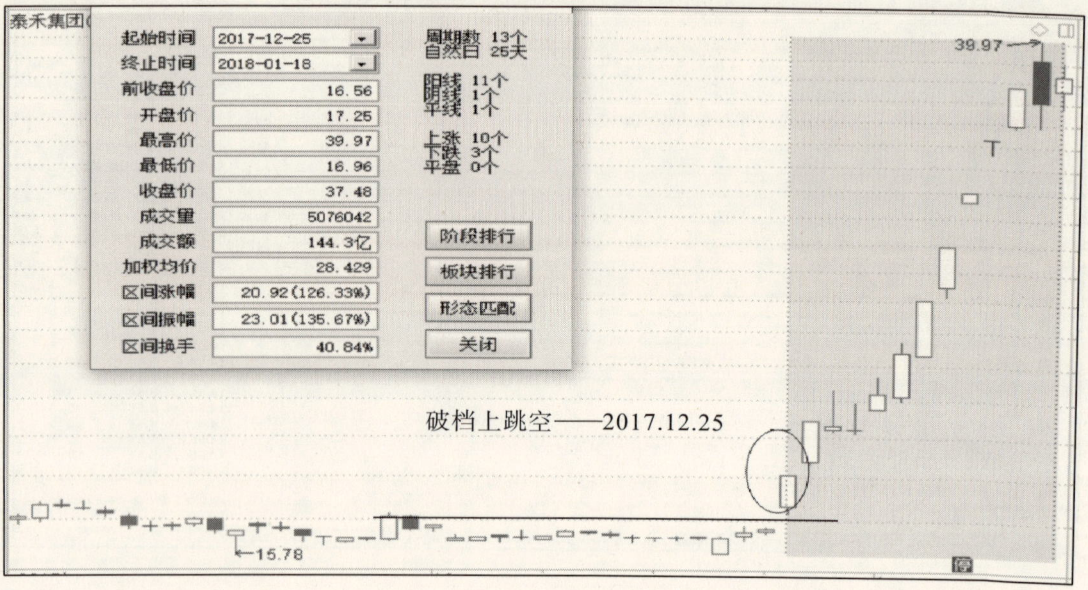
泰禾集团
起始时间 2017-12-25
终止时间 2018-01-18
前收盘价 16.56
开盘价 17.25
最高价 39.97
最低价 16.96
收盘价 37.48
成交量 5076042
成交额 144.3亿
加权均价 28.429
区间涨幅 20.92(126.33%)
区间振幅 23.01(135.67%)
区间换手 40.84%
周期数 13个
自然日 25天
阳线 11个
阴线 1个
平线 1个
上涨 10个
下跌 3个
平盘 0个
阶段排行
板块排行
形态匹配
关闭
39.97
15.78
破档上跳空——2017.12.25

破档上跳空（实例 3）300598 诚迈科技

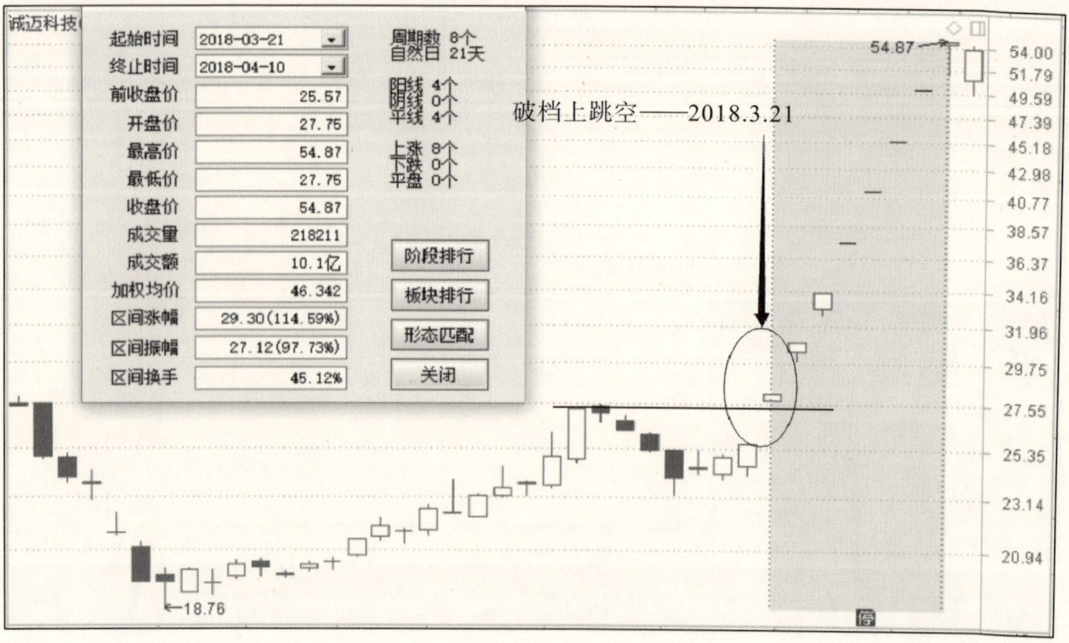
诚迈科技
起始时间 2018-03-21
终止时间 2018-04-10
前收盘价 25.57
开盘价 27.75
最高价 54.87
最低价 27.75
收盘价 54.87
成交量 218211
成交额 10.1亿
加权均价 46.342
区间涨幅 29.30(114.59%)
区间振幅 27.12(97.73%)
区间换手 45.12%
周期数 8个
自然日 21天
阳线 4个
阴线 0个
平线 4个
上涨 8个
下跌 0个
平盘 0个
阶段排行
板块排行
形态匹配
关闭
54.87
18.76
破档上跳空——2018.3.21
54.00
51.79
49.59
47.39
45.18
42.98
40.77
38.57
36.37
34.16
31.96
29.75
27.55
25.35
23.14
20.94

破档上跳空（实例 4）600903 贵州燃气

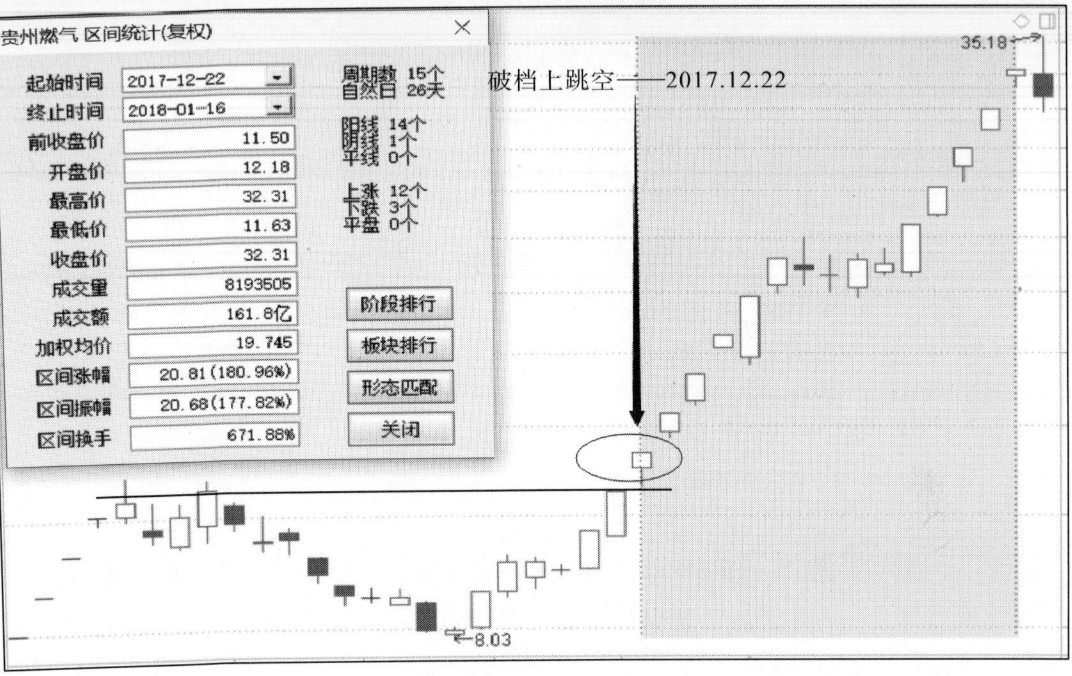
贵州燃气 区间统计(复权)
起始时间 2017-12-22
终止时间 2018-01-16
前收盘价 11.50
开盘价 12.18
最高价 32.31
最低价 11.63
收盘价 32.31
成交量 8193505
成交额 161.8亿
加权均价 19.745
区间涨幅 20.81(180.96%)
区间振幅 20.68(177.82%)
区间换手 671.88%
周期数 15个
自然日 26天
阴线 14个
阳线 1个
平线 0个
上涨 12个
下跌 3个
平盘 0个
阶段排行
板块排行
形态匹配
关闭
破档上跳空——2017.12.22
35.18
8.03

破档上跳空（实例 5）300647 超频三

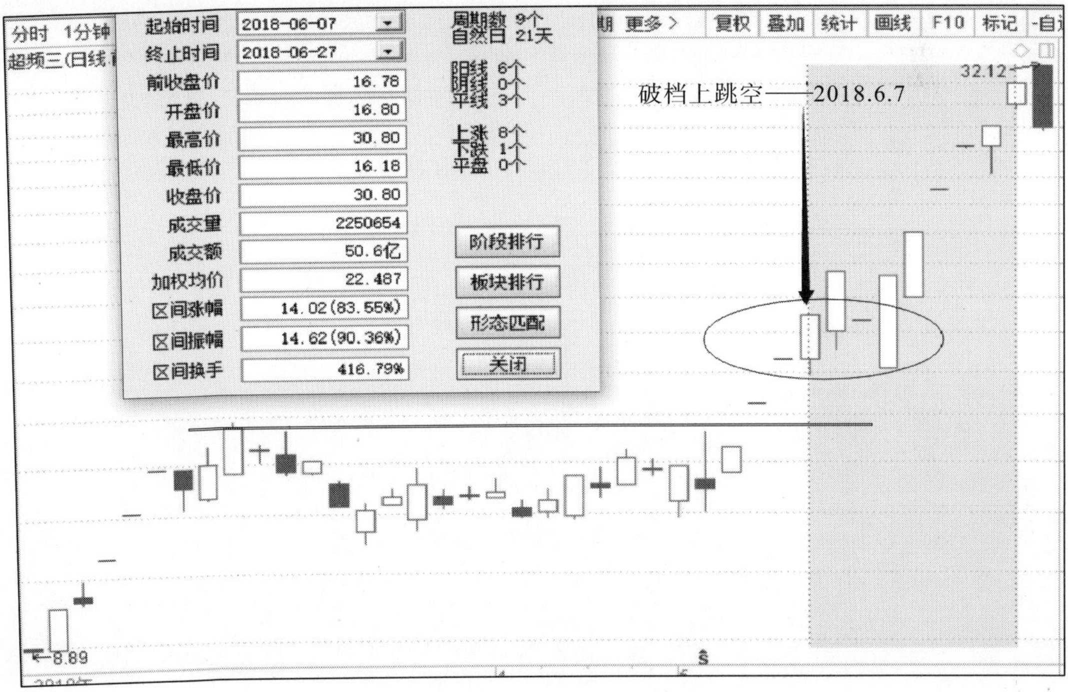
分时 1分钟
超频三(日线
起始时间 2018-06-07
终止时间 2018-06-27
前收盘价 16.78
开盘价 16.80
最高价 30.80
最低价 16.18
收盘价 30.80
成交量 2250654
成交额 50.6亿
加权均价 22.487
区间涨幅 14.02(83.55%)
区间振幅 14.62(90.36%)
区间换手 416.79%
周期数 9个
自然日 21天
阴线 6个
阳线 0个
平线 3个
上涨 8个
下跌 1个
平盘 0个
阶段排行
板块排行
形态匹配
关闭
更多
复权
叠加
统计
画线
F10
标记
破档上跳空——2018.6.7
32.12
8.89

借力

☆一囚犯收妻来信：啥时种土豆？囚犯怕妻翻地累，回信道：千万不要翻挖菜园，有几支枪埋那儿……几天后，妻来信：几个穿警服的把咱家菜园深翻一遍，没发现枪呀？囚犯回信：你可以种土豆了！

☆台湾巨富陈永泰说：聪明人都是通过别人的力量，去达成自己的目标。

☆股市里的散户如果不会“借力”——要想赚钱有点难；要想赚大钱，更是难上加难！

二十九、破档下跳空（实例 1）601088 中国神华

☆破档下跳空是与破档上跳空相反的形态，一旦冲出牛皮档往往行情会朝下发展，所以空头可乘胜追击。牛皮盘档为期不一，最短的也需 1 周以上。图中的破档下跳空，如果再向下往二段下降发展，先前的牛皮就可称为“盘档整理”。一旦遇到这种典型利空信号，空头可持续地抛售。

☆注意：当破档下跳空出现时，不妨观察半个小时，如果半个小时之内不能向上回补开盘出现的向下缺口，那预示着价格还会继续下跌，因而在其后反弹时出局最佳。

☆2013 年 2 月 21 日，601088 中国神华破档下跳空后，2013 年 2 月 25 日（周五）公告称，其 1 月销售煤炭 2660 万吨，同比增长 12.7%；商品煤产量 2800 万吨，同比增长 6.5%。此外，中国神华 1 月总发电量为 195.7 亿千瓦时，同比增长 33.7%；总售电量为 183 亿千瓦时，同比增长 34.5%。从这个报道来看，公司的一切都正常，不无利好！但其后却一路下跌至 2013 年 6 月底，区间跌幅达 30.57%！

破档下跳空（实例 1）601088 中国神华

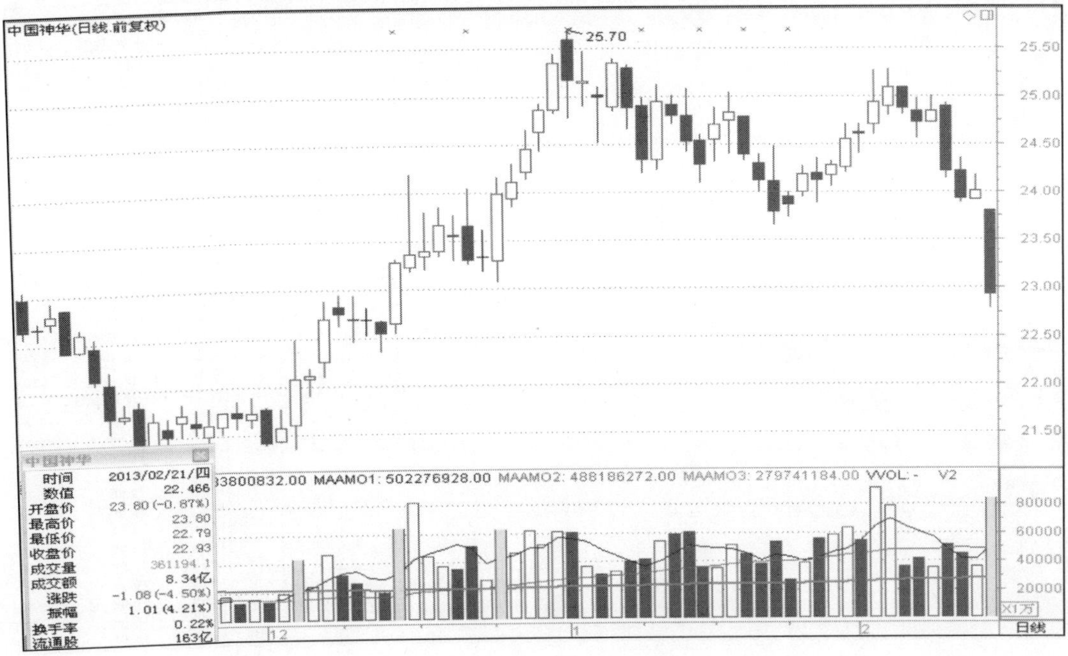

601088 中国神华 2013. 2. 21 分时图

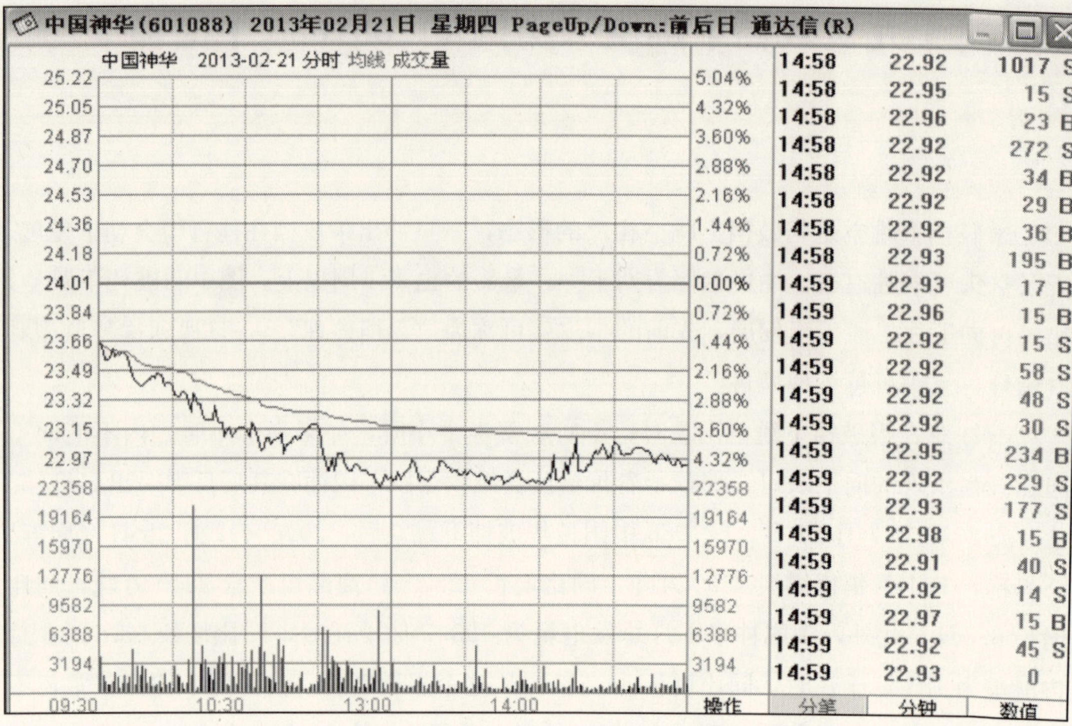

601088 中国神华 2013（2. 21—6. 27）区间跌幅：30. 57%

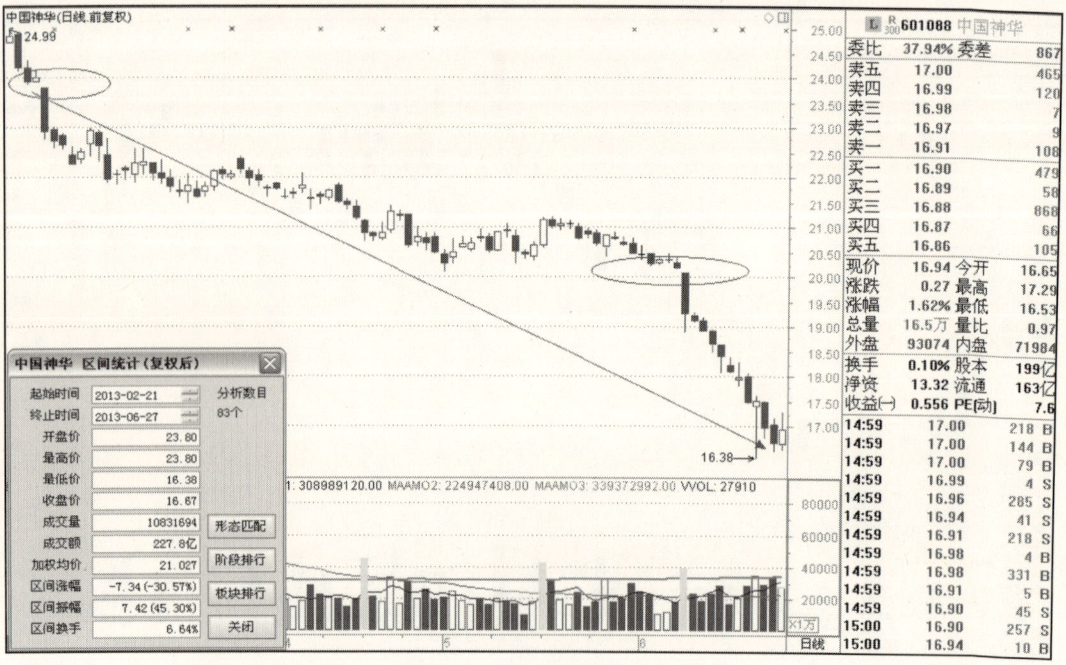

破档下跳空（实例 2）600519 贵州茅台

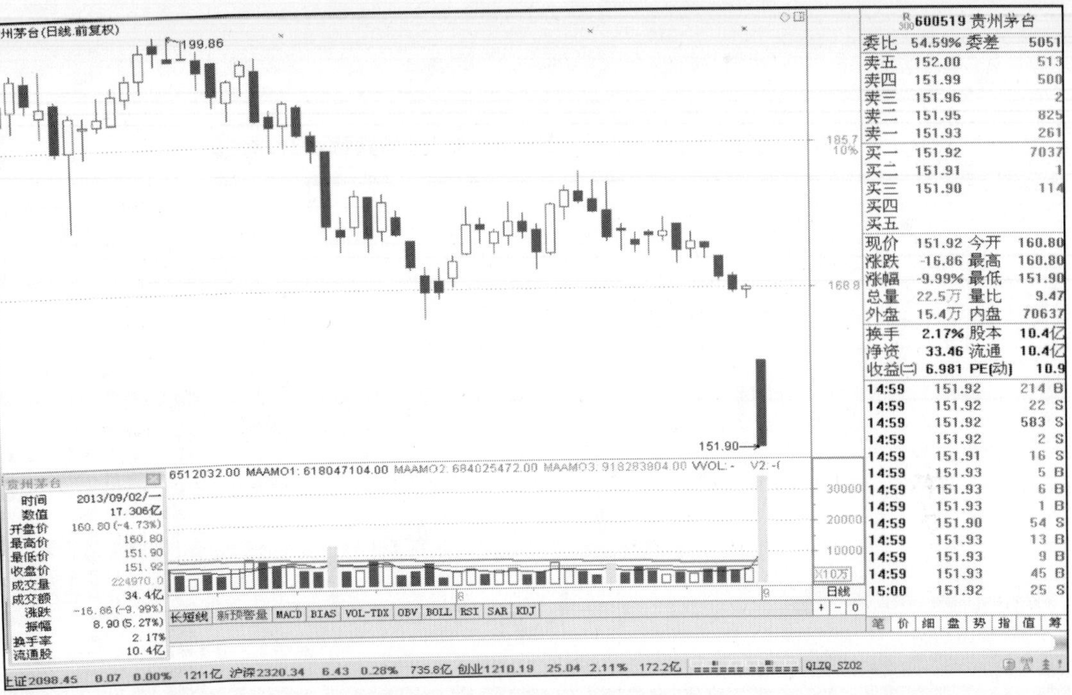

600519 贵州茅台 2013. 9. 2 分时图

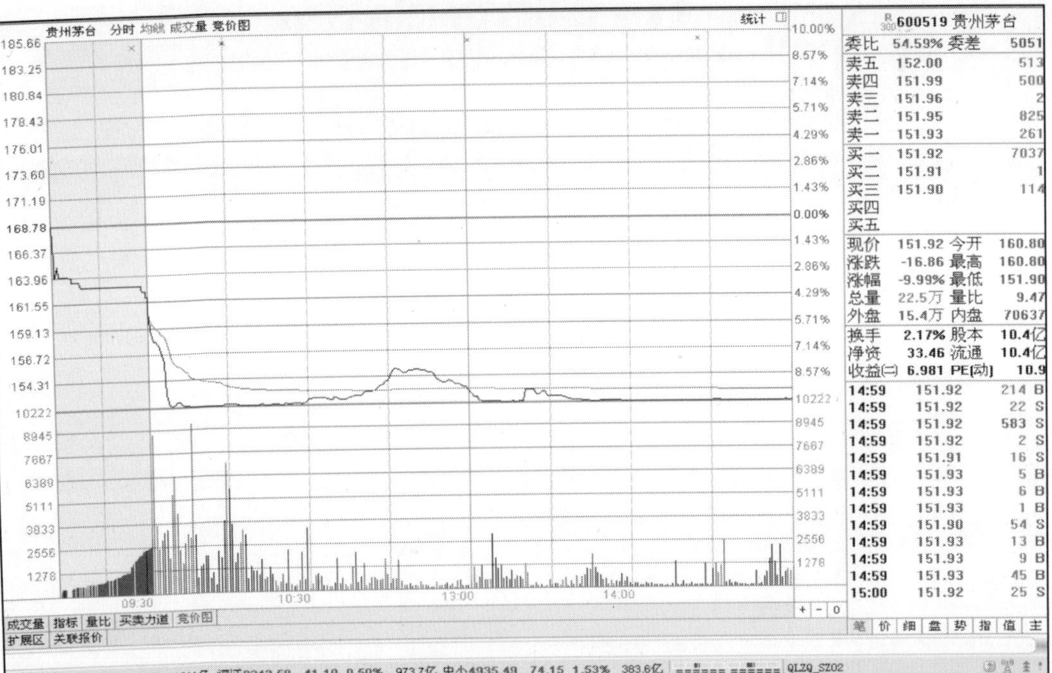

600519 贵州茅台 2013（9. 2—10. 29）区间跌幅：21. 32%

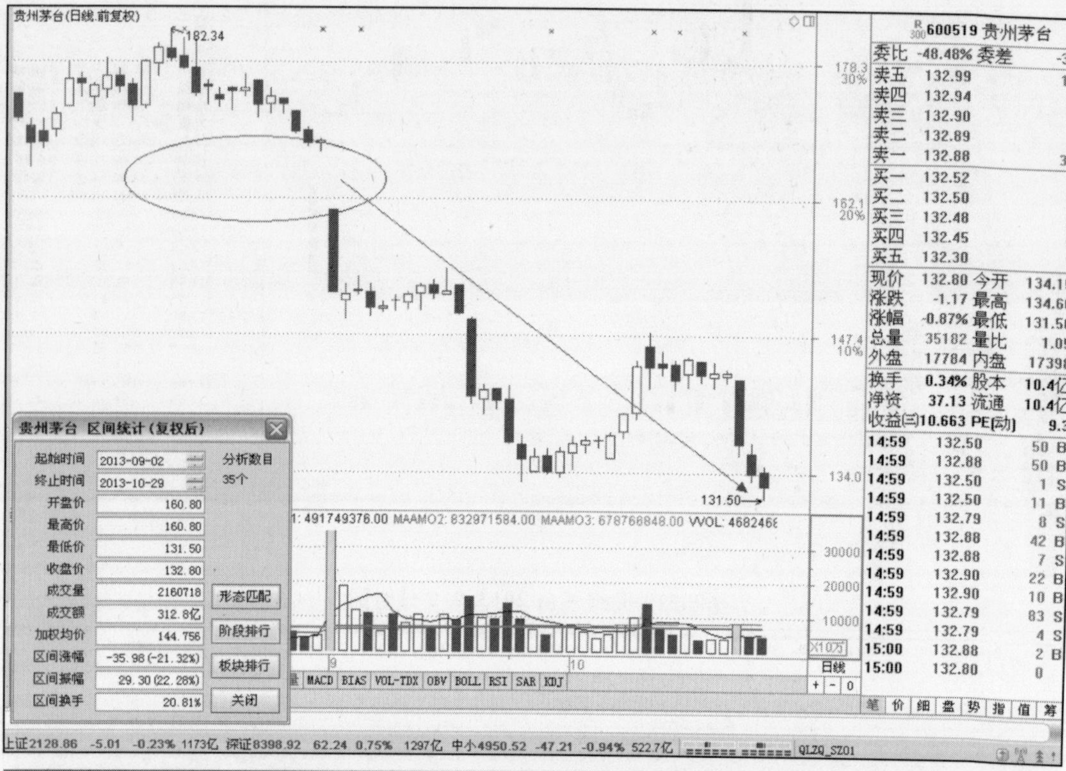
贵州茅台(日线 前复权)
182.34
131.50
178.3
30%
162.1
20%
147.4
10%
134.0
600519 贵州茅台
委比 -48.48% 委差
卖五 132.99
卖四 132.94
卖三 132.90
卖二 132.89
卖一 132.88
买一 132.52
买二 132.50
买三 132.48
买四 132.45
买五 132.30
现价 132.80 今开 134.15
涨跌 -1.17 最高 134.66
涨幅 -0.87% 最低 131.50
总量 35182 量比 1.05
外盘 17784 内盘 17398
换手 0.34% 股本
净资 37.13 流通
收益(三)10.663 PE(动)
贵州茅台 区间统计（复权后）
起始时间 2013-09-02
终止时间 2013-10-29
分析数目 35个
开盘价 160.80
最高价 160.80
最低价 131.50
收盘价 132.80
成交量 2160718
成交额 312.8亿
加权均价 144.756
区间涨幅 -35.98 (-21.32%)
区间振幅 29.30 (22.28%)
区间换手 20.81%
形态匹配
阶段排行
板块排行
关闭
MAAMO2: 832971584.00 MAAMO3: 678766848.00 VVOL: 4682468
30000
20000
10000
MACD BIAS VOL-TDX OBV BOLL RSI SAR KDJ
日线
上证2128.86 -5.01 -0.23% 1173亿 深证8398.92 62.24 0.75% 1297亿 中小4950.52 -47.21 -0.94% 522.7亿

急流勇退是英雄。

三十、破前覆盖线（实例 1）600545 新疆城建

☆破前覆盖线是指在一波上涨之后，出现了阴线覆盖，随后经过数天的回落，再出现一大阳线突破前覆盖线，这暗示着市场行情将继续朝多头市场发展，所以可以再次买入。

☆注意：突破时的成交量要大于阴覆盖线时的量才是真突破。没有量的突破要谨防假突破。如果突破线向上突破了 8 日均线，就是进场买进的关键时刻了！

☆2013 年 9 月 4 日，受新疆喀什经济开发区规划获批的影响，资金迅速涌入新疆板块，尾市时 600545 新疆城建（现名卓郎智能）成交量突然放大，很快便强势封住涨停板，报收 6.20 元。

破前覆盖线（实例 1）600545 新疆城建

600545 新疆城建 2013. 9. 4 分时图

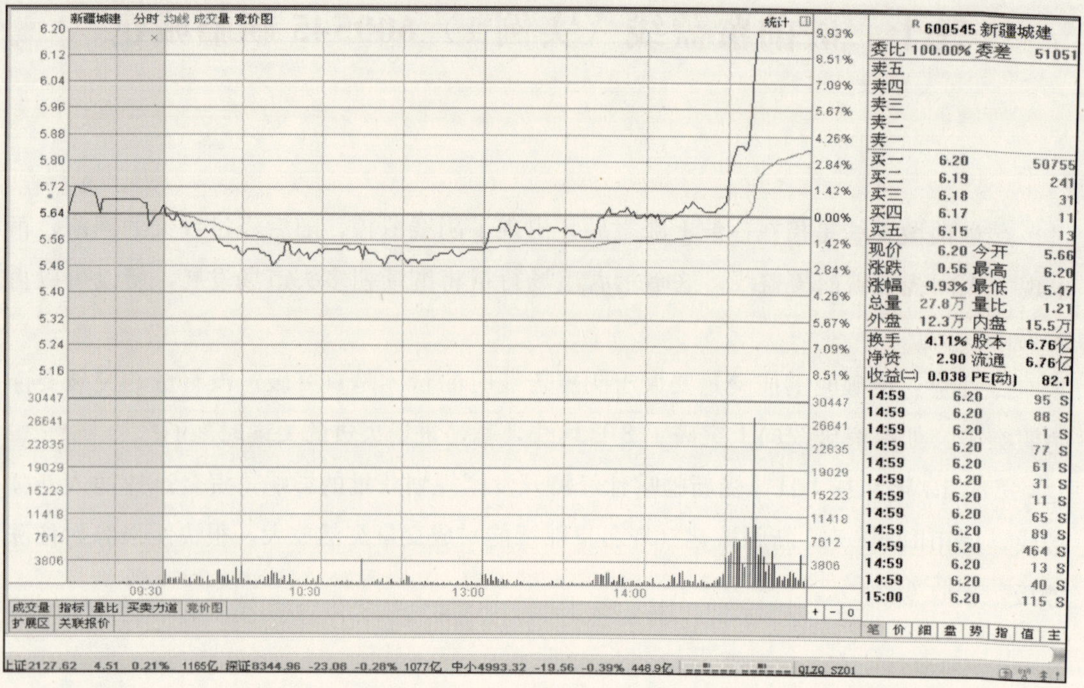

600545 新疆城建 2013（9. 4—9. 18）区间涨幅：40. 60%

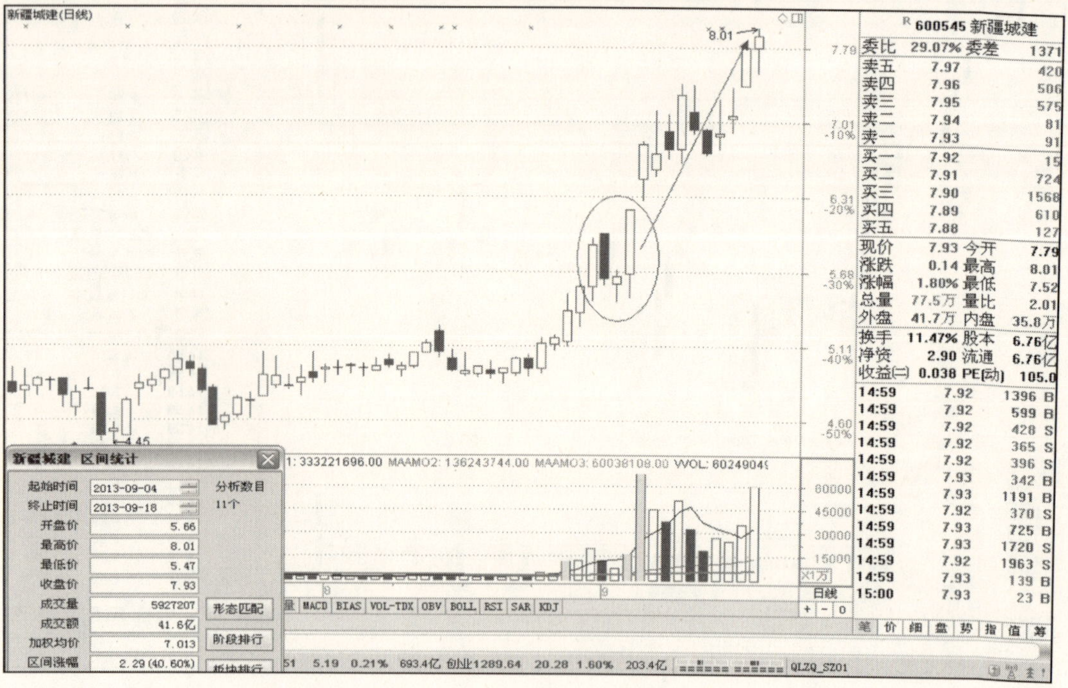

破前覆盖线（实例 2）000720 鲁能泰山（现名 *ST 新能）

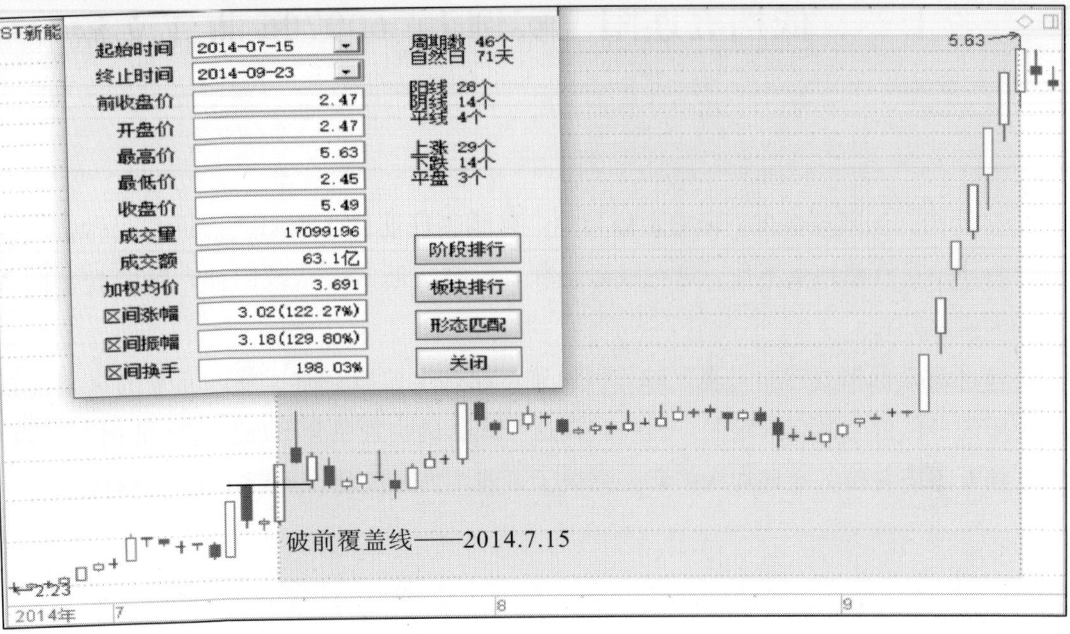

破前覆盖线（实例 3）002337 赛象科技

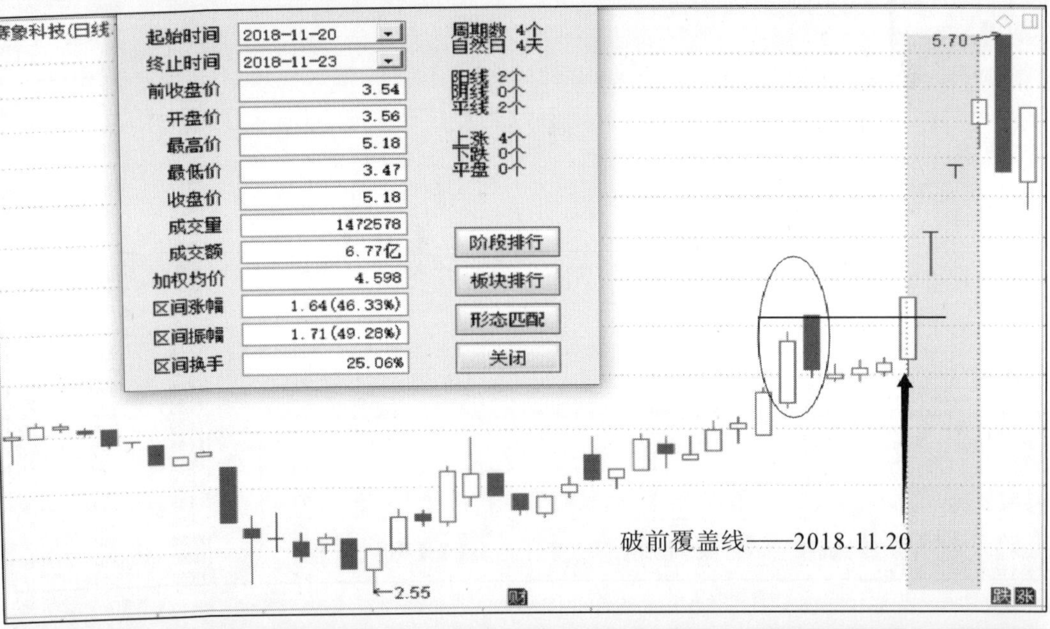

不管白马、黑马，没有主力就不是马。

三十一、低档五连阳（实例 1）600706 曲江文旅

☆低档五连阳是指在下降的走势当中，突然出现连续 5 根阳线，这是买方誓死防御，致使空头有些招架不住。这种线形出现之后空头通常会认败回补，随后就造成价格的大幅上升。

☆注意：低档五连阳是多方的防御位置，在这个位置会有反复，反复的区间也是五连阳的最低价与最高价区间；另外，在这个底部的位置还会出现复合的低档五连阳。当低档五连阳突破了 8 日均线或者是突破了五连阳的最高价，无疑是买进的时机。

低档五连阳（实例 1）600706 曲江文旅

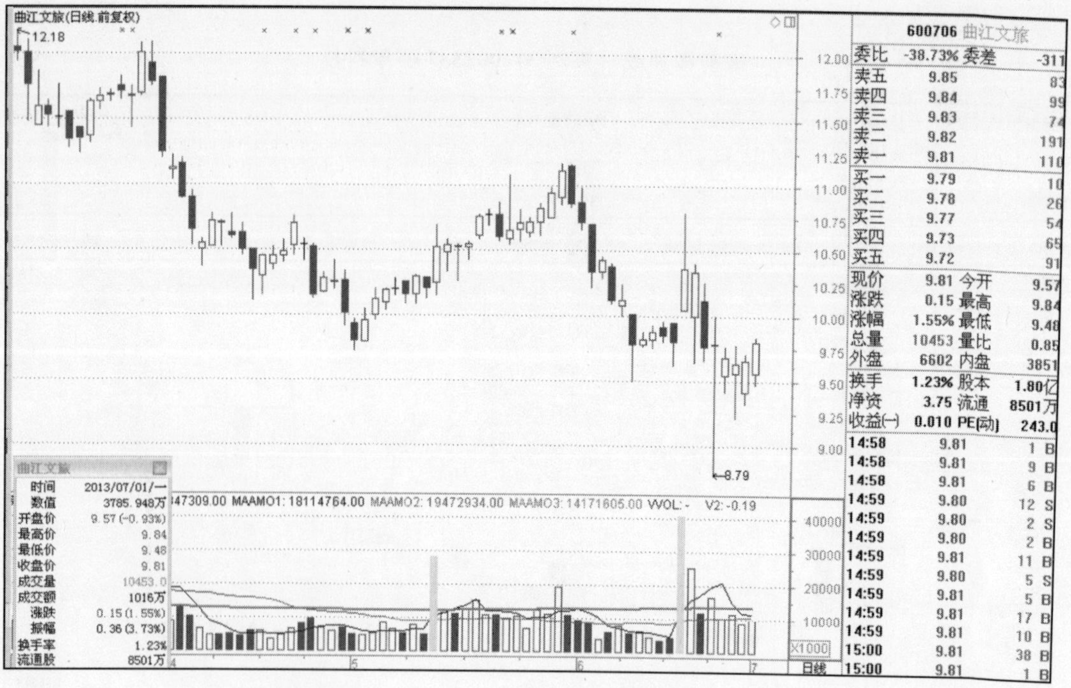

600706 曲江文旅 2013. 7. 1 分时图

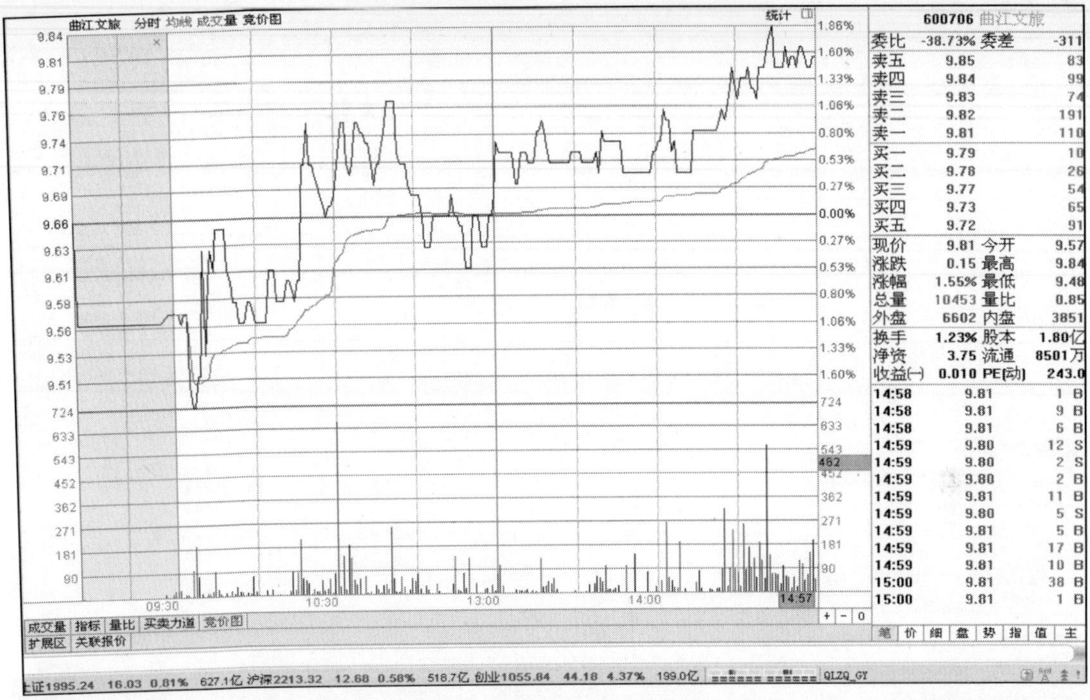

曲江文旅 分时 均线 成交量 竞价图
统计
600706 曲江文旅
委比 -38.73% 委差 -311
卖五 9.85 83
卖四 9.84 99
卖三 9.83 74
卖二 9.82 191
卖一 9.81 110
买一 9.79 10
买二 9.78 26
买三 9.77 54
买四 9.73 65
买五 9.72 91
现价 9.81 今开 9.57
涨跌 0.15 最高 9.84
涨幅 1.55% 最低 9.48
总量 10453 量比 0.85
外盘 6602 内盘 3851
换手 1.23% 股本 1.80亿
净资 3.75 流通 8501万
收益(一) 0.010 PE(动) 243.0
14:58 9.81 1 B
14:58 9.81 9 B
14:58 9.81 6 B
14:59 9.80 12 S
14:59 9.80 2 S
14:59 9.80 2 B
14:59 9.81 11 B
14:59 9.80 5 S
14:59 9.81 5 B
14:59 9.81 17 B
14:59 9.81 10 B
15:00 9.81 38 B
15:00 9.81 1 B
09:30 10:30 13:00 14:00 14:57
成交量 指标 量比 买卖力道 竞价图
扩展区 关联报价
上证1995.24 16.03 0.81% 627.1亿 沪深2213.32 12.68 0.58% 518.7亿 创业1055.84 44.18 4.37% 199.0亿

低档五连阳（实例 1）600706 曲江文旅

曲江文旅(日线)
12.09
8.79
600706 曲江文旅
委比 49.45% 委差 538
卖五 9.62 30
卖四 9.60 81
卖三 9.59 13
卖二 9.58 138
卖一 9.57 13
买一 9.56 56
买二 9.55 155
买三 9.54 346
买四 9.53 155
买五 9.52 101
现价 9.57 今开 9.51
涨跌 -0.04 最高 9.62
涨幅 -0.42% 最低 9.50
总量 2705 量比 0.84
外盘 519 内盘 2186
换手 0.32% 股本 1.80亿
净资 3.75 流通 8501万
收益(一) 0.010 PE(动) 237.0
10:37 9.52 16 B
10:39 9.54 12 S
10:40 9.54 8 S
10:44 9.55 50 S
10:49 9.57 10 S
10:50 9.59 5 B
10:54 9.59 20 B
10:54 9.59 10 B
10:56 9.59 32 S
10:57 9.58 4 S
10:58 9.58 4 B
11:04 9.57 15 S
11:04 9.57 7 S
曲江文旅
时间 2013/07/16/二
数值 3224.568万
开盘价 9.51(-1.04%)
最高价 9.62
最低价 9.50
收盘价 9.57
成交量 2705.0
成交额 259万
涨跌 -0.04(-0.42%)
振幅 0.12(1.25%)
换手率 0.32%
流通股 8501万
MAAMO1: 16065075.00 MAAMO2: 17451402.00 MAAMO3: 13629924.00 VVOL: - V2: 1.14
长短线 新预警量 MACD BIAS VOL-TDX OBV BOLL RSI SAR KDJ
日线

600706 曲江文旅 2013（7.16—9.18）区间涨幅：42.87%

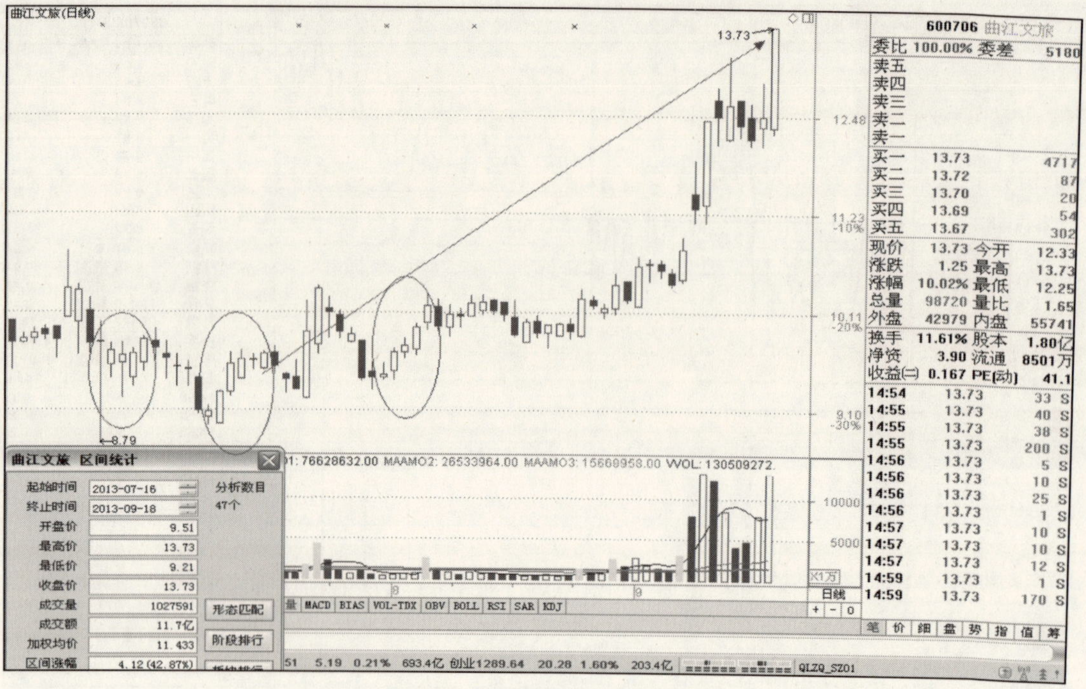

低档五连阳（实例 2）600748 上实发展

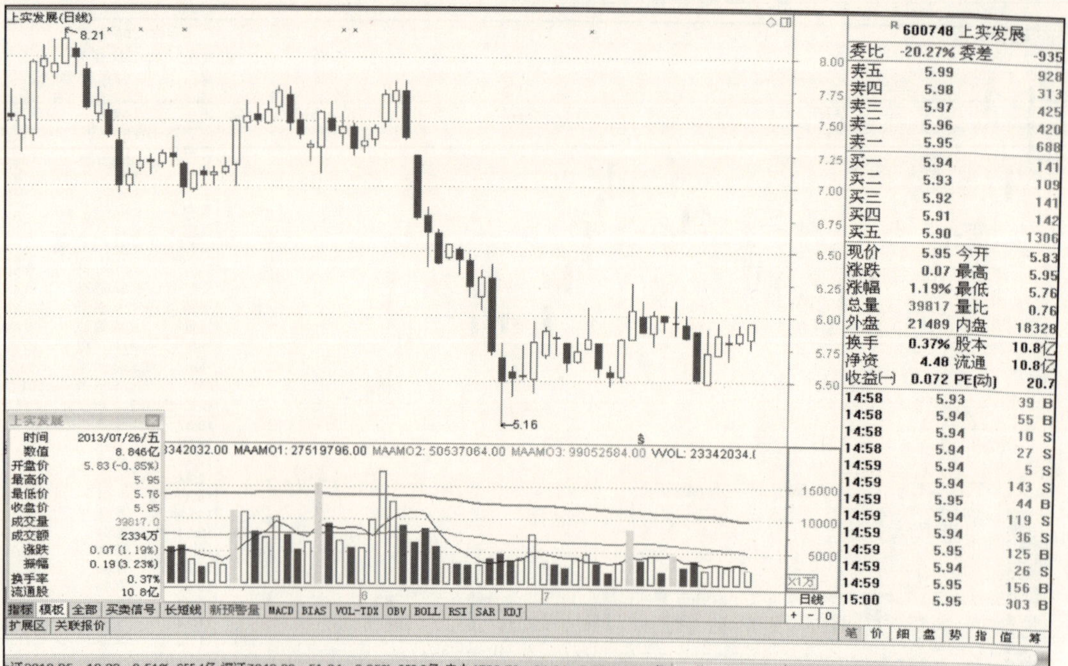

600748 上实发展 2013. 7. 26 分时图

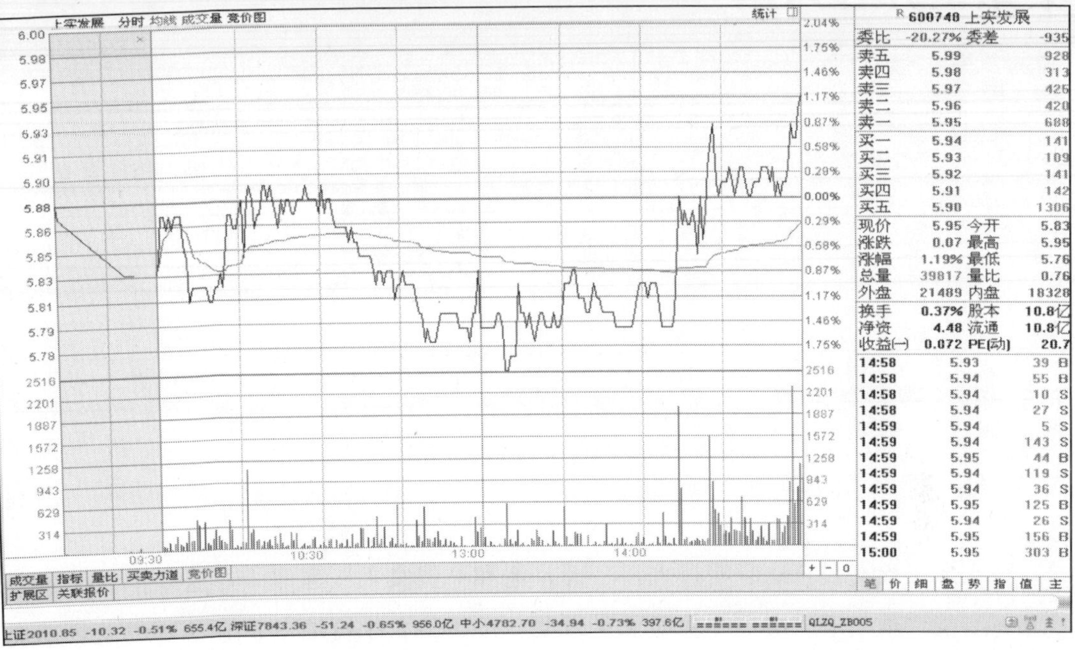

600748 上实发展 2013（7. 26—9. 10）区间涨幅：85. 88%

留得五湖明月在，不愁无处下金钩。

秦始皇并吞六国

绍兴才子徐文长自幼聪明过人，一天，他和 6 位文人一起喝酒，这 6 个文人事先商量好要捉弄他一下。桌上一共摆了 6 道菜，按年龄大小行酒令，酒令要说出一个典故，但要求典故必须与桌上的菜肴有关，说出来就可以独自享用这盘菜，否则没菜吃，只能干喝酒。

第一个人说："姜太公钓鱼。"说过就把桌上的一盘鱼端到自己面前。

第二个人说："时迁偷鸡。"说罢便把一盘鸡端走。

第三个人说："张飞卖肉。"顺手将一盘猪肉拉在自己面前。

第四个人说："苏武牧羊。"端走了羊肉。

第五个人说："朱元璋杀牛。"将牛肉拉到自己面前。

第六个人面对最后一盘菜，说："刘备种菜。"慢条斯理地把菜拿到了面前。

看看菜被他们 6 个都端完了，只听徐文长说声："等一下。"接着说出了一个酒令："秦始皇并吞六国。"然后把 6 个人面前的菜都端了过来。

6 个人佩服得五体投地。

三十二、高档五连阴（实例）600328 兰太实业

☆ 高档五连阴是指在上升的走势途中，突然出现 5 根连续的阴线，这是行情看坏的明证。在上端连续出现 5 根阴线，这表示空头固守阵线不退让，随后多头可能了结抛售，更导致空头的乘胜追击。

☆ 高档的五连阴告诉我们，价格在这里连续向上测试都没有越雷池一步，说明抛压非常严重，它将面临反转下跌；如果有利空的消息出现，经常面临断崖式、跳水式的下跌。

☆ 注意：这里的成交量如果不大、主力没有出货，那么，其后的走势有可能突破盘整阴线的高点，继续再创新高。

600328 兰太实业从 2015 年 6 月 12 日至 18 日在高位出现五连阴形态后，一路下跌，区间 13 个交易日大幅下跌 57.19%；充分说明了高档五连阴的杀伤力是多么的巨大。

高档五连阴（实例）600328 兰太实业

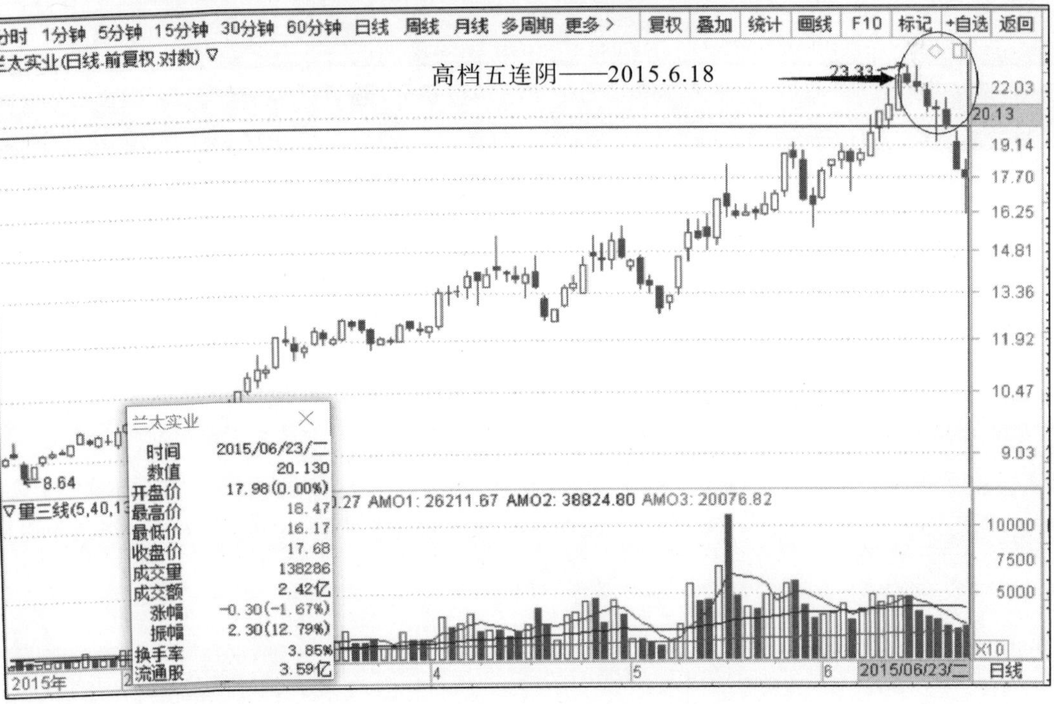

600328 兰太实业五连阴后 13 个交易日跌幅 57. 19%

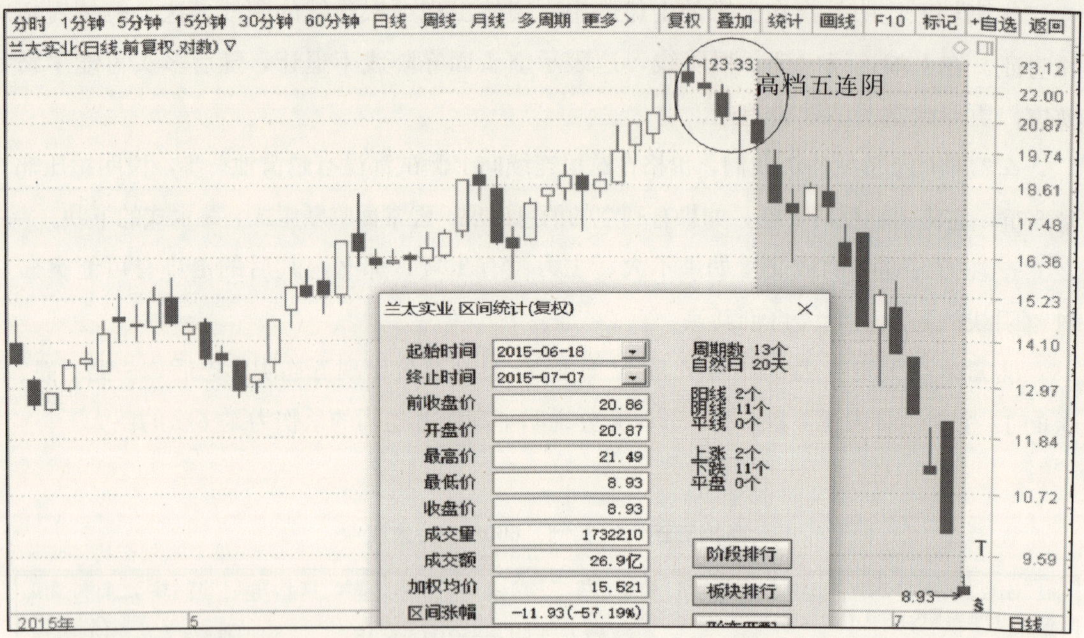
分时 1分钟 5分钟 15分钟 30分钟 60分钟 日线 周线 月线 多周期 更多＞
复权 叠加 统计 画线 F10 标记 +自选 返回
兰太实业(日线,前复权,对数)
23.33
高档五连阴
23.12
22.00
20.87
19.74
18.61
17.48
16.36
15.23
14.10
12.97
11.84
10.72
9.59
8.93
兰太实业 区间统计(复权)
起始时间 2015-06-18
终止时间 2015-07-07
前收盘价 20.86
开盘价 20.87
最高价 21.49
最低价 8.93
收盘价 8.93
成交量 1732210
成交额 26.9亿
加权均价 15.521
区间涨幅 -11.93(-57.19%)
周期数 13个
自然日 20天
阳线 2个
阴线 11个
平线 0个
上涨 2个
下跌 11个
平盘 0个
阶段排行
板块排行
2015年
5
7
日线

人无远虑，必有近忧。

三十三、低档转化线（实例）600877 中国嘉陵

☆低档转化线是在原为下挫的走势中，突然冒出一根大阳线阻挡前路，这究竟是喜是忧？还无法确定，必须再往后看是衔接什么线？不过，可以确定的是下挫之势已受到阻碍，再往下跌已十分有限。如依图中的翌日再出下阴线，显然仍是空头的持续抛售。

☆注意：这根大阳线最好是光头阳线，然后股价运行在阳线的上方才有向上转化的可能；反之，如果其后股价运行在阳线的下方，则不能介入。

☆2013 年 9 月 9 日，中国嘉陵（600877，现名*ST 嘉陵）公告终止资产重组计划。当日该股拉出一根带上影线的大阳线，次日跳空低开一路走低，区间跌幅 23.16%。

低档转化线（实例）600877 中国嘉陵

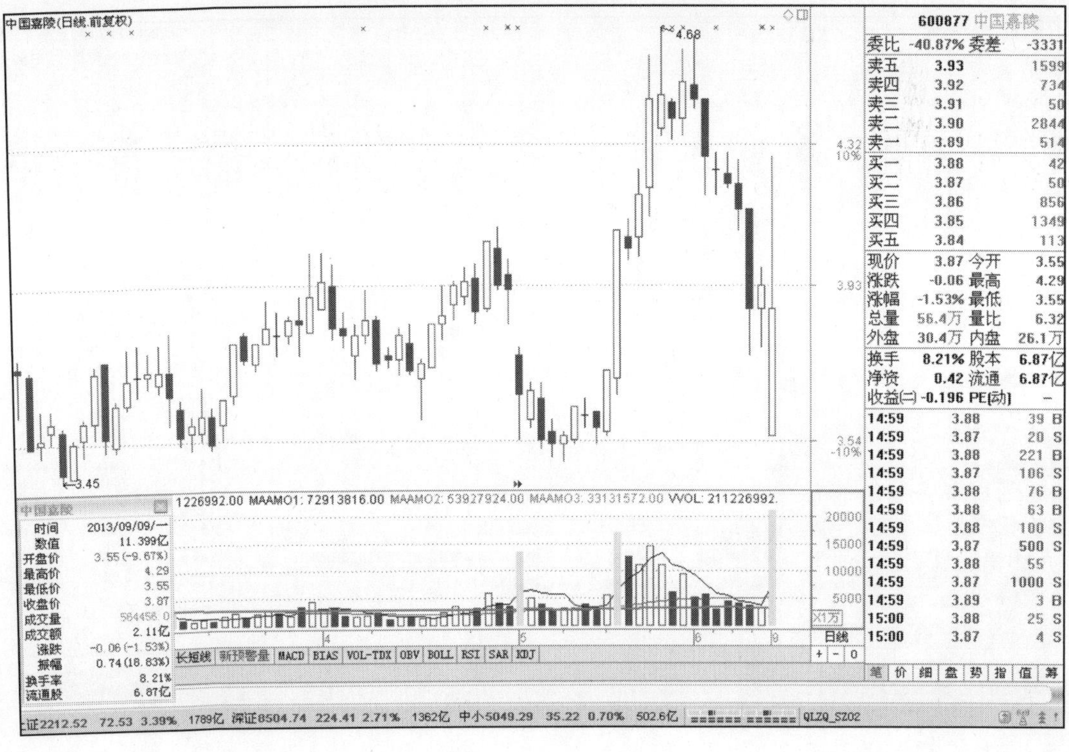

600877 中国嘉陵 2013. 9. 9 分时图

600877 中国嘉陵 2013（9. 9—11. 8）区间跌幅：23. 16%

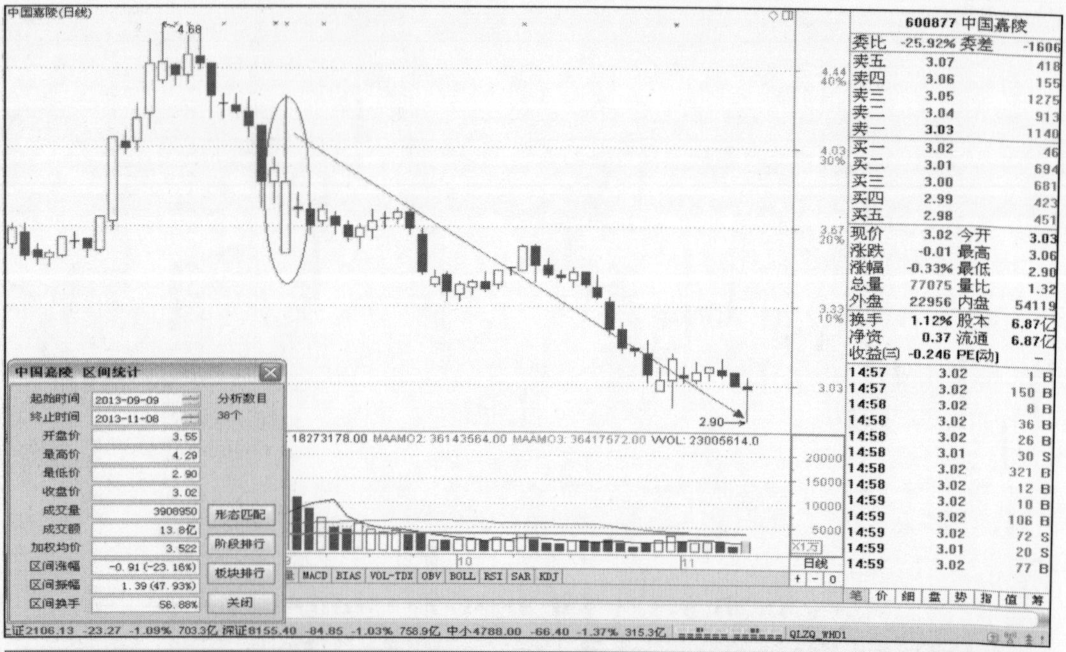

经验是一种财富，也是一种障碍。

三十四、插入线（实例 1）300044 赛为智能

☆ 插入线分为上升插入线与下降插入线两种形态。上升插入线是指在上升走势途中，突然出现一根低开低走的阴线，当向下击穿前一日阳线实体的 50%，则应择机卖出。下降插入线是指在下跌走势中，突然出现一根低开高走的阳线，向上插入前一日阴线实体的 50%，这时千万不可抛售，应准备改为多头买入。如果下跌后连出 10 根创新低价时，这是行情反弹的先兆，应迅速地连抢买。

☆ 注意：波段高点的阴插入线，表示行情有反转向下的迹象；而在波段底部的阳插入线，表示行情有反转向上的迹象。当插入线出现后，次日的开盘价就是一个最明显的判断信号。聪明的投资人只在行情出现明显的信号后才开始行动。2013 年 1 月 24 日，赛为智能在高位出现插入线后，2013 年 1 月 31 日赛为智能刊登持股 5%以上股东减持公司股份公告，此后该股一路下跌。

插入线（实例 1）300044 赛为智能

300044 赛为智能 2013.1.24 分时图

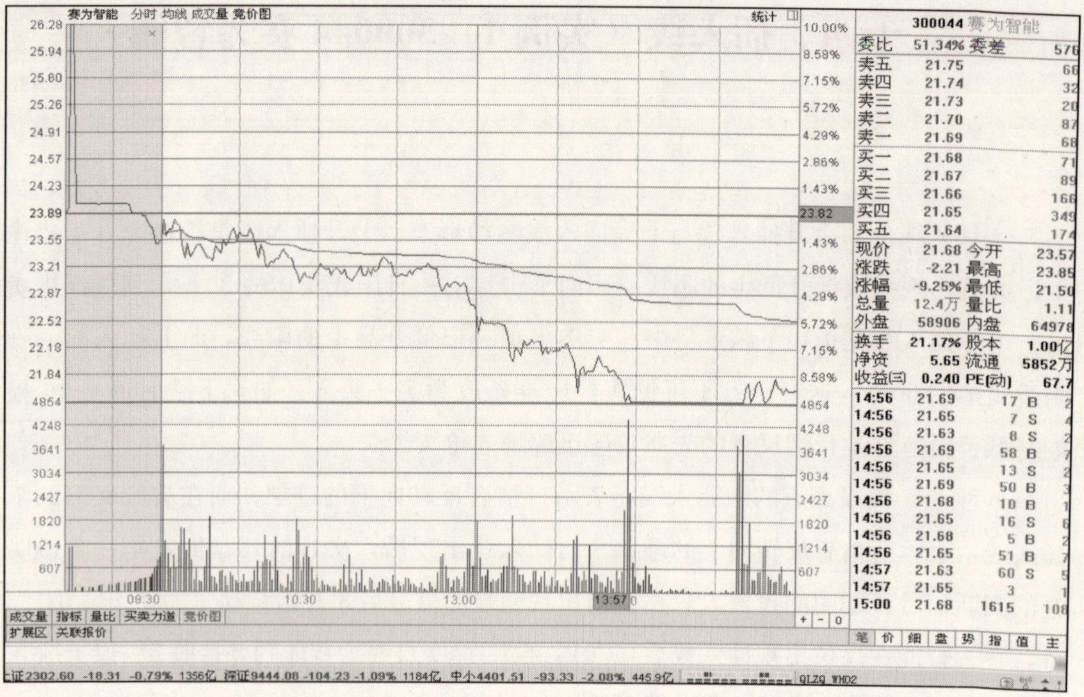

300044 赛为智能 2013（1.24—4.26）区间跌幅：35.91%

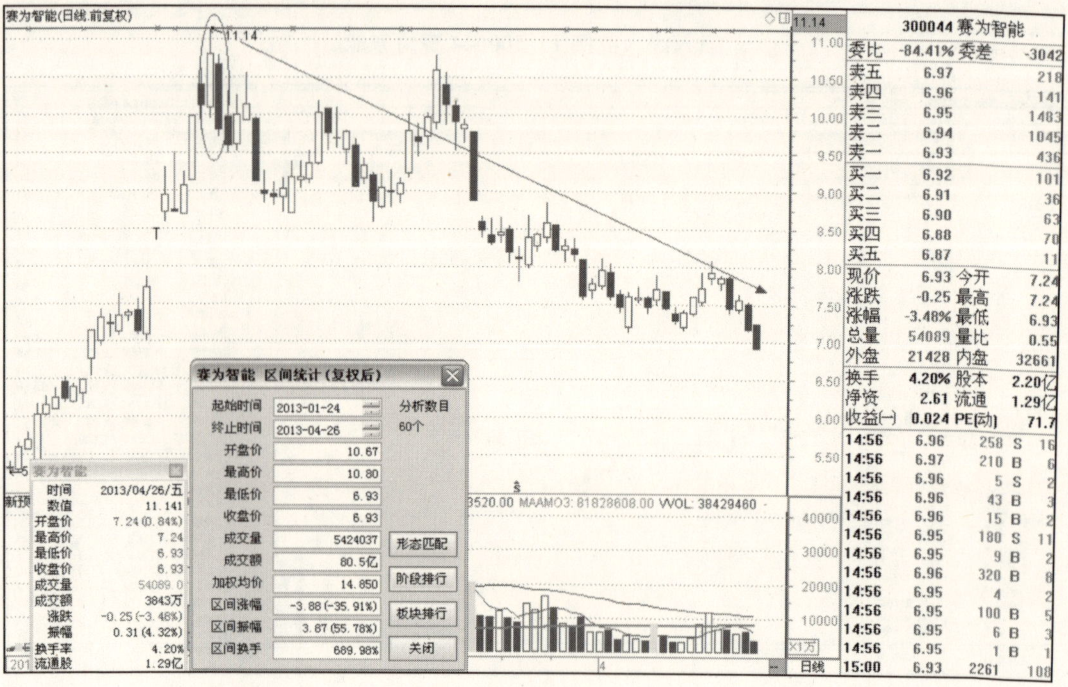

插入线（实例 2）600579 天华院

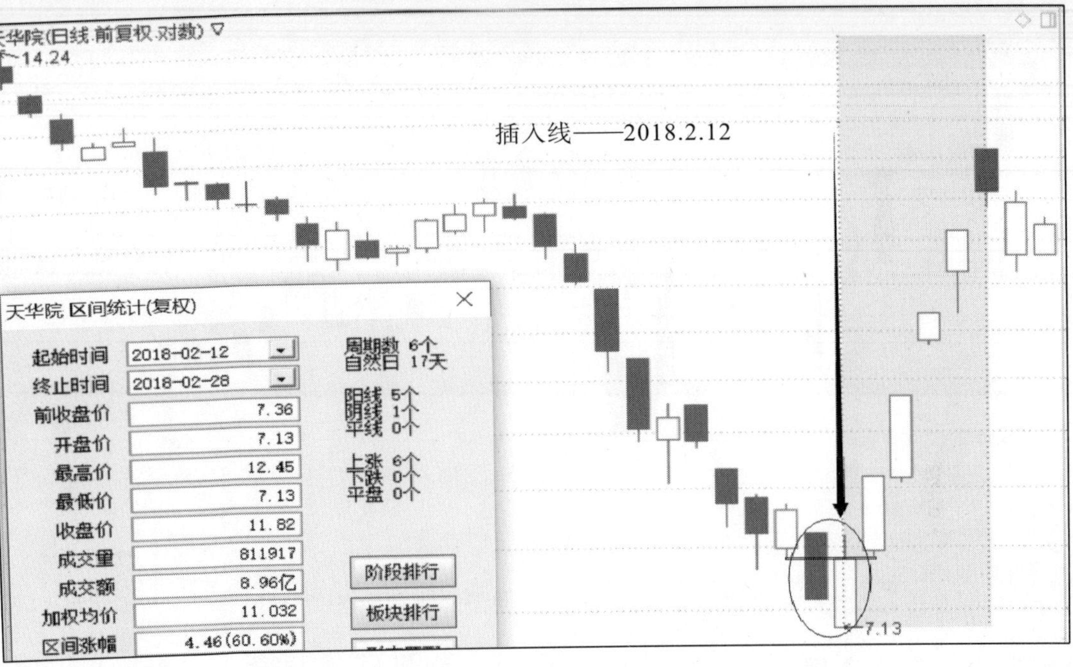
天华院(日线.前复权.对数)
14.24
插入线——2018.2.12
天华院 区间统计(复权)
起始时间 2018-02-12
终止时间 2018-02-28
前收盘价 7.36
开盘价 7.13
最高价 12.45
最低价 7.13
收盘价 11.82
成交量 811917
成交额 8.96亿
加权均价 11.032
区间涨幅 4.46(60.60%)
周期数 6个
自然日 17天
阳线 5个
阴线 1个
平线 0个
上涨 6个
下跌 0个
平盘 0个
阶段排行
板块排行
7.13

插入线（实例 3）002367 康力电梯

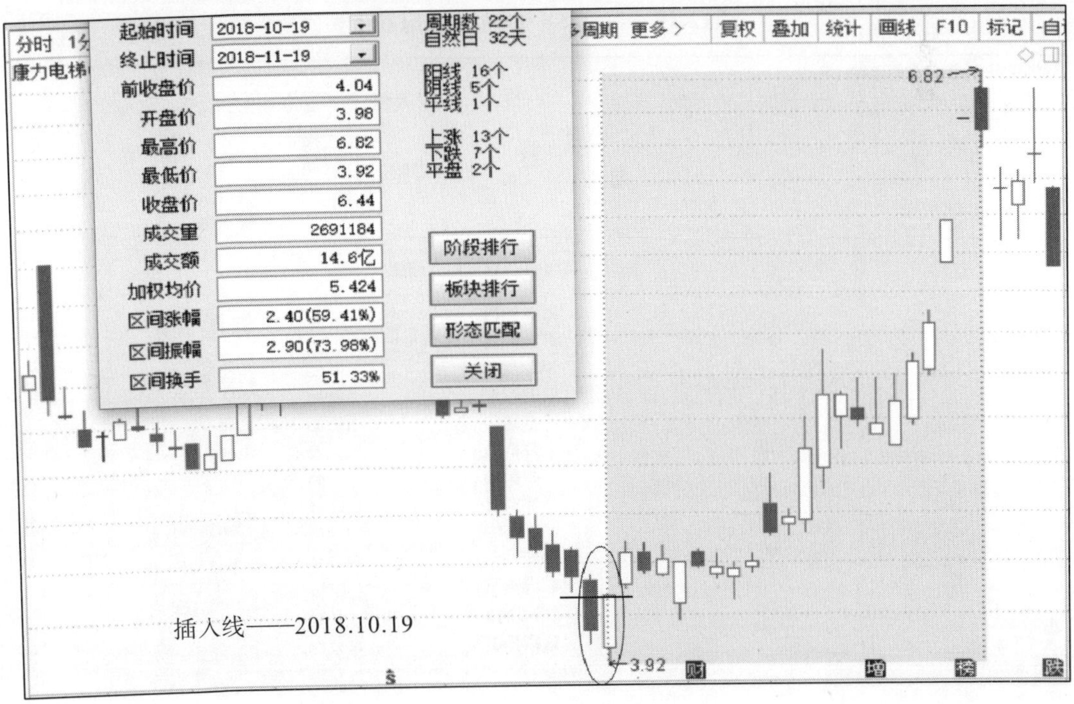
复权 叠加 统计 画线 F10 标记
起始时间 2018-10-19
终止时间 2018-11-19
前收盘价 4.04
开盘价 3.98
最高价 6.82
最低价 3.92
收盘价 6.44
成交量 2691184
成交额 14.6亿
加权均价 5.424
区间涨幅 2.40(59.41%)
区间振幅 2.90(73.98%)
区间换手 51.33%
周期数 22个
自然日 32天
阳线 16个
阴线 5个
平线 1个
上涨 13个
下跌 7个
平盘 2个
阶段排行
板块排行
形态匹配
关闭
6.82
3.92
插入线——2018.10.19

插入线（实例4）000989 九芝堂

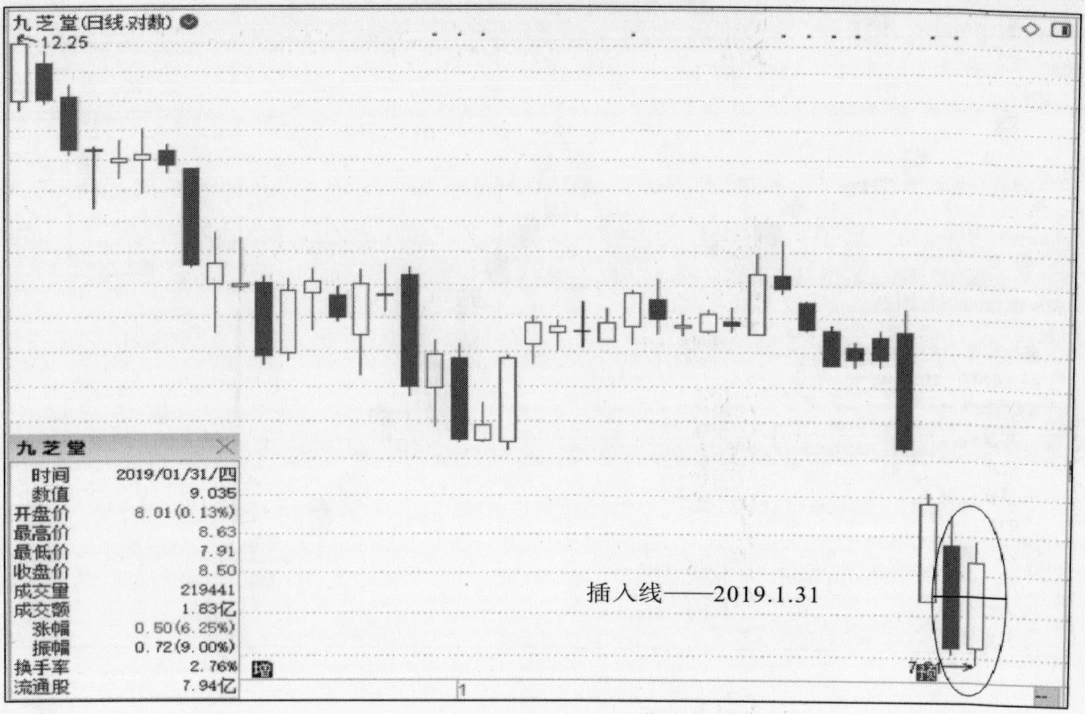
九芝堂(日线,对数)
12.25
九芝堂
时间 2019/01/31/四
数值 9.035
开盘价 8.01(0.13%)
最高价 8.63
最低价 7.91
收盘价 8.50
成交量 219441
成交额 1.83亿
涨幅 0.50(6.25%)
振幅 0.72(9.00%)
换手率 2.76%
流通股 7.94亿
插入线——2019.1.31

插入线（实例5）000922 佳电股份

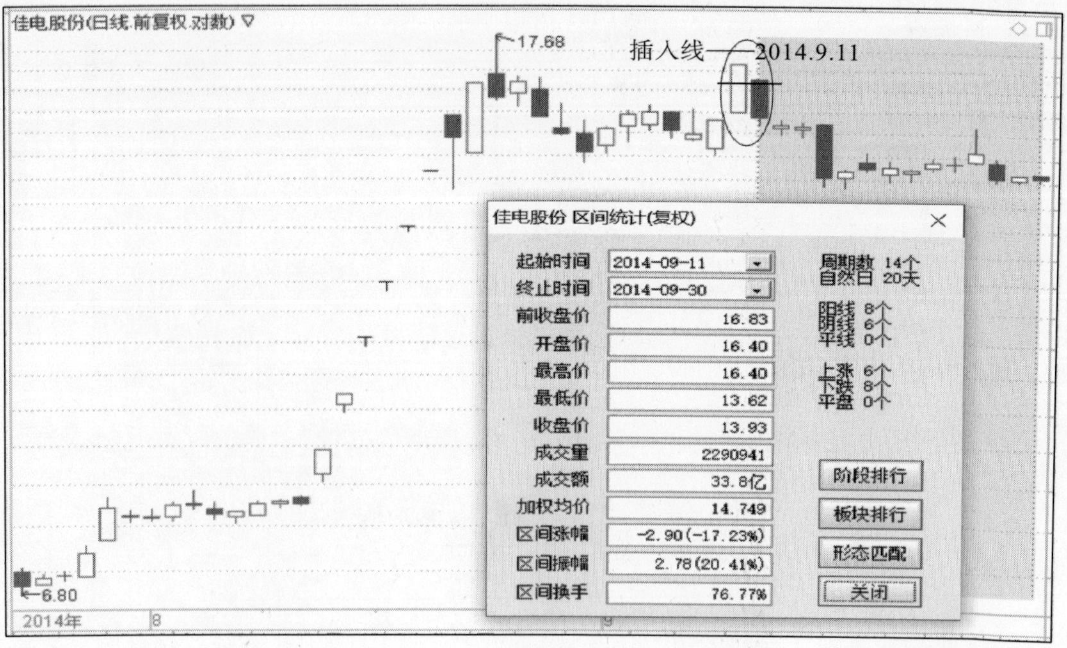
佳电股份(日线,前复权,对数)
17.68
插入线——2014.9.11
6.80
2014年
佳电股份 区间统计(复权)
起始时间 2014-09-11
终止时间 2014-09-30
前收盘价 16.83
开盘价 16.40
最高价 16.40
最低价 13.62
收盘价 13.93
成交量 2290941
成交额 33.8亿
加权均价 14.749
区间涨幅 -2.90(-17.23%)
区间振幅 2.78(20.41%)
区间换手 76.77%
周期数 14个
自然日 20天
阳线 8个
阴线 6个
平线 0个
上涨 6个
下跌 8个
平盘 0个
阶段排行
板块排行
形态匹配
关闭

插入线（实例 6）002122 天马股份（现名*ST 天马）

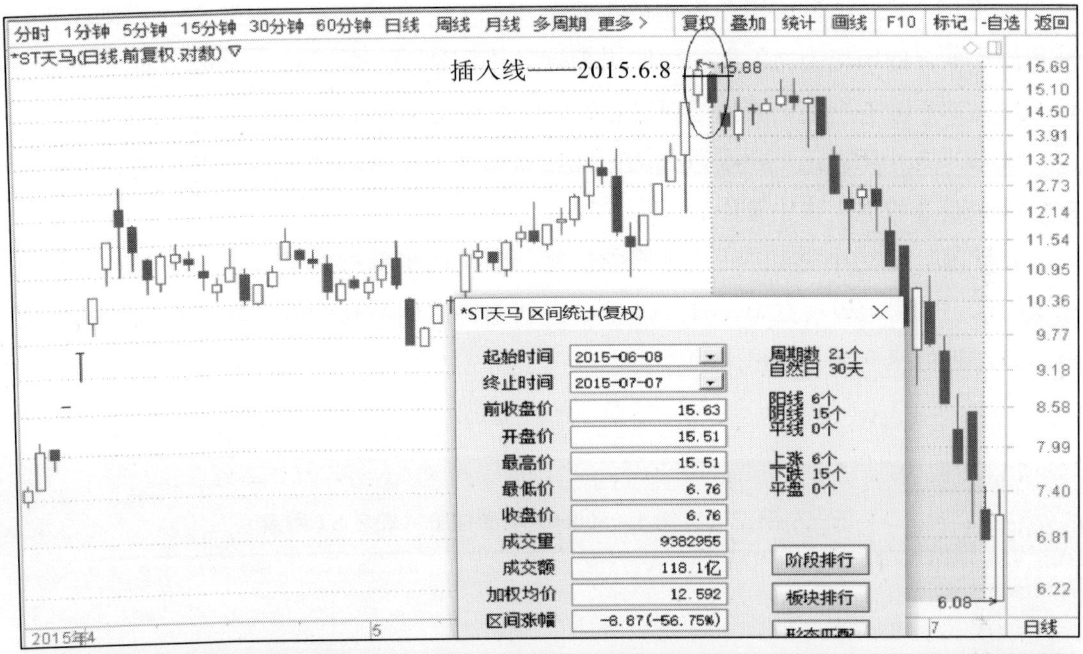
分时 1分钟 5分钟 15分钟 30分钟 60分钟 日线 周线 月线 多周期 更多 > 复权 叠加 统计 画线 F10 标记 -自选 返回
*ST天马(日线,前复权,对数)
插入线——2015.6.8
15.88
15.69
15.10
14.50
13.91
13.32
12.73
12.14
11.54
10.95
10.36
9.77
9.18
8.58
7.99
7.40
6.81
6.22
6.08
*ST天马 区间统计(复权)
起始时间 2015-06-08
终止时间 2015-07-07
前收盘价 15.63
开盘价 15.51
最高价 15.51
最低价 6.76
收盘价 6.76
成交量 9382955
成交额 118.1亿
加权均价 12.592
区间涨幅 -8.87(-56.75%)
周期数 21个
自然日 30天
阳线 6个
阴线 15个
平线 0个
上涨 6个
下跌 15个
平盘 0个
阶段排行
板块排行
2015年4
5
7
日线

螳螂捕蝉，岂知黄雀在后。

三十五、低档小跳空（实例 1）600687 刚泰控股

☆ 低档小跳空是指在低价圈中的小幅牛皮档中，突然出现一根跳空的小阳线，这使得原本低迷的市场为之一振。一般出现这种小阳线时，随后往往会有一连 6 天的上涨。虽然这只是一个小上涨信号而已，但是空头还是平仓回补的好。

☆ 如果是小阳线上端出现较长的影线，这又表示上升曾遭遇到一些阻力，如此一来，往上跃升的机会就比较小。

☆ 注意：低档小跳空是一个上涨的信号，多空的平衡被打破，但不要奢望其后马上会上涨。如果突破后盘整，要等盘整后突破小跳空的最高价位后才是最佳的买进时机。股市里的机会都是等出来的。

低档小跳空（实例 1）600687 刚泰控股（现名 ST 刚泰）

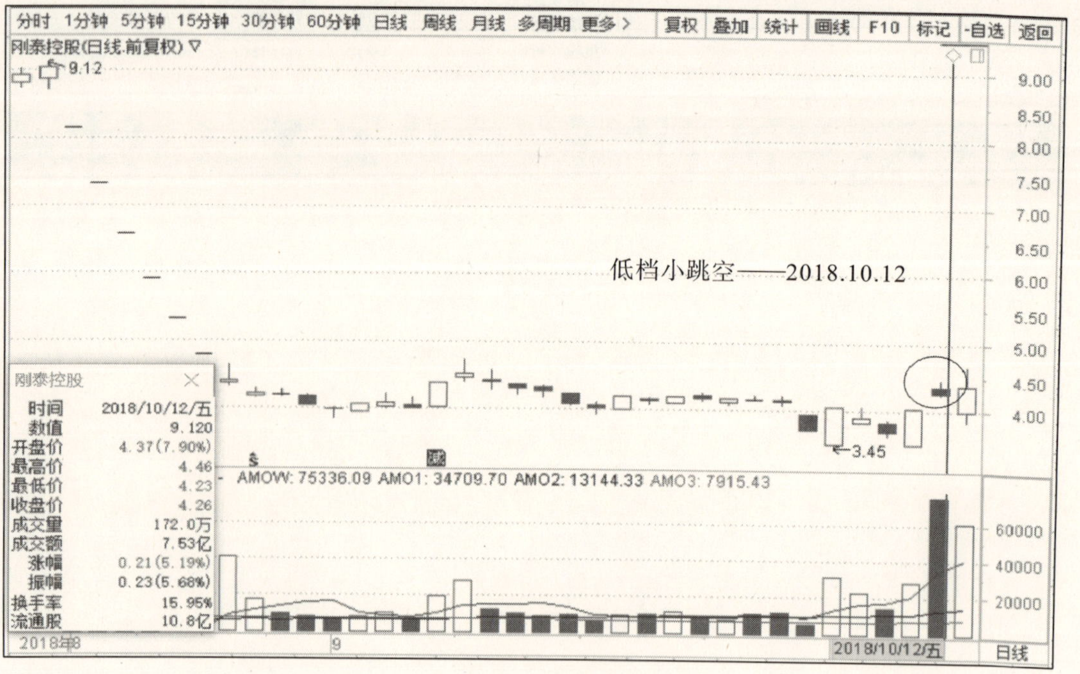

600687 刚泰控股 2018. 10. 12 分时图

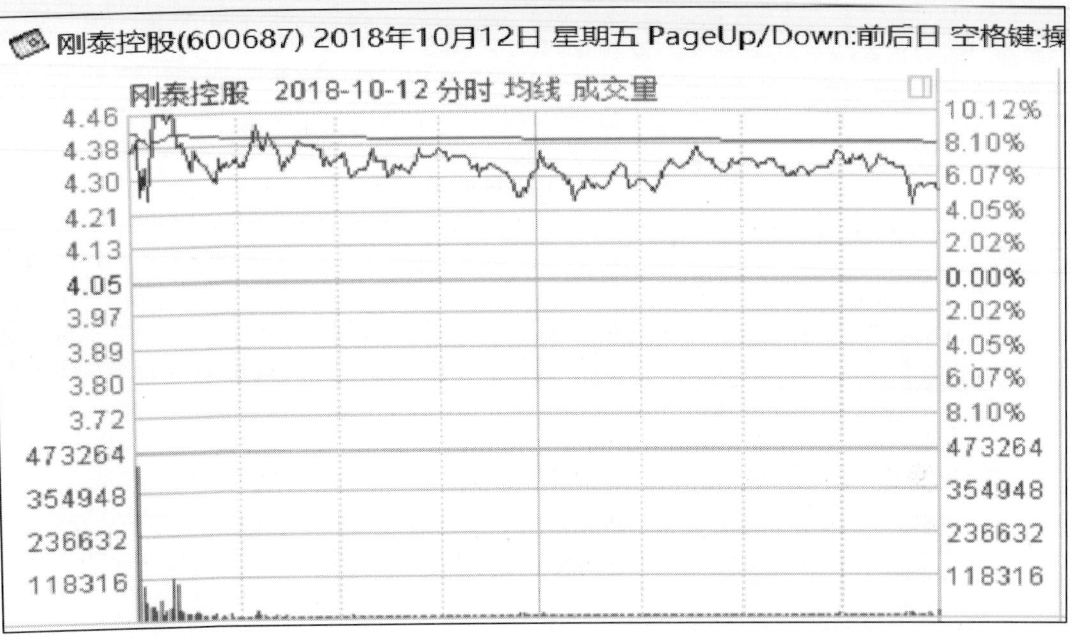

600687 刚泰控股 2018（10. 12—11. 8）区间涨幅：61. 98%

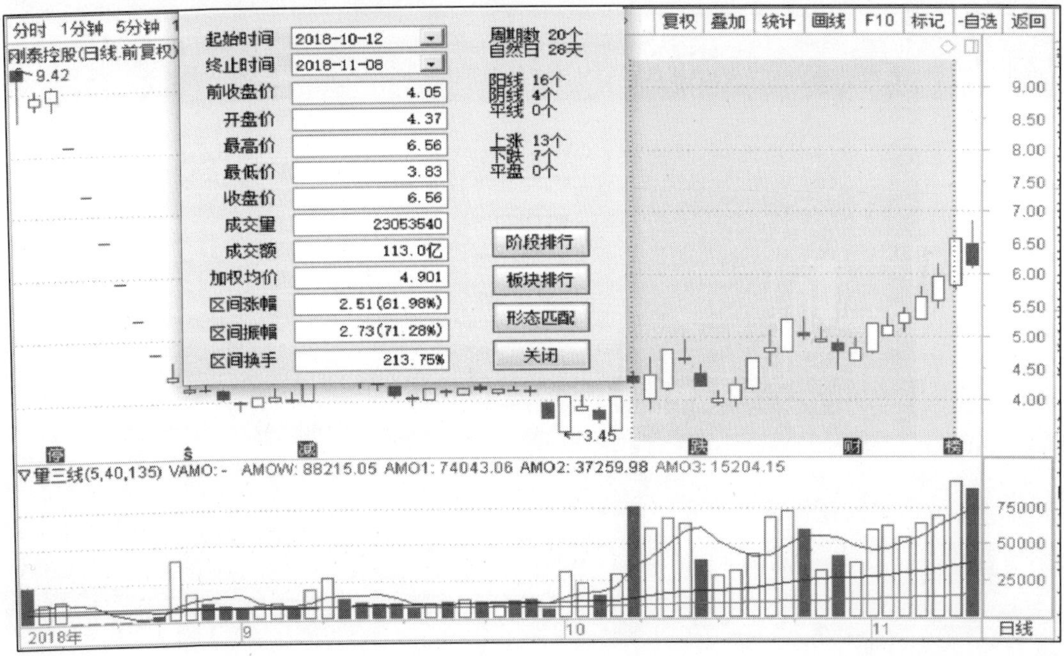

低档小跳空（实例 2）600210 紫江企业

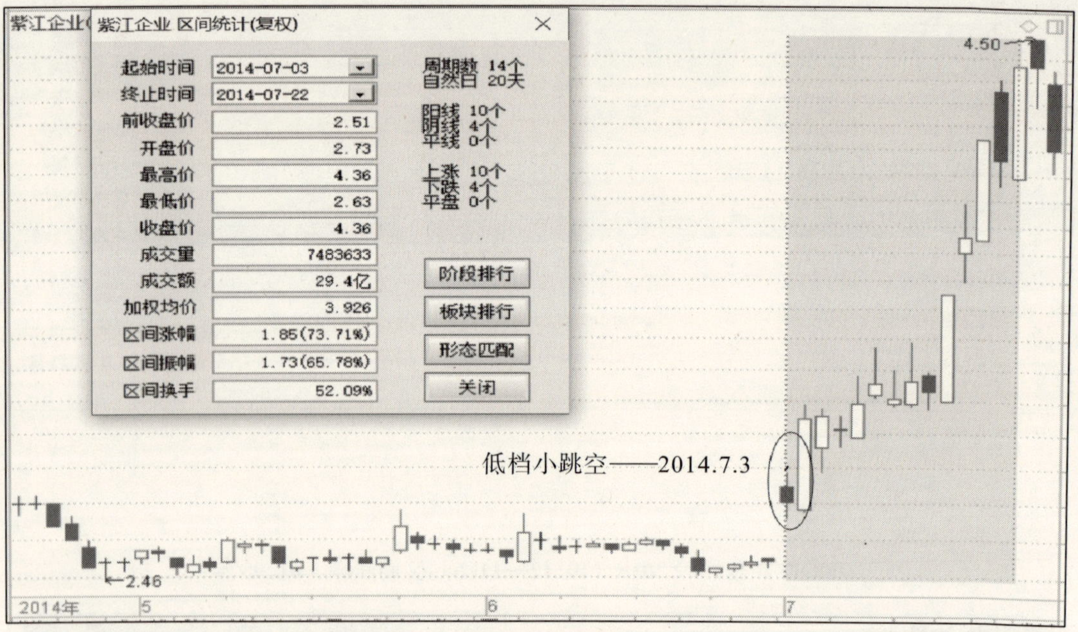
紫江企业
紫江企业 区间统计(复权)
起始时间 2014-07-03
终止时间 2014-07-22
前收盘价 2.51
开盘价 2.73
最高价 4.36
最低价 2.63
收盘价 4.36
成交量 7483633
成交额 29.4亿
加权均价 3.926
区间涨幅 1.85(73.71%)
区间振幅 1.73(65.78%)
区间换手 52.09%
周期数 14个
自然日 20天
阳线 10个
阴线 4个
平线 0个
上涨 10个
下跌 4个
平盘 0个
阶段排行
板块排行
形态匹配
关闭
4.50
低档小跳空——2014.7.3
2.46
2014年
5
6
7

因风吹火，用力不多。

三十六、回落覆盖线（实例）002589 瑞康医药

☆回落覆盖线是指图形最后第三根出现大阴线，它几乎包括了前面的上升走势，然后翌日又回落缩小成孕出线，最后再以稍高的黑线覆盖其上。这种情况属于抛售的信号之一，尤其是当出现在高价区时，应立即抛售。

☆2013 年 7 月 17 日有消息称：瑞康医药（002589）药品配送维持快速增长，器械业务跨入爆发期；顺应行业集中趋势，药品配送业务有望持续快速增长；其结论就是估值：上调目标价至 58 元，维持“买入”评级。结果在这个消息后，7 月 19 日，该股跳空高开创出了 52.92 元的最高价后收出了覆盖线，横盘 3 天后形成回落覆盖线，其后继续下跌。

回落覆盖线（实例）002589 瑞康医药

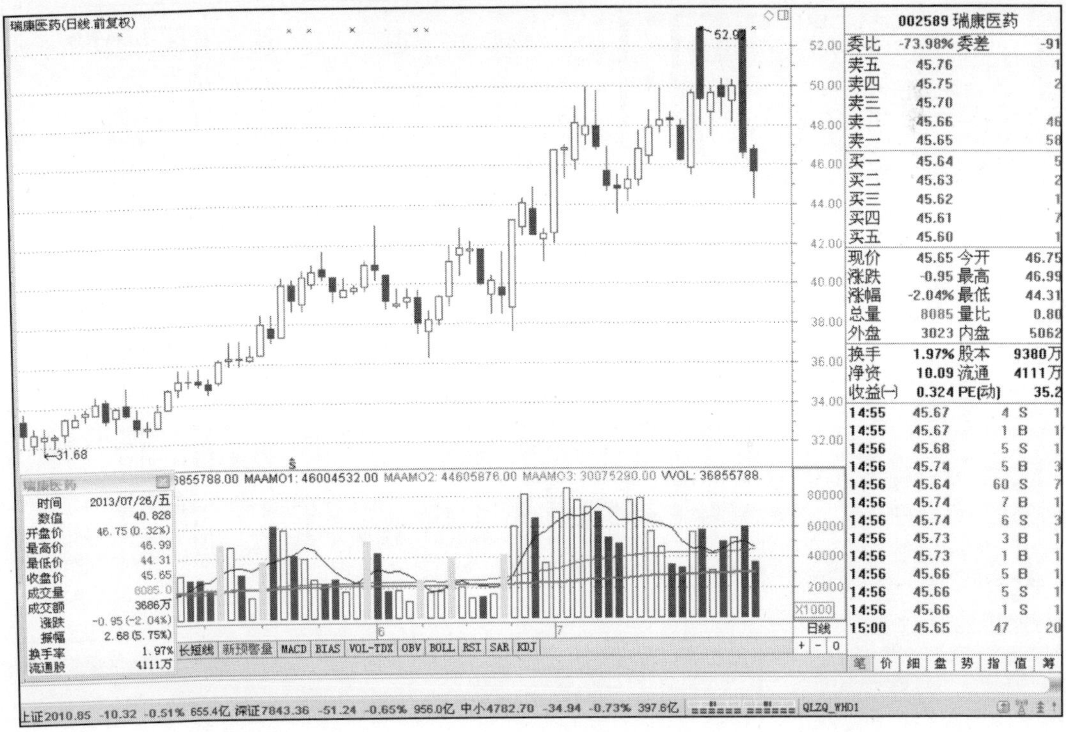

002589 瑞康医药 2013.7.26 分时图

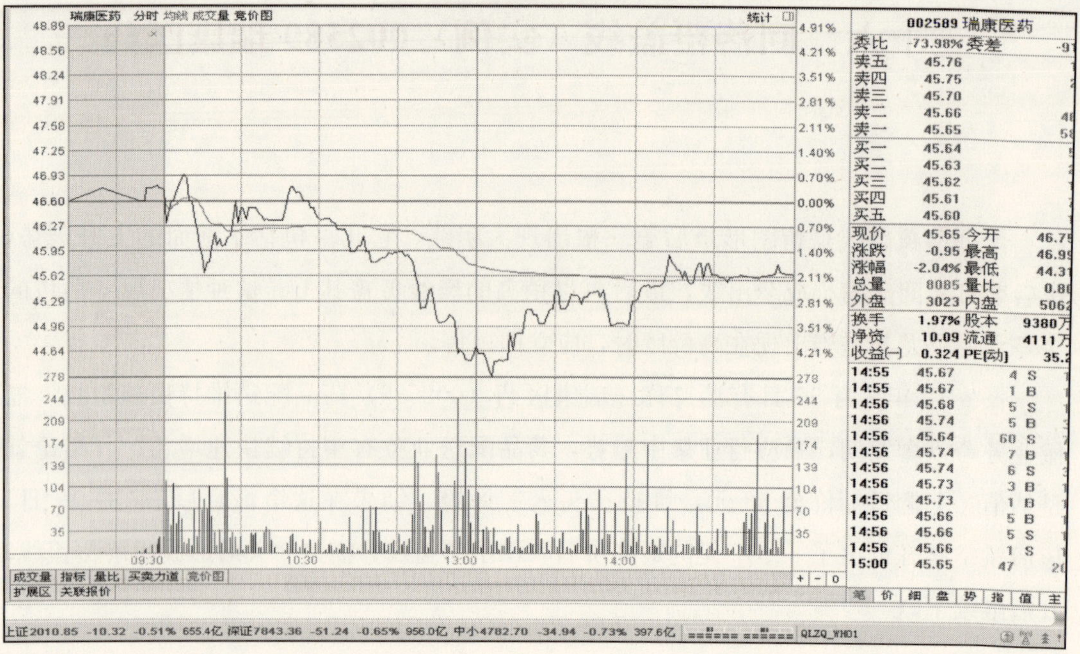

002589 瑞康医药 2013（7.26—8.29）区间跌幅：17.76%

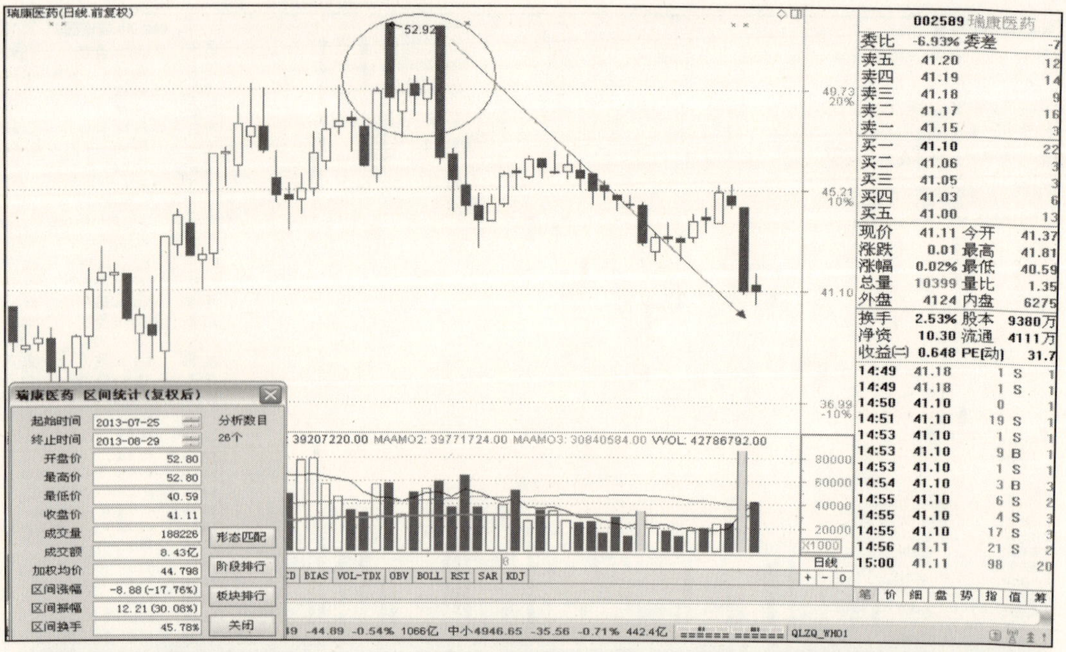

易涨易退山溪水，易反易复小人心。

三十七、大阳前阻线（实例 1）601166 兴业银行

☆ 大阳前阻线是在一连串的上升走势中，先出现两根回落的阴线，原以为可能再出一根阴线而形成黑三兵，但是不料却出现一根大阳线挡住去路。

☆ 一般人会误以为这是大涨的信号，其实不然。因为这种一鼓作气冒出的大阳线，经常属于“骗线”而已！尤其在高价区时出现这种大阳线，不出数日行情就崩溃了！所以大阳前阻线是大跌的前兆！

大阳前阻线（实例 1）601166 兴业银行

601166 兴业银行 2013. 9. 12 分时图

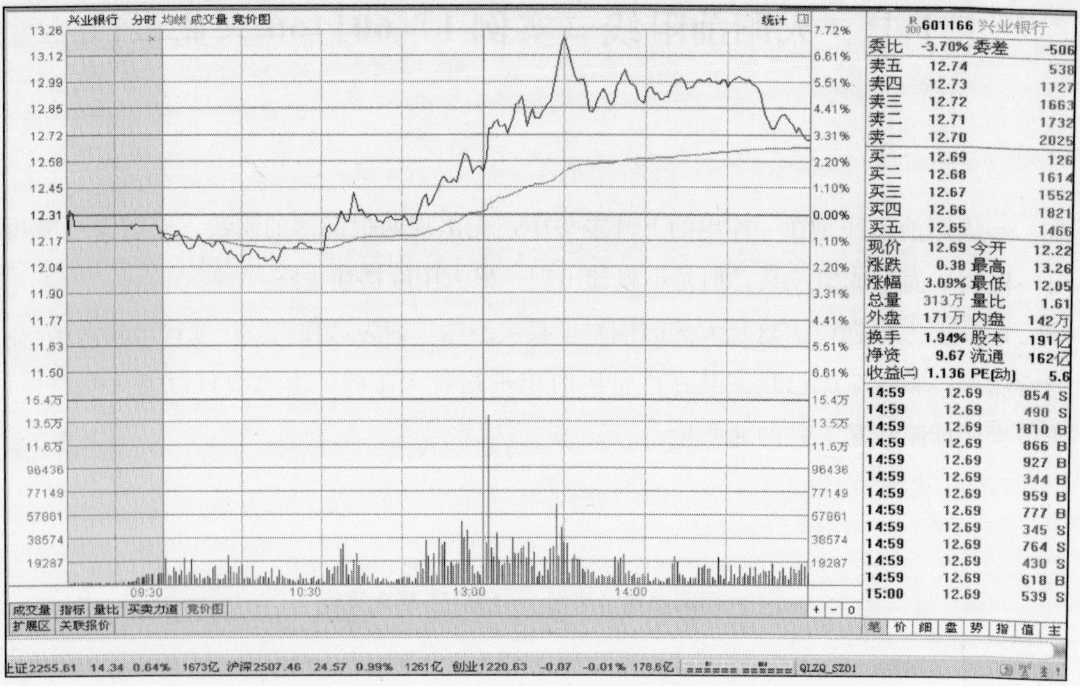

601166 兴业银行 2013（9. 12—9. 26）区间跌幅：12. 29%

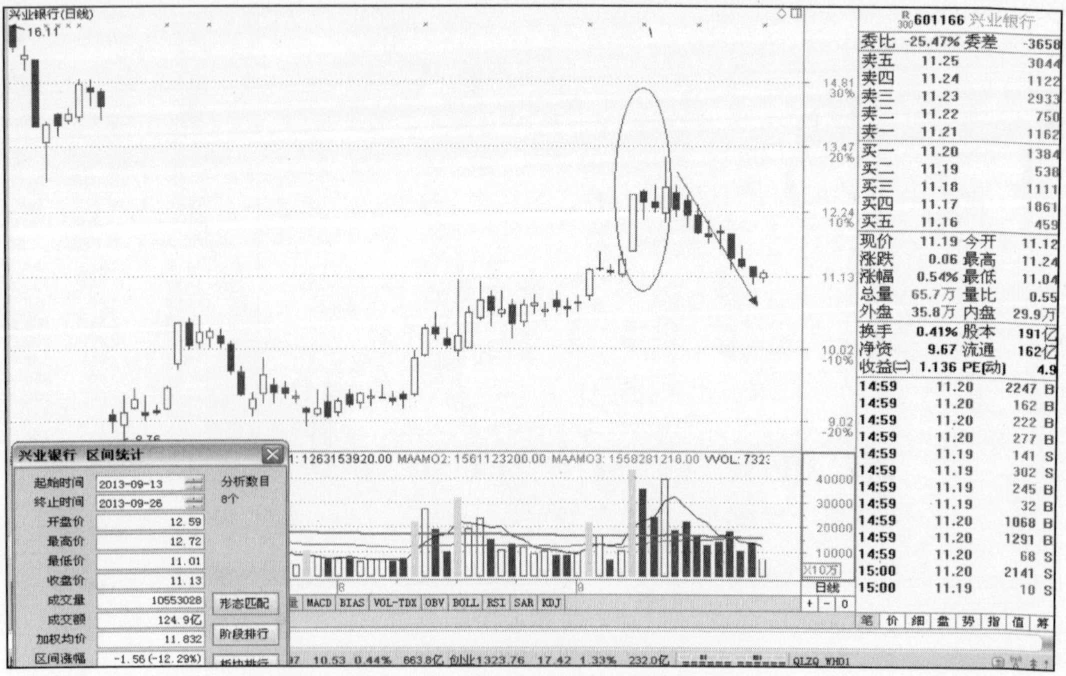

大阳前阻线（实例 2）601328 交通银行

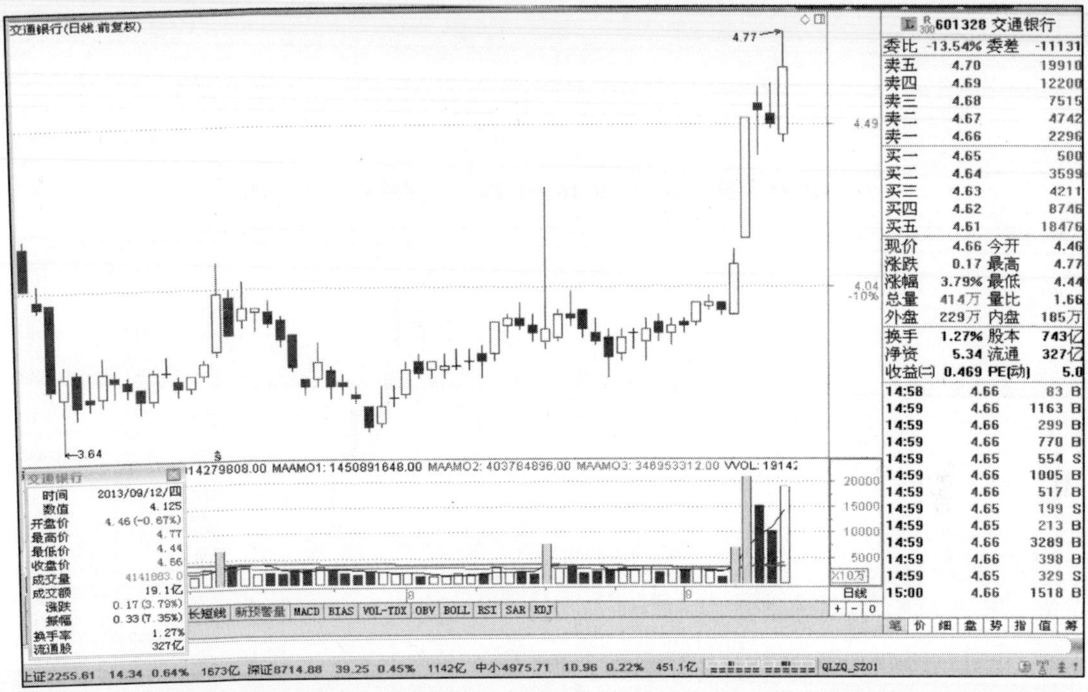

交通银行(日线,前复权)
4.77
4.49
4.04
-10%
3.64
时间 2013/09/12/四
数值 4.125
开盘价 4.46(-0.67%)
最高价 4.77
最低价 4.44
收盘价 4.66
成交额 19.1亿
涨跌 0.17(3.79%)
振幅 0.33(7.35%)
换手率 1.27%
流通股 327亿
长短线 新预警量 MACD BIAS VOL-TDX OBV BOLL RSI SAR KDJ
601328 交通银行
委比 -13.54% 委差 -11131
卖五 4.70 19910
卖四 4.69 12200
卖三 4.68 7515
卖二 4.67 4742
卖一 4.66 2296
买一 4.65 500
买二 4.64 3599
买三 4.63 4211
买四 4.62 8746
买五 4.61 18476
现价 4.66 今开 4.46
涨跌 0.17 最高 4.77
涨幅 3.79% 最低 4.44
总量 414万 量比 1.66
外盘 229万 内盘 185万
换手 1.27% 股本 743亿
净资 5.34 流通 327亿
收益(二) 0.469 PE(动) 5.0
上证2255.61 14.34 0.64% 1673亿 深证8714.88 39.25 0.45% 1142亿 中小4975.71 10.96 0.22% 451.1亿

601328 交通银行 2013. 9. 12 分时图

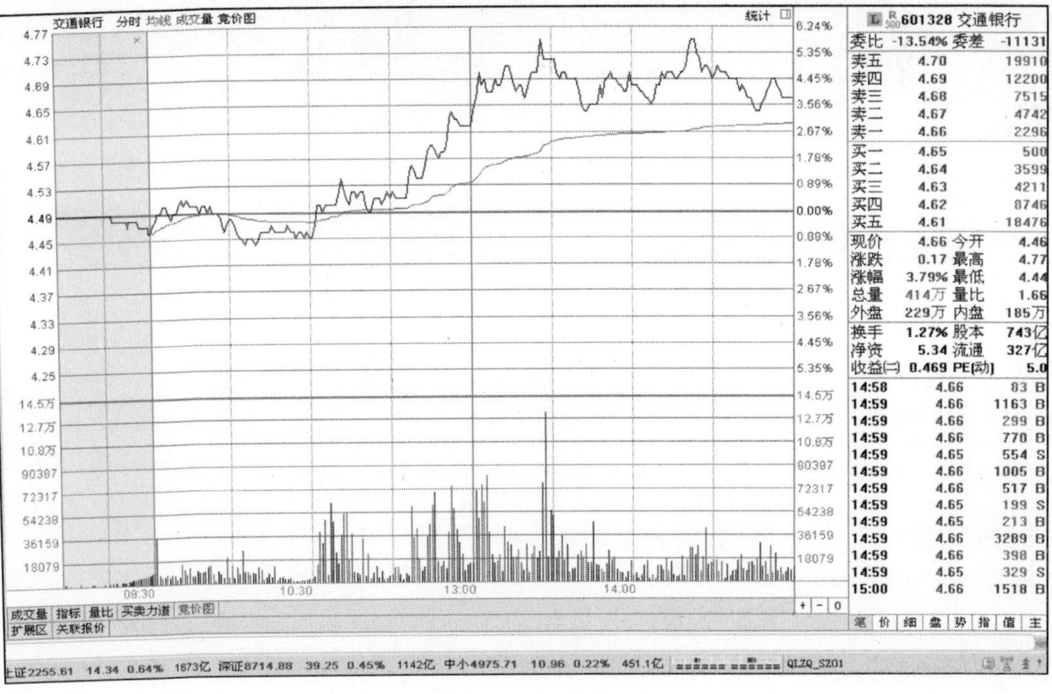

交通银行 分时 均线 成交量 竞价图
4.77
4.73
4.69
4.65
4.61
4.57
4.53
4.49
4.45
4.41
4.37
4.33
4.29
4.25
6.24%
5.35%
4.45%
3.56%
2.67%
1.78%
0.89%
0.00%
09:30
10:30
13:00
14:00
成交量 指标 量比 买卖力道 竞价图
扩展区 关联报价
上证2255.61 14.34 0.64% 1673亿 深证8714.88 39.25 0.45% 1142亿 中小4975.71 10.96 0.22% 451.1亿

601328 交通银行 2013（9.16—9.26）区间跌幅：10.68%

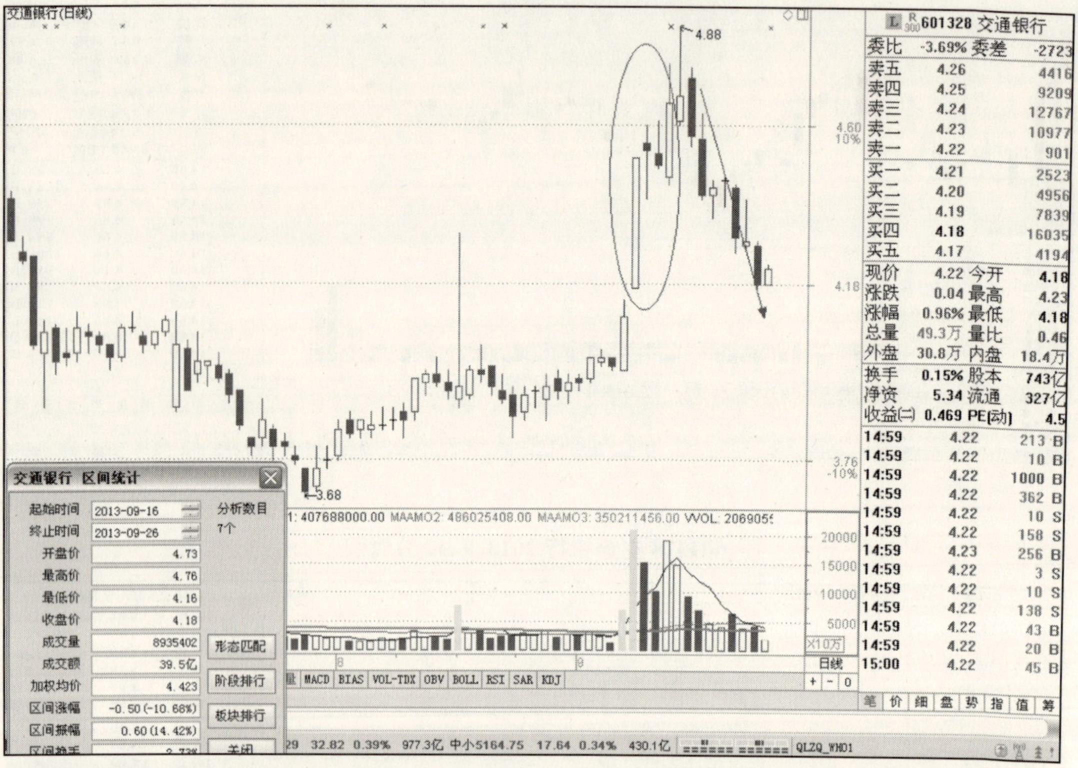

识时务者为俊杰！

巧验懒驴

一个人想买一头驴子，和卖主说定，在买走以前要先试用一下驴子。他把驴子牵回家，将它和其他驴子一起放在草场上。这头驴子撇开其余的驴子，去和一头最懒惰而且最会吃的做伴。那买主就把它套上笼头，牵回卖主那里。那卖主问他，在这样短的时间中，是怎样试验驴子的，他回答说："不必试了，我已经知道，它在所有的驴子中找到了哪一头做伴，它就会和那一头一样。"

这就是物以类聚的事情，那么何为人以群分？看看你交往的股友，就知道你的炒股结局了——是不是？朋友请想一想：你应该交往什么样的股友！

三十八、破档三阳收十字星（实例）
000622 岳阳恒立

☆ 破档三阳收十字星是指在破档朝上连出 3 根阳线后，第四天突然冒出“十字星”，这是空头抛售的千载良机。因为十字星出现后，可能迅速回补前空，而且在一连高升的走势中连出 3 根阳线，也很容易引发高价警戒而回落。

☆ 十字星后的翌日如再低开，很可能会引发多头大抛售，而造成市场行情的崩盘。当这种线形出现后，持有者应该想到高处不胜寒，考虑落袋为安才是上策。注意：如果在这个形态出现时，主力并没有出货，那就是主力借形态反向诱空的一种操盘手法。但也要知道，这里整理是必然的，只有当整理结束后才会再次上涨。

2013 年 5 月 24 日，000622 岳阳恒立（现名恒立实业）在跳空高开高走突破横盘走势后，连续 3 天大涨，涨幅高达 33.13%，第四天，跳空低开，收出一根长十字星，其后 17 个交易日股价下跌 35.60%。

破档三阳收十字星（实例）000622 岳阳恒立

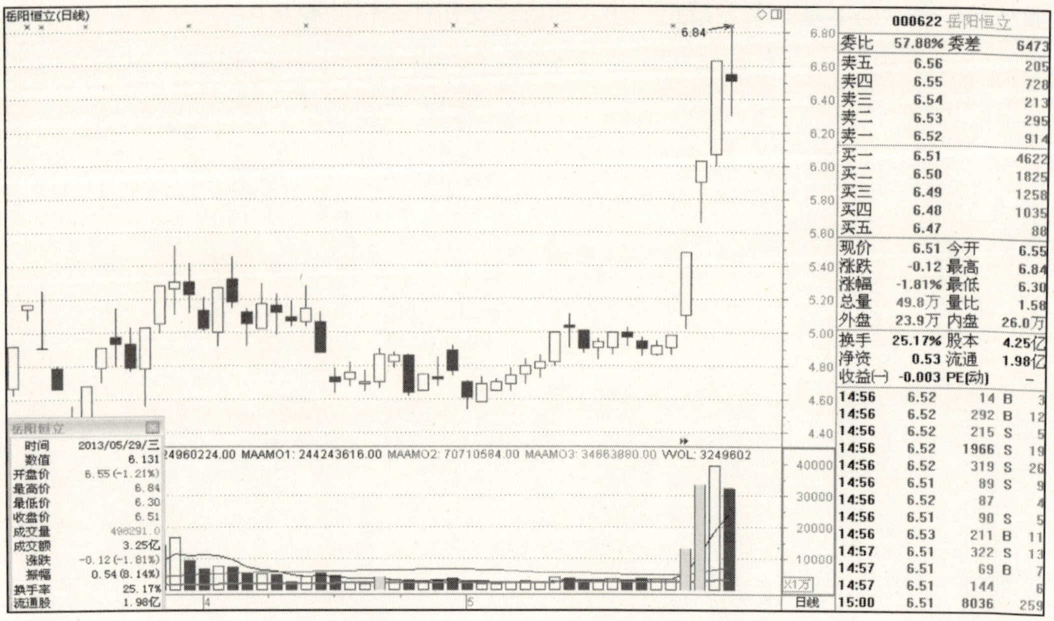

000622 岳阳恒立 2013. 5. 29 分时图

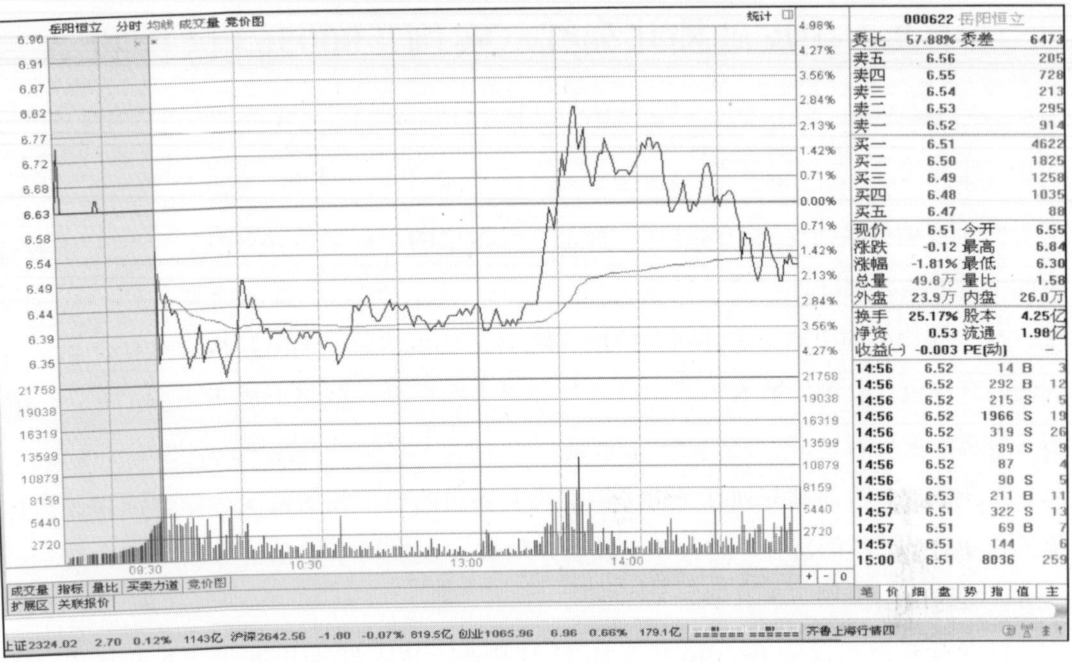

000622 岳阳恒立 2013（5. 29—6. 25）区间跌幅：35. 60%

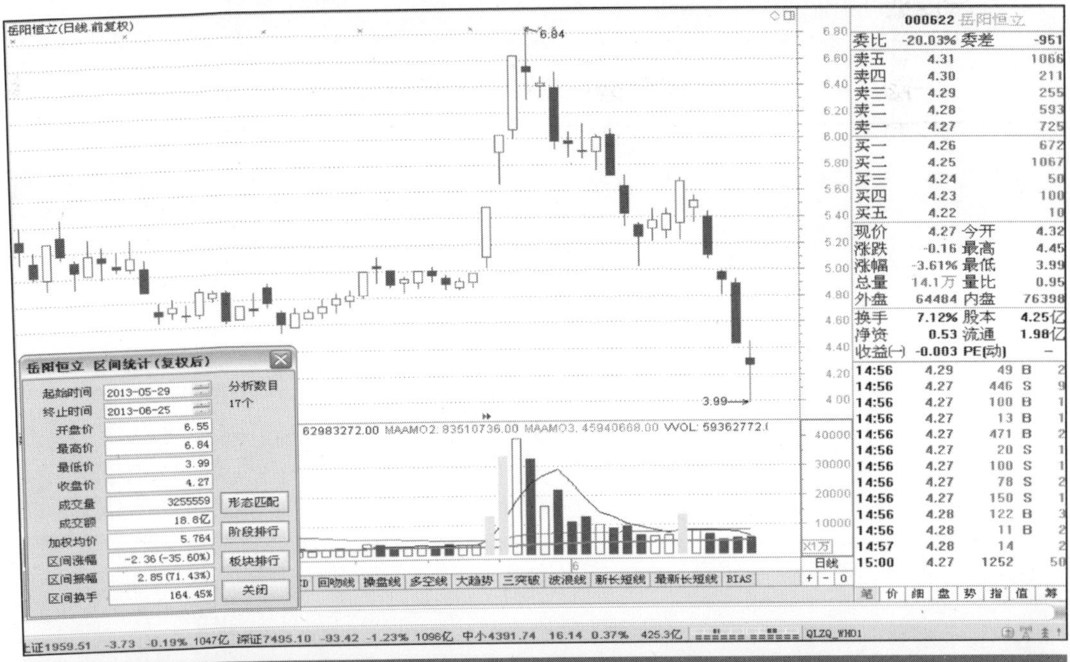

口蜜腹剑、笑里藏刀！

三十九、牛皮破档并列红（实例）000563 陕国投 A

☆牛皮破档并列红分为两种：一种是上涨途中的牛皮突破并列红，一种是下跌途中的牛皮跌破并列红。

☆上涨途中的牛皮突破并列红是指在跳空突破盘整后，连出两根并列的阳线，并列阳的开盘价、收盘价基本相等，第三日如果大幅高开，就将形成千里驹的形态，投资人可以大量买入。

☆下跌的牛皮跌破并列红是指牛皮下跳空连出两根阳线的情况，而这两根阳线不等长，并且呈缩小的情势。这种牛皮跌破并列红的线形属于加抛信号的一种，空头的一方应乘胜追击。

☆000563 陕国投 A 在 2013 年 4 月 24 日涨停，其后 26 日公布了年报和季报，既有盈利、又有 10 送 10 的高送配，之后形成涨停板后向上跳空高开的牛皮破档并列红，19 个交易日区间涨幅 45.71%。

牛皮破档并列红（实例）000563 陕国投 A

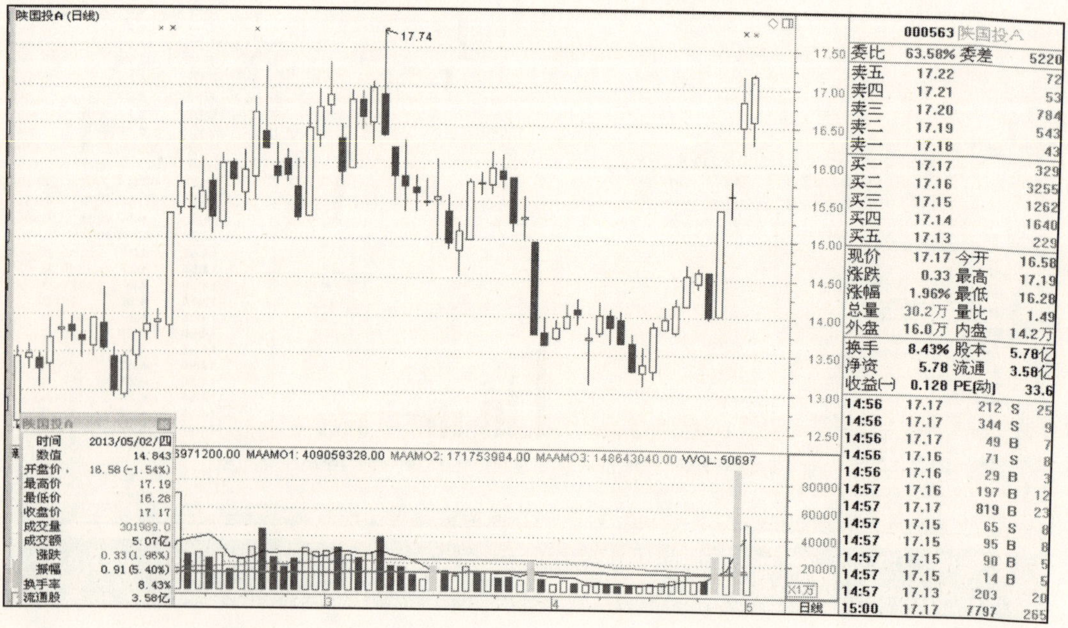

000563 陕国投 A 2013. 5. 2 分时图

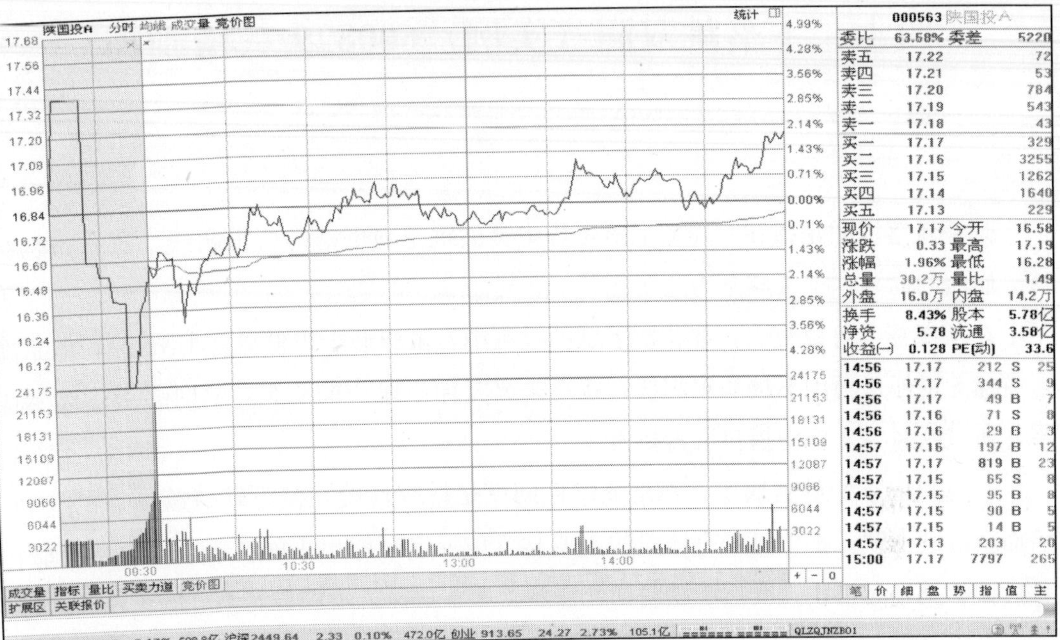

000563 陕国投 A 2013（4. 26—5. 27）区间涨幅：45. 71%

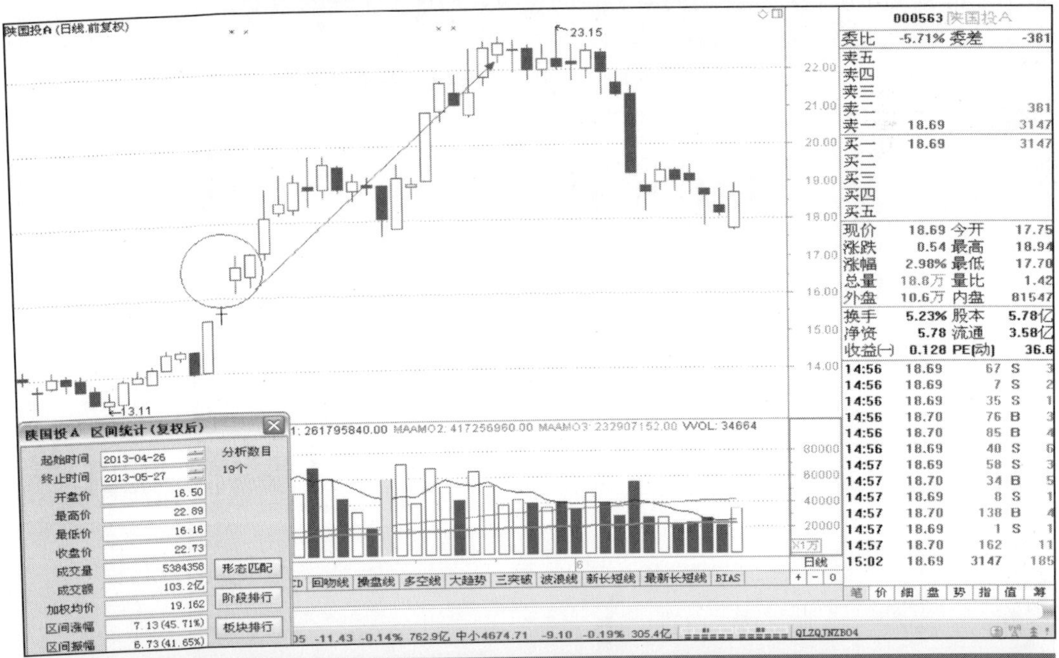

方向比速度更重要。

四十、下落跳双阴（实例）600829 三精制药

☆下跳落双阴是指在一连的下落走势中突然跳空而下落的两根阴线，这是市场行情大崩溃的前兆，空头应全力追击之。

☆从图形中可以看出，在初次下跌的过程中，虽遭遇小幅阻挠（小阳线），但是随后就肆无忌惮地再出下挫的双阴线；接下来又是向下跳空的双黑，这时多头已溃不成军，所以这时空头应把握机会直捣黄龙。

☆这里向下的跳空缺口，不是突破性的就是持续性的，是下跌持续形态的一种，后面会继续下跌。手中已经有该股的人要趁盘中反弹时能出手就出手，不要想着能在日后大幅反弹时出手；既然下跌时如此惨烈，那不跌深、不跌透是不可能止跌的。

☆600829 三精制药（现名人民同泰）在 2013 年 4 月 11 日公布了 2012 年报和 2013 年第一季度业绩预减的季报当天，跳空低开低走，然后一路下跌。其实在下落跳双阴之前就见顶下跌，反弹后随着公告的发布，加速了下跌的力度。

下落跳双阴（实例）600829 三精制药

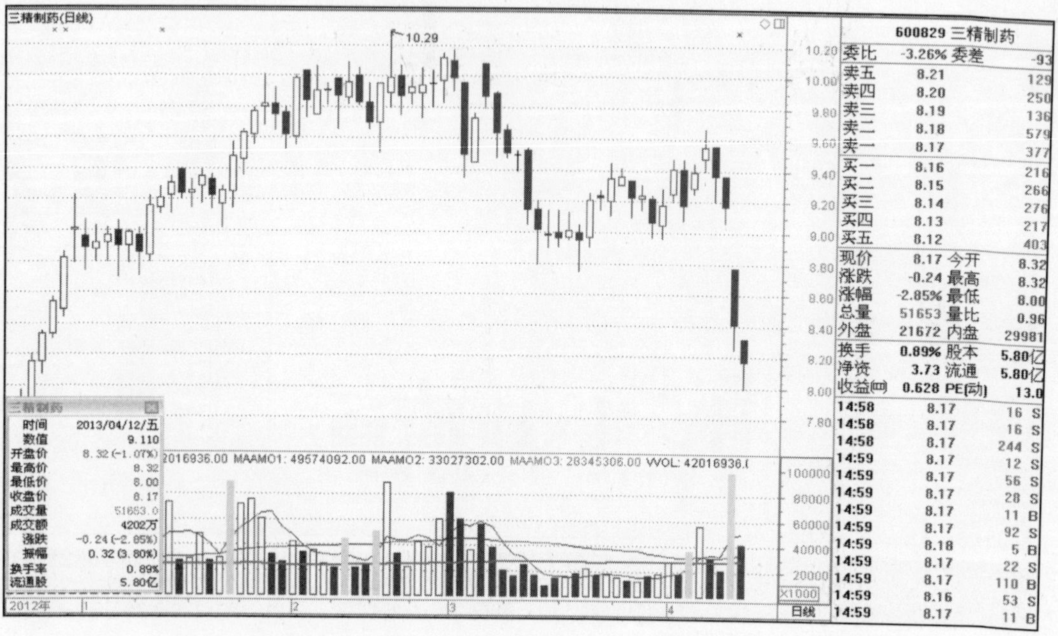

600829 三精制药 2013.4.12 分时图

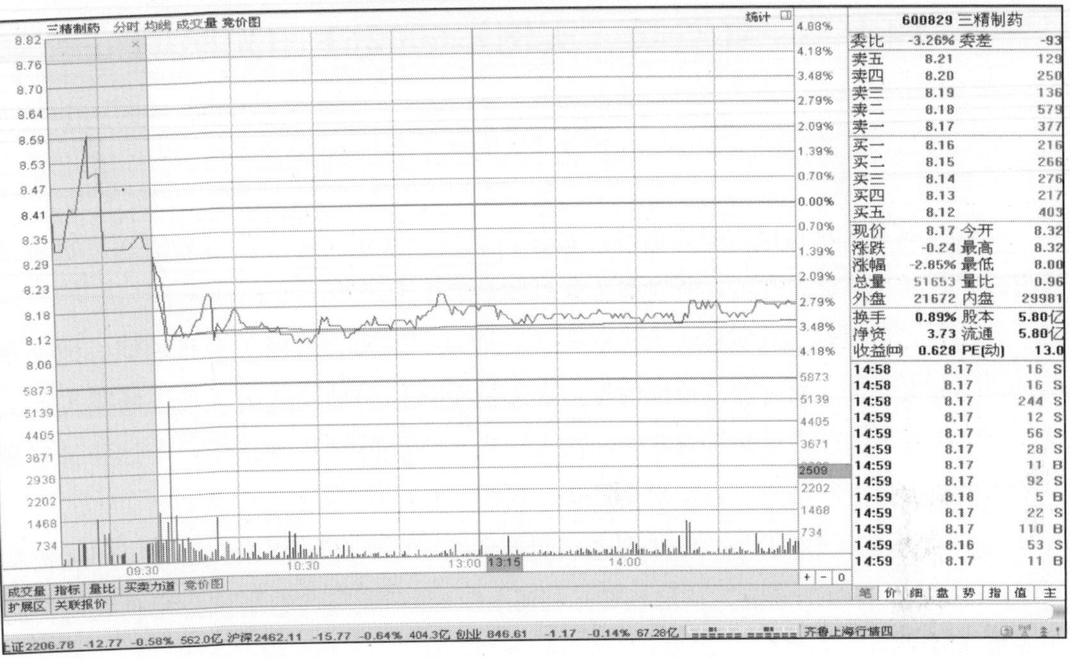

600829 三精制药 2013（4.9—6.25）区间跌幅：29.21%

晴天不肯去，只待雨淋头。

四十一、红三兵（实例）600261 阳光照明

☆红三兵是市场行情大涨的信号，它与黑三兵正好相反。当红三兵出现在底部的位置时，它的涨势最为凌厉，所以多头就可倾全力出击。

☆注意：如果红三兵实体一天比一天长，而且阳线向上突破了 8 日均线，成交量一天比一天大，且能超过前波顶部的量，那无疑是最佳品种，这里就是进场买进的关键时刻了！这里的红三兵是有内幕的知情人领先一步进场的 K 线信号，不过要警惕量是否逐步放大，没有量的配合经常会昙花一现。

☆2013 年 4 月 22 日，600261 阳光照明走出红三兵形态，20 个交易日区间涨幅高达 75.38%。其背后的动因是：市场看好公司 LED 照明业务，它是该公司收入增长的主要推动力。

红三兵（实例）600261 阳光照明

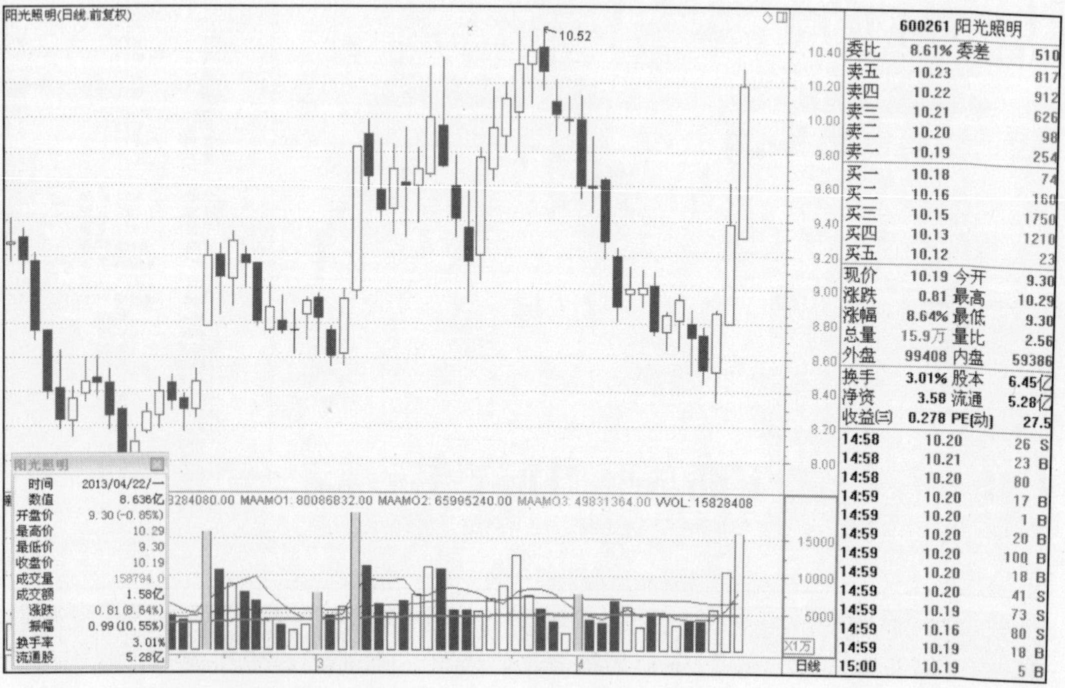

600261 阳光照明 2013. 4. 22 分时图

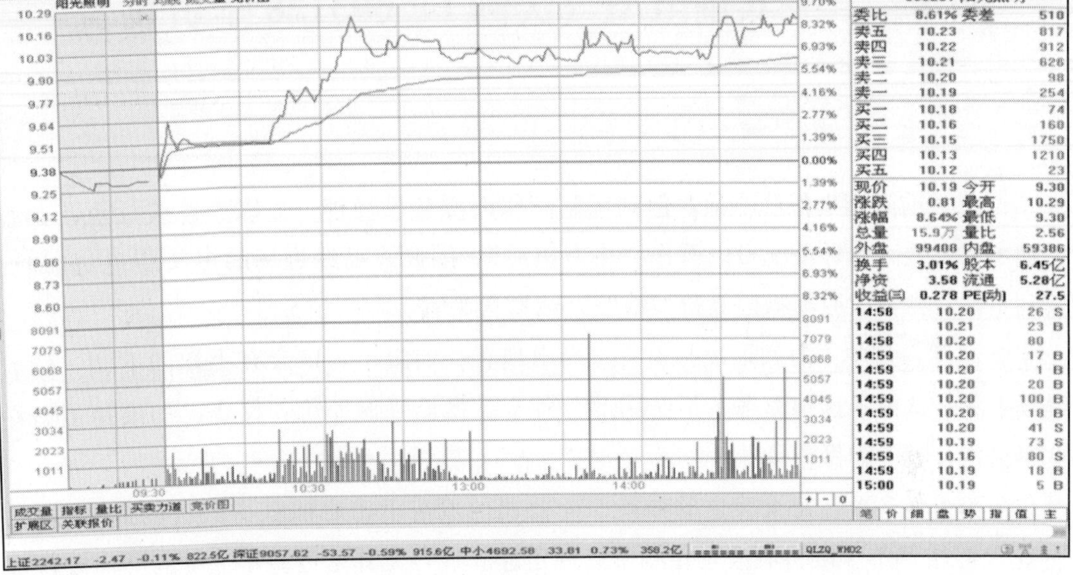

600261 阳光照明 2013（4. 22—5. 20）区间涨幅：60. 26%

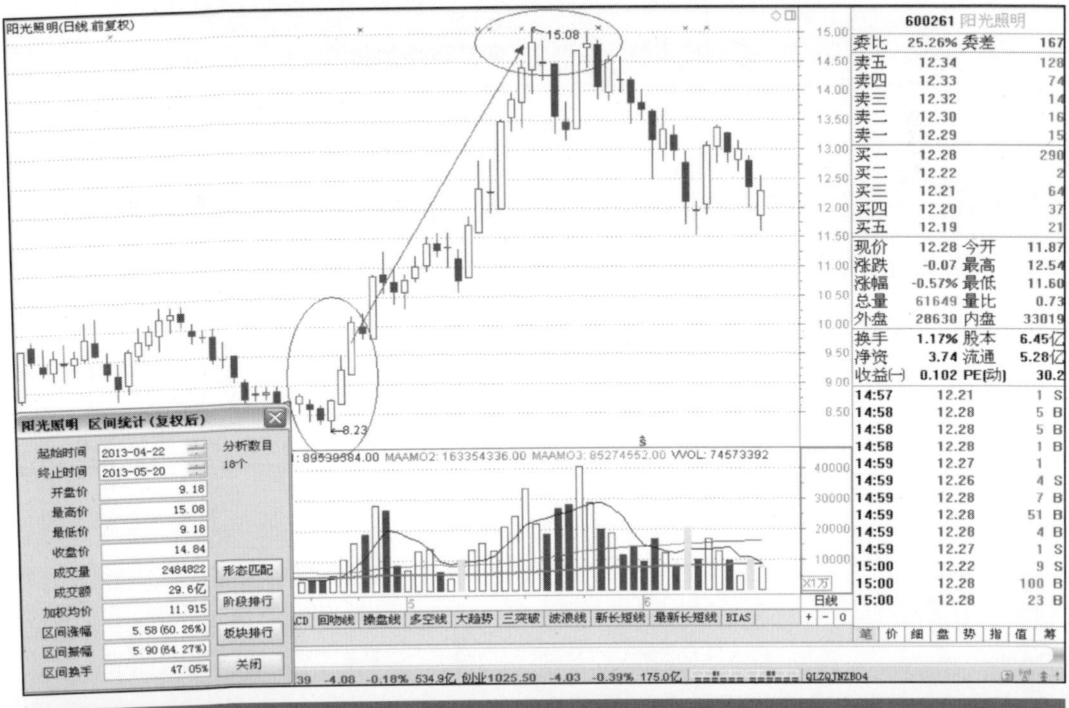

不见兔子不撒鹰，不见主力不买进。

四十二、三兵前阻型（实例 1）603128 华贸物流

☆ 三兵前阻型类似红三兵，但到了第三根时涨势已受挫——以小红线收盘，并且上端出现影线。这种情况可以看作“买力出尽”，因此，已经进场的多头应见好就收、获利了结，并且改弦易辙以高价“放空”或抛售为宜。

☆ 注意：盘中主力如果没有出货，当出现三兵前阻型，则会有小幅的下调，然后继续上涨。认识了这种形态，不妨用部分资金高抛低吸做差价。反之，如果是主力在这里出货，就不能做差价！

☆ 另外，还要注意大股东的减持……公司的股东上市之前获得股权的成本极低，使得 A 股市场不少限售股股东在解禁后便迅速套现，尤其是近些年上市的公司发行价都特别高，上市之后虽然股价不断下跌，但是相对其成本而言依旧属豪赚，一旦取得流通权必然会选择套现。例如 2013 年 9 月 24 日的 603128 华贸物流就是这样的形态。

三兵前阻型（实例 1）603128 华贸物流

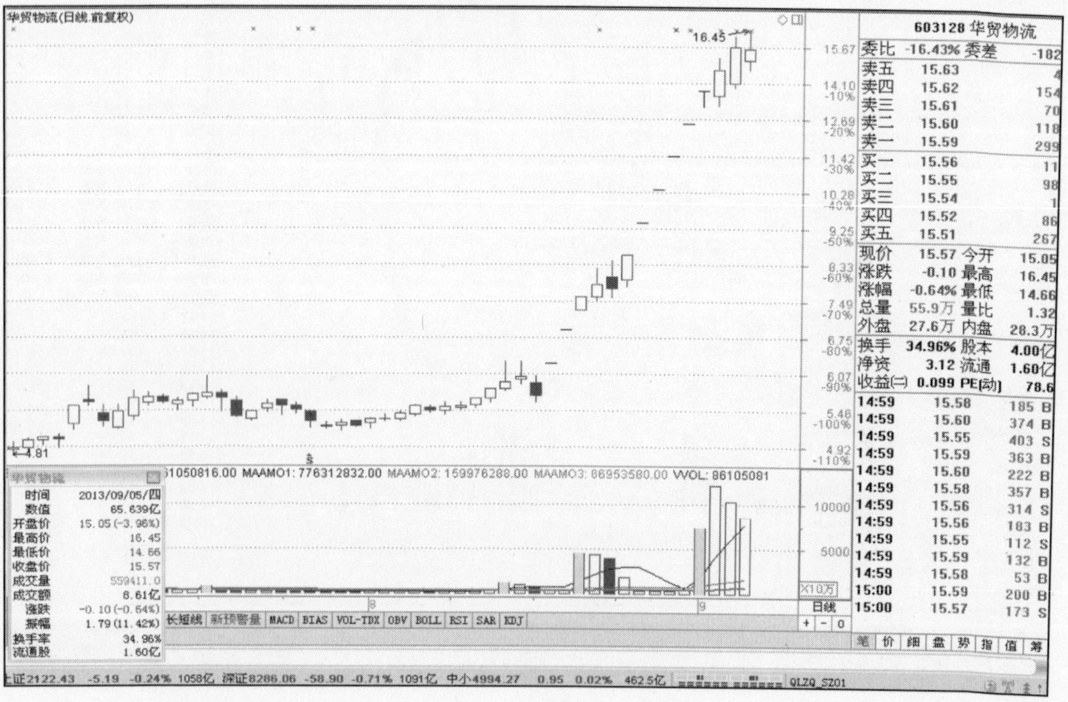

603128 华贸物流 2013.9.5 分时图

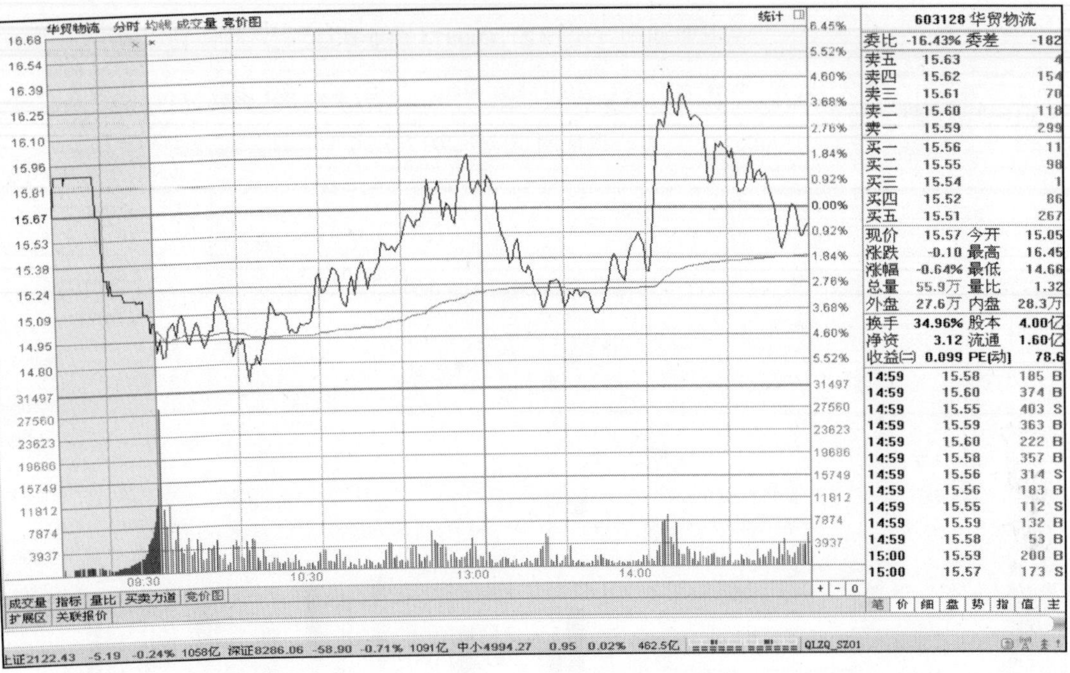

603128 华贸物流 2013（9.25—10.25）区间跌幅：30.21%

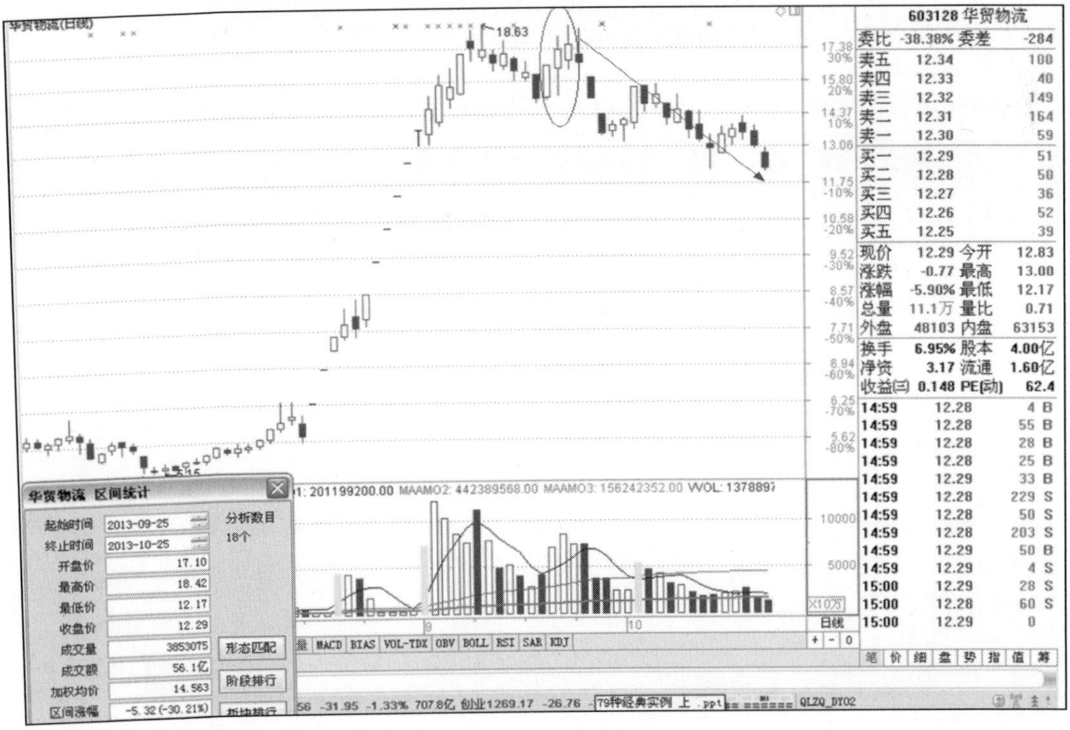

三兵前阻型（实例 2）600874 创业环保

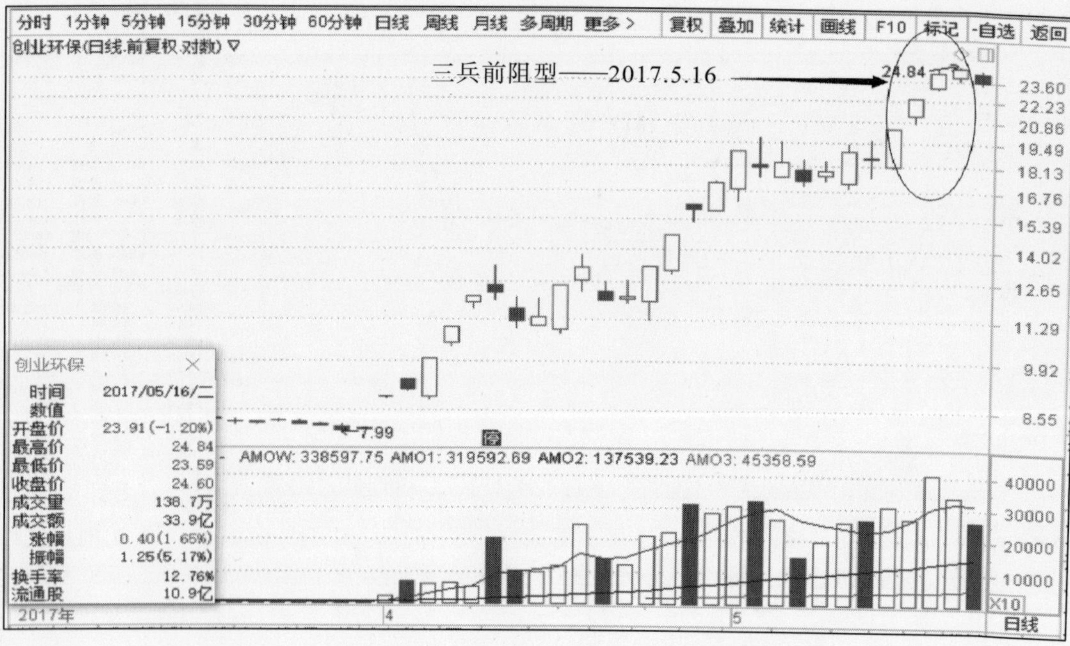
分时 1分钟 5分钟 15分钟 30分钟 60分钟 日线 周线 月线 多周期 更多 复权 叠加 统计 画线 F10 标记 自选 返回
创业环保(日线,前复权,对数)
三兵前阻型——2017.5.16
24.84
创业环保
时间 2017/05/16/二
数值
开盘价 23.91(-1.20%)
最高价 24.84
最低价 23.59
收盘价 24.60
成交量 138.7万
成交额 33.9亿
张幅 0.40(1.65%)
振幅 1.25(5.17%)
换手率 12.76%
流通股 10.9亿
7.99
AMOW: 338597.75 AMO1: 319592.69 AMO2: 137539.23 AMO3: 45358.59
日线

600874 创业环保 2017. 5. 16 分时图

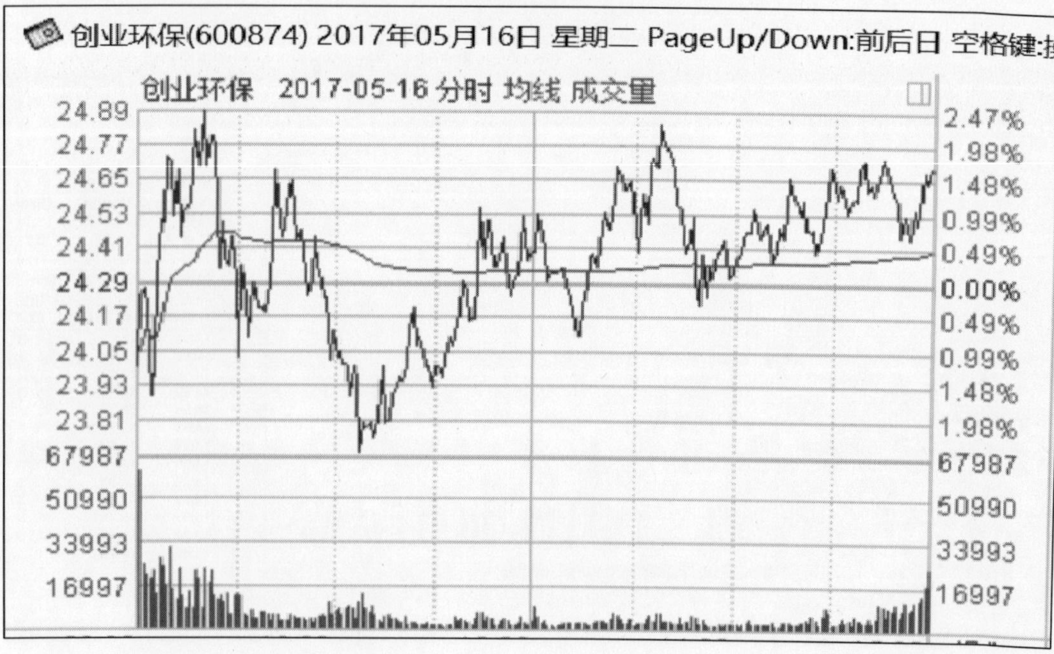
创业环保(600874) 2017年05月16日 星期二 PageUp/Down:前后日 空格键:操
创业环保 2017-05-16 分时 均线 成交量

600874 创业环保 2017（5. 17—7. 17）区间跌幅：37. 24%

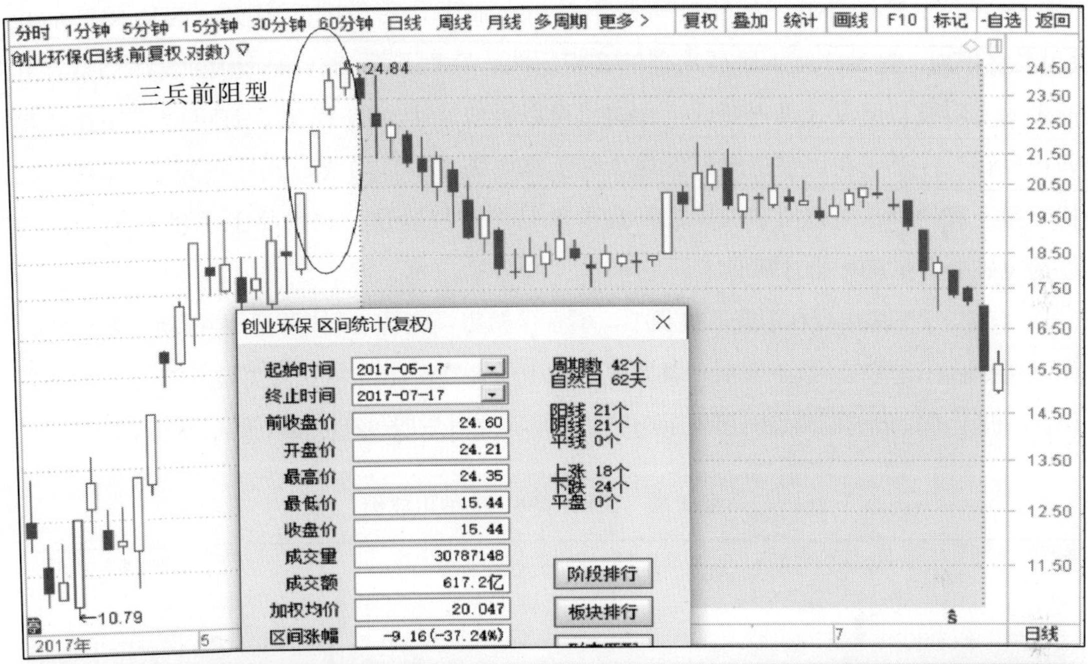

不要猜想将会如何，只管应该如何做。

四十三、川字三黑（实例）300198 纳川股份

☆ 川字三黑是指黑三兵的排列并不是由上而下，而是中间突出、两边较低的呈“川”字排列。这种连续下跌后出现的 3 根阴线，特别是第二、第三根阴线，都是高开低走的大阴线，但没有再创新低，在这里可以看成是小型的 W 底，有可能市场在这里即将反转。注意：在川字三黑后价格止跌上涨突破了 8 日均线，就是底部上涨的信号，特别是上涨的价格突破川字三黑的开盘价就是多方战胜空方、价格上涨的开始，但这里的突破要有量的配合才可信。

☆ 当川字三黑出现在下降的过程中，不宜再抛售，应暂时观望一下再行动。相反的是如果这种形态出现在一波上涨后，就要谨防向下的调整。2013 年 8 月 1 日，300198 纳川股份在一波上涨接近前期高点时出现了川字三黑形态，其后股价在波动中重心不断下移。

川字三黑（实例）300198 纳川股份

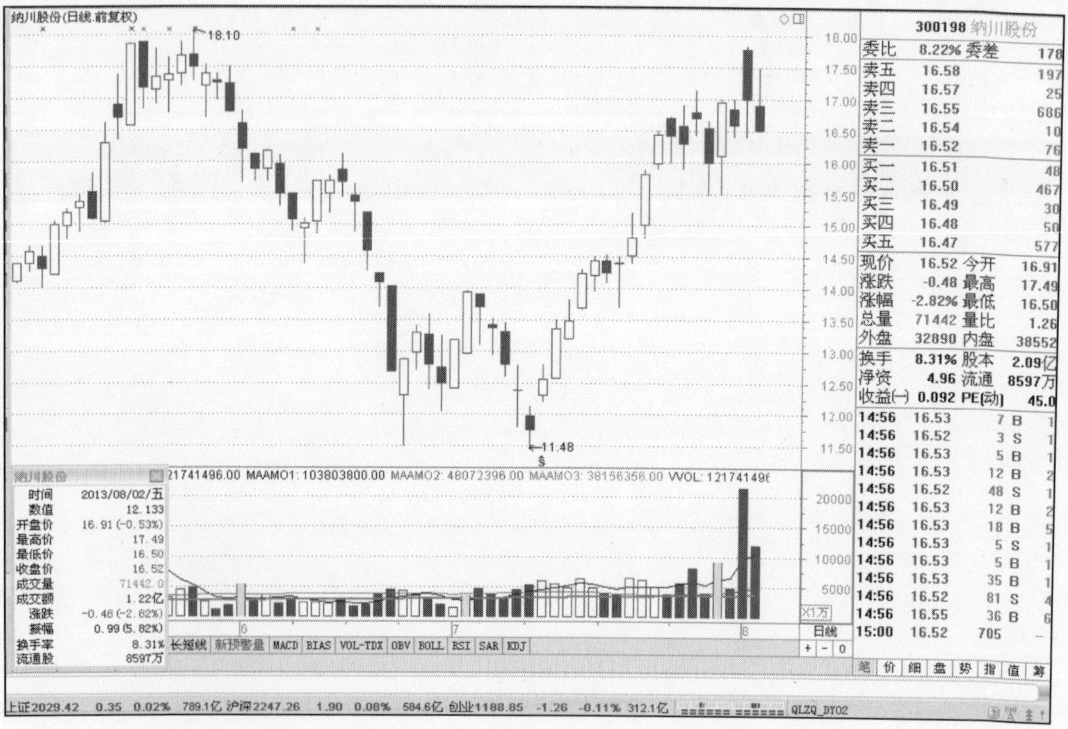

300198 纳川股份 2013.8.2 分时图

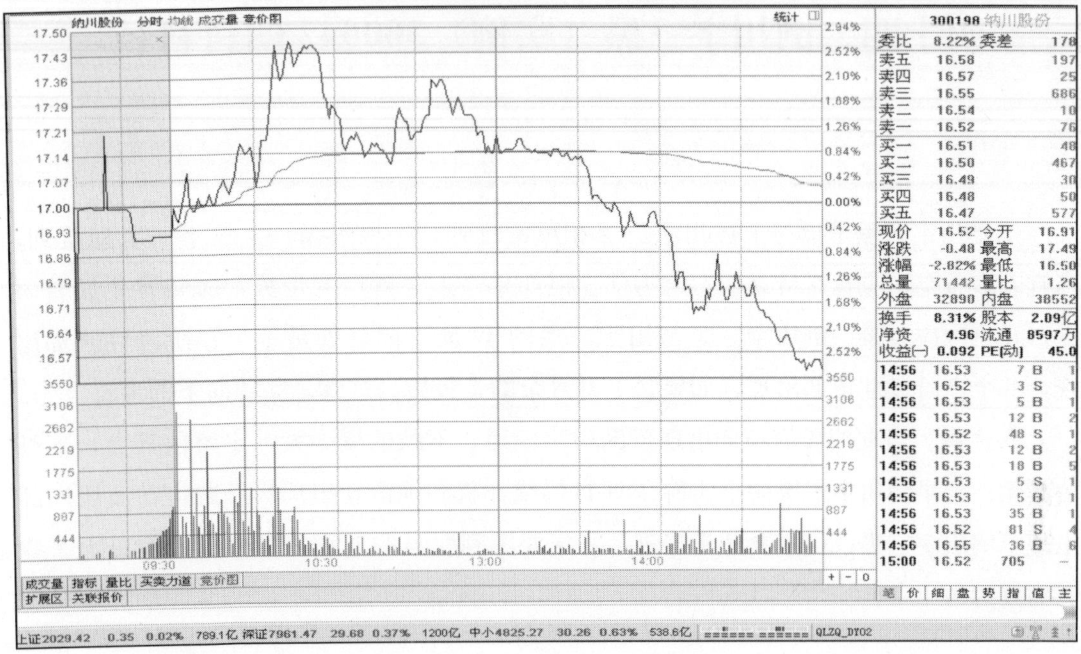

300198 纳川股份 2013（8.2—10.29）区间跌幅：21.59%

顺势者昌，逆势者亡。

四十四、倒川字三黑（实例）300042 朗科科技

☆倒川字三黑是指与上述川字三黑相反的排列，三根阴线一上一下一上地排列，不宜看多看空，应暂时持观望态度为佳。但如果是上升月余的走势，应防发生反转向下，及早因应对策。倒川字三黑与川字三黑的 W 底不同之处是一个在阶段性底部出现，一个在阶段性顶部出现，如果是上升月余的走势后，这就是反转向下的形态。

☆注意：当在波段的顶部出现了倒川字三黑，下跌的概率大，宁可信其有，不可信其无；如果倒川字三黑向下击穿了 8 日均线，就必须清仓出局！反之，在波段底部出现了倒川字三黑，也不要急于买进，一定要等到明显的上涨、多方力量明显大于空方力量时再出手。

倒川字三黑（实例）300042 朗科科技

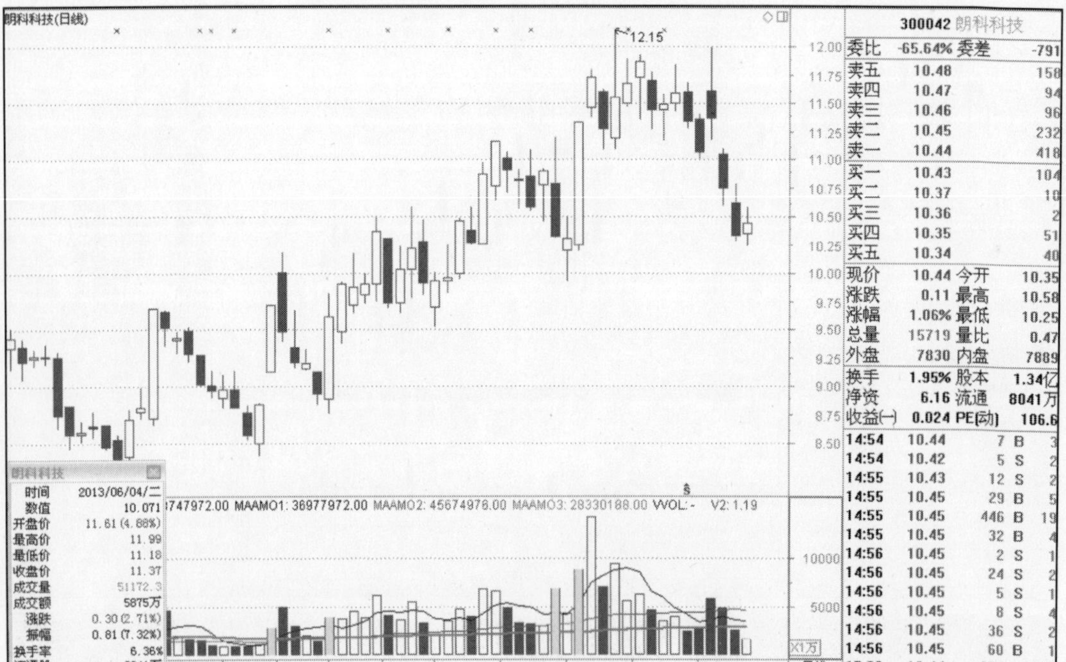

300042 朗科科技 2013. 6. 4 分时图

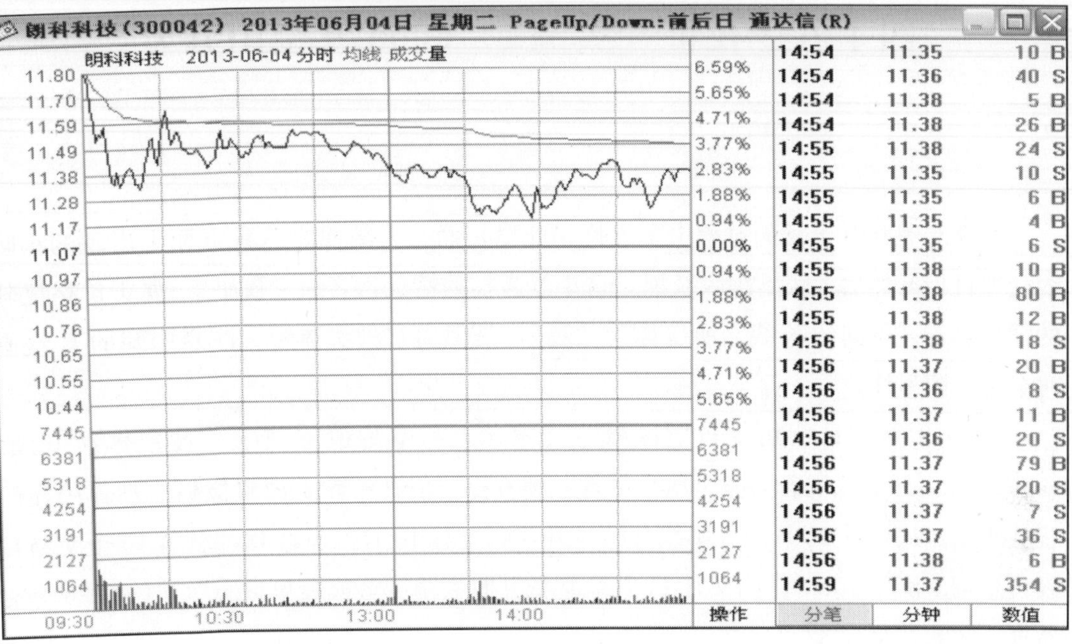

300042 朗科科技 2013（6. 4—6. 24）区间跌幅：20. 87%

宁为鸡头，不为牛后。

四十五、夜星（实例 1）600679 金山开发

☆夜星是指在上涨的过程中多方特别旺盛，而在大阳线之后跳空而上出现的小阴线，翌日低开然后大幅下泻收长黑。这小黑高挂的情况，名为“夜星”，属于价格反转的征兆之一。中间的 K 线之所以称为“星”，是因为它的实体短。注意中间的 K 线有时会是小阳星线。

☆2013 年 8 月下旬受自贸区概念提振，上海本地股上演了一波集体拉升潮。600679 金山开发（现名上海凤凰）尽管业绩亏损，但在本轮上海自贸概念炒作中显然获益匪浅。从 8 月 21 日的大阳线开始拉升，到 9 月 10 日的星线时，短短 15 个交易日股价急剧上涨了 100%。当 9 月 11 日跳空低开收大阴线形成夜星形态后，仅仅 26 个交易日，区间跌幅为 33.20%！

☆注意：第一，头肩顶形态的左肩如果出现了夜星，小幅回调后还会再创新高然后见顶。第二，第一浪出现夜星回调后，会继续上涨一段，但风险即将来临。

夜星（实例 1）600679 金山开发

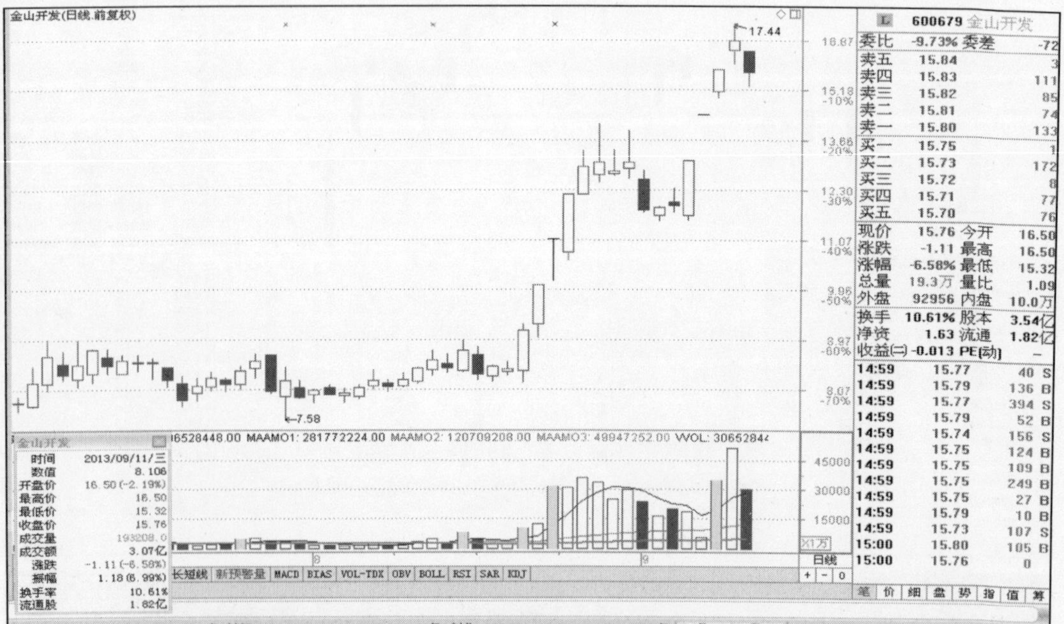

600679 金山开发 2013. 9. 11 分时图

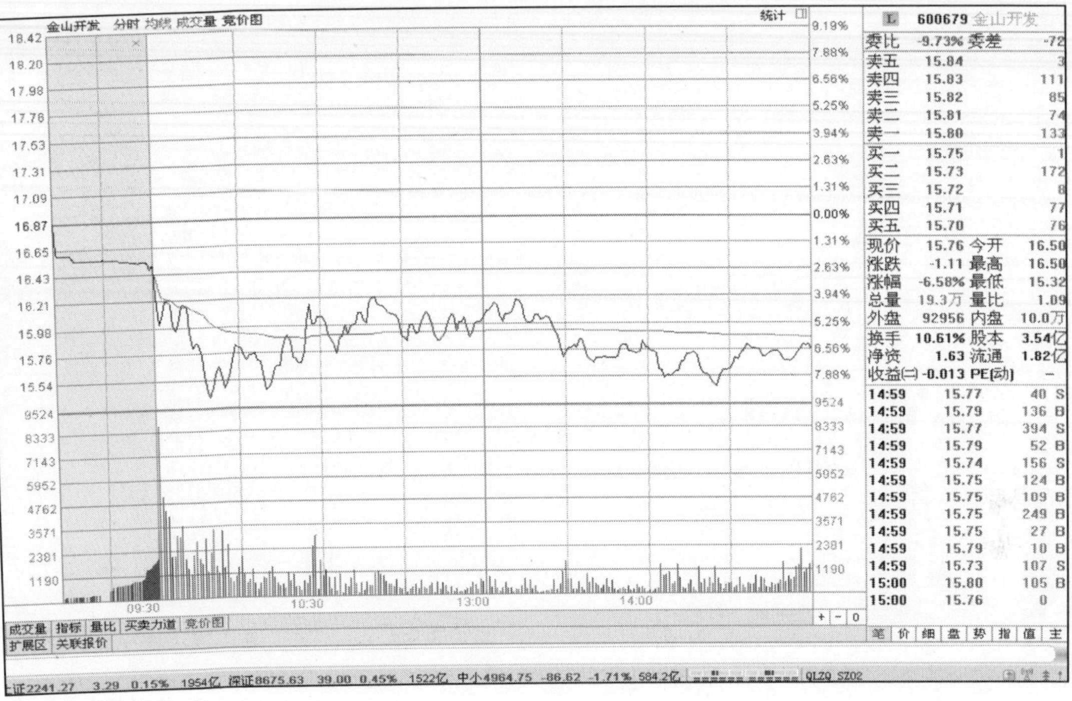

600679 金山开发 2013（9. 11—10. 25）区间跌幅：33. 20%

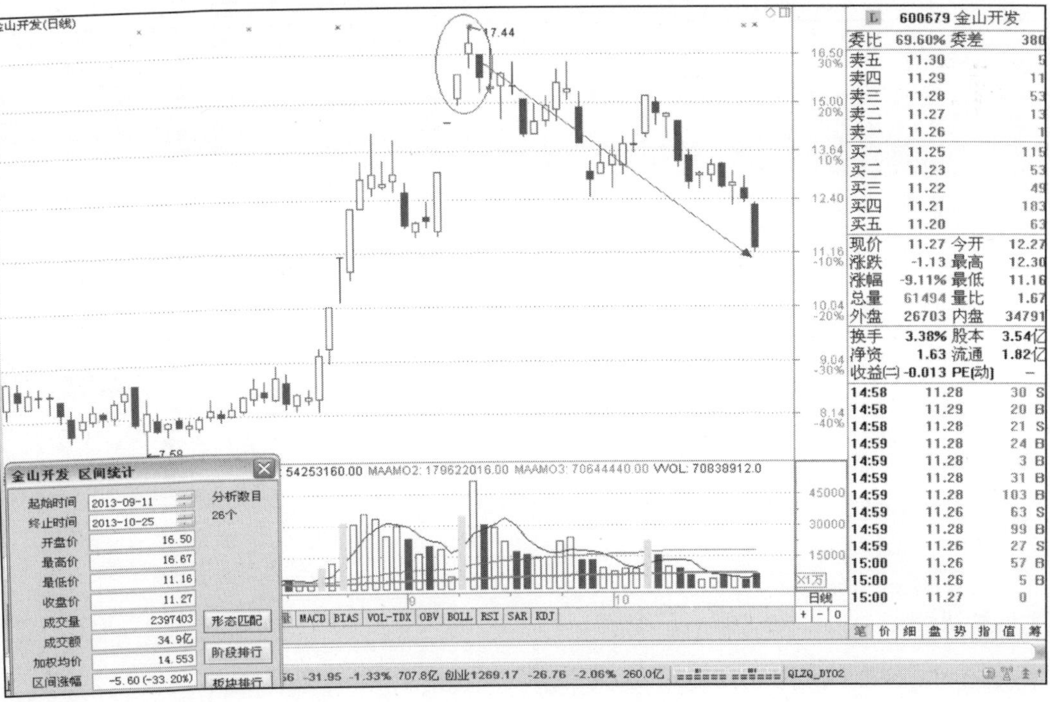

夜星（实例 2）000526 银润投资（现名紫光学大）

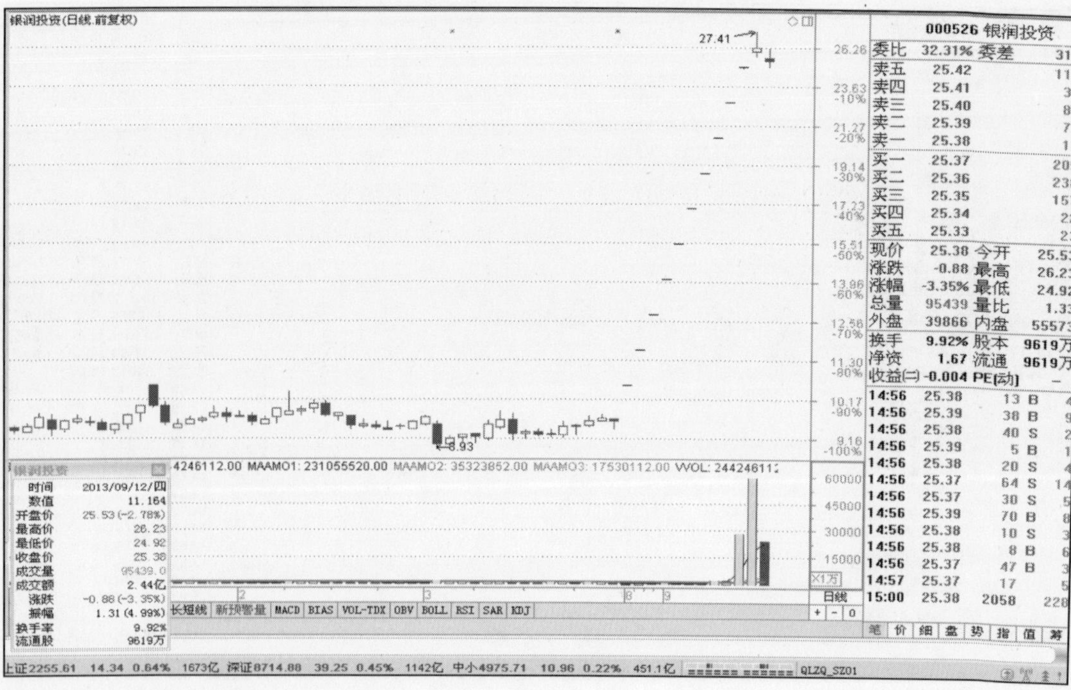

000526 银润投资 2013. 9. 12 分时图

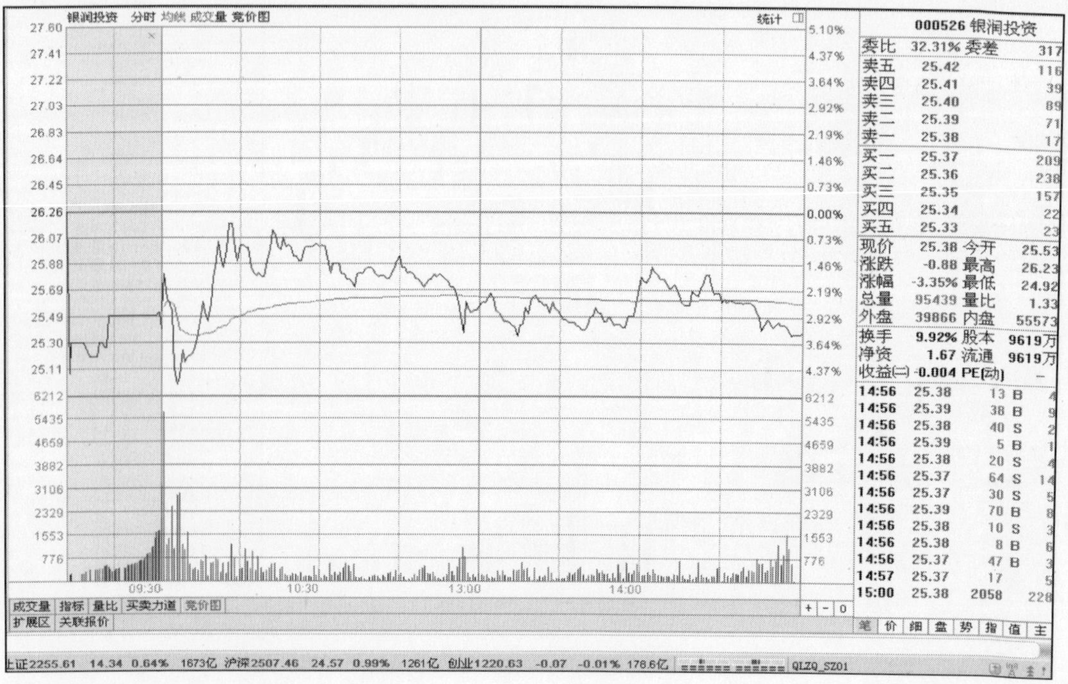

000526 银润投资 2013（9. 12—10. 29）区间跌幅：24. 41%

顶部常常会急跌，底部却很少急涨。

四十六、晨星（实例）300295 三六五网

☆晨星是指排列与夜星正好相反的线形。夜星属于“高挂”的星星，而晨星因为破晓已尽，所以中间的小阴线呈“低挂”的姿态。

☆注意：标准的晨星形态，第二天的小星线应该与第一天 K 线之间形成向下的跳空缺口，而第三天的阳线同样应该与第二天的小星线之间出现向上的跳空缺口。当然有放大的成交量配合更佳。在这里当价格向上突破了 8 日均线，多头可以全力反击。

☆在小阴线出现之后，再出跳空的大阳线，这是市场行情要大涨的信号，多方吹起冲锋的号角，这时就是买进的关键时刻。

300295 三六五网，在 2013 年 7 月 9 日形成一个晨星形态后，股价从 7 月 8 日的 40.00 元一路上涨到 9 月 23 日的 86.50 元，翻了一番多！

晨星（实例）300295 三六五网

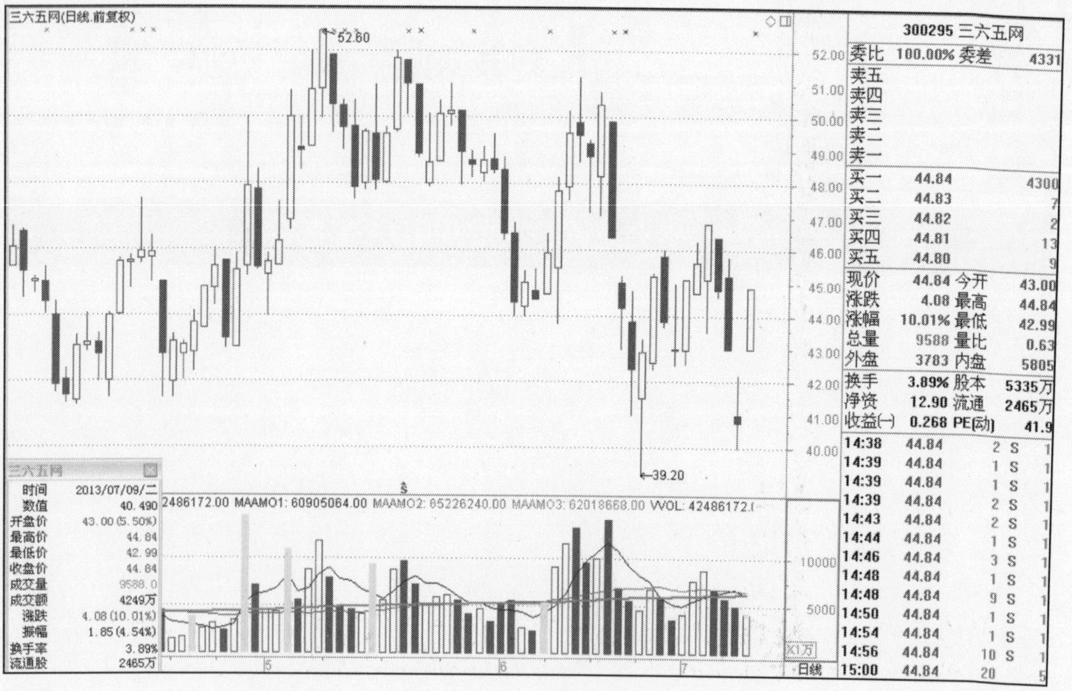

300295 三六五网 2013. 7. 9 分时图

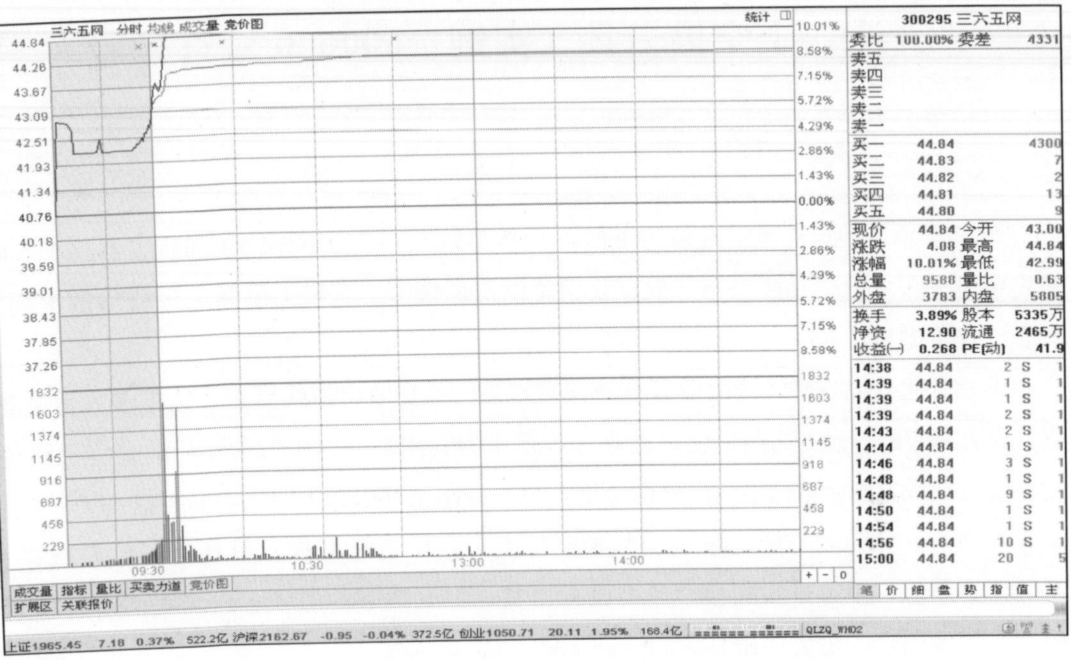

300295 三六五网 2013（7. 9—9. 23）区间涨幅：106. 92%

有花方酌酒，无月不登楼。

四十七、上空黑二兵（实例）600640号百控股

☆上空黑二兵与夜星情况颇为类似，仍然是跳空后连出两根黑线的情况，这是上涨途中多头买力已尽，所以第三根日线就呈倒退的情势。这种上空黑二兵线形的出现，有利于空头抛售。

☆在这里我们看到连续两根K线都是跳空高开低走收出阴线形态，这是多方力量衰竭、空方抛售的形态。之所以能跳空高开，是主力利用集合竞价所为，目的是将价格维持在高位，一方面使自己能卖出好的价格，另一方面也好引诱不明真相的买盘进场。

☆注意：一定要与成交量结合起来、与主力是出货还是故意打压骗筹结合起来；虽然形态相似，没有量的配合，主力没有出货，那么欺骗的时候多。当我们清醒地看破主力的意图后，也要回避其后的一波下跌。

上空黑二兵（实例）600640号百控股

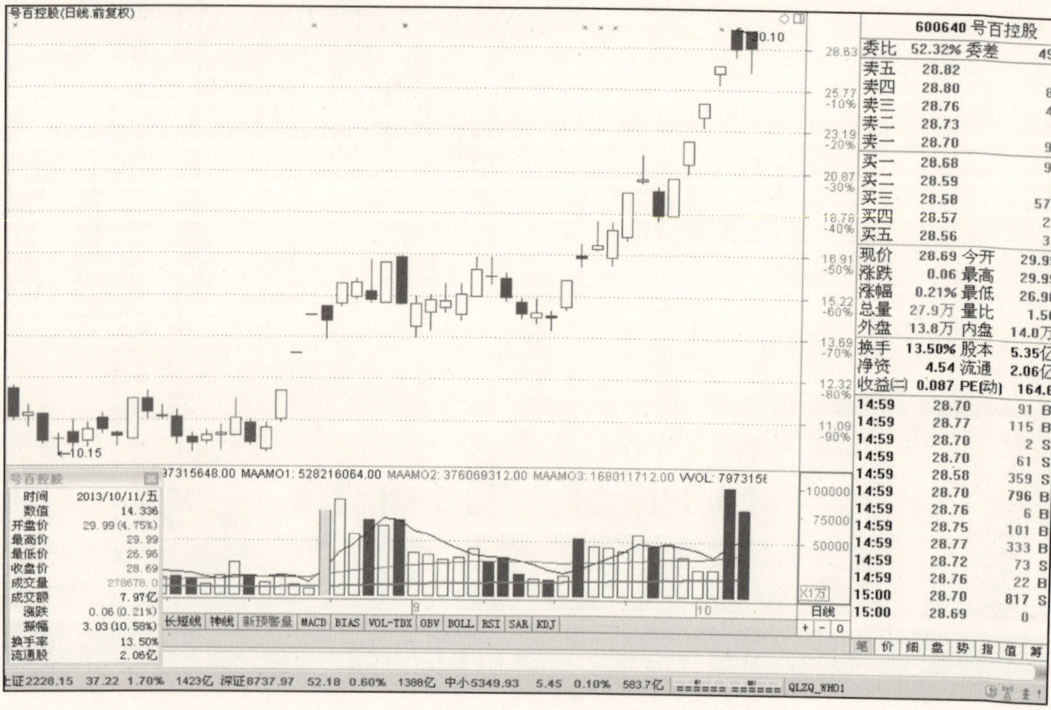

600640 号百控股 2013. 10. 11 分时图

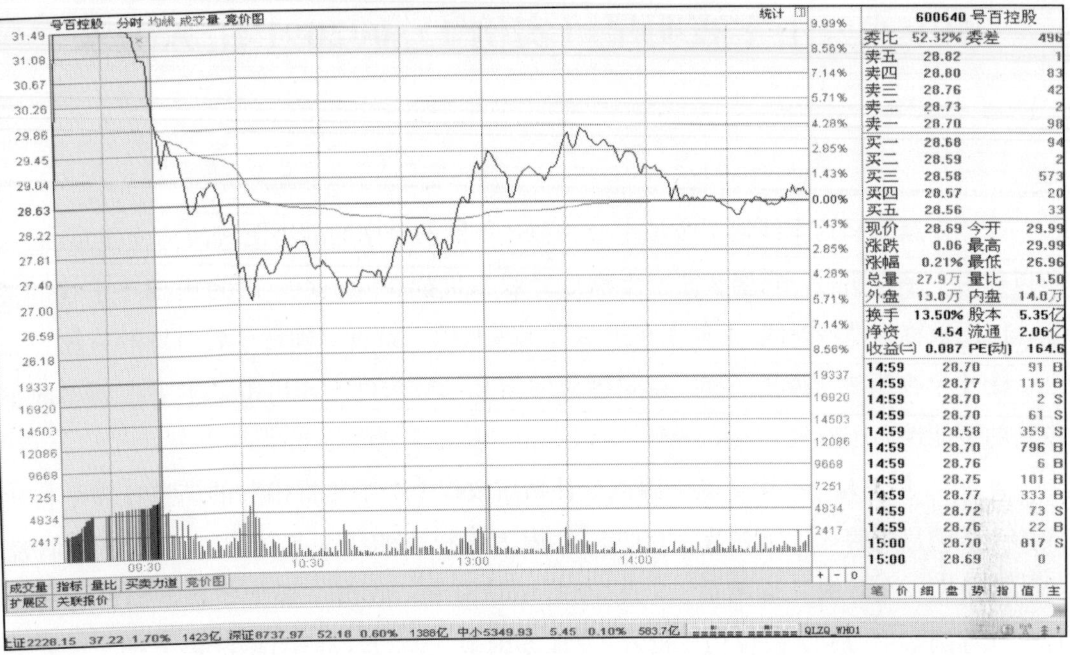

600640 号百控股 2013（10. 15—11. 1）区间跌幅：36. 09%

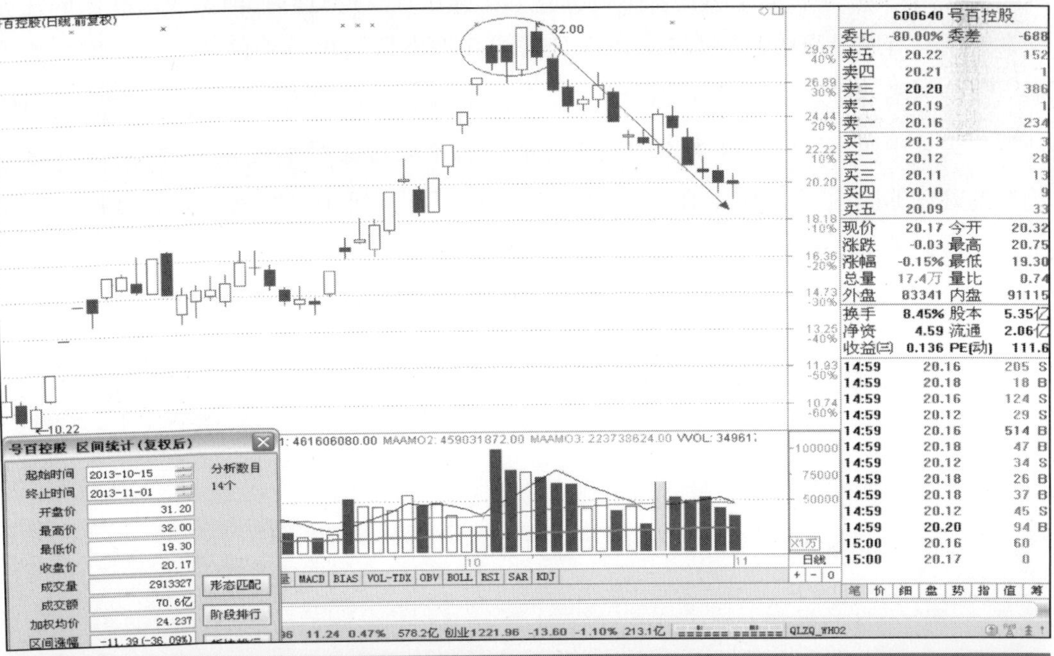

黑云压城城欲摧。

四十八、十字夜明星（实例1）002091 江苏国泰

☆十字夜明星这个线形与夜星十分相似，不同的是中间的小阴线改为十字星而已，所以称为十字夜明星，它属于跳空上涨后开收盘价都在同一点。因为出现十字线的关系，因而被称为“转换线”；如果在第二天出现长黑，就可以确定今后市场的下挫。

☆十字夜明星与夜星一样，都是抛售的信号，空头可一并出击。十字夜明星向下反转的可能性大于夜星。

☆2013年5月，一则“新能源汽车补贴新政将于上半年推出”的消息让锂电板块成为上涨的急先锋。江苏国泰（002091）成为该板块的领头羊，2013年5月9日涨停，股价在1个月内几近翻番。5月10日缩量滞涨，收出一根十字星，当日有消息称：江苏国泰主力资金高位仍在抢筹。“江苏国泰（002091）9日因涨停上榜，买入席位中共有四家机构现身其中，合计买入金额高达1.6亿元，卖出席位中也有一家机构卖出1829万元，相比之下机构买入力度远胜于卖出。可以看到，前期连拉涨停的江苏国泰短期已有明显涨幅，9日该股在5日均线获得支撑后再拉涨停，股价表现十分强势。值得一提的是，推动股价涨停的主要力量来自多家机构投资者。按9日成交均价计算，买入中四家机构合计买入约920万股，占该股流通股本近3%，主力资金高位仍在抢筹江苏国泰。”实际上在次日，该股跳空低开收阴形成十字夜明星，其后便一路下行。在股市里，形态的信号往往大于消息!!!

十字夜明星（实例 1）002091 江苏国泰

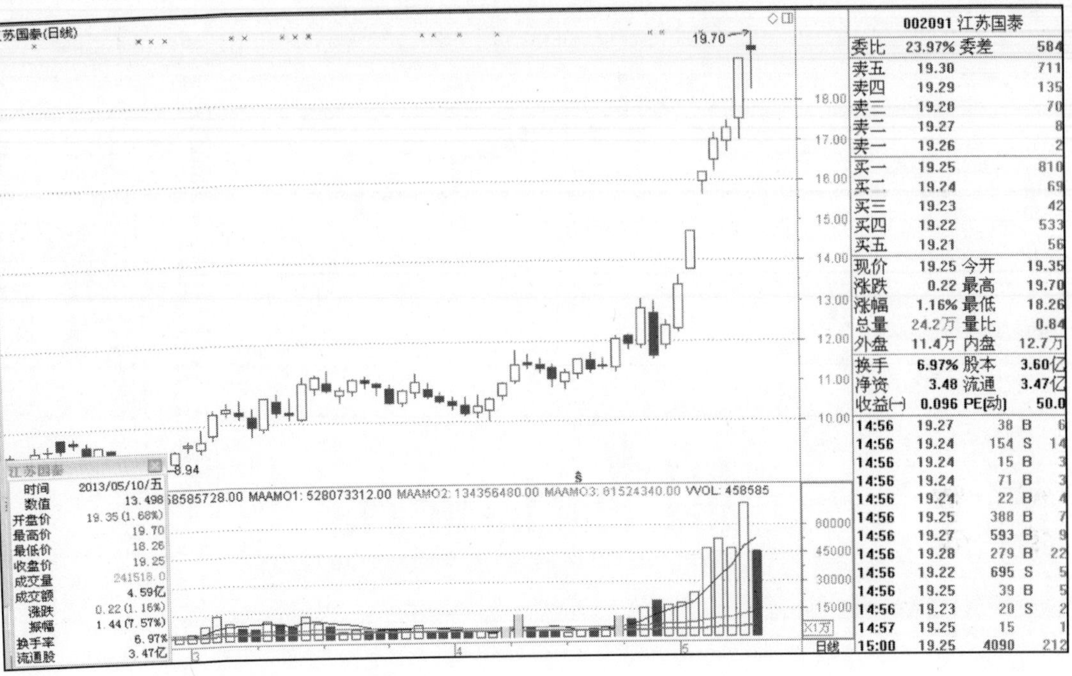
江苏国泰(日线)
19.70
8.94
002091 江苏国泰
委比 23.97% 委差 584
卖五 19.30 711
卖四 19.29 135
卖三 19.28 70
卖二 19.27 8
卖一 19.26 2
买一 19.25 810
买二 19.24 69
买三 19.23 42
买四 19.22 533
买五 19.21 56
现价 19.25 今开 19.35
涨跌 0.22 最高 19.70
涨幅 1.16% 最低 18.26
总量 24.2万 量比 0.84
外盘 11.4万 内盘 12.7万
换手 6.97% 股本 3.60亿
净资 3.48 流通 3.47亿
收益(一) 0.096 PE(动) 50.0
时间 2013/05/10/五
数值 13.496
开盘价 19.35(1.68%)
最高价 19.70
最低价 18.26
收盘价 19.25
成交量 241518.0
成交额 4.59亿
涨跌 0.22(1.16%)
振幅 1.44(7.57%)
换手率 6.97%
流通股 3.47亿
MAAMO1: 528073312.00 MAAMO2: 134356480.00 MAAMO3: 61524340.00 VVOL: 458585
日线

002091 江苏国泰 2013. 5. 10 分时图

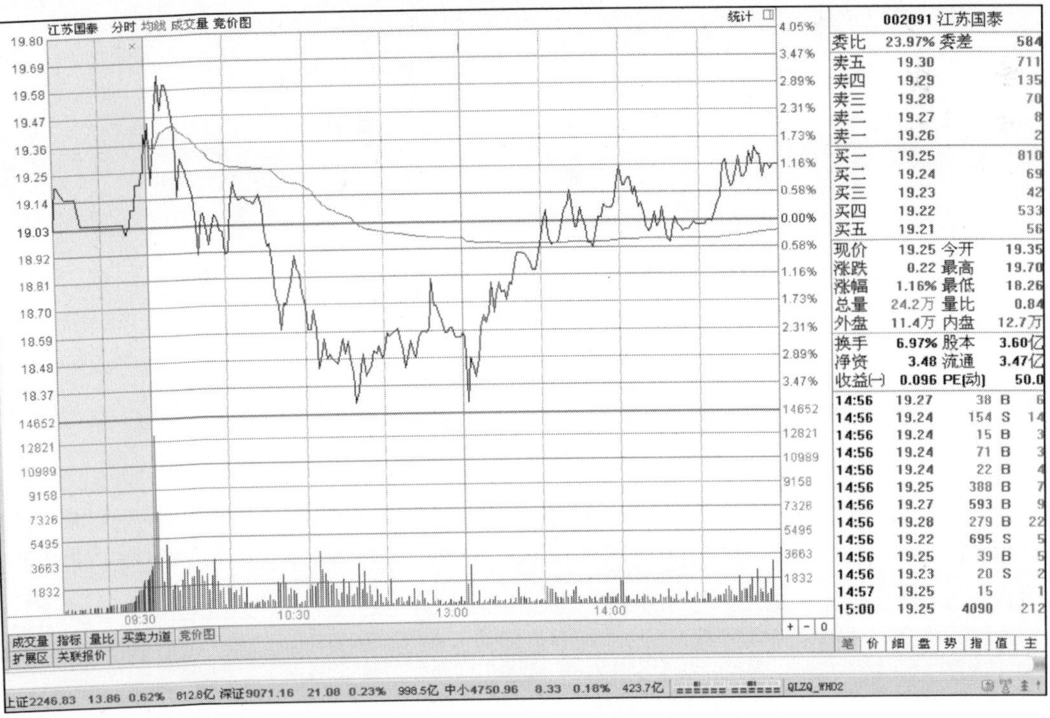
江苏国泰 分时 均线 成交量 竞价图
统计
09:30
10:30
13:00
14:00
成交量 指标 量比 买卖力道 竞价图
扩展区 关联报价
002091 江苏国泰
委比 23.97% 委差 584
现价 19.25 今开 19.35
涨跌 0.22 最高 19.70
涨幅 1.16% 最低 18.26
总量 24.2万 量比 0.84
外盘 11.4万 内盘 12.7万
换手 6.97% 股本 3.60亿
净资 3.48 流通 3.47亿
收益(一) 0.096 PE(动) 50.0
上证2246.83 13.86 0.62% 812.8亿 深证9071.16 21.08 0.23% 998.5亿 中小4750.96 8.33 0.18% 423.7亿

002091 江苏国泰 2013（5.10—6.24）区间跌幅：32.74%

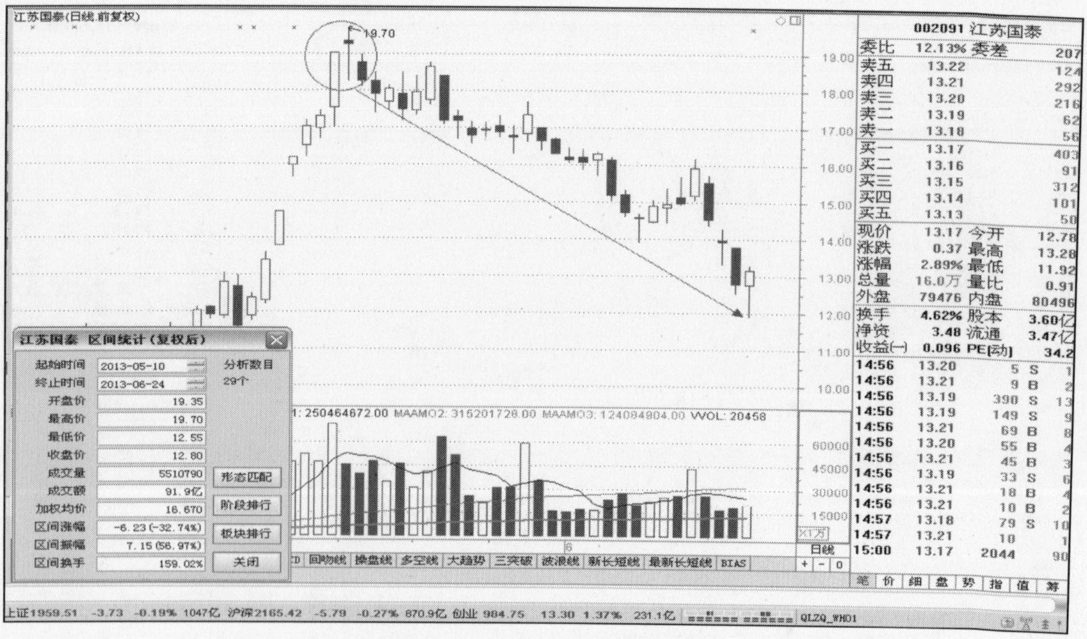

十字夜明星（实例2）000923 河北宣工

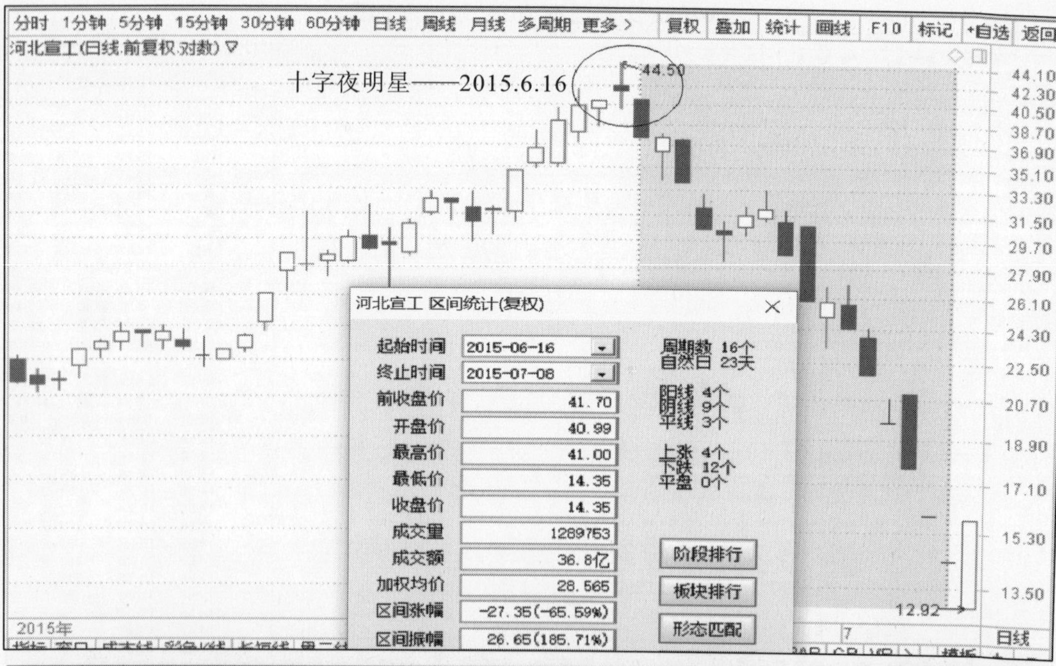

锦上添花的言论会让你在欢乐中死亡。

秀才进京赶考

有位秀才两次进京应考落第，又第三次进京赶考，住在一个经常住的店里。考试前两天他做了三个梦，第一个梦是梦到自己在墙上种白菜；第二个梦是梦见下雨天，他戴了斗笠还打伞；第三个梦是梦到跟心爱的表妹脱光了衣服躺在一起，但是背靠着背。

这三个梦似乎有些深意，秀才第二天就赶紧去找算命的解梦。算命的一听，连拍大腿说："你还是回家吧。你想想，高墙上种菜不是白费劲儿吗？戴斗笠打雨伞不是多此一举吗？跟表妹都脱光躺在一张床上了，却背靠背，不是没戏吗？"

秀才一听，心灰意冷，回店收拾包袱准备回家。店老板非常奇怪，问："不是明天才考试吗，你怎么今天就回乡了？"

秀才把做梦解梦的事如此这般说了一番，店老板乐了："哟，我也会解梦的。我倒觉得，你这次是大有希望，一定要留下来。你想想，墙上种菜不是高种（中）吗？戴斗笠打伞不是说明你这次是万无一失吗？跟你表妹脱光了背靠背躺在床上，不是说明你翻身的时候就要到了吗？"秀才一听，更有道理，于是精神振奋地参加考试，居然中了个探花。

这个故事说明一个道理：积极的人，像太阳，照到哪里哪里亮；消极的人，像月亮，初一、十五不一样。同一个梦，解读含义截然不同，结果也不同。面对同一只股票、同一根 K 线，各人的解读也不尽相同。消极被动的放弃还是积极主动的选择，都决定于你自己对主力运作节奏的判断。

四十九、长黑回补型（实例1）600289 亿阳信通

☆长黑回补型的线形和十字夜明星很像，只是中间的线形为中黑线而已！一根中阴线少去了十字星或极短阴线的犹豫，直接显示了做空的力量，此时此刻，做空就是最佳选择。随后的长黑立刻回补前空。这根K线直接跳空低开，首先低于第二根K线的中心点，其次又下跌击穿了第二根K线的最低价，最后回补了前空；这接连在三个关键部位的失守，都是多方溃不成军的标志，也是做空力量毫不手软的标志。

☆这种线形预示着空头的卖力将接踵发生，后来的行情可能再朝下发展，所以可持空头的抛售方针。

☆亿阳信通（现名*ST信通）在一波连续上涨后，媒体利好消息不断。2013年10月22日走出长黑回补形态后持续下跌。

长黑回补型（实例1）600289 亿阳信通

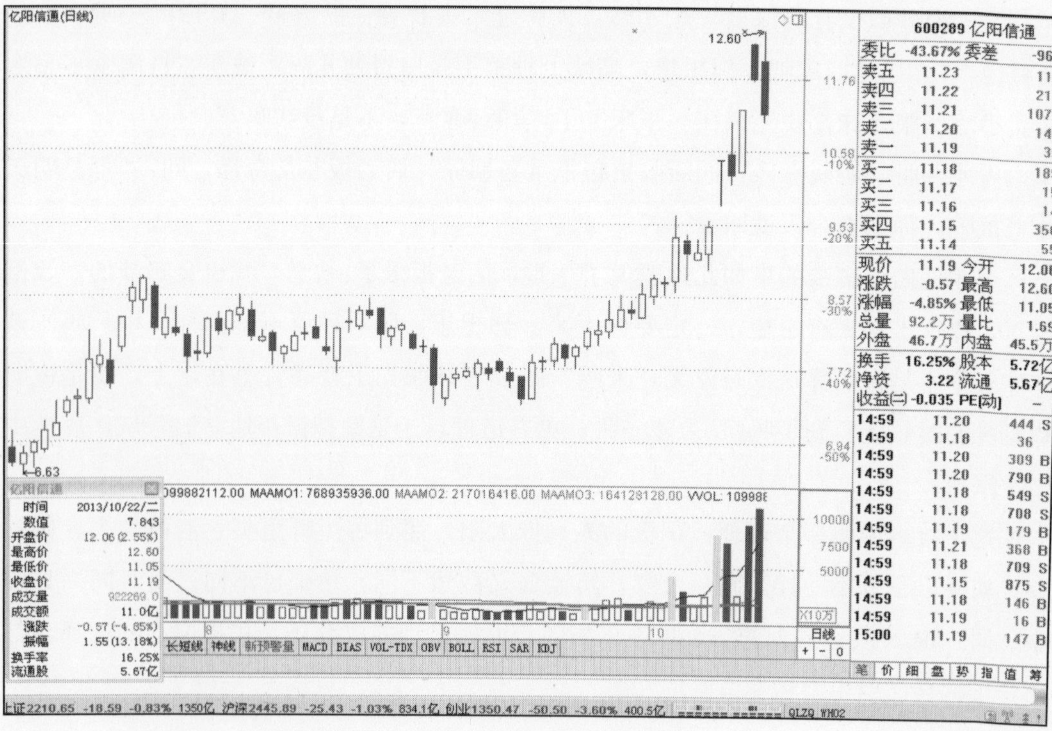

600289 亿阳信通 2013. 10. 22 分时图

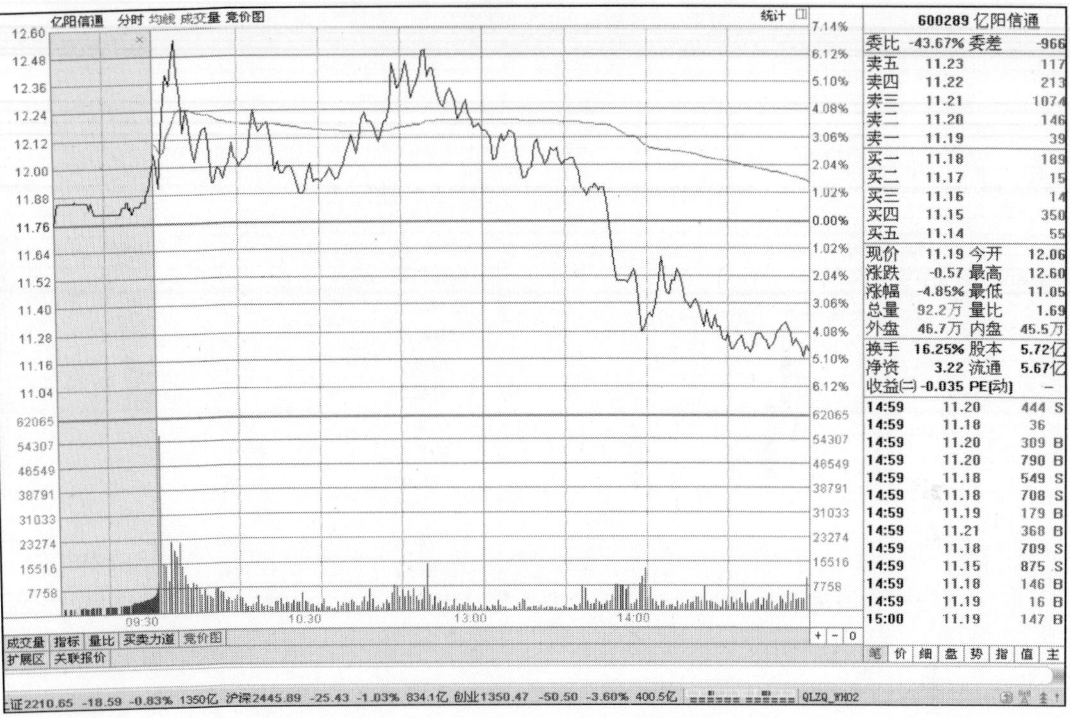

600289 亿阳信通 2013（10. 22—11. 1）区间跌幅：26. 87%

长黑回补型（实例 2）603616 韩建河山

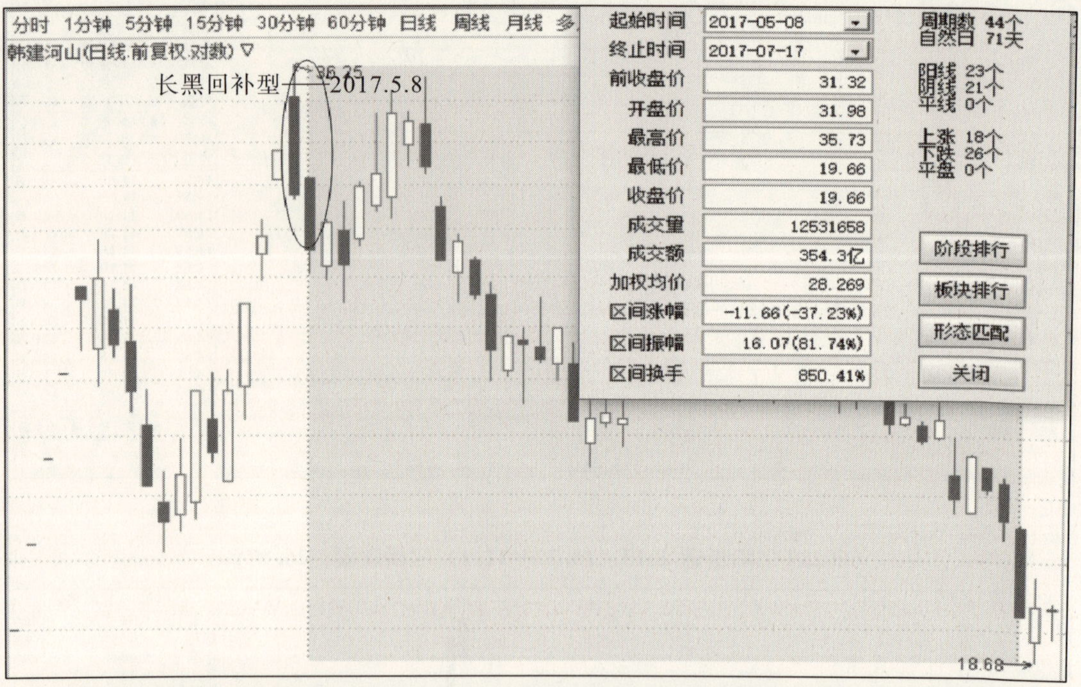
分时 1分钟 5分钟 15分钟 30分钟 60分钟 日线 周线 月线 多
韩建河山(日线.前复权.对数) ▽
长黑回补型
2017.5.8
36.25
18.68
起始时间 2017-05-08
终止时间 2017-07-17
前收盘价 31.32
开盘价 31.98
最高价 35.73
最低价 19.66
收盘价 19.66
成交量 12531658
成交额 354.3亿
加权均价 28.269
区间涨幅 -11.66(-37.23%)
区间振幅 16.07(81.74%)
区间换手 850.41%
周期数 44个
自然日 71天
阳线 23个
阴线 21个
平线 0个
上涨 18个
下跌 26个
平盘 0个
阶段排行
板块排行
形态匹配
关闭

君子不立于危墙之下。

五十、落地无力型（实例）000596 古井贡酒

☆落地无力型是指在连出双黑之后，空头的卖力已渐式微。所以出现第三根极短的日线，这是回档的信号之一。今后行情可能反跌为涨，因此多头可趁低点买入。

☆当阴线之后价格不再创新低，交易区间在阴线范围内缩小，标志着原先下跌动能减少、下跌趋势不再继续；下跌的趋势面临着横盘整理或者是要反转向上了，要买进的话，最好等反转形态确定后再行动，也就是其后的阳线向上突破了 8 日均线，就是进场买进的关键时刻了！

☆古井贡酒在 2013 年 10 月 30 日股价下跌企稳收出一个落地无力形态后，2013 年 10 月 31 日古井贡酒公布了三季度业绩，根据公告，三季度业绩明显好于市场预期。公司三季度净利润同比降低 9.7%。尽管业绩增速下滑，但明显好于此前市场预期，市场一致预期公司三季度净利润将出现 20%左右的下降。该股当日以 16.60 元小幅高开，在短暂回探 16.48 元后，开始持续走高，并在上午 10 点 30 分后封住 18.13 元涨停板且维持至收盘。从成交看，该股当日成交 9.27 亿元，较此前几个交易日明显放量，但整体仍处于温和水平，量价配合良好。此后连续上涨 10 个交易日，区间涨幅高达 38.87%。

落地无力型（实例）000596 古井贡酒

000596 古井贡酒 2013. 10. 30 分时图

000596 古井贡酒 2013（10. 30—11. 13）区间涨幅：14. 60%

欲求生富贵，须下死工夫。

铁棒磨成针

唐代大诗人李白幼年时读经书、史书，那些书都十分深奥，他一时读不懂，便觉枯燥无味，于是他丢下书，逃学出去玩。

他一边闲游闲逛，一边东瞧西看。他看见一位老妈妈坐在磨刀石旁的矮凳上，手里拿着一根粗大的铁棒，在磨刀石上一下一下地磨着，神情专注，以至于李白在她跟前蹲下她都没有察觉。

李白不知道老妈妈在干什么，便好奇地问："老妈妈，您这是在做什么呀?"

"磨针。"老妈妈头也没抬，简单地回答了李白，依然认真地磨着手里的铁棒。

"磨针?"李白觉得很不明白，老妈妈手里磨着的明明是一根粗铁棒，怎么是针呢?李白忍不住又问："老妈妈，针是非常非常细小的，而您磨的是一根粗大的铁棒呀!"

老妈妈边磨边说："我正是要把这根铁棒磨成细小的针。"

"什么?"李白感到有些不可思议，他脱口又问道："这么粗大的铁棒能磨成针吗?"

这时候，老妈妈才抬起头来，慈祥地望望小李白，说："是的，铁棒又粗又大，要把它磨成针是很困难的。可是我每天不停地磨呀磨，总有一天，我会把它磨成针的。孩子，只要功夫下得深，铁棒也能磨成针呀!"

幼年的李白是个悟性很高的孩子，他听了老妈妈的话，一下子明白了许多，心想："对呀！做事情只要有恒心，天天坚持去做，什么事都能做成的。读书也是这样，虽然有不懂的地方，但只要坚持多读、天天读，总会读懂的。"想到这里，李白深感惭愧，脸都发烧了。于是他拔腿便往家跑，重新回到书房，翻开原来读不懂的书，继续读起来。

这个故事对我们的启示：第一，知错能改即圣贤。知道自己错了，就应该立即改正；不改正，只能在错误的道路上继续错下去；

第二，不知道自己错误在哪里，必须有明白人指点；

第三，改正错误，要持之以恒。

借刀斩牛股之79种经典实例（下篇）

五十一、下落二星（实例）300296利亚德

☆下落二星是指在下落的途中出现跳空而下的连续两根小阴线；价格创新高后的首次下落二星应尽快出局，下落二星原则上是可以追加抛售的；通常，这是空头乘胜追击的大好机会。

☆注意高位的下落二星与长时间下跌后的下落二星的区别。在市场长时间下跌后，市场行情可能很快就要探底，这时出现下落二星后应注意股价可能脱出谷底反弹向上。

☆2013年4月8、9日两天，300296利亚德在经过52个交易日的下跌，跌幅达25%左右，出现了下落二星形态，4月10日公告称：拟公告重大事项停牌。

☆自此公告后，利亚德结束了长期的下降趋势，进入了反转上涨趋势，其后78个交易日区间涨幅高达176.17%。

下落二星（实例）300296利亚德

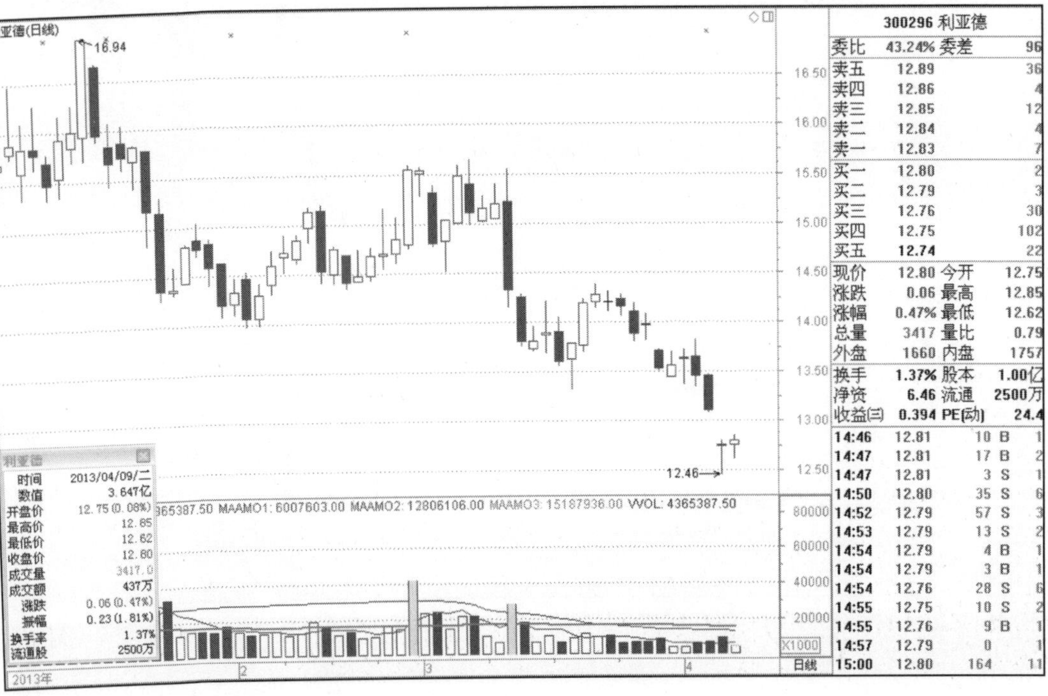

300296 利亚德 2013. 4. 9 分时图

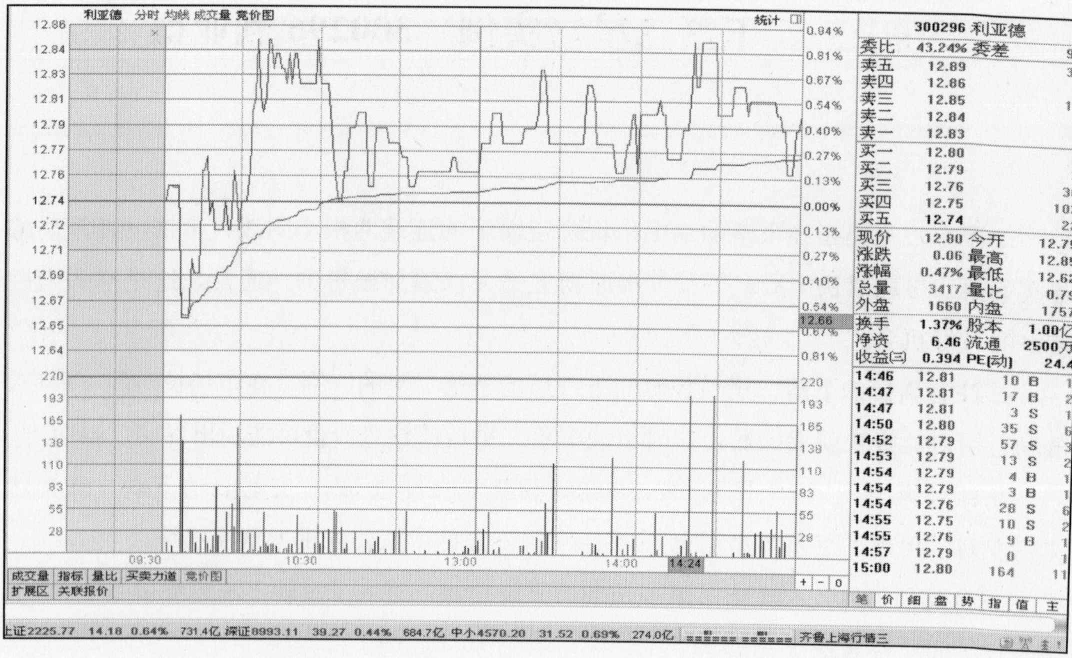

300296 利亚德 2013（4. 9—8. 6）区间涨幅：176. 17%

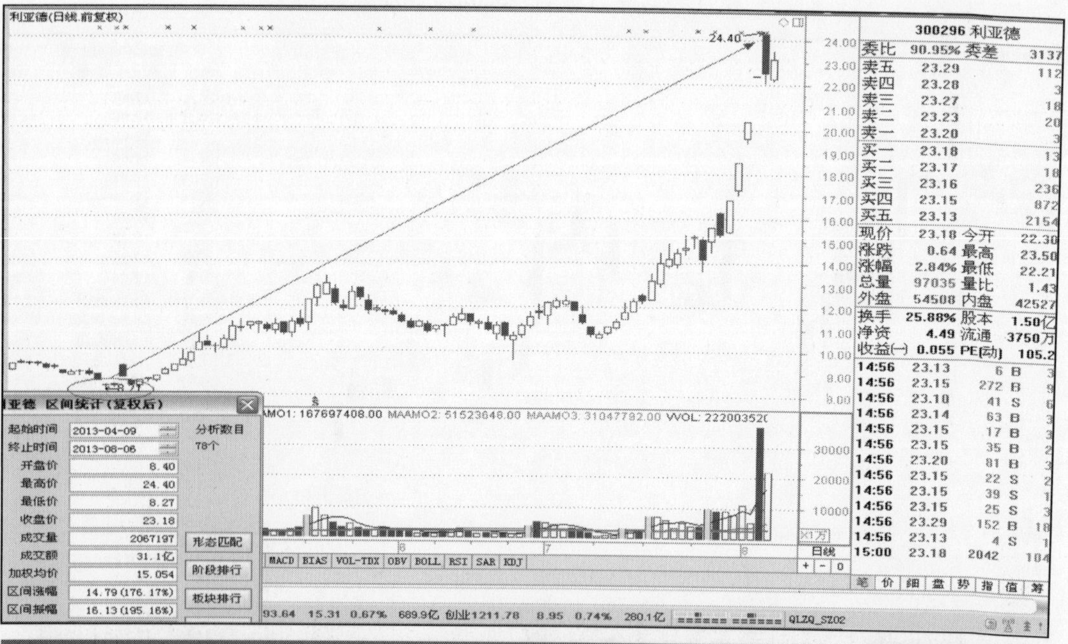

宁可少赚也不能被套。

五十二、下落三星（实例 1）002237 恒邦股份

☆下落三星与下落二星非常相似，如果在下跌途中冒出三星，空头也可趁此机会抛售，不过也得随时注意股价是否已经探底。

☆注意：在股价大幅上涨之后首次出现下落三星，且下落三星向下击穿了 8 日均线，就必须尽快卖出，清仓出局！

☆2013 年 2 月 18、19 日，002237 恒邦股份在价格创新高后首次出现了下落二星，20 日又出现了一根星线，从而构成下落三星形态。这次破位下跌的背景是国际金融大鳄大肆抛售黄金，国际金价持续走软。恒邦股份主要从事黄金探、采、选、冶及化工生产等，是国家重点黄金冶炼企业，具备年产黄金 8 吨、白银 40 吨、电解铜 2000 吨、硫酸 40 万吨、液体二氧化硫 15000 吨、甲酸钠 2000 吨的生产能力，黄金年产量位居全国黄金企业前列。但在国际大环境的影响下，业绩表现十分优秀的有色金属板块个股恒邦股份惨遭杀跌，其后 84 个交易日区间跌幅达 41.66%。

下落三星（实例 1）002237 恒邦股份

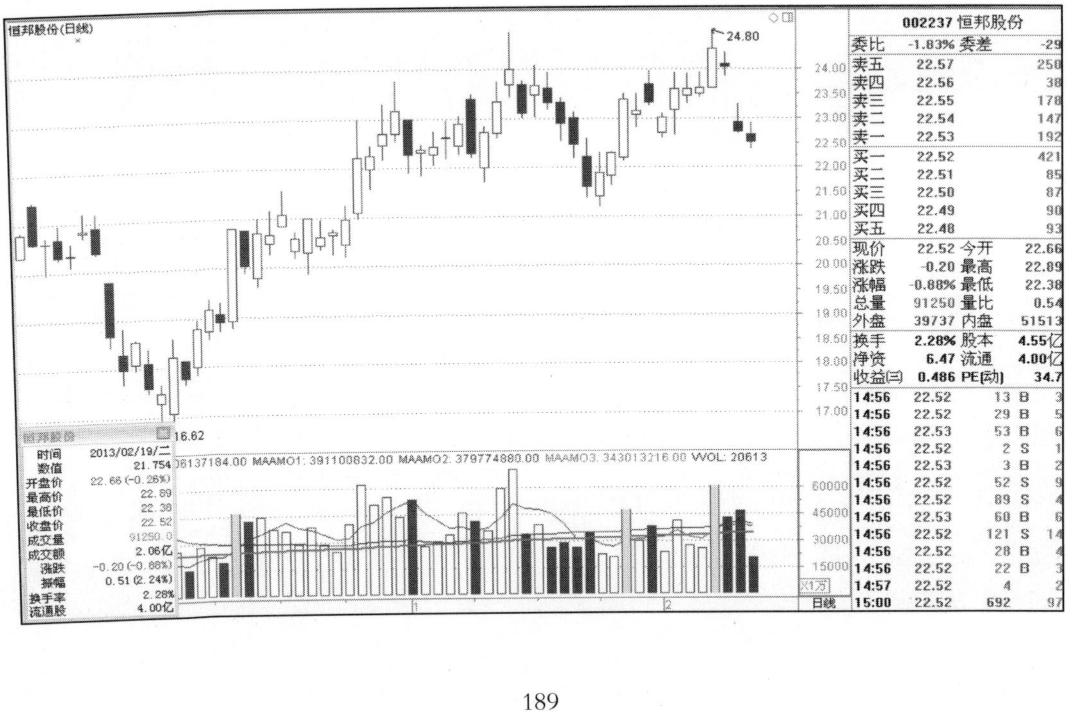

002237 恒邦股份 2013. 2. 19 分时图

002237 恒邦股份 2013（2. 18—6. 25）区间跌幅：41. 66%

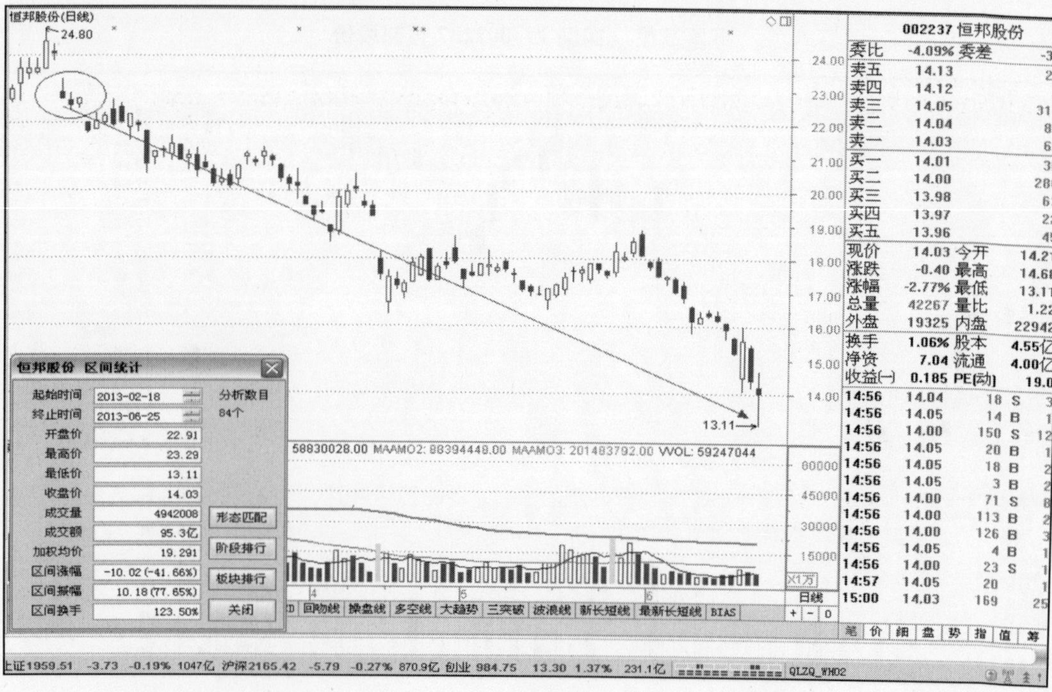

下落三星（实例 2）600624 复旦复华

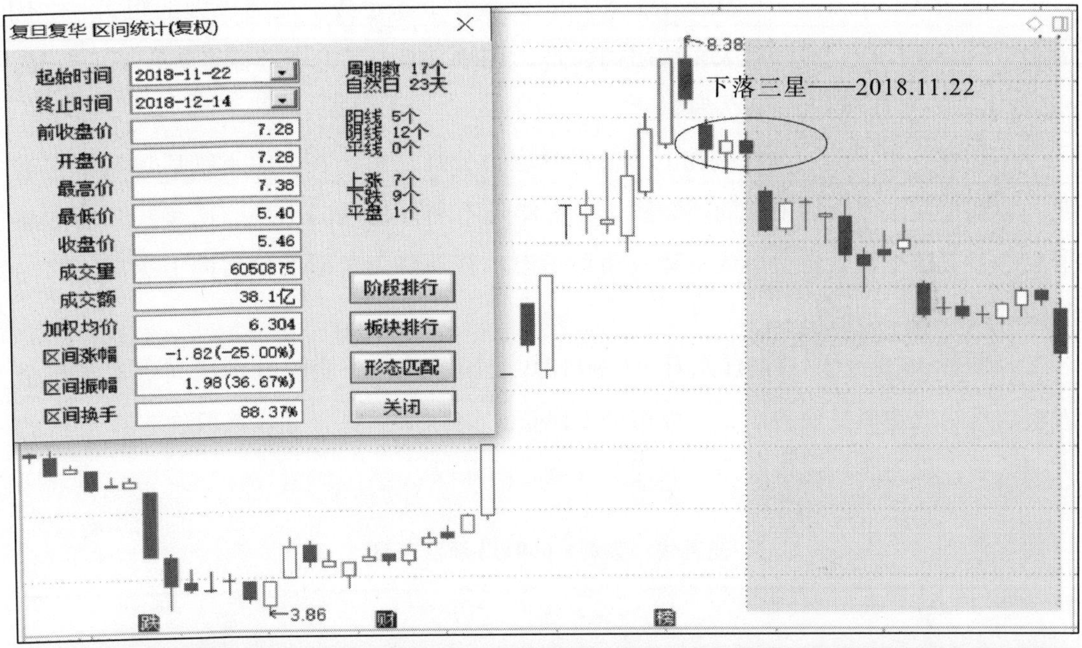
复旦复华 区间统计(复权)
起始时间 2018-11-22
终止时间 2018-12-14
前收盘价 7.28
开盘价 7.28
最高价 7.38
最低价 5.40
收盘价 5.46
成交量 6050875
成交额 38.1亿
加权均价 6.304
区间涨幅 -1.82(-25.00%)
区间振幅 1.98(36.67%)
区间换手 88.37%
周期数 17个
自然日 23天
阴线 5个
阳线 12个
平线 0个
上涨 7个
下跌 9个
平盘 1个
阶段排行
板块排行
形态匹配
关闭
8.38
下落三星——2018.11.22
3.86

独具慧眼，才能看见别人看不见的东西。

五十三、逆袭线（实例）600113 浙江东日

☆逆袭线与下落三星的线形十分相似，也是在下跌走势中遭遇极大的阻力——因为多头的全面反扑，所以以大阳线阻挡前路。这种线形一旦出现，容易是底部的反转，所以空头的一方应暂退一步为宜。

☆注意：更多的逆袭线是在上市公司派现金分红之后；在大幅下跌后出现的逆袭线，特别是在跌停板后出现的逆袭线，经常伴随着利好消息的出现。逆袭线其后如果形成一个支撑平台，将会形成下降三角形形态，在下降三角形的价格向上突破下降趋势线后就是买进的时机。

☆2013 年 6 月 25 日浙江东日（600113）受国务院常务会议鼓励民间资本参与金融机构重组改造消息面激励，二级市场上民资“银行梦”现曙光，该股在连续下跌的大阴线后一根逆袭线逆市涨停，成为金改概念活跃股。

逆袭线（实例）600113 浙江东日

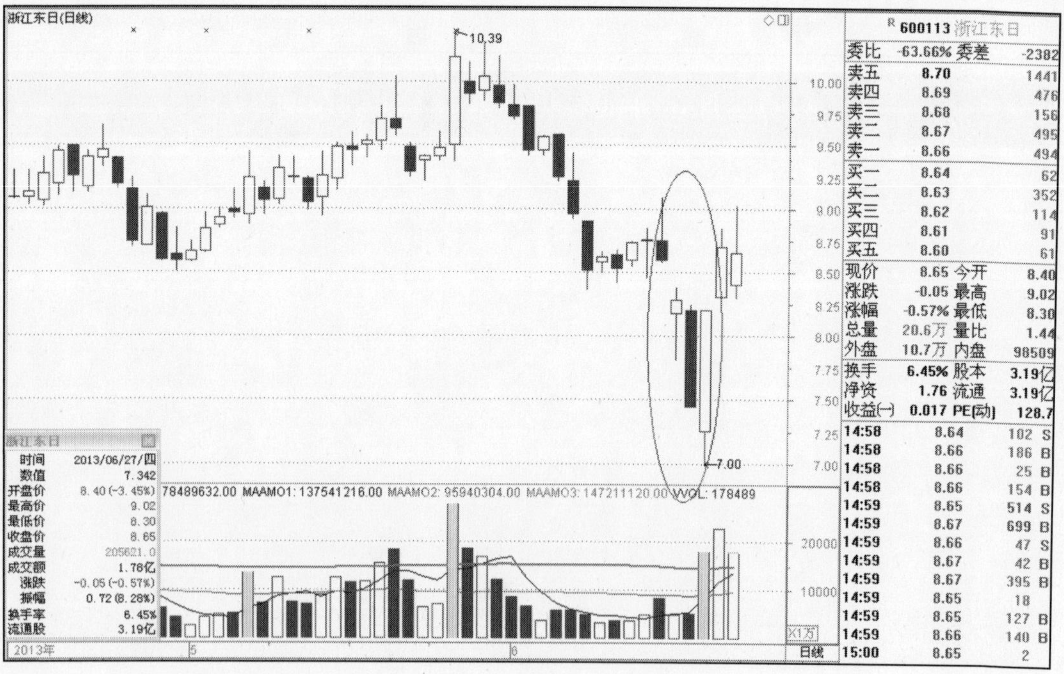

600113 浙江东日 2013. 6. 25 分时图

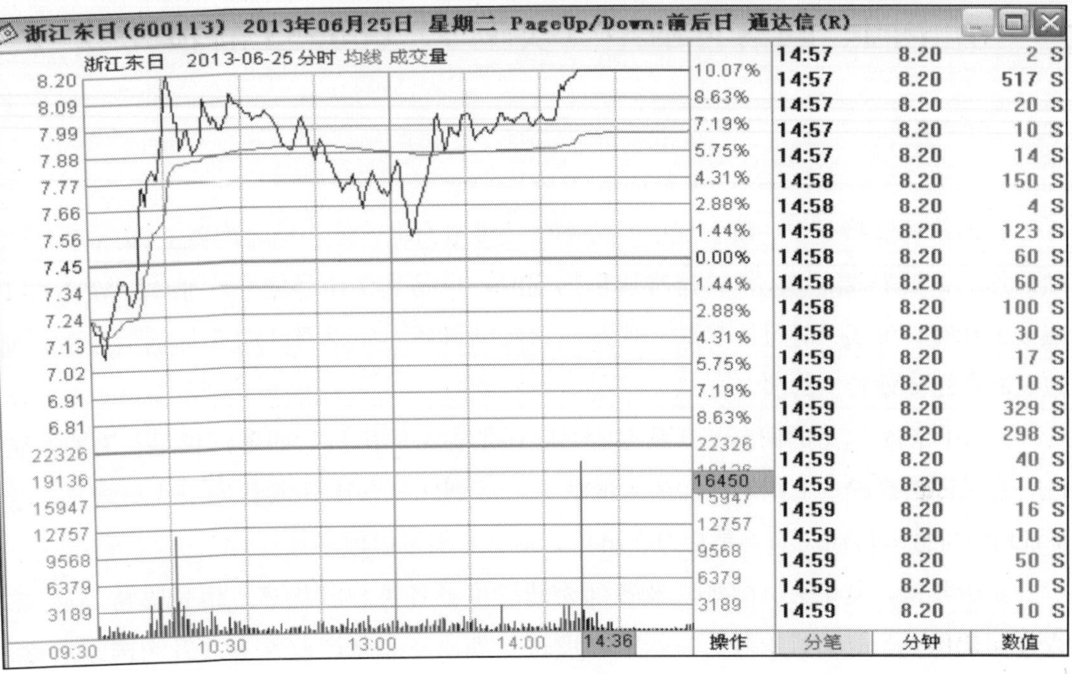

600113 浙江东日 2013（6. 25—7. 10）区间涨幅：37. 45%

胜者为王，败者为寇。

五十四、回落再涨型（实例1）600633 浙报传媒

☆回落再涨型是在一波上涨中，价格曾经跳空而上，但一周之内就立即回补前空，然后连出3根阳线继续上涨；这种线形出现时，也是利多信号之一。原本，在出现大黑线回补时，市场一时可能看跌；但红三兵尾随其后，使得看跌的人气烟消云散，所以这时应迅速地转空为多。

☆注意区分这里的回落是获利盘的回吐还是主力的出货。如果仅仅是获利盘的回吐，那么回落到缺口上则是一次买入的机会，等到红三兵出现或者大阳线出现且突破8日均线时方可行动。如果是主力在出货，则千万不可以做多!

☆近年来，党中央、国务院及各部委陆续出台各类税收优惠、信贷支持等政策，以推动文化产业跨越式发展，且扶持力度持续加码。文化产业发展上升为国家战略，赢得前所未有的宽松发展环境，并迎来千载难逢的历史机遇。十七届六中全会提出：推动文化产业成为支柱性产业。按此测算，2015年我国文化产业增加值至少应该达到2.79万亿元，年均发展增速需要保持在20%以上。浙报传媒（600633，现名浙数文化）2011年通过借壳*ST白猫登陆资本市场，是中国第一家媒体经营性资产整体上市的报业集团、浙江第一家上市的国有文化集团，母公司拥有强大投资实力。虽然现有投资多通过集团层面运营，但未来上市公司将是与文化产业相关的优秀项目的第一选择。另，公司拟以32亿重磅收购网游公司。在这样的大背景、大环境有利的条件下，浙报传媒大手笔向手游、网游转变，手游、网游成为其华丽转身的最佳载体。手游和网游在中国智能手机普及的情况下面临爆发式增长，浙报传媒正好分享了这一发展红利。股价从2013年6月17日跳空而上到6月25日回落后一路上涨不停。

回落再涨型（实例1）600633浙报传媒

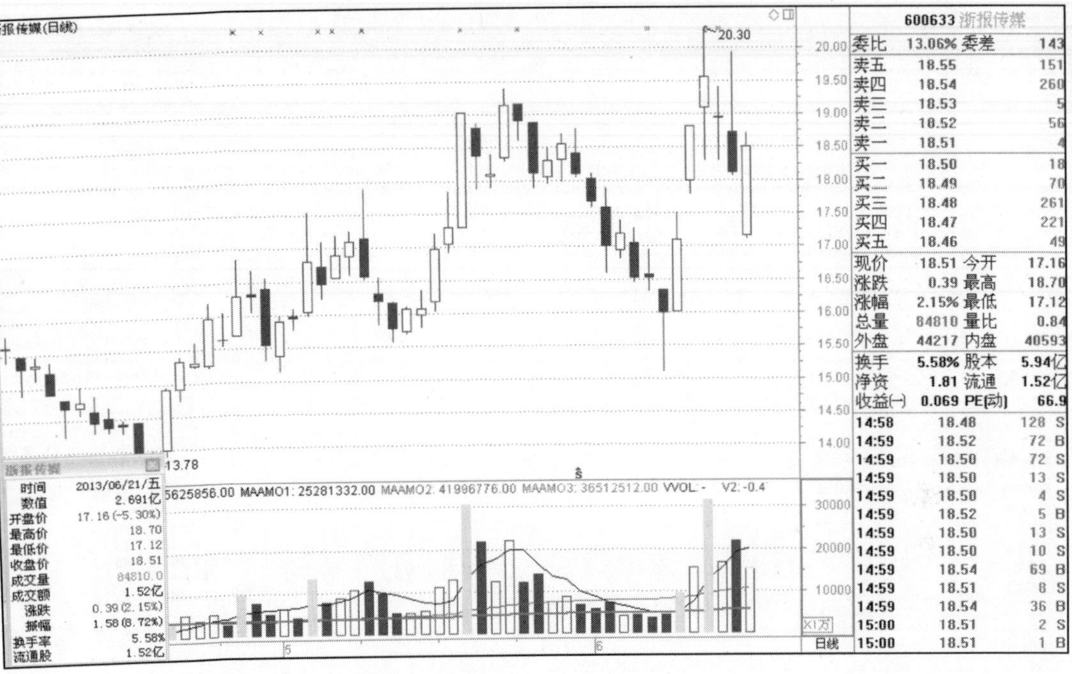

600633浙报传媒2013.6.21分时图

600633 浙报传媒 2013（6.25—9.30）区间涨幅：186.81%

2013.6.17 开盘前 9:27 提示关注浙报传媒，指出今天是传媒娱乐板块在领涨

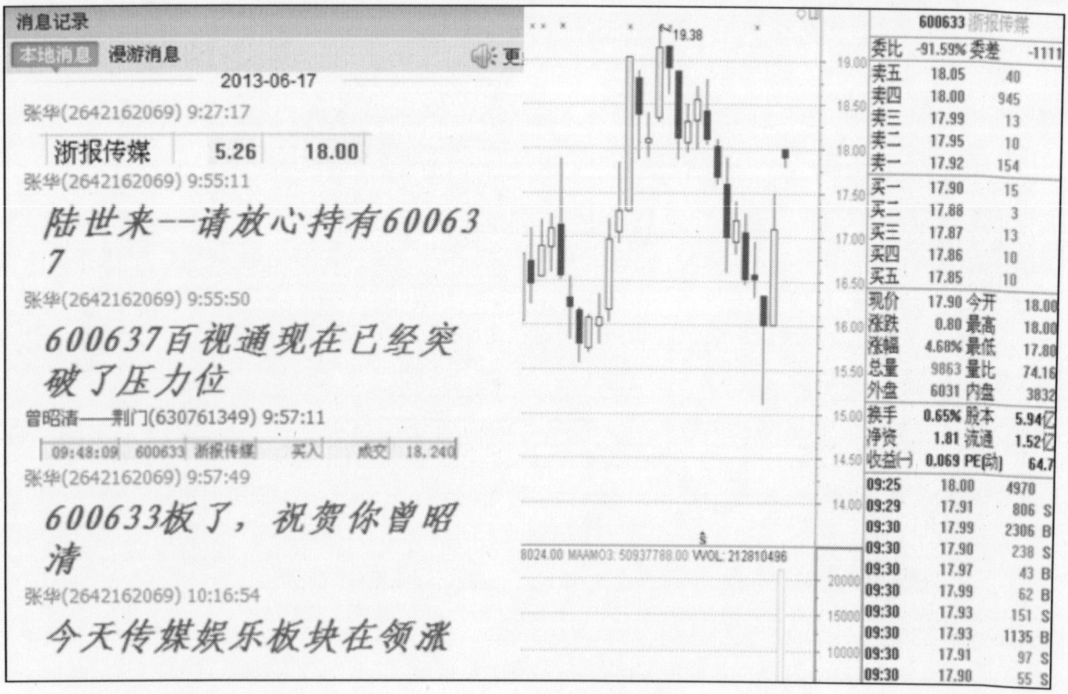

2013. 6. 21 提示浙报传媒已经进入主升浪……不要把牛股给放跑了！

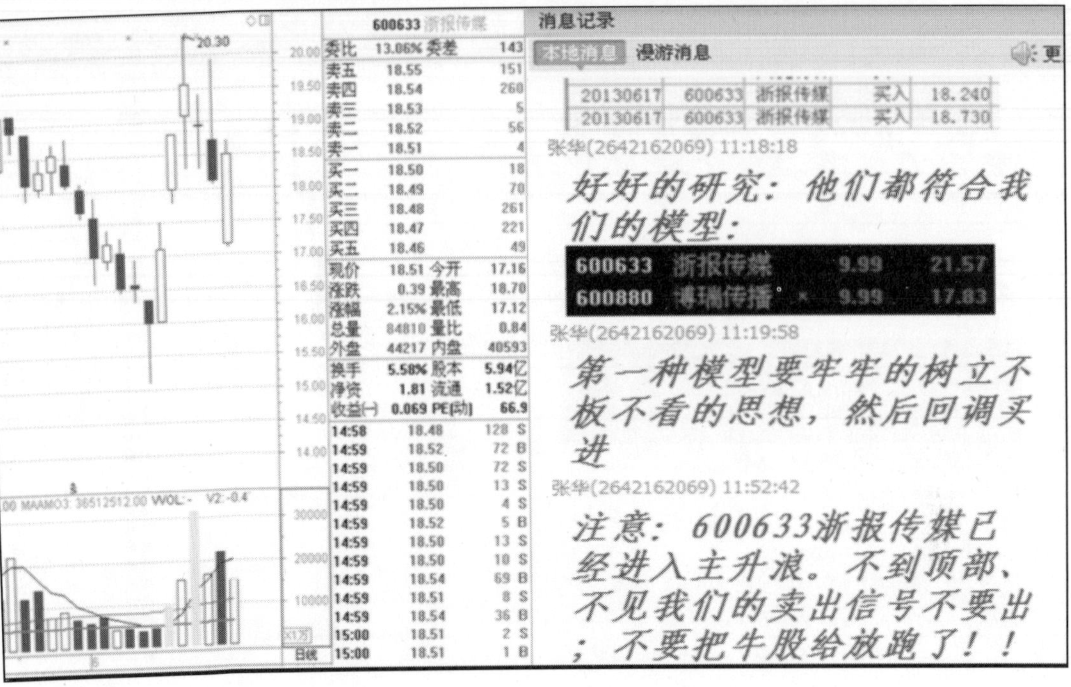

2013. 7. 1 提示重点关注的板块：传媒娱乐、电子信息

再次确认浙报传媒已经进入主升浪

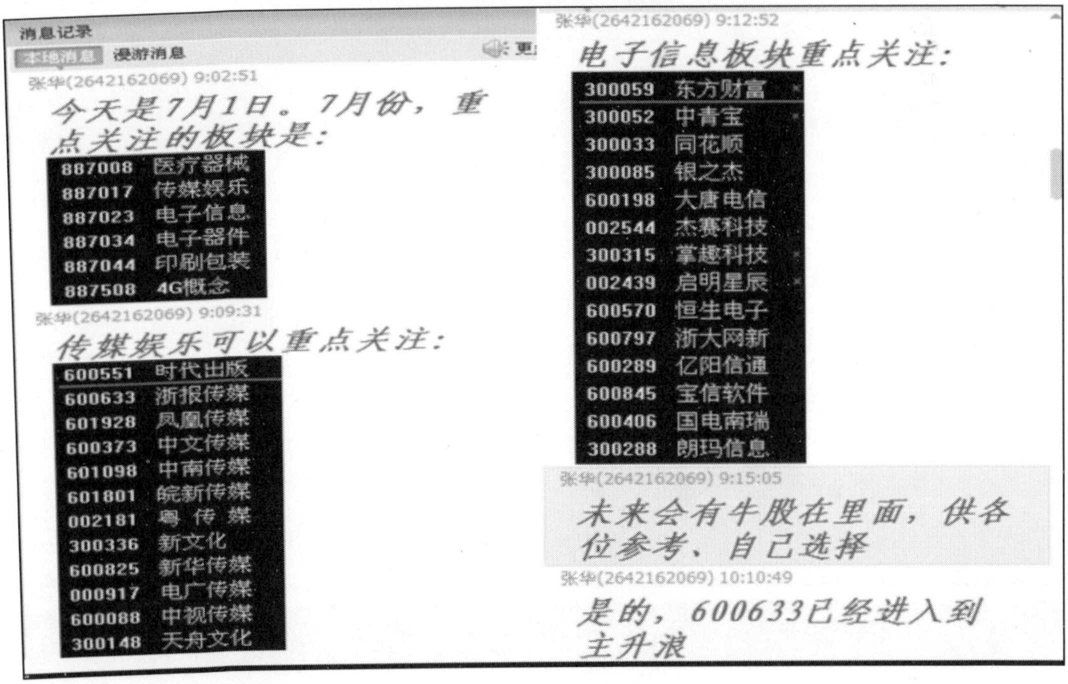

2013.7.17 提示：浙报传媒第二波上涨开始见顶部放量……不见顶部 K 线形态不要出……

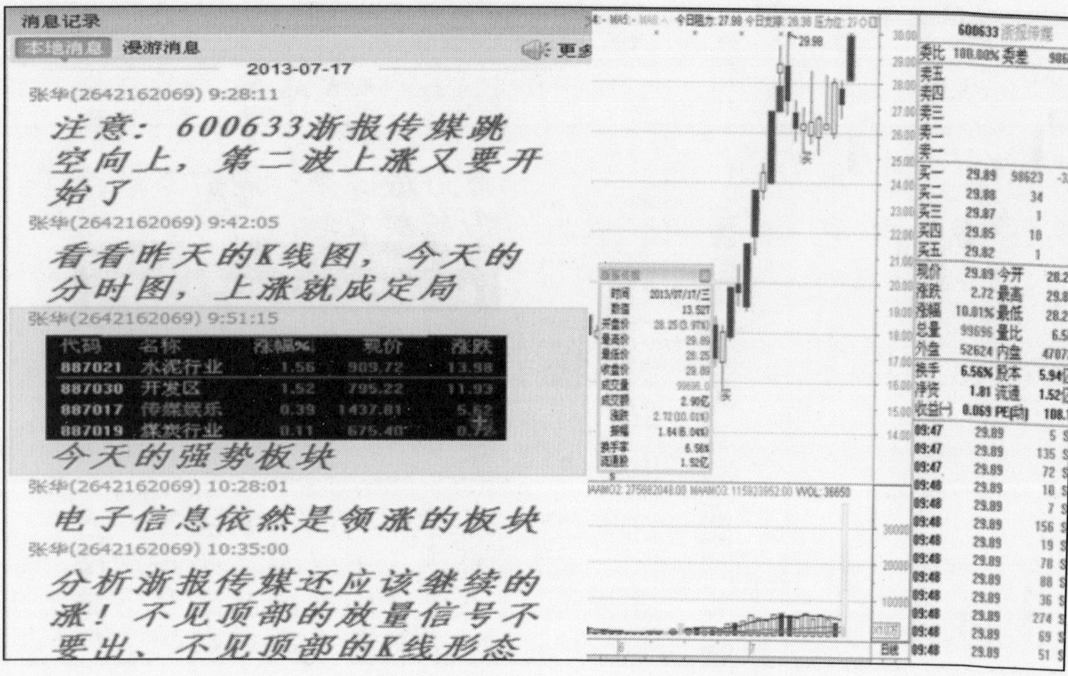

回落再涨型（实例 2）300265 通光线缆

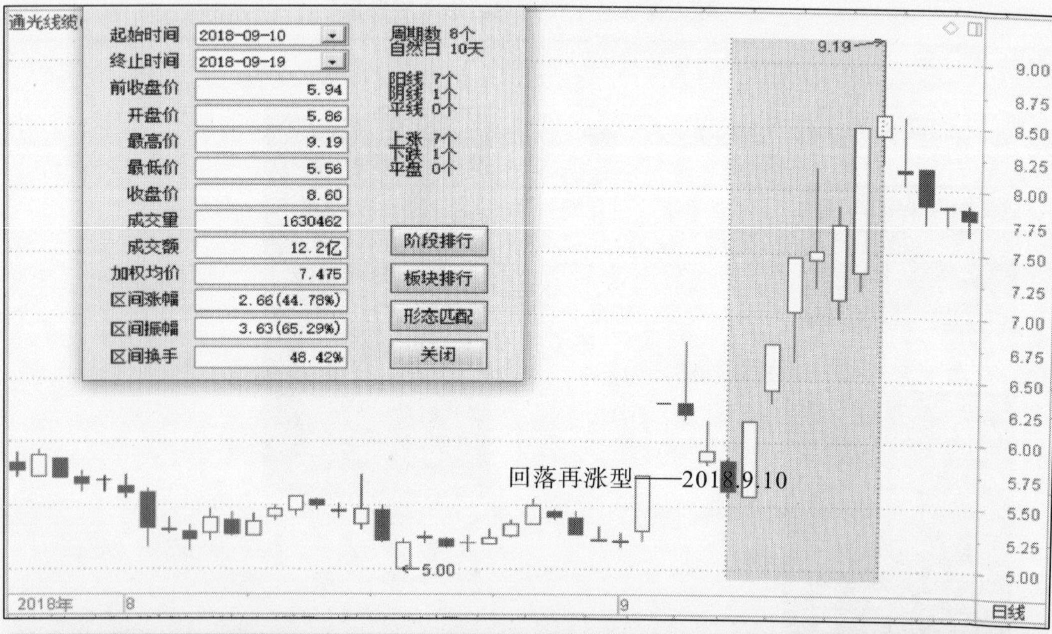

苦海无边，回头是岸。

李斯的成功

在《李斯列传》开头，太史公写道："李斯者，楚上蔡人也。年少时，为郡小吏，见吏舍厕中鼠食不絜，近人犬，数惊恐之。斯入仓，观仓中鼠，食积粟，居大庑之下，不见人犬之忧。于是李斯乃叹曰：'人之贤不肖譬如鼠矣，在所自处耳！'"

译成白话文来说：李斯，楚国上蔡人，年轻时是上郡府里掌管粮仓的小文书。他的工作乏味而单调，就是每天负责记录粮食的进出情况。有一天，李斯去上厕所。他惊动了厕所内的一群老鼠。这群在厕所内安身的老鼠瘦小干枯、毛色灰暗，身上又脏又臭，在厕所里抢着吃脏东西，每逢有人或狗来时，受惊而逃，让人一看就恶心至极。看着这些老鼠，李斯不由得想起了自己管理的粮仓中的老鼠。那些老鼠一个个脑满肠肥、皮毛光亮，整日在粮仓中逍遥自在，与眼前厕所中的这些老鼠相比真是天上地下，不可同日而语！李斯悟到，厕所里的老鼠又脏又臭，连屎都抢不上；而仓库里的老鼠又白又胖，吃饱了躺在粮堆上晒太阳，看来位置决定一切啊！人生如鼠，不在仓就在厕。环境不同，命运也就不同。自己这个小小的粮仓管理员，就像厕所里的老鼠一样。他感叹："垢莫大于卑贱，而悲莫甚于穷困。"于是李斯果断地换环境，寻找适合自己发展的道路。

他师从一代大儒荀况，学习治国之术，成为荀子的得意门生。跟随老师学成帝王之术后，历经波折终入六国之敌——秦，得到秦王嬴政也就是后来的秦始皇的赏识，协助秦始皇统一了六国，开创了中华帝国时代，也成就了自己的功名。

李斯的成功，有三点启示：

第一，悟出了位置决定一切——换位置；假如李斯不换位置……

第二，师从一代名师——学到了治国之术；假如李斯不师从名师……

第三，跟随强者秦始皇——成就功名；假如李斯不跟随强者……

写到这里，不由得让我联想到，市场中不大幅上涨的股票不就仿佛厕所里的老鼠吗？持有这样的股票，难道不想换吗？要换股——一定要换好股，换成能大幅上涨的股票！

炒股也要技术，没有技术，分辨不出仓鼠与厕鼠；要学技术——一定要找名师点悟。也许有人曾经跟很多的老师学习过，假如学习后还没有赚大钱，那么就要思考，是自己的问题还是老师教育的问题。散打冠军姜福耀深有体会地说：要想当冠军，就要找业内的冠军的老师学习。

学成了技术，就会只做强势股、只做领头羊，只有跟上强势股，只有跟上领头羊，才能赚到大钱！就像李斯跟随秦始皇才能成就功名一样！

五十五、上升前阻型（实例）002618 丹邦科技

☆ 上升前阻型是指在一连串的上升走势中连出阳线，一直到出现明显的上影线时（不论阴阳 K 线的上影线），多头就必须戒慎恐惧了！

☆ 这是因为 K 线的基本理论认为：在上升的走势中，如连出 10 根阳线或 12 根红线，这时走势大多已步入天井或必须回档一下。这是做波段的经典名言！也是做波段的经典圣经！

☆ 图形中的最后一根阳线已呈萎缩，这就意味着市场行情转为看跌。因此，空头可趁机寻找高点抛售。

☆ 如果在上升前阻形态后价格没有下跌，却在横向盘整，亦有在盘整时进一步甚至涨停板诱多，把多方引君入瓮后次日平开低走，然后一去不回头。

上升前阻型（实例）002618 丹邦科技

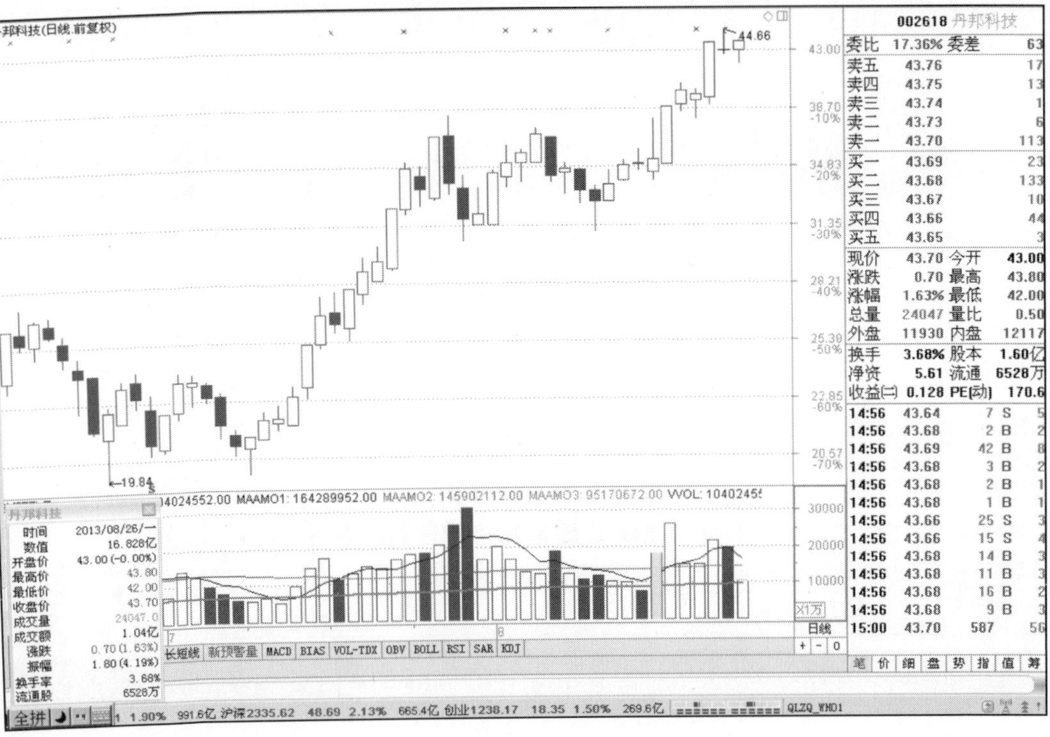

002618 丹邦科技 2013. 8. 26 分时图

002618 丹邦科技 2013（8. 27—11. 1）区间跌幅：36. 16%

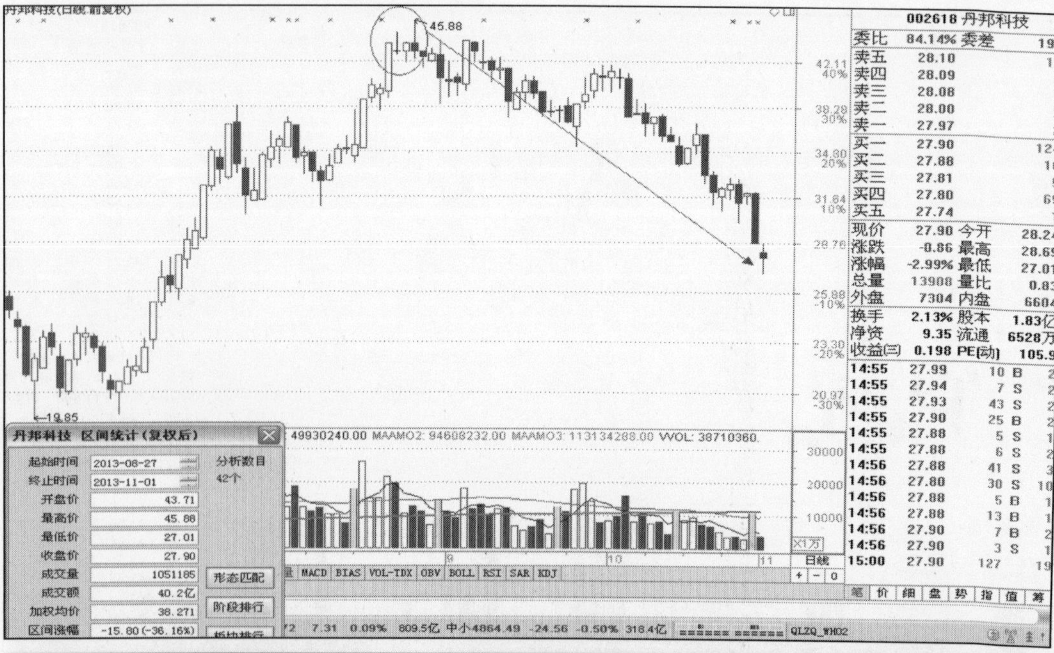

见风使舵才能回避风险。

五十六、上升最后怀抱线（实例 1）999999 上证指数

☆上升最后怀抱线是指在一连的上升之后，最后出现一根大阳线，几乎环抱着后面的几根日线的涨势。乍看之下，这好像一种上涨的信号。不过，多头全力买进的结果，可能就会遇到日后的下挫。

☆上升最后怀抱线的出现，必须确认它是否属于“骗线”——如果翌日低开就可确认它是“骗线”无疑，所以可立刻改持空头抛售的方针。当然也有翌日高开的情况，不过，最后如果收阴线时，仍然为看坏。所以，上升最后怀抱线是“转抛”的线形之一。

☆“骗线”是每一个投资者必须区分清楚的问题。在价格创出新高点区域“骗线”的形态比较多。

上升最后怀抱线（实例 1）999999 上证指数

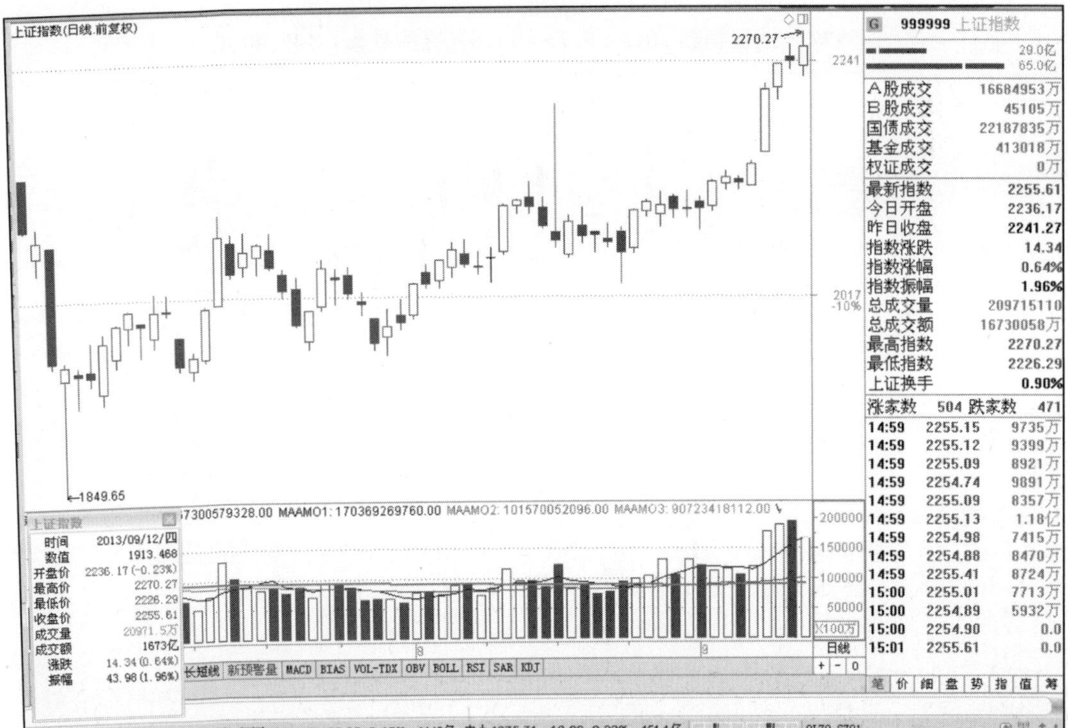

999999 上证指数 2013. 9. 12 分时图

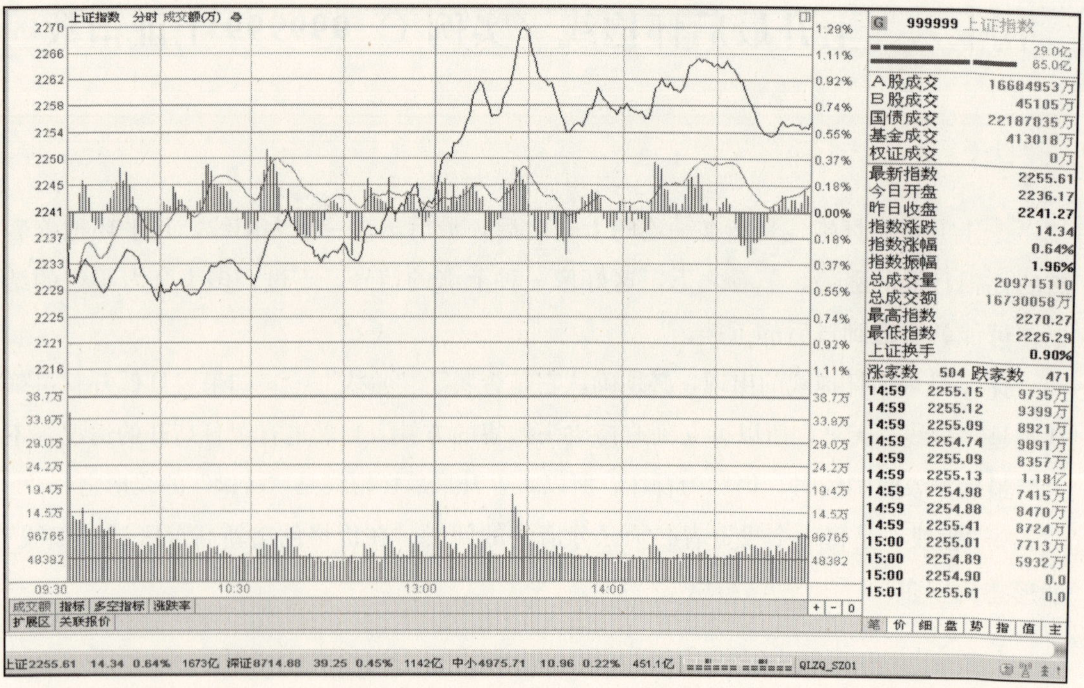

999999 上证指数 2013（9. 13—11. 8）区间跌幅：149. 48 点

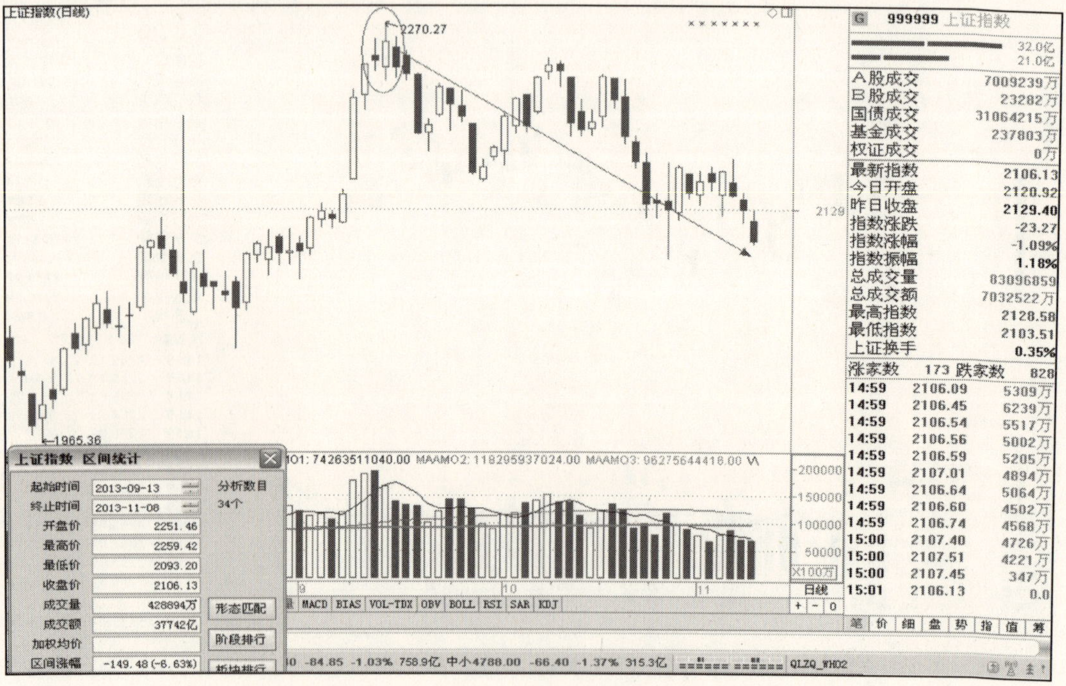

上升最后怀抱线（实例 2）002542 中化岩土

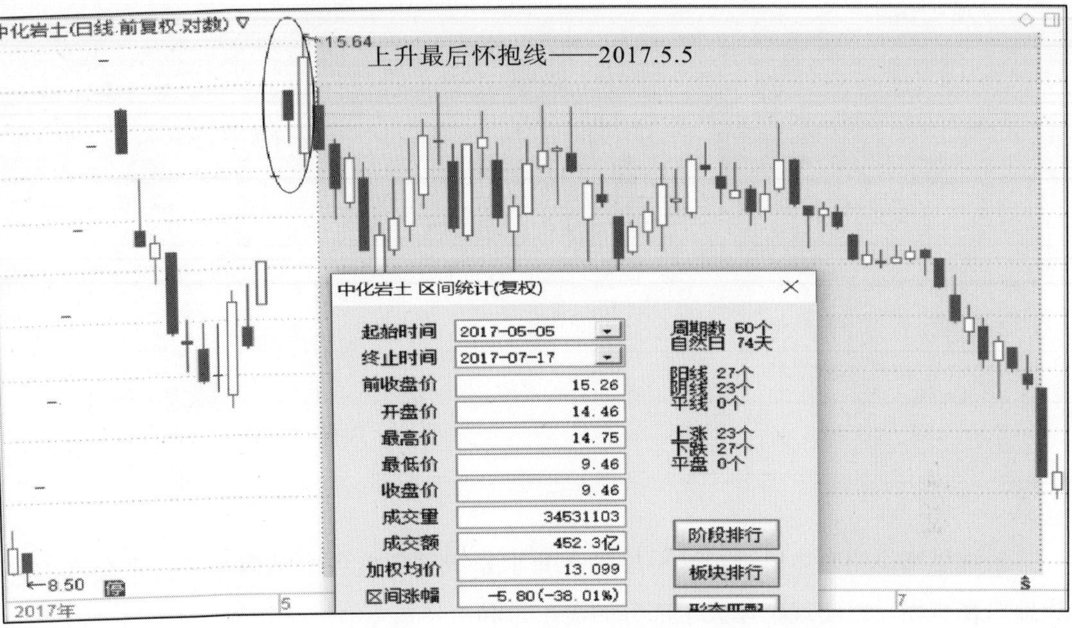

上升最后怀抱线（实例 3）002067 景兴纸业

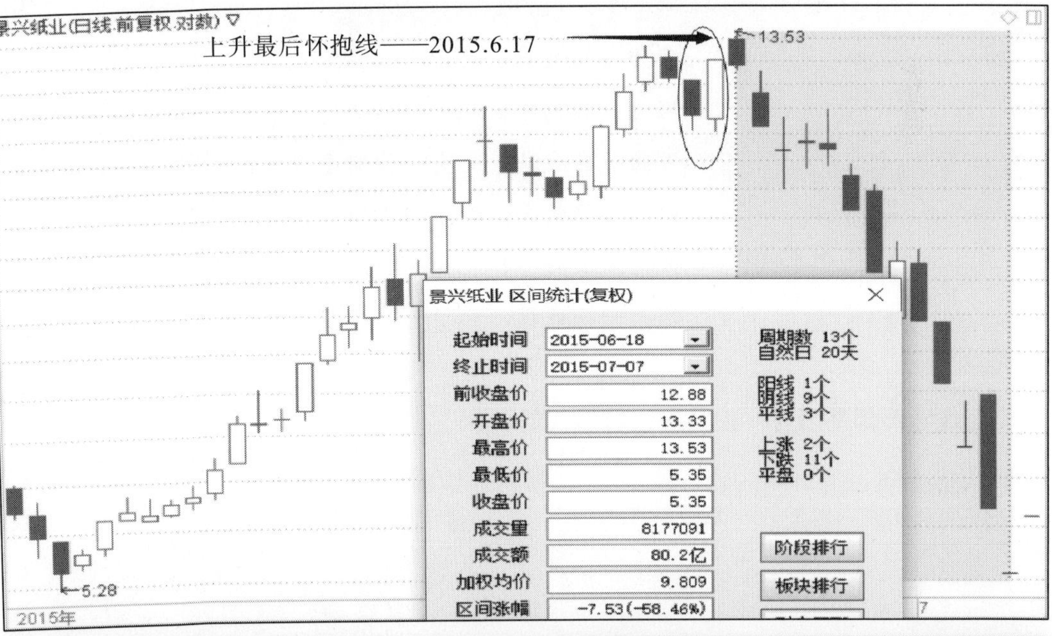

春江水暖鸭先知。

系统思维

系统思维也叫整体思维，这种思维是要求系统地考虑各个结构，从各个角度多样化地审视事物，以实现整体大于部分的简单总和。

第二次世界大战期间，在伦敦英美后勤司令部的墙上，醒目地写着一首古老的歌谣。这首歌谣形象地说明了系统与整体的关系，说明了整体的重要性。歌谣这样写道：

因为一枚铁钉，毁了一只马掌；
因为一只马掌，损了一匹战马；
因为一匹战马，失去一位骑手；
因为一位骑手，输了一次战斗；
因为一次战斗，丢掉一场战役；
因为一场战役，亡了一个帝国。

而这全部都是因为一枚马蹄铁钉引起的。

五十七、下降最后怀抱线（实例）300304 云意电气

☆下降最后怀抱线与上升最后怀抱线正好相反。它是在一连下挫声中最后出现一根“超大阴线”——这仍然必须确认它是不是属于“骗线”的形态，如果翌日大幅高开，就可改持多头买进介入。如果再低开的话，就必须暂观一下，待确认下挫走势无疑后才可继续放空抛售。不过，如果是在下跌途中连出 7 根阴线的话，很可能将引发底部反弹；因此，当下降最后怀抱线出现时，一般还是反涨的成分大。

☆结合价格形态来判断阶段性底部还是阶段性顶部准确性就高。

下降最后怀抱线（实例）300304 云意电气

300304 云意电气 2013. 10. 29 分时图

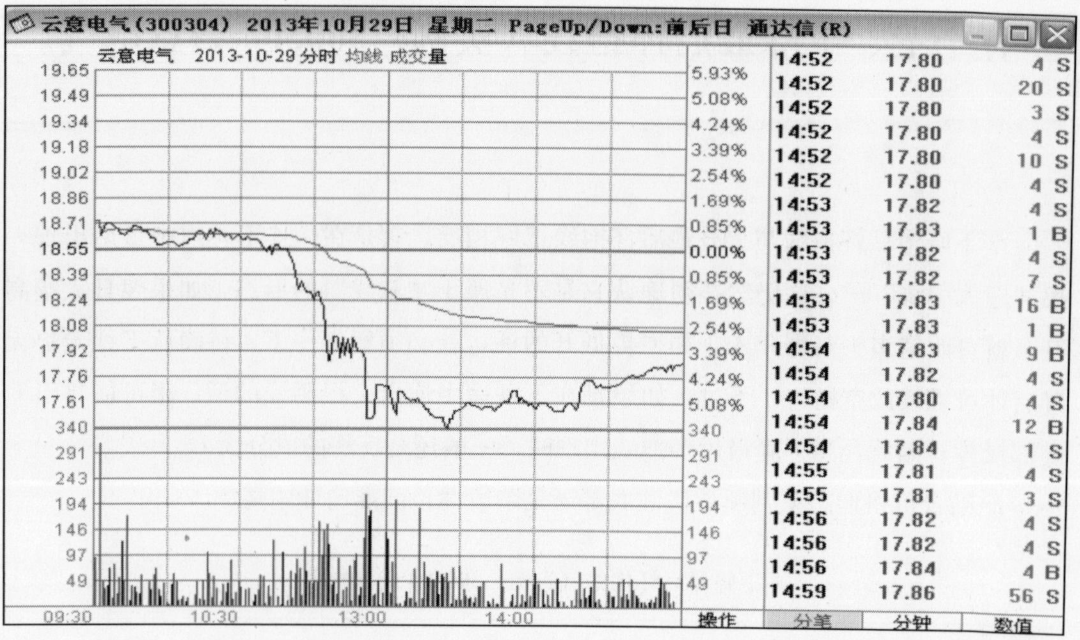

300304 云意电气 2013（10. 29—11. 29）区间涨幅：179. 91%

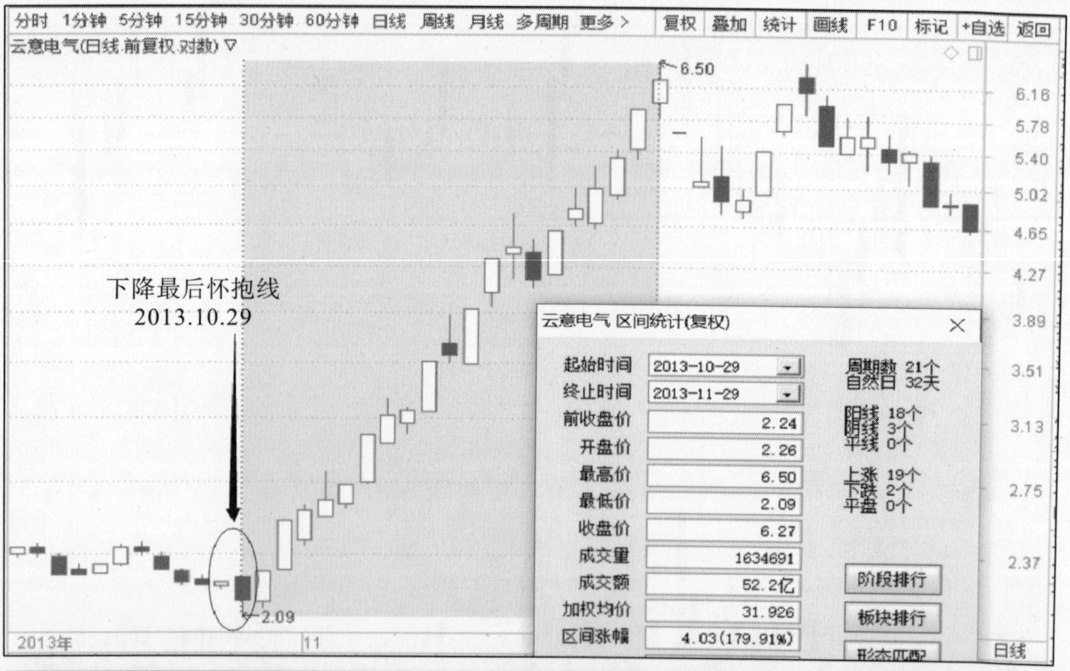

早知三日事，富贵一千年。

五十八、上舍子线（实例）002813 路畅科技

☆ 上舍子线这种线形很少出现。“舍子”这个名词也颇具创意，图中的上舍子线是指在一连的上升走势途中，先出现开收盘同点的长十字线，随后市场行情告跌，不但跳空跌落，而且以长黑收市，这表示多头的买力到十字线发生时已告枯竭，所以在这之后应全面撤退。

☆ 注意：标准的舍子线具备向上与向下的两个明显的跳空缺口。非标准形态的缺口会被影线回补，也可以参照判断。上舍子线出现后市场很容易下降，它反映出市场的颓势已经很明显了，所以空头的一方应乘胜追击。

☆ 次新股 002831 路畅科技在连续大幅上涨后，2016 年 11 月 14 日收出一个上舍子线形态，其后一路下跌，跌至 2017 年 1 月 6 日，区间跌幅达 62.15%。

上舍子线（实例）002813 路畅科技

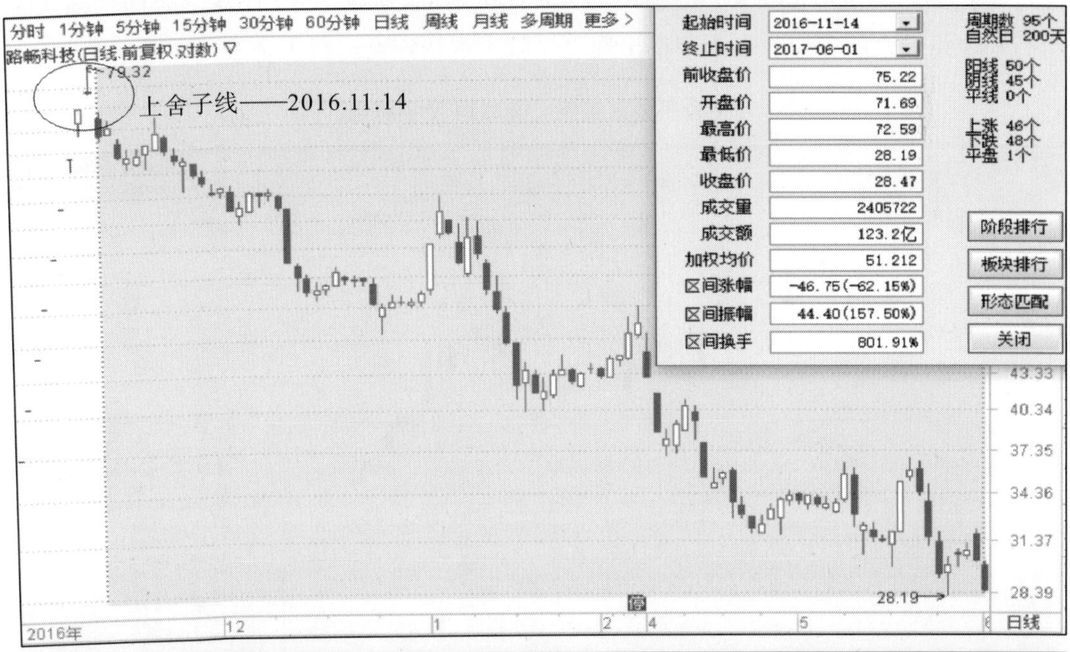

路逢险处难回避，事到头来不自由。

五十九、下舍子线（实例）002114 罗平锌电

☆下舍子线正好与上舍子线相反。它是在下落过程中连出阴线，途中经过1天的十字星跳空而下，然后再出现跳空的红线，这表示空头卖力已濒临尽头，随时有上涨的可能。在这里将出现一个V形底部形态。V形底是一种反转形态，也是一种失控的形态。从其形态上可以看出它的下跌、上涨速度都很快。尤其在十字星的舍子线出现后空头必须警戒，不可再行放空。如果见到底部反转时，应立刻转空为多；这里多方的力量再次爆发，空方信心已经崩溃。

☆002114 罗平锌电在2013年4月16日跳空低开跌停板，周三停牌1天。4月16日复牌并刊登了公司股票交易撤销退市风险警示的公告，由“*ST锌电”变更为“罗平锌电”。受此影响，该股在前期加速下跌后，终于力挽狂澜，当天仅在开盘后的1分钟内进行激烈的争夺，随即封住涨停板，报收跳空T字线，形成了一个经典的下舍子线形态。

☆正确的思考是正确交易的前提。只有在十字星之后的一根K线形态即将确认时再行动才是安全的，切勿在十字星出现之时就主观认定会出现下舍子线而及早买进。

下舍子线（实例）002114 罗平锌电

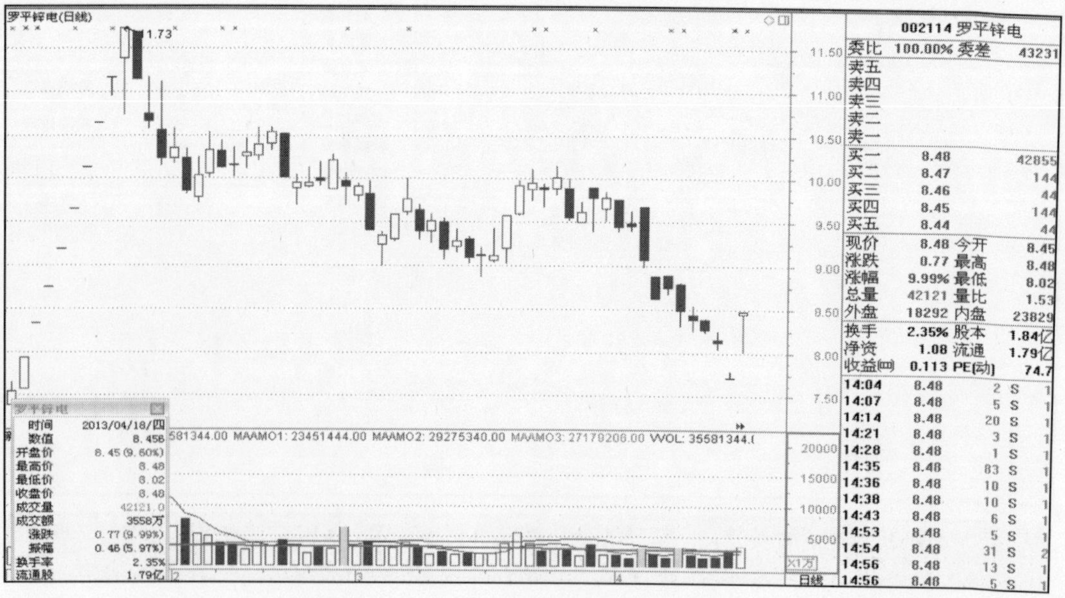

002114 罗平锌电 2013. 4. 18 分时图

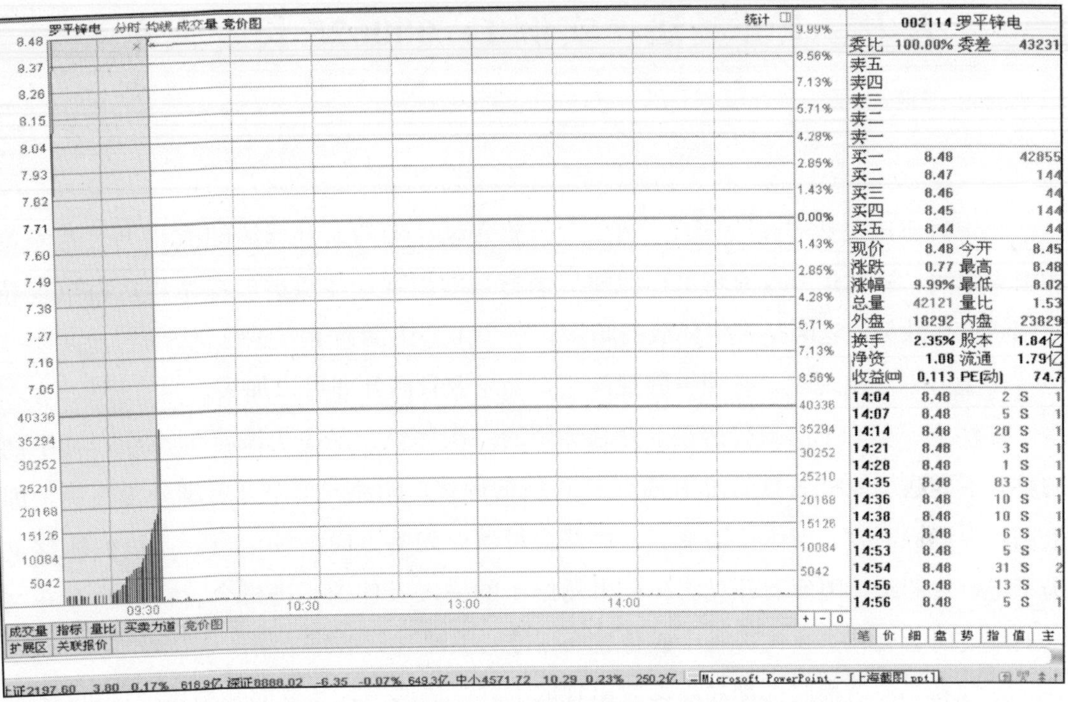

002114 罗平锌电 2013（4. 18—4. 24）区间涨幅：46. 04%

来如急风，去似暴雨。

六十、上升三法（实例1）000625长安汽车

☆上升三法包括“买”“卖”“暂停”三重含义。先看上升三法的大幅上升乃至第四根大阳线，这就是买入的暗示；但随后黑三兵的出现，却指示可以抛售；再出现超大阳线稳住跌势，这时是多空休战的暗示。一个走势中涵盖了三重意义。

☆上升三法出现时，必须再静观片刻，如果翌日高开即可以加买。

☆注意：上升三法是行情在上升趋势中的一次休整，是主力洗盘的杰作；其中的调整并不局限于3根K线，亦有四五根K线的调整；调整的形态又可细分为三种，即上调、平调、下调。当休整结束后，行情会沿着原先的方向继续运行。这里的休整是为了走更远的路，因而上升三法又是市场给予的一次极佳的买进机会。特别是上升三法的阳线向上突破了8日均线，就是进场买进的关键时刻了！

☆应特别注意面临前期高点部位出现的上升三法形态，其反而是抛售的良机！

☆000625长安汽车在2012年12月19日涨停后，利好不断：2012年12月20日刊登关于长安标致雪铁龙汽车有限公司50％股权的补偿承诺公告；2012年12月29日刊登获得财政补贴资金公告；2013年1月5日刊登2012年12月份产、销快报公告，产销量都比去年大幅增长。在一系列利好的公示下，该股连续上涨，在2013年1月18日出现上升三法形态后，又大幅上涨了45％。

上升三法（实例 1）000625 长安汽车

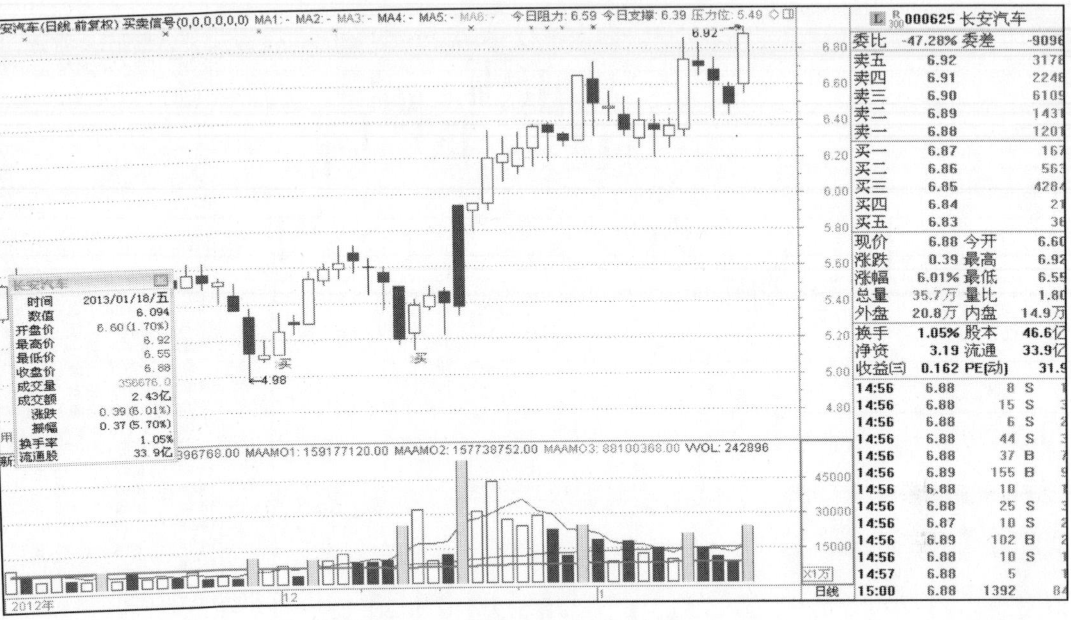

000625 长安汽车 2013. 1. 18 分时图

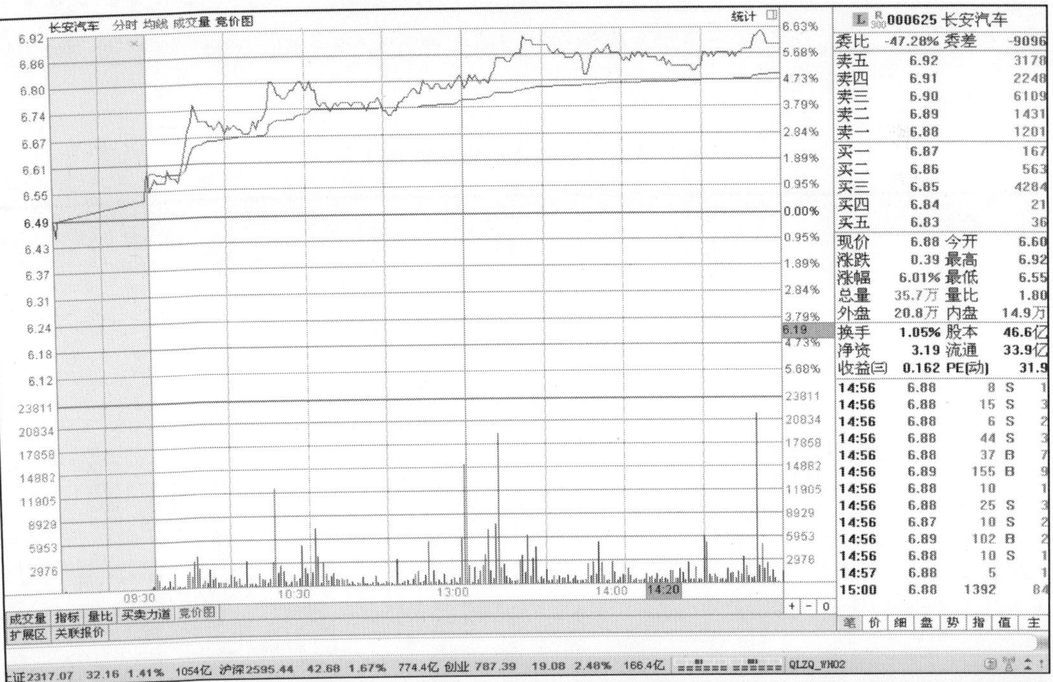

思想、理念比技术更重要。

000625 长安汽车 2013（1. 18—5. 7）区间涨幅：77. 20%

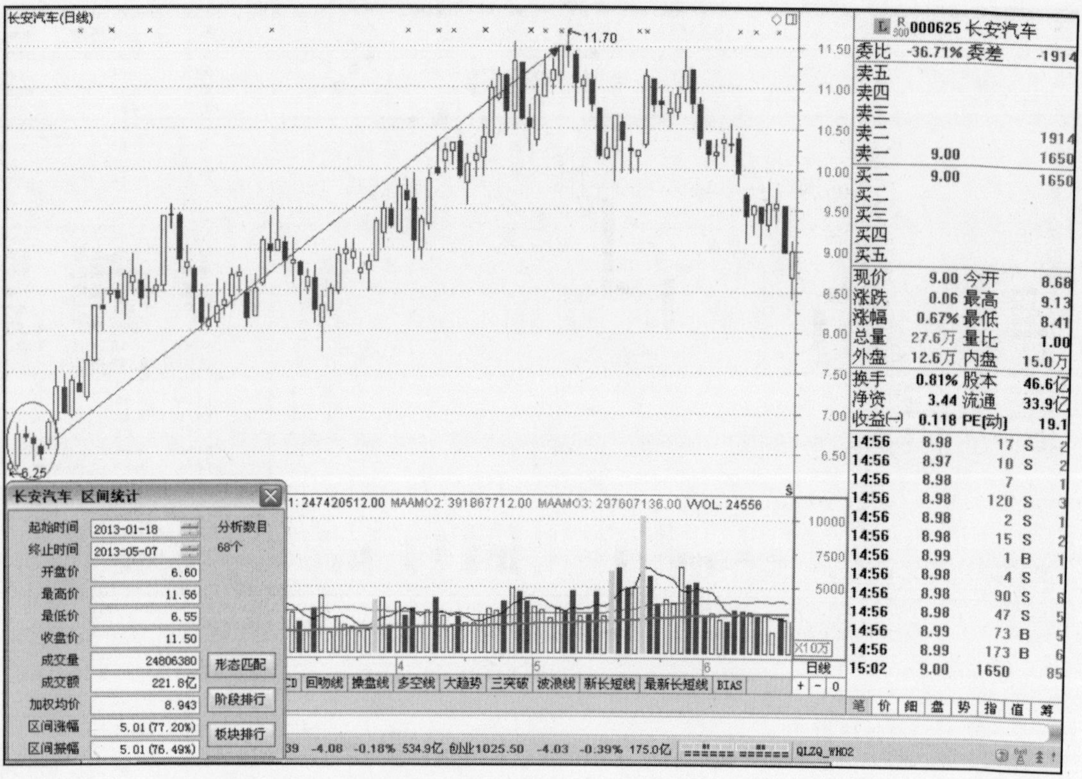

上升三法（实例 2）002567 唐人神

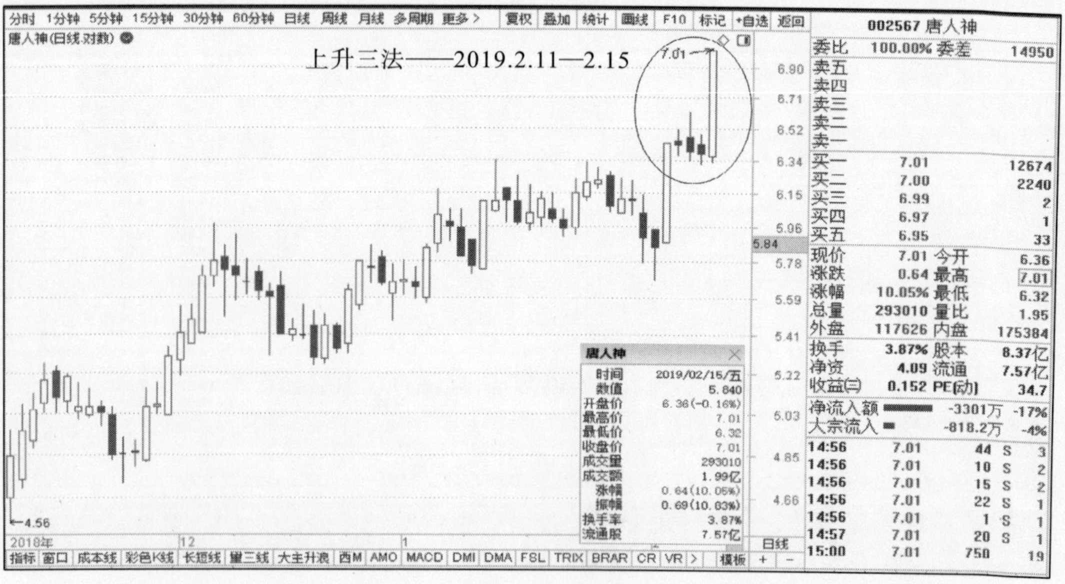

002567 唐人神 2019（2. 15—3. 12）区间涨幅：120. 72%

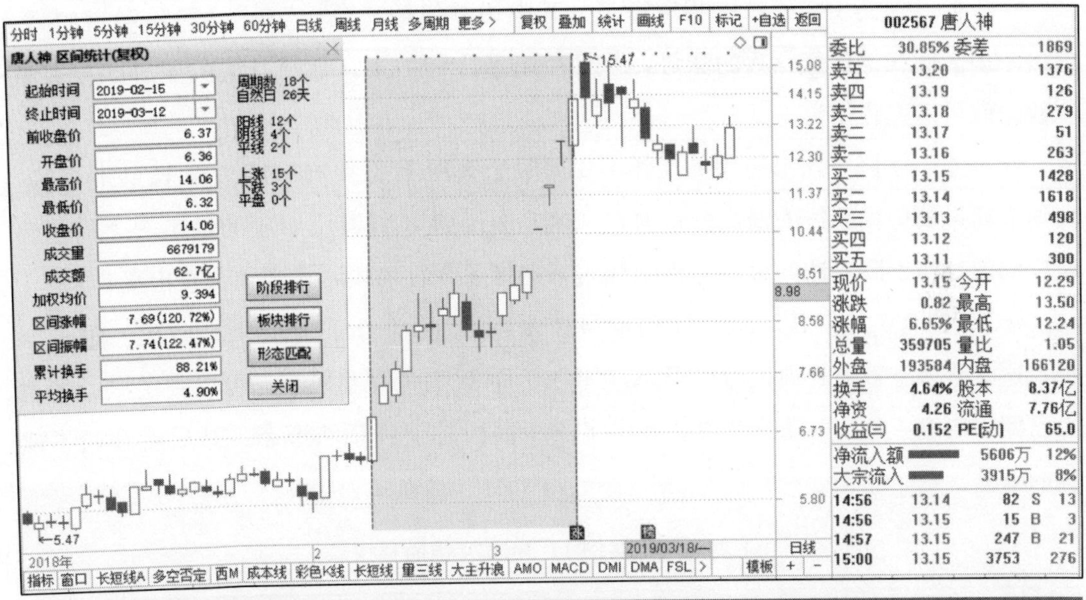

没有情就没有爱，有了爱情就更深。

六十一、下降三法（实例1）300374恒通科技

☆下降三法是上升三法的相反形态。其中仍然包括“卖”“买”“暂停”三阶段。最后一根大阴线撑住红三兵的涨势，并且是暗示冷静一下。下降三法的翌日如果开低阴线，就可以抛售了！

☆注意：下降三法形态中的反弹不要局限于3根K线，亦有四五根K线的反弹，但均未超过第一根阴线的最高价；而且，这几根反弹K线其下对应的量小于之前阴线对应的量。当下降三法的最后一根阴线向下击穿了8日均线，就必须清仓出局！

☆2015年6月4日，300374恒通科技在创出36.46元的高价后，收出一根十字星，这就是多空双方经典的分歧形态，加之5月28日的尾盘跳水，可以判定该股的主力已经在出逃。6月5日的大阴线走出了一个高位的下降三法形态，其后就开始了疯狂的暴跌。

下降三法（实例1）300374恒通科技

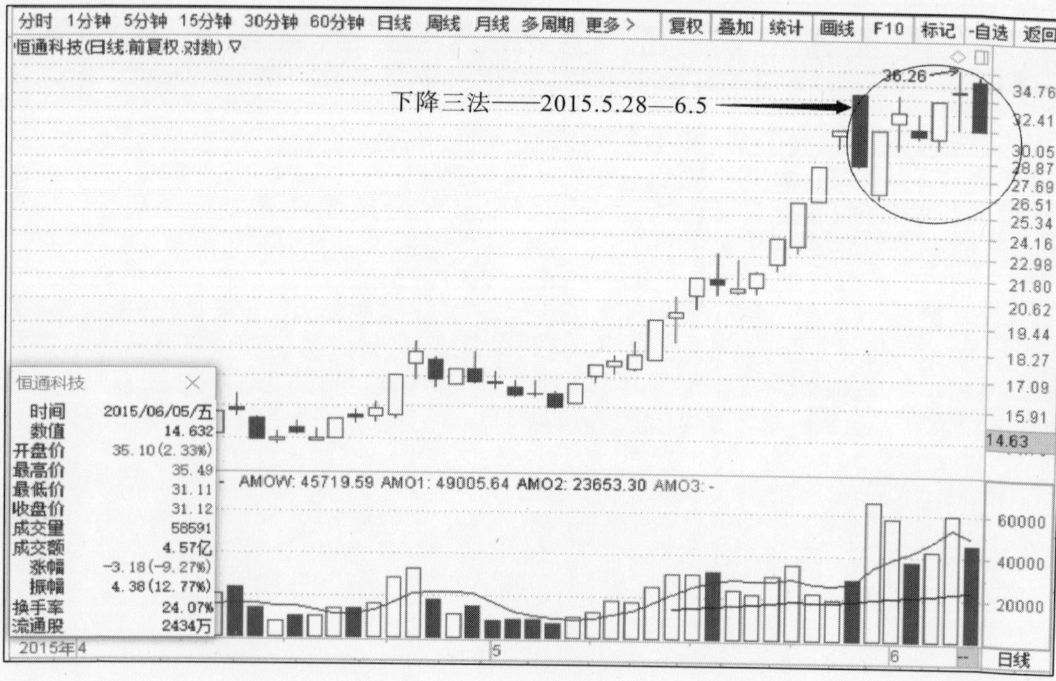

300374 恒通科技 2015. 5. 28 分时图

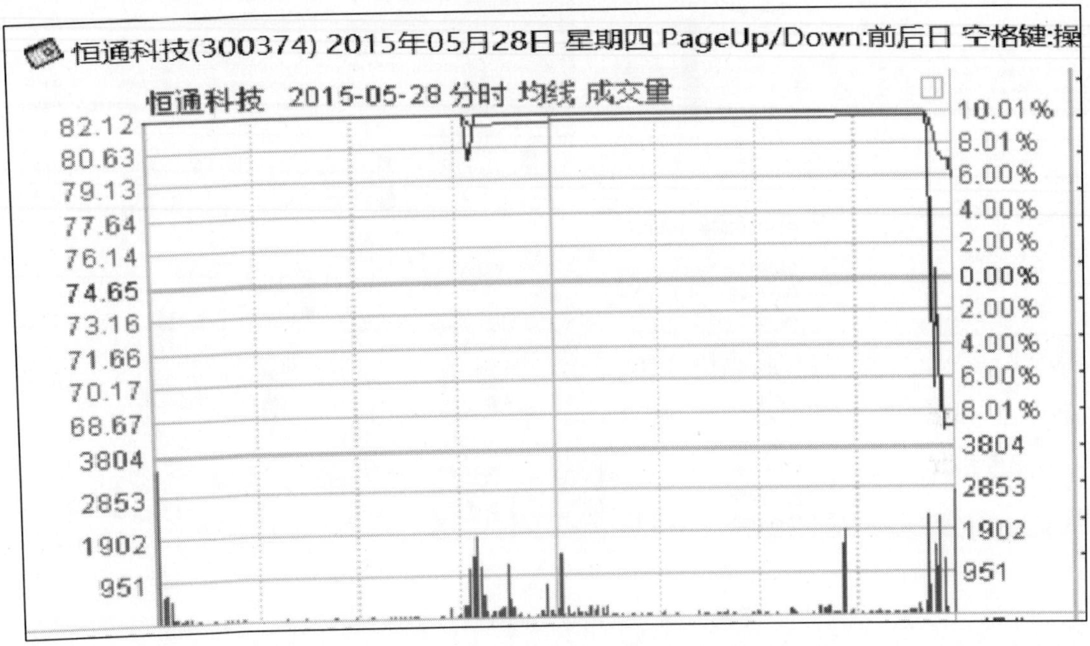

恒通科技(300374) 2015年05月28日 星期四 PageUp/Down:前后日 空格键:操
恒通科技 2015-05-28 分时 均线 成交量
82.12
80.63
79.13
77.64
76.14
74.65
73.16
71.66
70.17
68.67
3804
2853
1902
951
10.01%
8.01%
6.00%
4.00%
2.00%
0.00%
2.00%
4.00%
6.00%
8.01%
3804
2853
1902
951

300374 恒通科技 2015. 6. 5 分时图

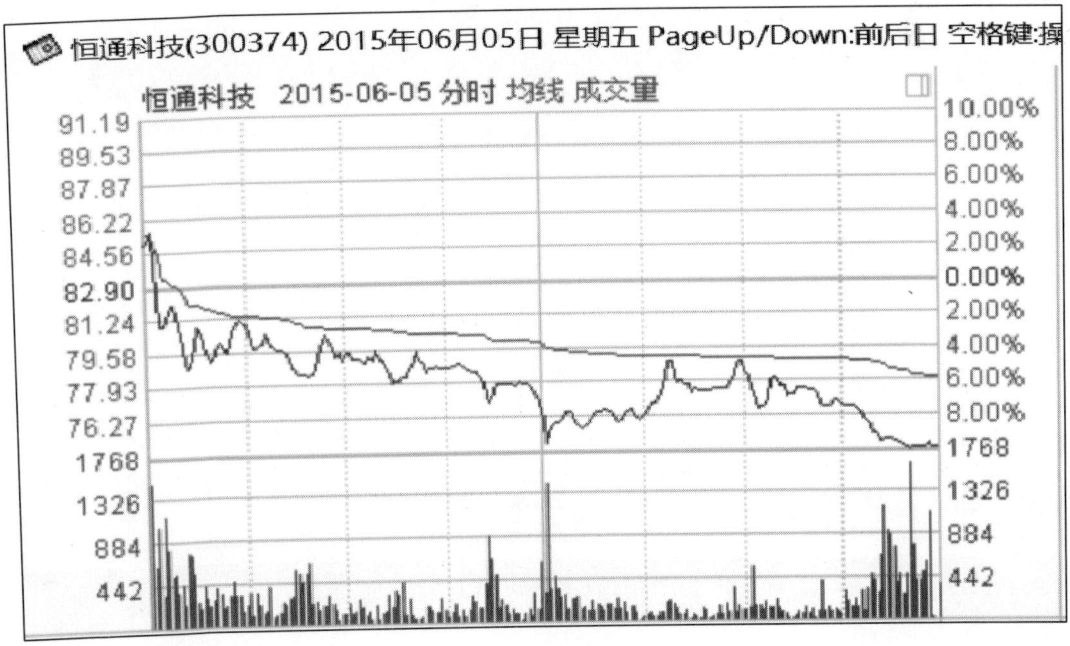

恒通科技(300374) 2015年06月05日 星期五 PageUp/Down:前后日 空格键:操
恒通科技 2015-06-05 分时 均线 成交量
91.19
89.53
87.87
86.22
84.56
82.90
81.24
79.58
77.93
76.27
1768
1326
884
442
10.00%
8.00%
6.00%
4.00%
2.00%
0.00%
2.00%
4.00%
6.00%
8.00%
1768
1326
884
442

300374 恒通科技 2015（6.5—7.8）区间跌幅：52.24%

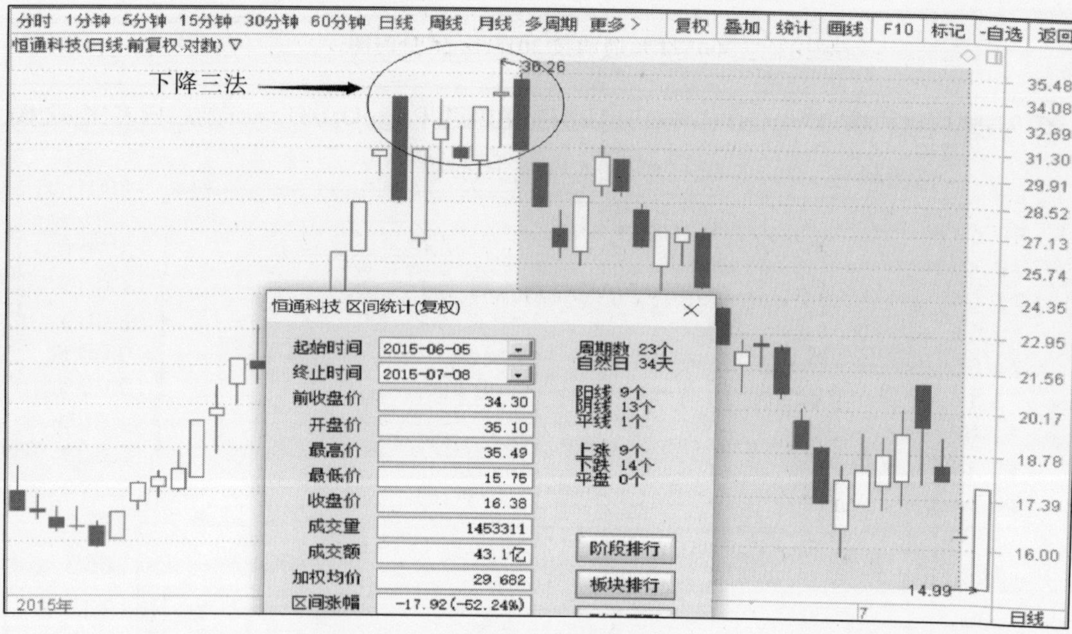

下降三法（实例2）600128 弘业股份

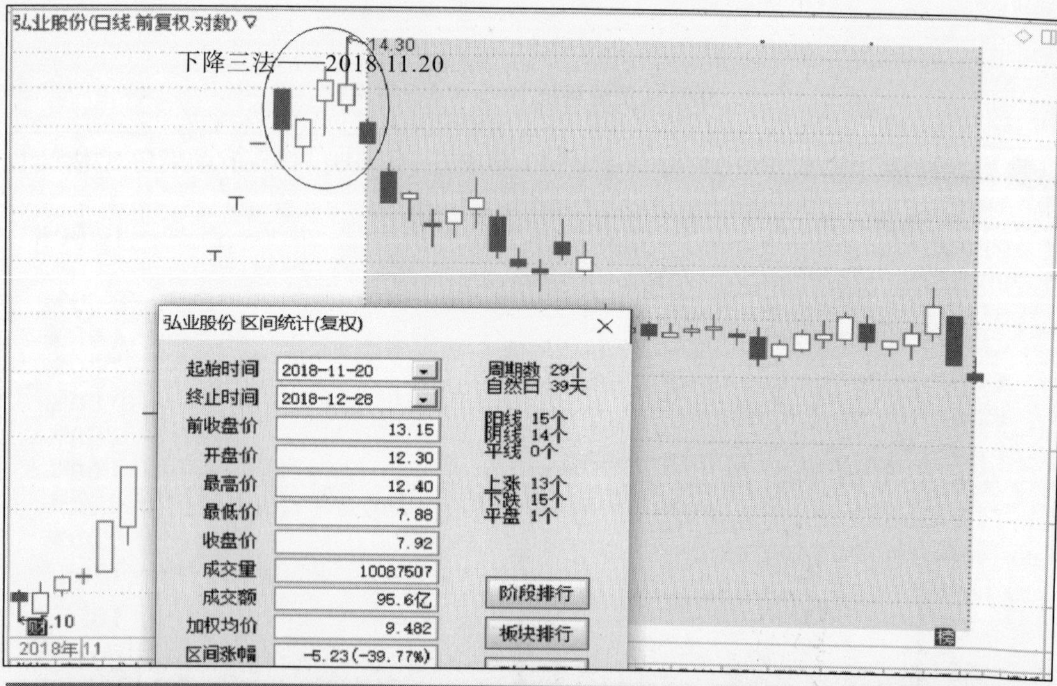

明知山有虎，不向虎山行。

数据差不多

发明家爱迪生有一位毕业于常青藤的同事，此人时时处处流露出优越感，爱迪生为杀杀他的这种凌人之气，有一次有意请他计算一个灯泡的容积。那位老兄仔细测量，绘制出种种复杂的图表，并使用一些非线性公式，忙活了一天才得出结果。看到他兴奋的样子，爱迪生将水注满灯泡，然后倒进量杯，悠然说道：“哦，看来数据差不多。”

两点之间直线的距离最短，可人们就是喜欢绕弯儿。就像股票涨跌的形态一目了然，可有些人就喜欢从方方面面去分析，表面看头头是道，实际上不过是画蛇添足而已。

六十二、U字线（实例1）600392盛和资源

☆U字线是指一连串下跌之线急速地由底部翻转过来，有如“U”字的形态；最后冒出的大阳线可以抵挡前面数根日线的幅度，并且迅速地形成一底部。

☆U字线一出行情常会持续上涨1个月以上，所以是上涨信号之一。

☆注意这次的上涨阻力大概在U字形态左侧开始下跌的部位，一般涨升到这里会有一段时间的整理，整理之后趋势依然会继续向上发展。

☆U字线的实质体现的是一种U形思维。中国有一句古语：退一步海阔天空，就是U字线的奥妙所在。其体现的是迂回前进。当要前进的时候，先向下挖坑，挖坑时经常会发生一些特殊的内幕。600392盛和资源在2013年7月2日，公司子公司乐山盛和稀土股份有限公司（下称“盛和稀土公司”）与四川省乐山市科百瑞新材料有限公司（下称“科百瑞公司”）之间，就盛和稀土公司以增资方式参股科百瑞公司进行了意向性接洽并签订了《保密协议》，科百瑞公司是一家主要从事稀土金属深加工的企业，与公司不存在同业竞争。是内幕消息泄露还是……外部人不得而知，但是7月4日和7月5日，尽管大盘震荡下跌，但在资本市场上默默无闻的盛和资源却逆市连拉两个涨停。直至7月12日，5个交易日该股大涨56.62%。2013年7月12日刊登关于相关担保债务全部结清的公告，该股又以涨停板报收。

U字线（实例1）600392 盛和资源

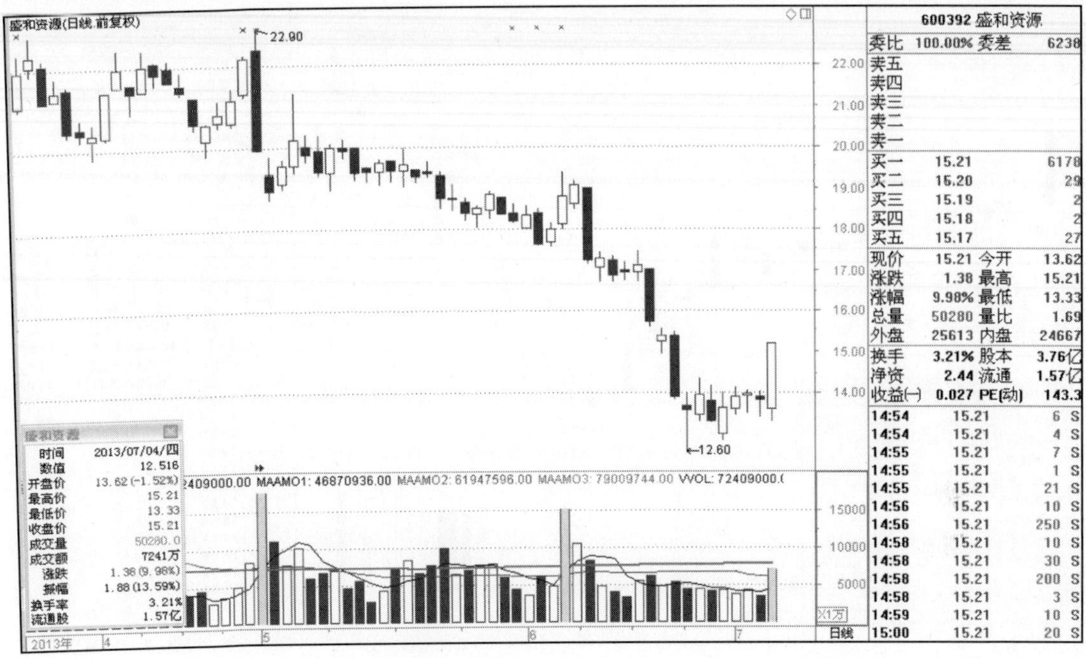
盛和资源(日线,前复权)
22.90
12.60
时间 2013/07/04/四
数值 12.516
开盘价 13.62(-1.52%)
最高价 15.21
最低价 13.33
收盘价 15.21
成交量 50280.0
成交额 7241万
涨跌 1.38(9.98%)
振幅 1.88(13.59%)
换手率 3.21%
流通股 1.57亿
2409000.00 MAAMO1: 46870936.00 MAAMO2: 61947596.00 MAAMO3: 79009744.00 VVOL: 72409000.0
2013年
日线
600392 盛和资源
委比 100.00% 委差 6238
卖五
卖四
卖三
卖二
卖一
买一 15.21 6178
买二 15.20 29
买三 15.19 2
买四 15.18 2
买五 15.17 27
现价 15.21 今开 13.62
涨跌 1.38 最高 15.21
涨幅 9.98% 最低 13.33
总量 50280 量比 1.69
外盘 25613 内盘 24667
换手 3.21% 股本 3.76亿
净资 2.44 流通 1.57亿
收益(一) 0.027 PE(动) 143.3

600392 盛和资源 2013.7.4 分时图

盛和资源 分时 均线 成交量 竞价图
统计
09:30
10:30
13:00
14:00
成交量 指标 量比 买卖力道 竞价图
扩展区 关联报价
600392 盛和资源
委比 100.00% 委差 6238
买一 15.21 6178
买二 15.20 29
买三 15.19 2
买四 15.18 2
买五 15.17 27
现价 15.21 今开 13.62
涨跌 1.38 最高 15.21
涨幅 9.98% 最低 13.33
总量 50280 量比 1.69
外盘 25613 内盘 24667
换手 3.21% 股本 3.76亿
净资 2.44 流通 1.57亿
收益(一) 0.027 PE(动) 143.3
笔 价 细 盘 势 指 值 主

600392 盛和资源 2013（7. 4—7. 30）区间涨幅：82. 28%

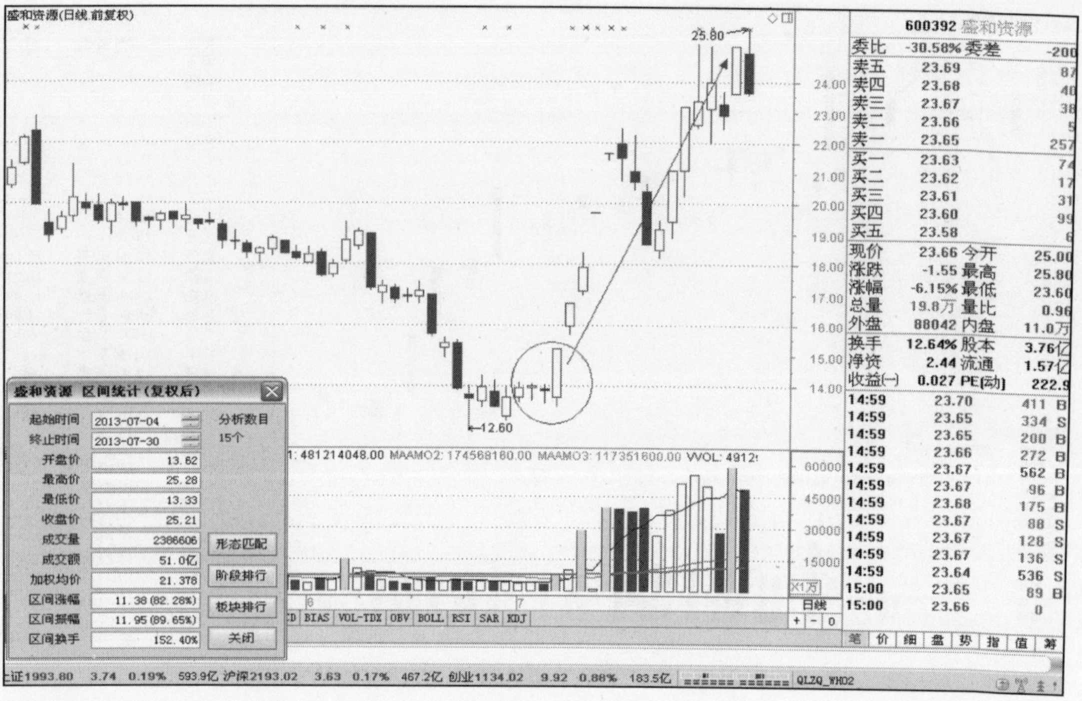

U 字线（实例 2）000750 国海证券

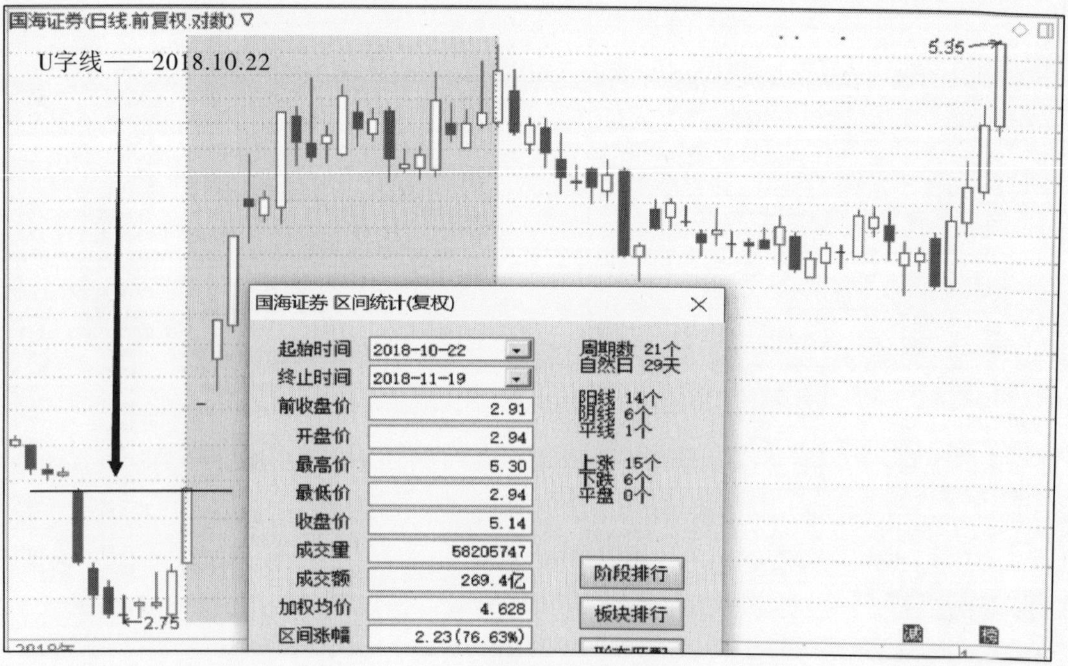

U字线（实例3）002931 锋龙股份

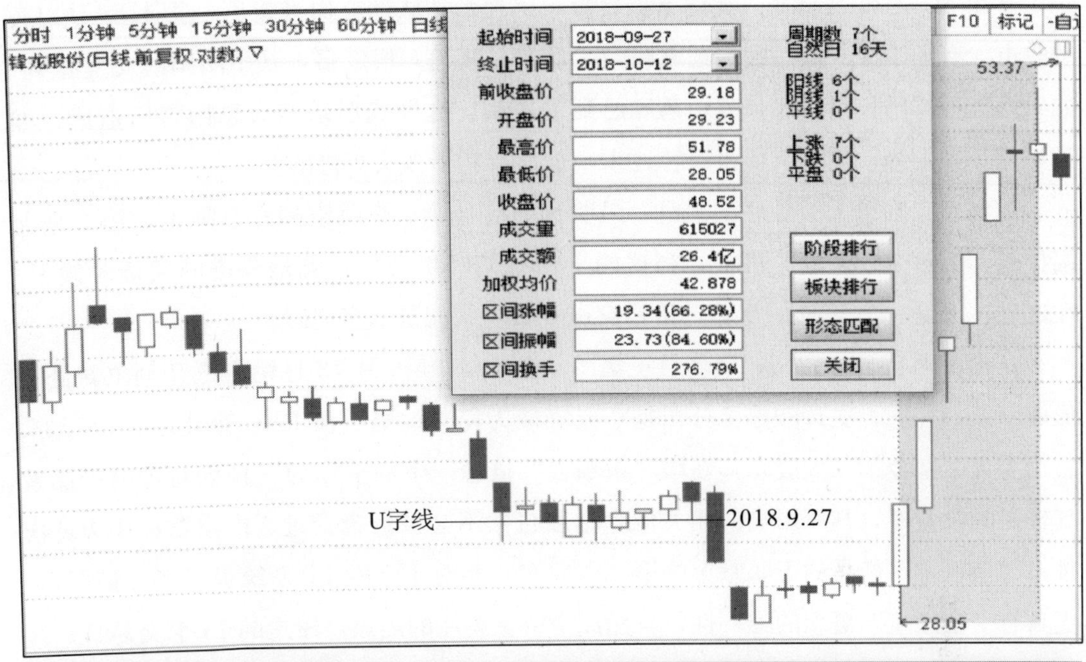

分时 1分钟 5分钟 15分钟 30分钟 60分钟 日线
F10 标记
锋龙股份(日线,前复权,对数)
起始时间 2018-09-27
终止时间 2018-10-12
前收盘价 29.18
开盘价 29.23
最高价 51.78
最低价 28.05
收盘价 48.52
成交量 615027
成交额 26.4亿
加权均价 42.878
区间涨幅 19.34(66.28%)
区间振幅 23.73(84.60%)
区间换手 276.79%
周期数 7个
自然日 16天
阳线 6个
阴线 1个
平线 0个
上涨 7个
下跌 0个
平盘 0个
阶段排行
板块排行
形态匹配
关闭
53.37
28.05
U字线
2018.9.27

三人同行，必有吾师；择其善者而从之，其不善者而改之。

六十三、擎天一柱底（实例）601216内蒙君正

☆擎天一柱底是指在一连的下挫之后，迅速到达底部，而且最后一根K线是以长黑收市，有如擎天一柱一般。通常跳空之后的日线达5根之多，其中阴阳线交互排列，如果第五根再出长黑，那是表示落底已到了尽头！这种线形系多头总抛售所造成，翌日如是开高走势，整个市场将反转过来，这是有利于多头买进的。

☆注意：在擎天一柱底的次日，最明显的信号第一是跳空高开且高走，第二是大幅拉起，不给空方买进的机会。当这两个信号同时出现后，就是买进的关键时候了。在这里，也是一个V形的反转，价格突破8日均线就是做多之时。

☆内蒙君正（601216，现名君正集团）在2013年6月13日跳空低开创出新低后形成擎天一柱底，次日涨停。公司是产业链最为完善的电石法PVC企业之一，另外，公司为天弘基金第二大股东，新增“余额宝”概念。余额宝作为一种创新理财产品及其较高的收益率，其所影响的相关概念个股自然不会被资金错过。内蒙君正作为此次推出“余额宝”产品的天弘基金的第二大股东，相对于金融IT系统提供者金证股份，更具有“余额宝”概念的唯一性，自然成为资金关注的焦点。短短的16个交易日，区间涨幅高达88%。调整58个交易日后，再涨62%。两波合计涨幅达170%多。

擎天一柱底（实例）601216 内蒙君正

内蒙君正(日线)
7.70
5.37
601216 内蒙君正
委比 100.00% 委差 28680
卖五
卖四
卖三
卖二
卖一
买一 6.16 28548
买二 6.14 5
买三 6.12 73
买四 6.10 45
买五 6.09 9
现价 6.16 今开 5.60
涨跌 0.56 最高 6.16
涨幅 10.00% 最低 5.56
总量 87900 量比 2.07
外盘 38608 内盘 49292
换手 1.76% 股本 12.8亿
净资 4.27 流通 4.98亿
收益(一) 0.067 PE(动) 23.1
时间 2013/06/14/五
数值 5.594
开盘价 5.60(-0.00%)
最高价 6.16
最低价 5.56
收盘价 6.16
成交量 87900.0
成交额 5198万
涨跌 0.56(10.00%)
振幅 0.60(10.71%)
换手率 1.76%
流通股 4.98亿
日线

601216 内蒙君正 2013. 6. 13 分时图

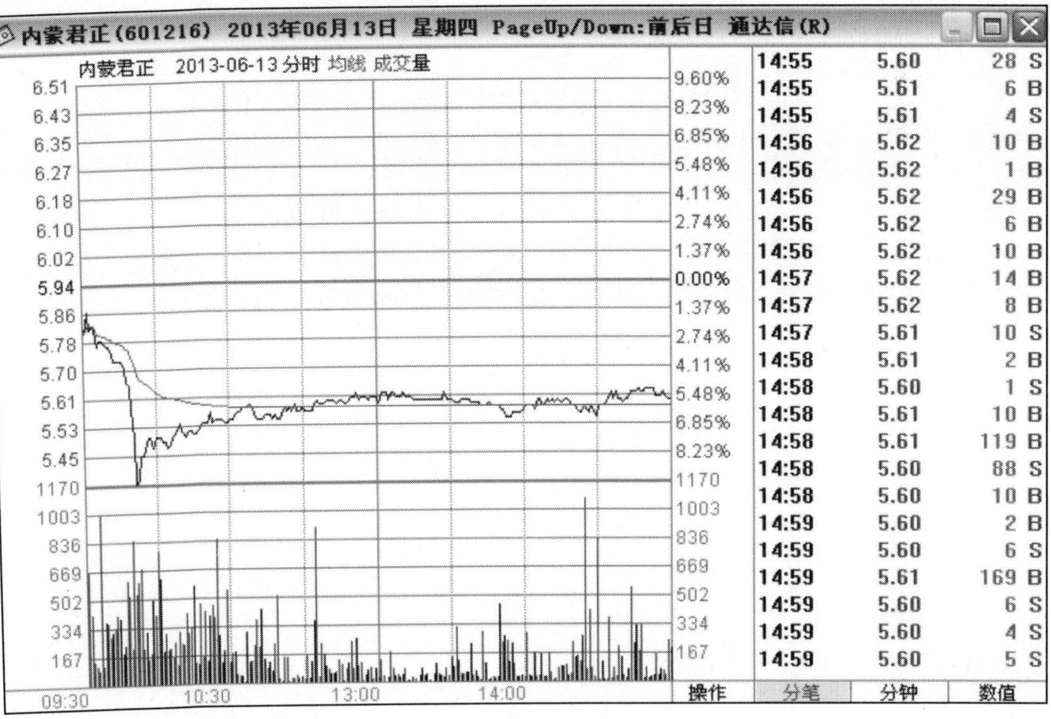
内蒙君正(601216) 2013年06月13日 星期四 PageUp/Down:前后日 通达信(R)
内蒙君正 2013-06-13 分时 均线 成交量
09:30
10:30
13:00
14:00
操作
分笔
分钟
数值

601216 内蒙君正 2013（6. 14—10. 16）区间涨幅：174. 96%

行情在绝望中产生，在犹豫彷徨中上扬，在欢乐中死亡。

只缘身在此山中

苏轼有一首饱含哲理的诗《题西林壁》：

横看成岭侧成峰，远近高低各不同。
不识庐山真面目，只缘身在此山中。

诗中蕴含的哲理是：人们观察事物的立足点、立场不同，就会得到不同的结论。人们只有摆脱了主客观的局限，置身庐山之外，高瞻远瞩，才能真正看清庐山的真面目。要认清事物的本质，就必须从各个角度去观察，既要客观又要全面，这样才不会被局部的现象所迷惑。

苏轼简介

苏轼（1037—1101），字子瞻，号东坡居士，北宋眉山人，是著名的文学家、唐宋散文八大家之一。他学识渊博，多才多艺，在书法、绘画、诗词各方面都有很高造诣。他的书法与蔡襄、黄庭坚、米芾合称“宋四家”；画竹木怪石，其画论、书论也有卓见。他是北宋继欧阳修之后的文坛领袖，文与欧阳修齐名；诗歌与黄庭坚齐名；他的词气势磅礴，风格豪放，一改婉约之风，与南宋辛弃疾并称“苏辛”，共为豪放派词人。

六十四、下落变化底（实例）603128 华贸物流

☆下落变化底与擎天一柱底相似，也是一种迅速滑落的走势。它的底部出现开高阳线，这是有意回补先前的跳空（注意：这里的向下跳空应该是衰竭性的跳空缺口），但却仍嫌不足。

☆今后有可能市场行情再涨，在这种变化中底部通常包括五六根小阴（阳）线，有时甚至更多一些，所以一旦出现大阳线就会立竿见影地反转向上，也就是说，下落的变化底就是买入信号之一。

☆注意：当在底部出现高开的阳线且突破8日均线，就是买进的信号。这波上涨到形态左侧的起跌位将会进行调整。在大阳线出现后如果其后价格未能运行在大阳线之上，就不要急于介入，相反要谨防再次下落。

下落变化底（实例）603128 华贸物流

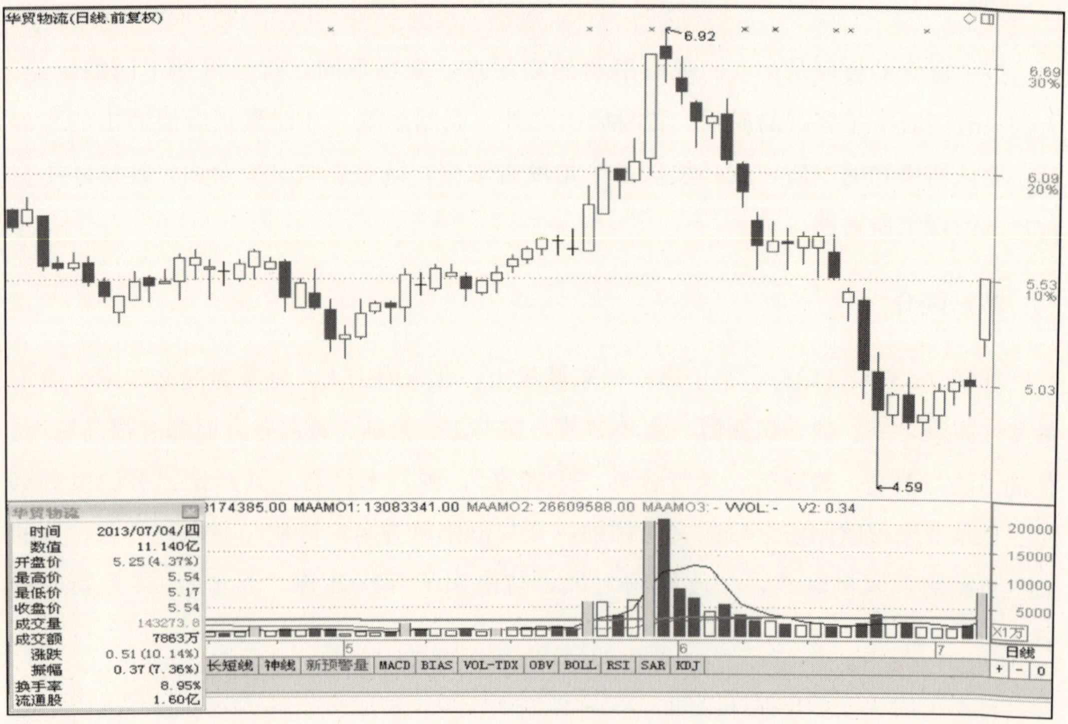

603128 华贸物流 2013. 7. 4 分时图

603128 华贸物流 2013（7. 4—9. 5）区间涨幅：204. 70%

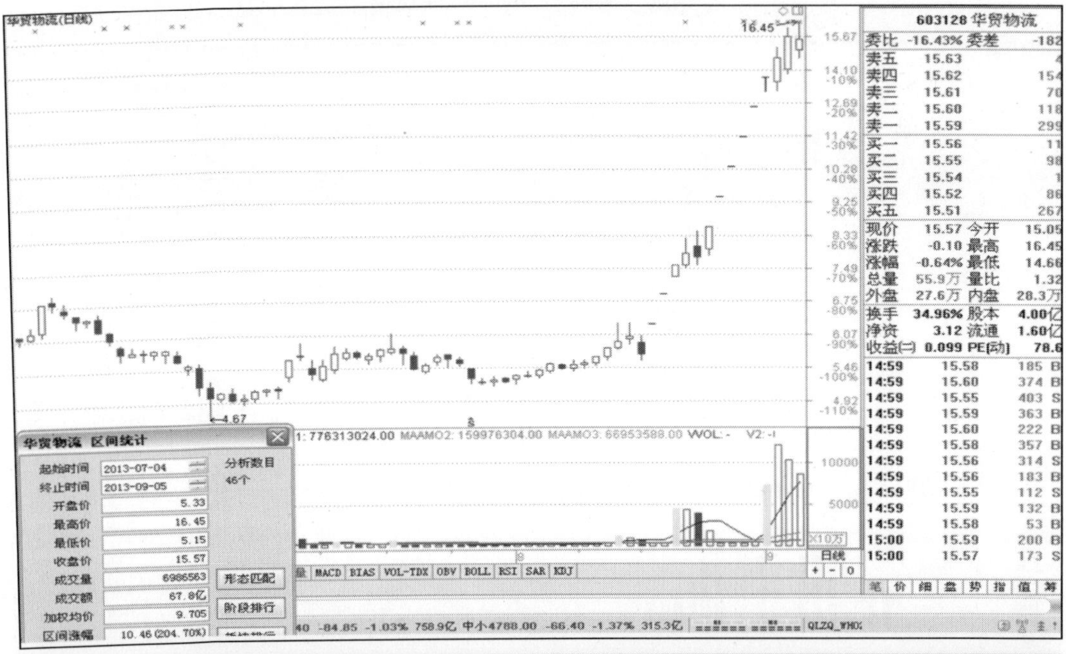

空头常以急跌结束。

六十五、锅底（实例 1）600180 瑞茂通

☆锅底是指在市场长期走缓的时候，常会出现的这种线形。它对于利空消息也不太起作用，于是逐渐形成盘落而在底部的地方呈现半圆形底，最后再缓缓地上升的锅底形态。

☆这种底部在美国称为碟型（saucer），它与 W 底、V 字底、三重底等并称为四大底部形态。锅底形的期限较长，大锅底有时长达半年以上，所以锅底的形成不容易看清楚。基本上它属于上涨信号之一。小锅底形成的时间较短，有时仅仅 20 来个交易日，往往出现在主力洗盘的阶段。

☆注意：锅底的突破往往伴随着向上的跳空缺口，还要有量的配合。600180 瑞茂通在 2013 年 7 月 26 日刊登了关于公司非公开发行股票方案的公告。当天该股跳空高开涨停，收盘价为 7.80 元，其后 45 个交易日上涨幅度高达 67.98%。

锅底（实例 1）600180 瑞茂通

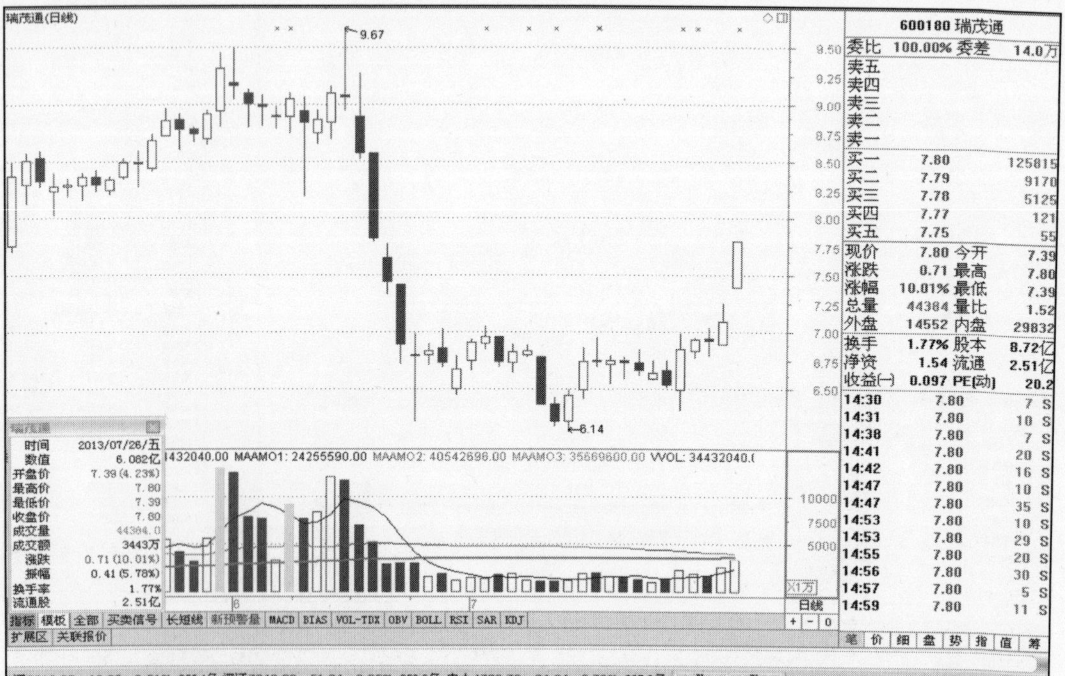

600180 瑞茂通 2013. 7. 26 分时图

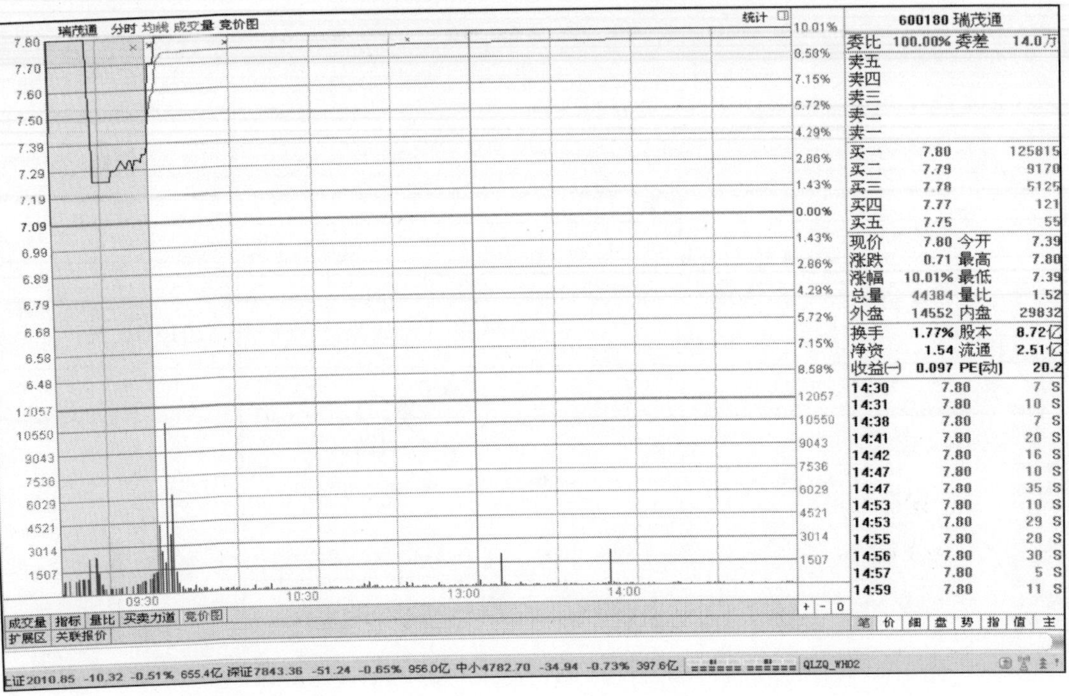

600180 瑞茂通 2013（7. 26—9. 30）区间涨幅：67. 98%

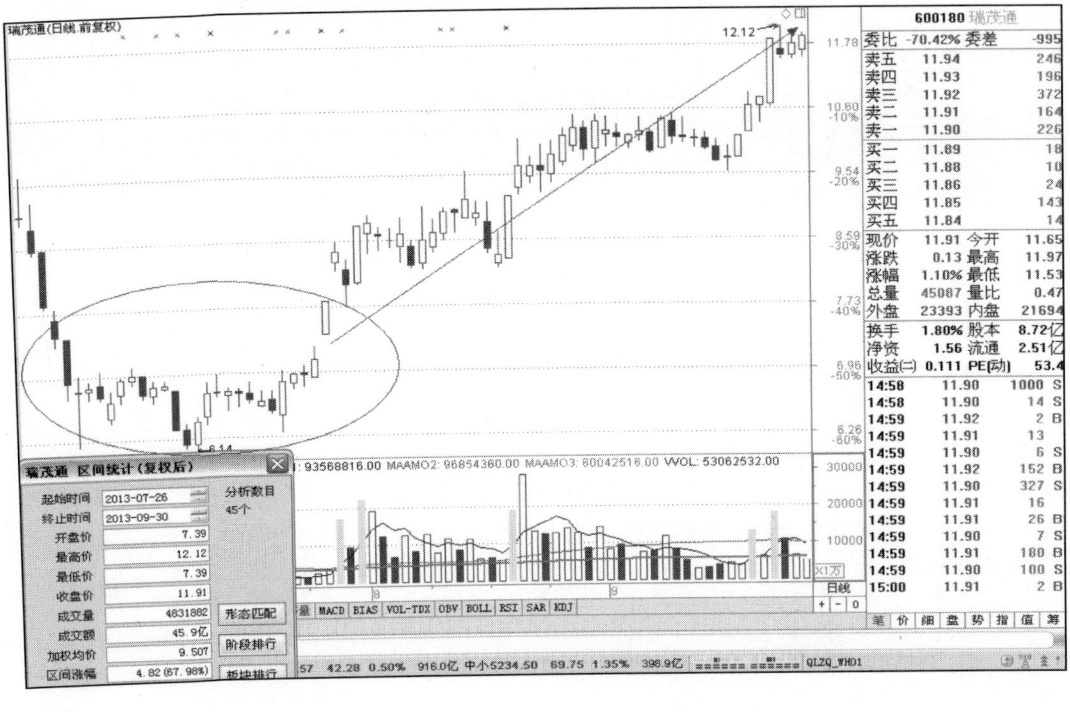

锅底（实例 2）600689 上海三毛

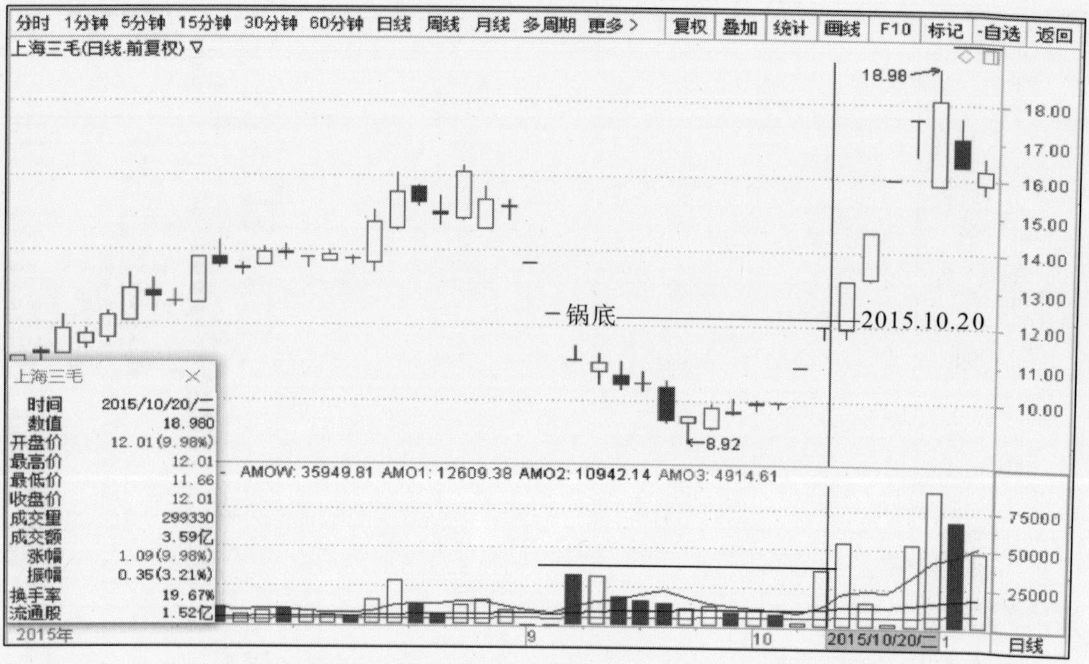
分时 1分钟 5分钟 15分钟 30分钟 60分钟 日线 周线 月线 多周期 更多＞ 复权 叠加 统计 画线 F10 标记 -自选 返回
上海三毛(日线,前复权)
18.98
锅底
2015.10.20
8.92
上海三毛
时间 2015/10/20/二
数值 18.980
开盘价 12.01(9.98%)
最高价 12.01
最低价 11.66
收盘价 12.01
成交量 299330
成交额 3.59亿
张幅 1.09(9.98%)
振幅 0.35(3.21%)
换手率 19.67%
流通股 1.52亿
AMOW: 35949.81 AMO1: 12609.38 AMO2: 10942.14 AMO3: 4914.61
2015年
2015/10/20/二
日线

600689 上海三毛 2015. 10. 26 分时图

上海三毛(600689) 2015年10月26日 星期一 PageUp/Down:前后日 空格键:操
上海三毛 2015-10-26 分时 均线 成交量

600689 上海三毛 39 个交易日区间涨幅：137.36%

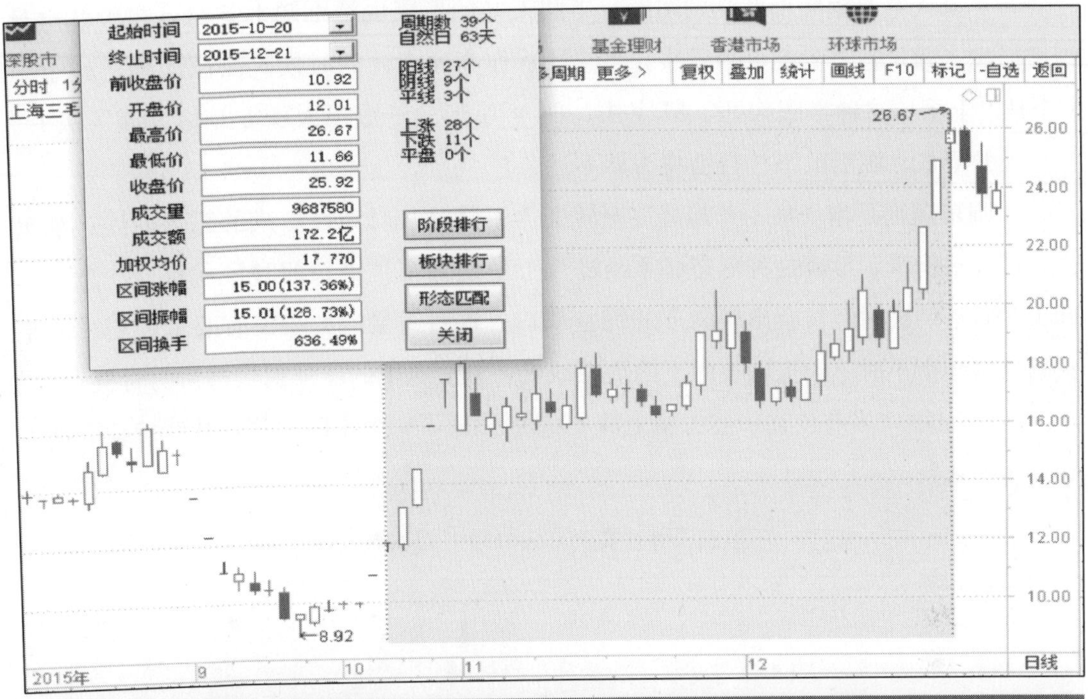
深股市
分时
上海三毛
起始时间 2015-10-20
终止时间 2015-12-21
前收盘价 10.92
开盘价 12.01
最高价 26.67
最低价 11.66
收盘价 25.92
成交量 9687580
成交额 172.2亿
加权均价 17.770
区间涨幅 15.00(137.36%)
区间振幅 15.01(128.73%)
区间换手 636.49%
周期数 39个
自然日 63天
阳线 27个
阴线 9个
平线 3个
上涨 28个
下跌 11个
平盘 0个
阶段排行
板块排行
形态匹配
关闭
基金理财
香港市场
环球市场
多周期 更多 >
复权
叠加
统计
画线
F10
标记
-自选
返回
26.67
8.92
26.00
24.00
22.00
20.00
18.00
16.00
14.00
12.00
10.00
2015年
9
10
11
12
日线

在这里，唯有价量是最好的指标。

六十六、半圆天井（实例）600259 广晟有色

☆半圆天井是锅底形的颠倒图形。半圆天井的形成也是不知不觉的，在天井也是缓缓形成半圆，甚至曲度更平缓些。当它被看作高原天井的时候，往往走势已经走了3个月以上了！这种半圆天井、M字头、倒V字形、三重顶天顶等并称为四大天井。一旦天井形成，随后的下挫行情将为期不远矣！

☆圆形顶则是指价格上升趋势逐渐转变为下降趋势时渐渐形成的弧形曲线；如果是以日线来构筑，形成这种形态必须经过几个星期甚至是更长的时日才行。注意：半圆天井向下突破时经常会出现向下的跳空缺口，这时对量的大小没有要求；要求的是只要价格半个小时不向上回补向下的跳空缺口，其后盘中的反弹就是逃命的时机。

☆600259 广晟有色在一波大幅上涨 80％后形成了一个半圆天井，其后持续下跌了40％多才止跌。

半圆天井（实例）600259 广晟有色

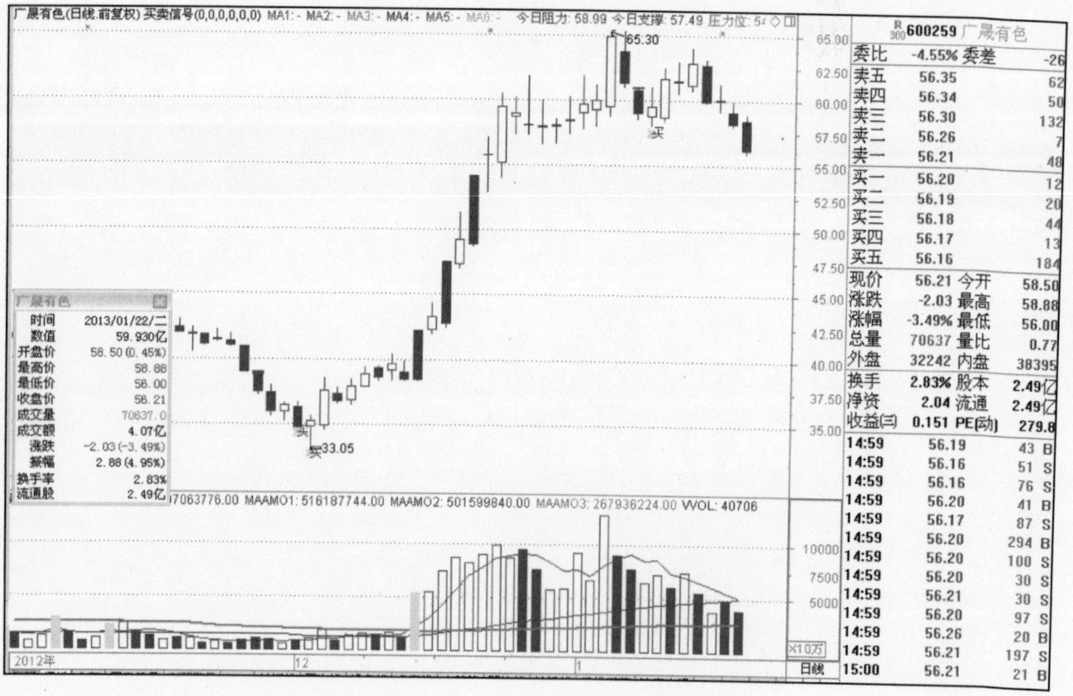

600259 广晟有色 2013. 1. 22 分时图

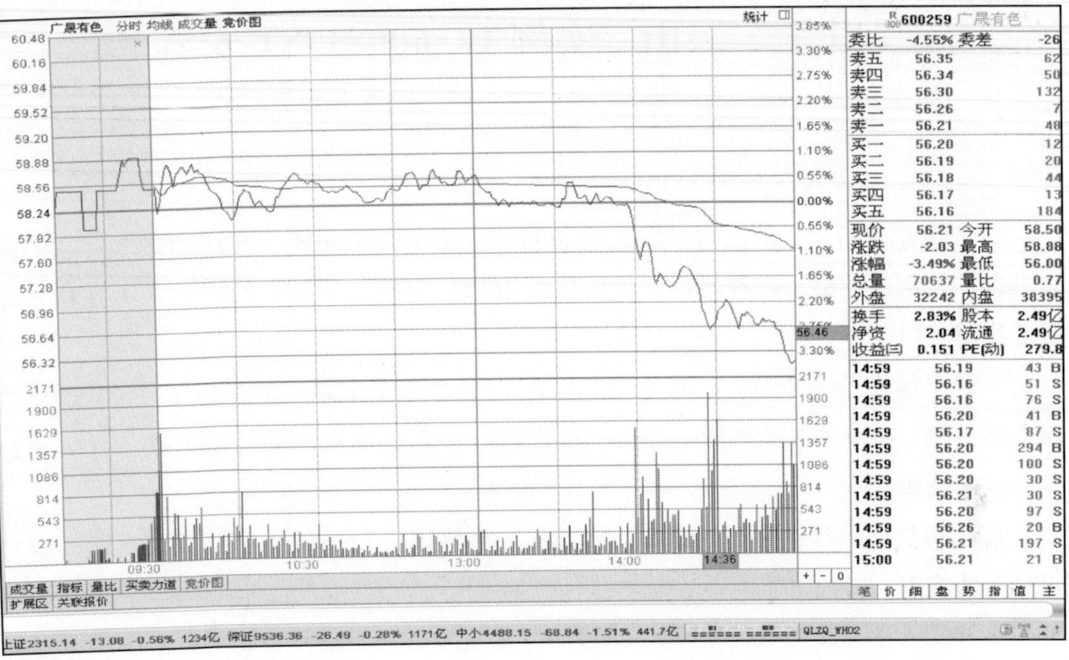

600259 广晟有色 2013（1. 22—6. 25）区间跌幅：42. 44%

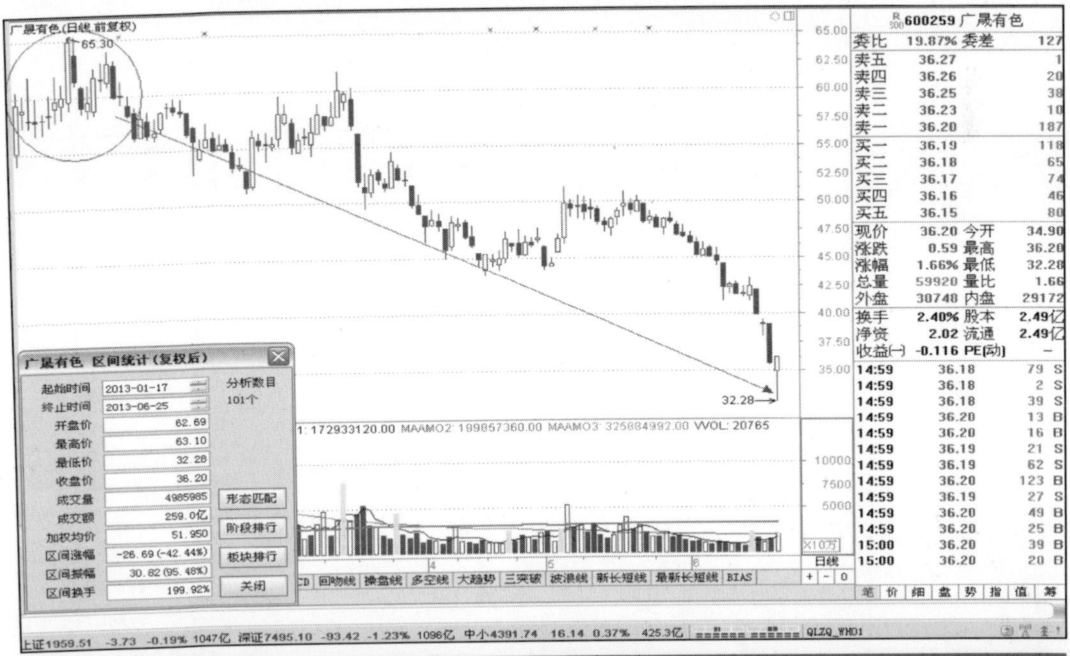

天上从来就不会掉下馅饼。

六十七、三山（实例 1）600817ST 宏盛

☆三山是指所形成的头肩顶形态，如同三座高山。中间较为突出的是头，它略高于两侧。三山这种形态出现之后，价格就会有较长时间的下跌，因为，主力在这里是分三批将货出完了。

☆三山如果少一个山头，就是 M 头，M 头是价格上涨到一个头部之后，从这个头部开始下跌，接下来又涨回原本的头部价格附近，最后再从这个高档下跌，并且超过前一次的跌幅。

☆这两种形态形成期都相当长，常常是在半年以上；一旦天井形成后，就预示着市场行情就要反转向下了！

☆注意：在三山与 M 头的每一个顶一旦出现顶部三个信号，就要果断出局。顶部的三个信号理论详细内容见作者的《狙击涨停板》一书，它是顶部卖出的绝招。

☆2013 年 4 月 11 日，600817ST 宏盛在更名大涨 80%后完成了三山形态，其后 30 多个交易日，持续下跌了 50%多才止跌企稳。

三山（实例 1）600817ST 宏盛

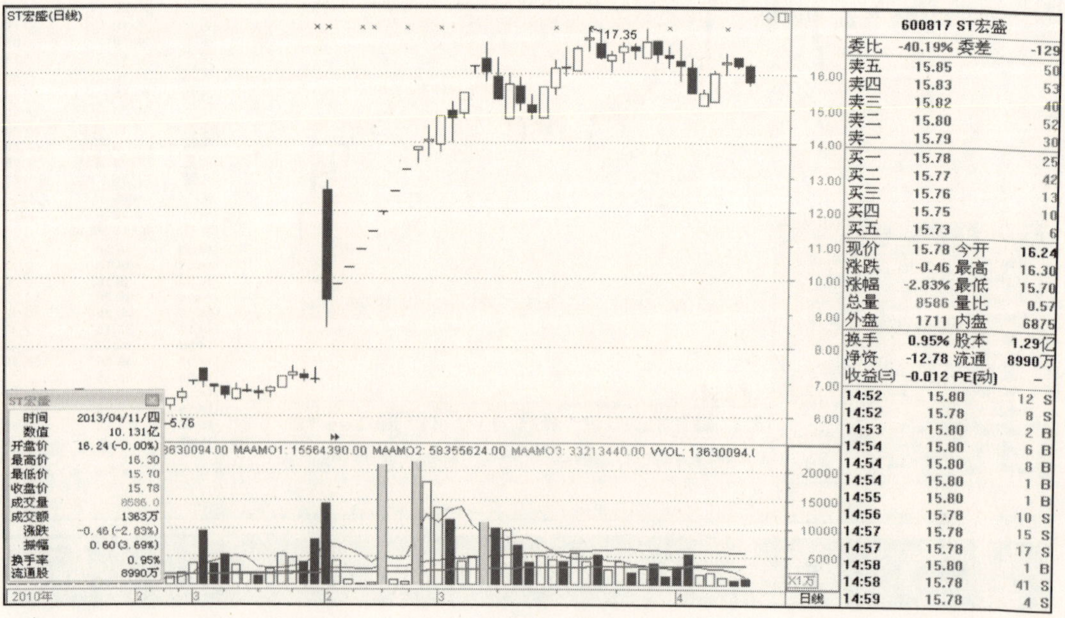

600817ST 宏盛 2013. 4. 11 分时图

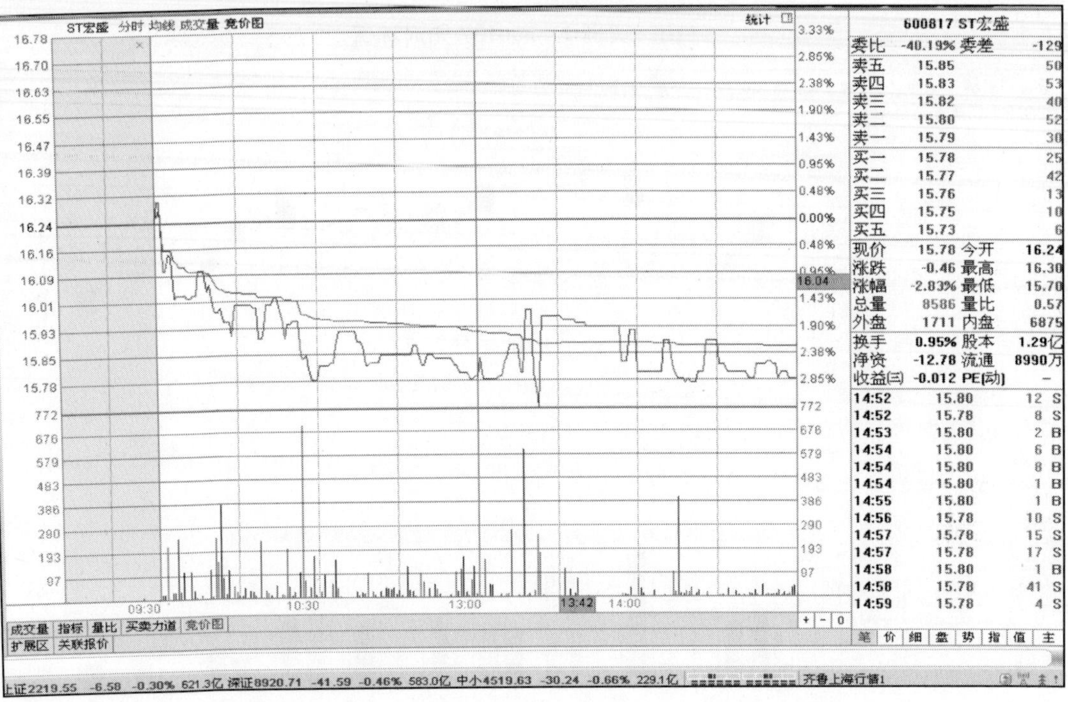

600817ST 宏盛 2013（4. 10—7. 8）区间跌幅：53. 02%

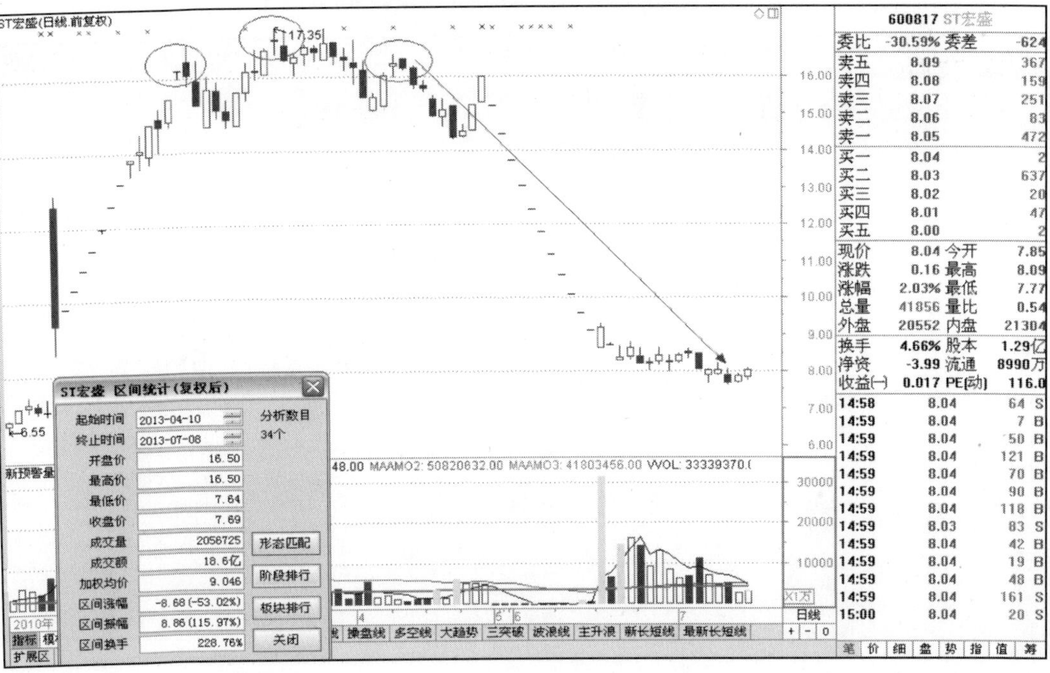

三山（实例 2）300137 先河环保

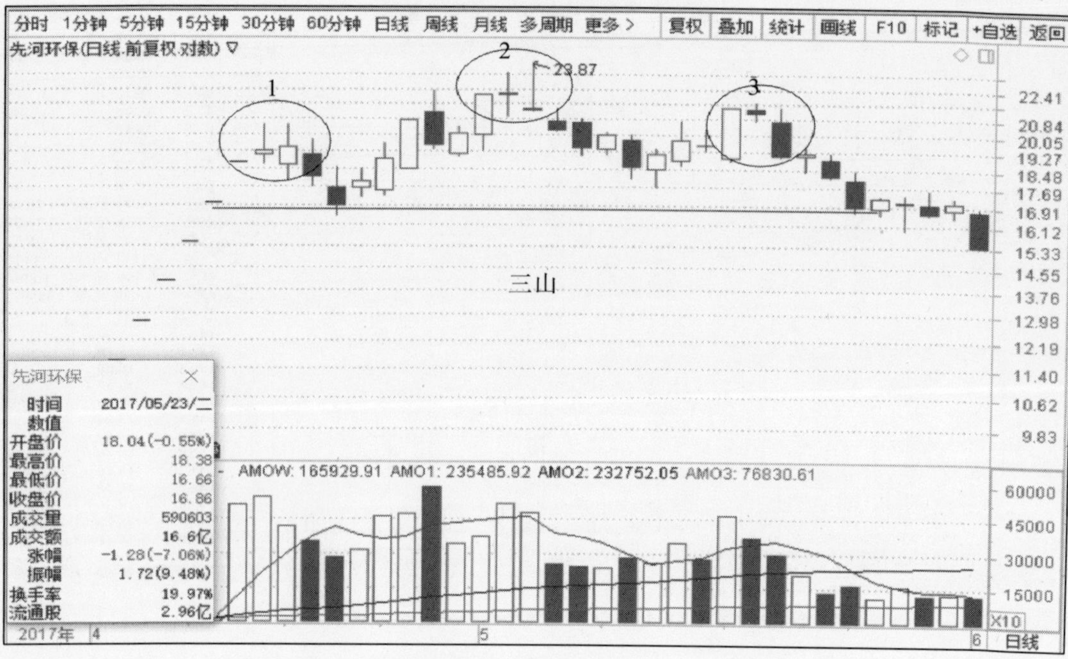
分时 1分钟 5分钟 15分钟 30分钟 60分钟 日线 周线 月线 多周期 更多 > 复权 叠加 统计 画线 F10 标记 +自选 返回
先河环保(日线.前复权.对数)
1
2
23.87
3
三山
22.41
20.84
20.05
19.27
18.48
17.69
16.91
16.12
15.33
14.55
13.76
12.98
12.19
11.40
10.62
9.83
先河环保
时间 2017/05/23/二
数值
开盘价 18.04(-0.55%)
最高价 18.38
最低价 16.66
收盘价 16.86
成交量 590603
成交额 16.6亿
张幅 -1.28(-7.06%)
振幅 1.72(9.48%)
换手率 19.97%
流通股 2.96亿
AMOW: 165929.91 AMO1: 235485.92 AMO2: 232752.05 AMO3: 76830.61
60000
45000
30000
15000
X10
2017年 4
5
6
日线

三山（实例 3）300048 合康新能

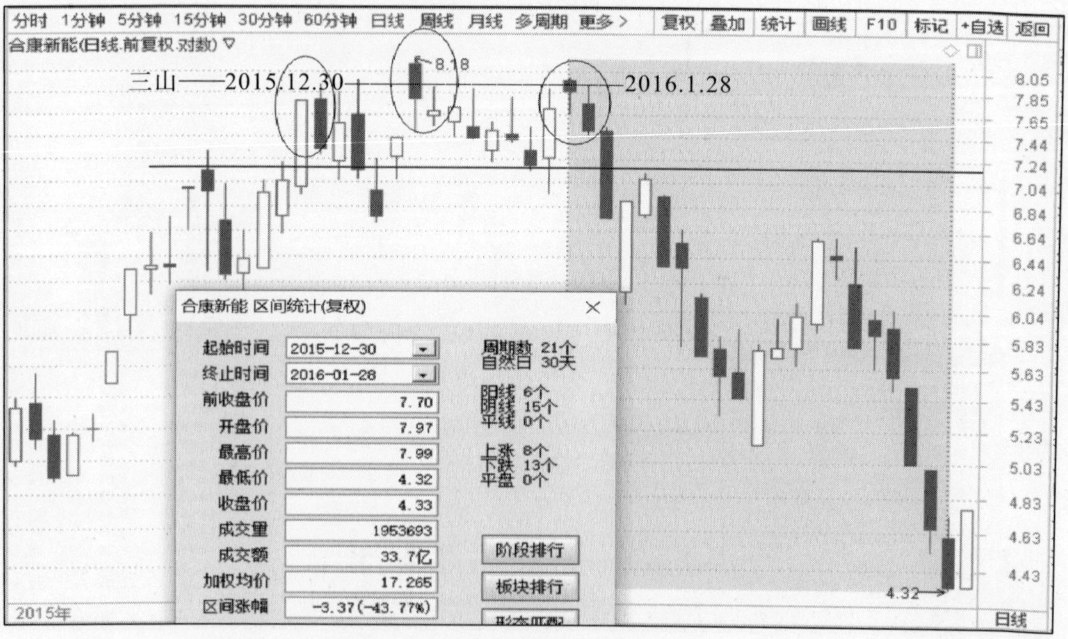
分时 1分钟 5分钟 15分钟 30分钟 60分钟 日线 周线 月线 多周期 更多 > 复权 叠加 统计 画线 F10 标记 +自选 返回
合康新能(日线.前复权.对数)
8.18
三山——2015.12.30
2016.1.28
8.05
7.85
7.65
7.44
7.24
7.04
6.84
6.64
6.44
6.24
6.04
5.83
5.63
5.43
5.23
5.03
4.83
4.63
4.43
合康新能 区间统计(复权)
起始时间 2015-12-30
终止时间 2016-01-28
前收盘价 7.70
开盘价 7.97
最高价 7.99
最低价 4.32
收盘价 4.33
成交量 1953693
成交额 33.7亿
加权均价 17.265
区间涨幅 -3.37(-43.77%)
周期数 21个
自然日 30天
阳线 6个
阴线 15个
平线 0个
上涨 8个
下跌 13个
平盘 0个
阶段排行
板块排行
4.32
2015年
日线

三山（实例 4）603616 韩建河山

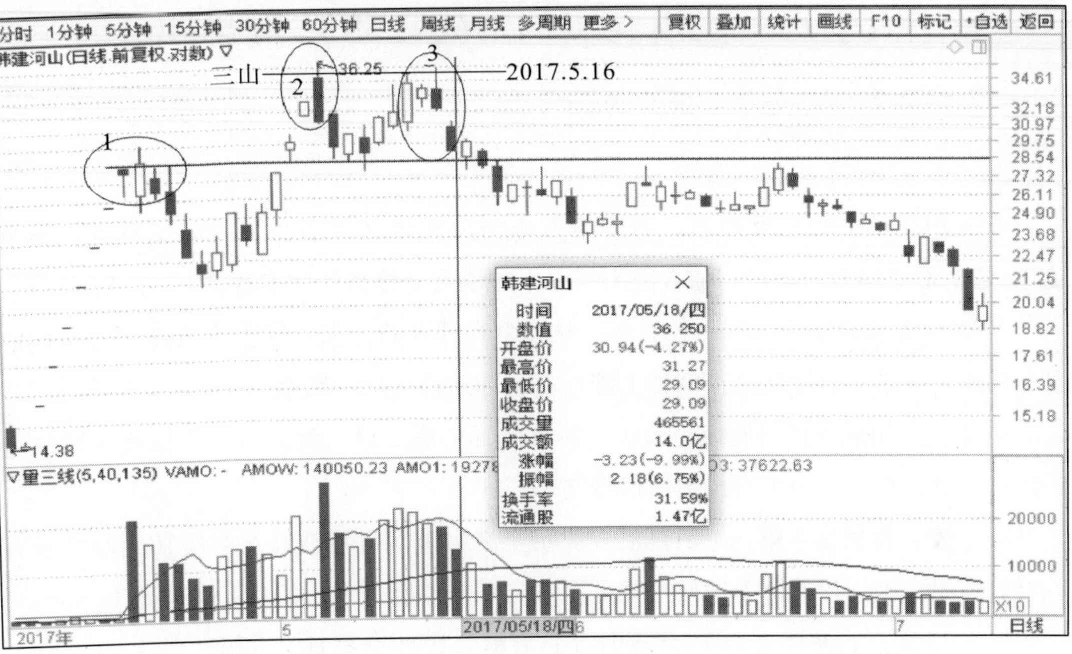

三山（实例 5）002212 南洋股份

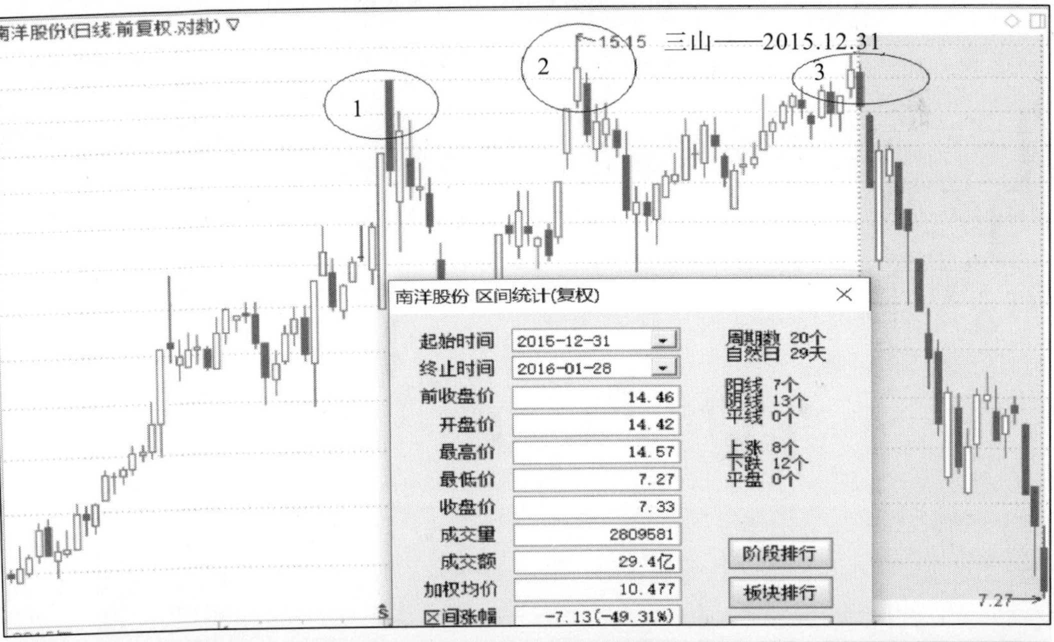

多方看形态全是 W 底，空方看形态全是 M 头。

六十八、三川（实例）601238 广汽集团

☆三川是三山的相反形态，因为与三条河流相像而得名。三川底又称为“头肩底”，它的形成期相当漫长，通常需半年以上才能看到漂亮的倒三尊。

☆W底是指价格下跌到一个底部，从这个底部开始上涨，接下来又跌回原来的底部价格附近，最后再度从这个低档上涨，并且超过前一次的跌幅。

☆不论三川底或两川底或是锅底，一旦底部形成之后，就是市场行情将要反转上升的征兆。因此，三川可看作上涨信号之一。

☆注意：特别是在第三个底部后，股价上涨突破8日均线乃至突破长线组的所有均线，或是突破三川的两个顶部，就是一波启涨的开始。该处就是买进的最佳时机。

☆601238广汽集团在2013年5月3日启涨，19个交易日上涨幅度高达80.89%。

三川（实例）601238 广汽集团

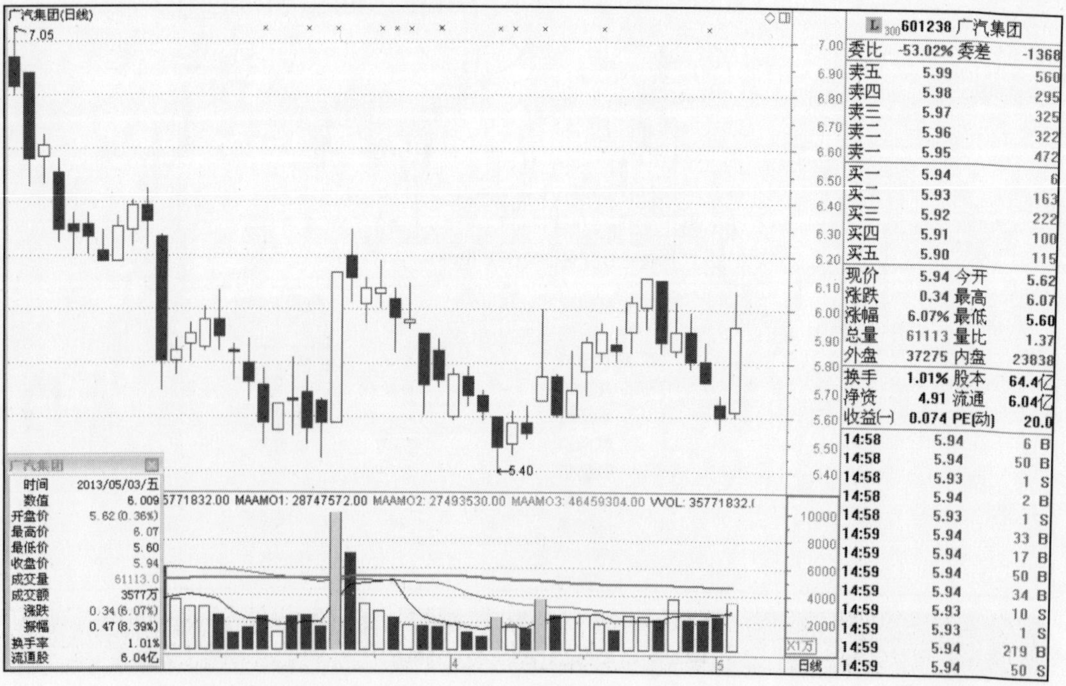

601238 广汽集团 2013. 5. 3 分时图

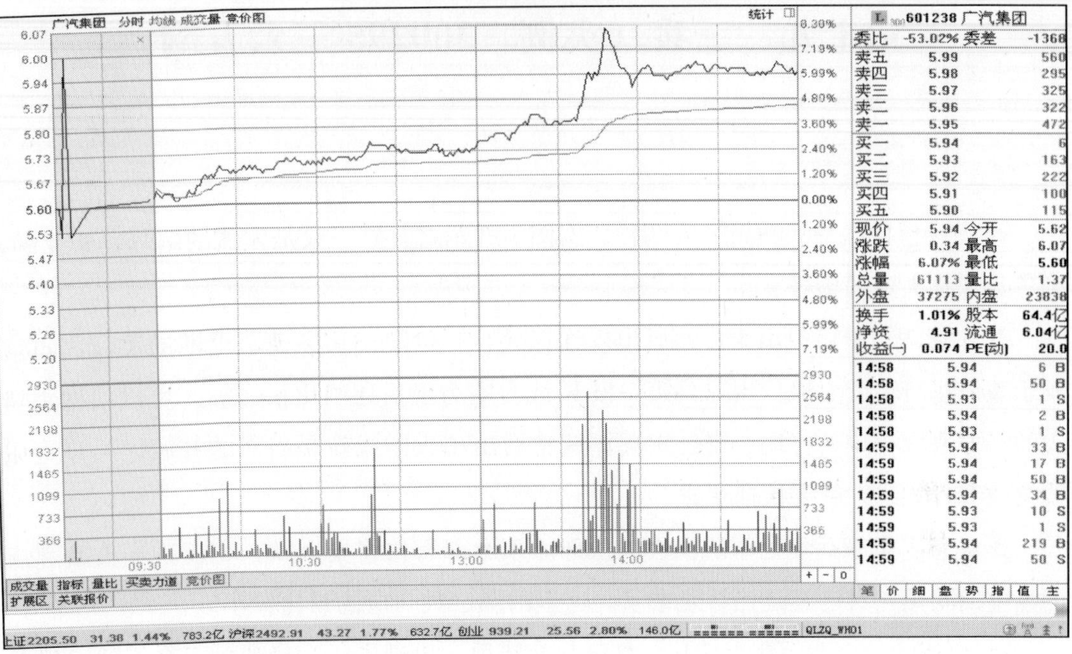

601238 广汽集团 2013（5. 3—5. 29）区间涨幅：80. 89%

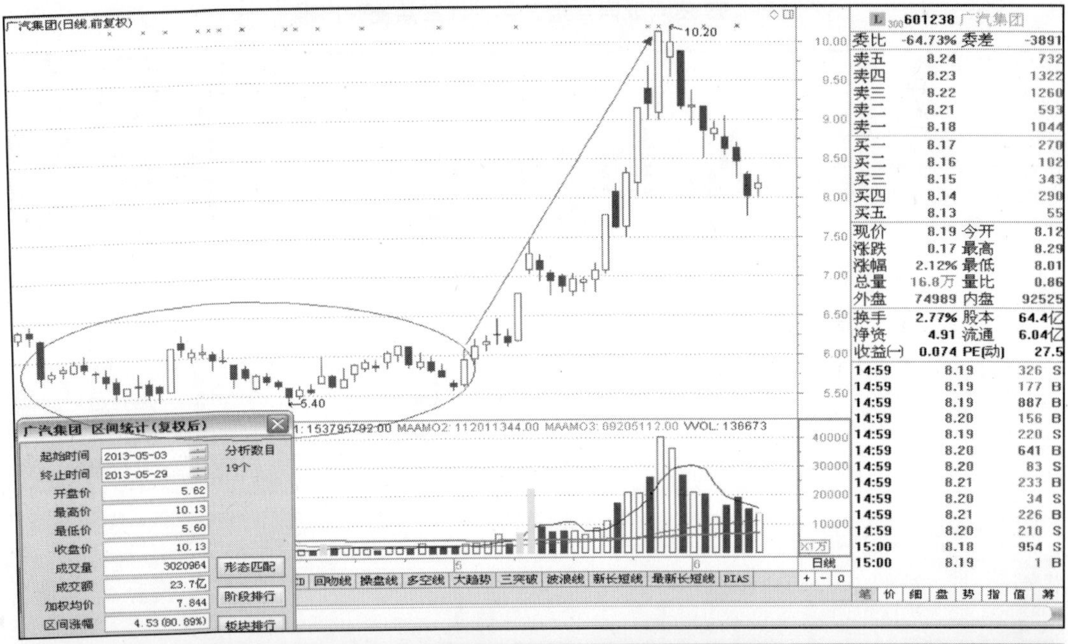

反弹不是底，是底不反弹。

六十九、三兵（实例）300295 三六五网

☆ 三兵包括红三兵和黑三兵两种。本图一并示之，红三兵是大涨的信号，相反的，黑三兵却是大跌的信号。

☆ 注意：当最后脱出牛皮档后出现红三兵，一旦红三兵突破了近期的波段高点就预示着市场行情要上涨！当三兵第一根 K 线多空力量对比给出信号后，可以根据力量大的一方采取相应的行动。当红三兵再调整后出现大阳线就是启涨的开始，一旦大阳线突破 8 日均线，就要快速买进。

☆ 注意：黑三兵要处于阶段性的顶部才预示着行情将要大跌，相反，在大跌之后的盘整期间黑三兵已经是强弩之末了，这里的黑三兵对应的量比较小。

☆ 300295 三六五网在黑三兵、红三兵交错后，出现了一个经典的下舍子线，然后是一波上涨，短短 8 个交易日上涨了 44%之多。

300295 三六五网：黑三兵、红三兵交替出现

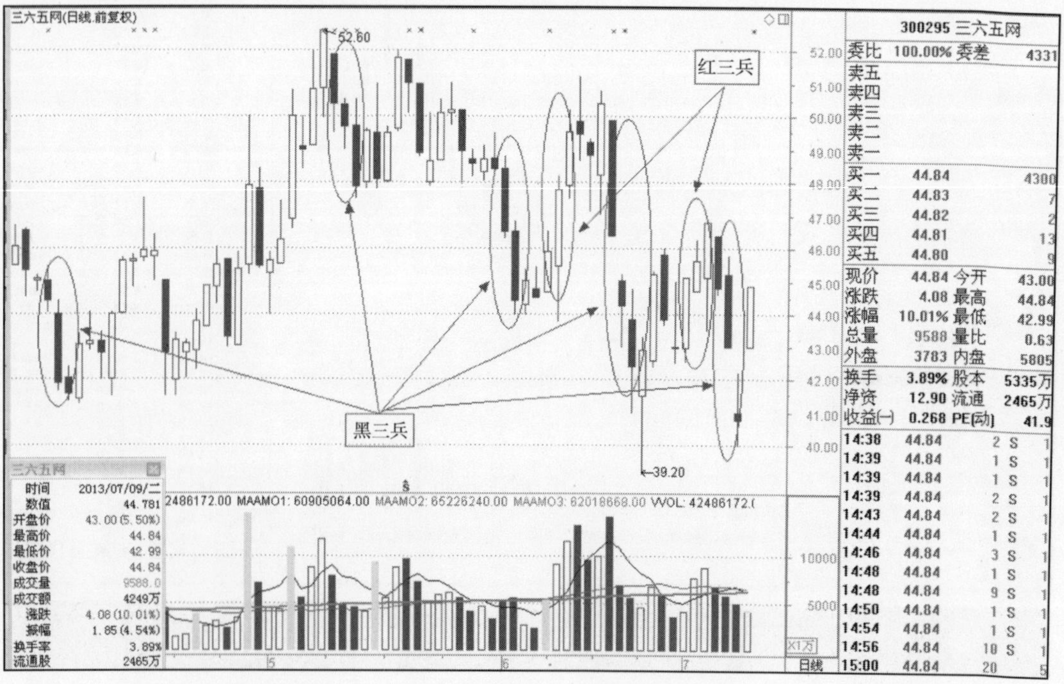

300295 三六五网 2013（7. 8—7. 17）区间涨幅：44. 12%

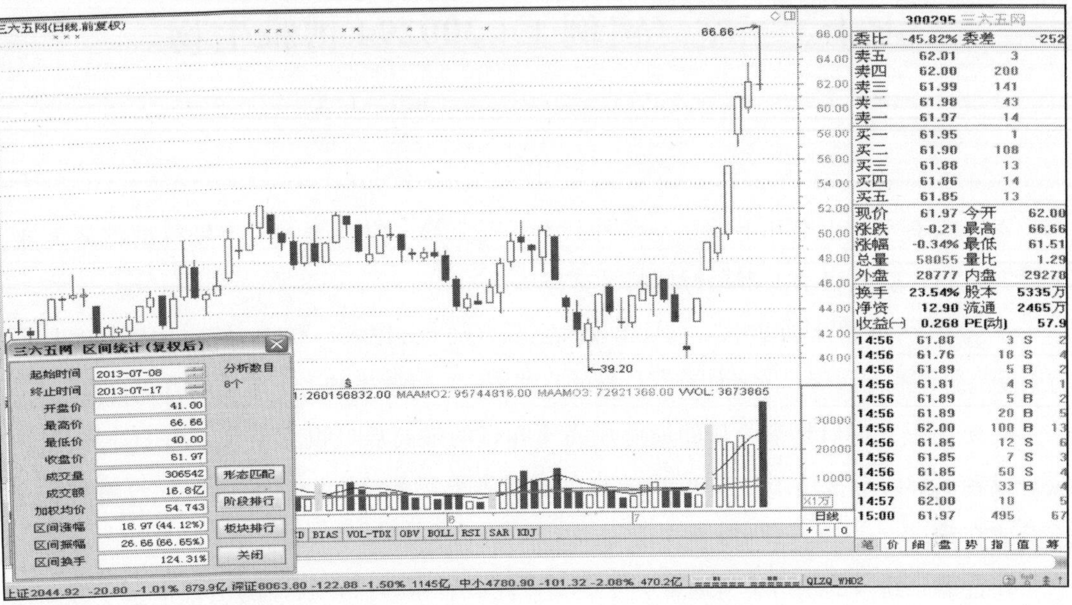

300295 三六五网 2013（7. 8—9. 23）区间涨幅：96. 14%

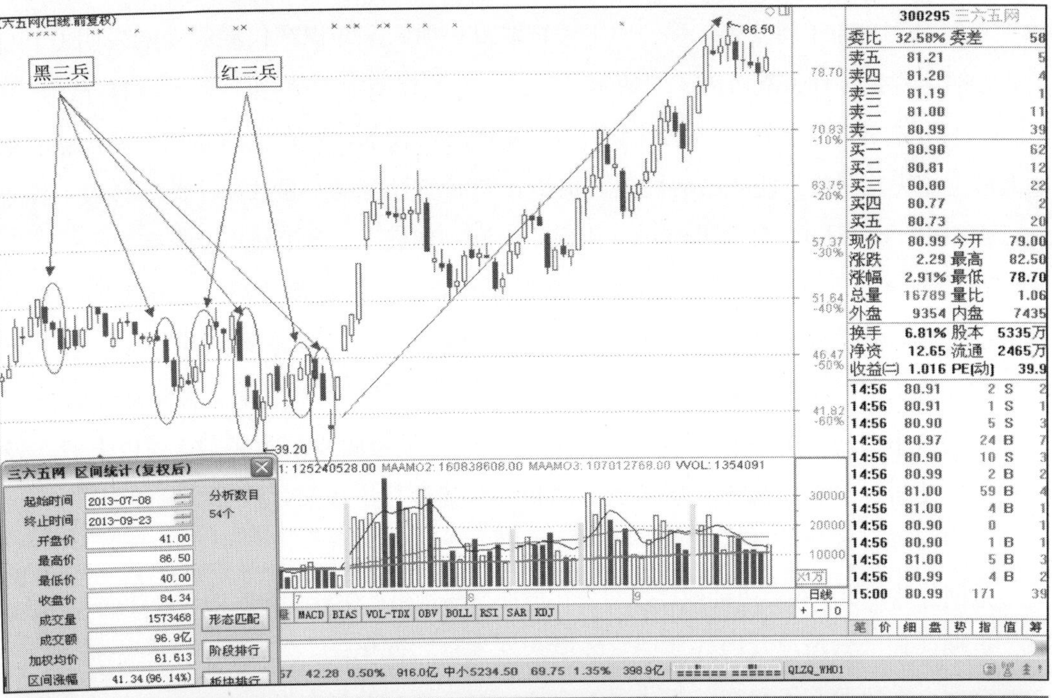

拿破仑说：“不可能”这三个字，只有在愚人的字典中才找得到。

七十、三空（实例1）300294博雅生物

☆三空有上跳三空和下跳三空两种。上跳三空第一空就表示了市场行情将要大涨。下跳三空第一空就表示了市场行情将要大跌。

☆尤其是盘档的日期愈久，一旦出现跳空威力就十分惊人。不过，跳空如果出现四次，将引发高价警戒而回落。读者如查阅较长的日线图时，就能发现上下跳空的真正含义。

☆所谓上升窗口是指今日的最低点高于昨日的最高点，也就是说，今日K线的开盘价或者下影线应该位于昨日K线的收盘价或者上影线之上，且缺口区间没有任何的重叠或交集。

☆注意：跳空的缺口本身通常会变成支撑区或者压力区，缺口的出现也是支撑与压力的一个跳板。在重大题材出现的时候，上跳往往不止三空了，会有更多的跳空出现。

☆2012年12月5日，300294博雅生物在最低点后出现了一根反转大阳线，2012年12月7日公司发布午间公告，称公司于近日取得一项国家知识产权局颁发的发明专利证书，发明名称为一种人凝血因子Ⅷ的制备工艺。专利权期限为20年，自申请日（2010年11月8日）起算。公告称，本发明采用离子交换层析技术，并在生产工艺上采用铝胶吸附及酸沉淀去除杂质，使产品活性显著提高，制品质量得到明显改善。此后该股一路上涨，在2013年5月4、7、8日连续3天跳空上涨，形成了一个上跳三空形态。

2013年1月8日博雅生物在上跳三空创新高收出一根浪高线后，公司发布股票异常波动公告，称公司股票交易价格连续3个交易日内（分别为2013年1月4、7、8日）收盘价格涨幅偏离值累计达到20%。根据相关规定，属于股票交易异常波动。

公司董事会通过电话及现场问询等方式，对公司控股股东及持股5%以上股东及公司全体董事、监事及高级管理人员等就相关问题进行了核实，核实情况如下：

公司前期披露的信息不存在需要更正、补充之处；

近期公共传媒未报道可能或已经对公司股票交易价格产生较大影响的未公开重大信息；

近期公司经营情况及内外部经营环境未发生重大变化；

公司、控股股东不存在关于公司的应披露而未披露的重大事项；

公司控股股东自公司股票上市之日起未发生买卖公司股票的行为；

截至目前，公司董事及董事会尚未讨论、研究 2012 年年度利润分配方案。

从公告你能看出问题吗？看不出，而股票却在公告当日跳空低开收阴，此后又出现了两次向下跳空，从而形成了一个经典的下跳三空形态。

三空（实例 1）300294 博雅生物

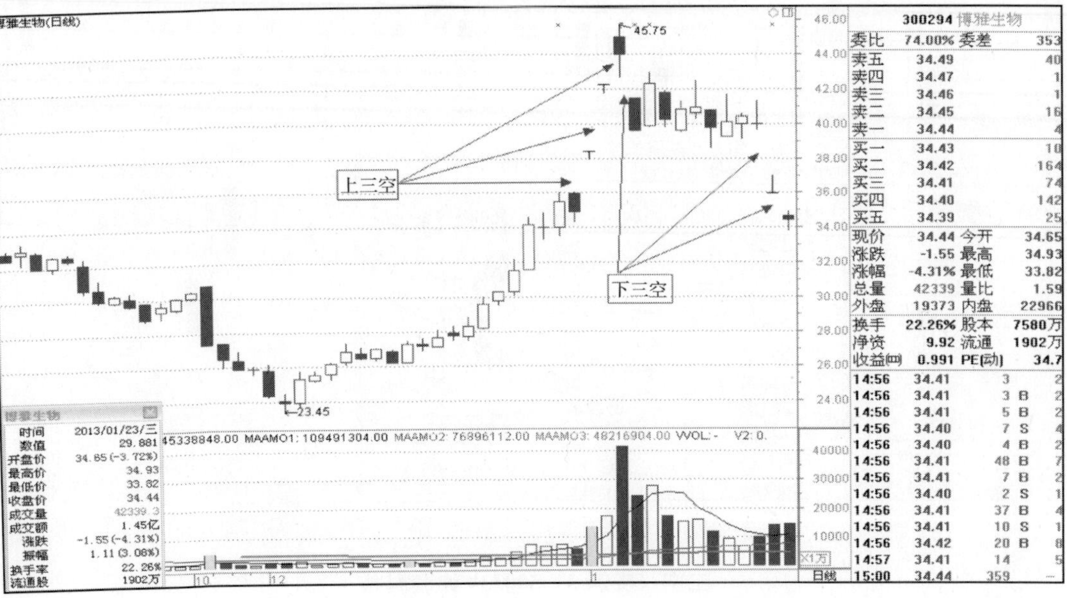

300294 博雅生物三空后走势图

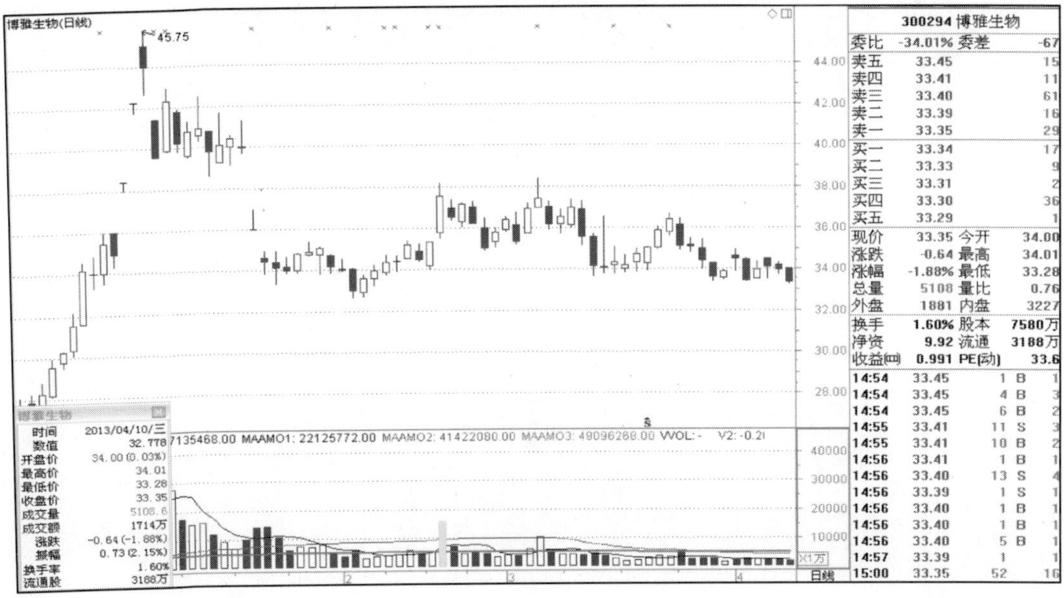

三空（实例 2）300670 大烨智能

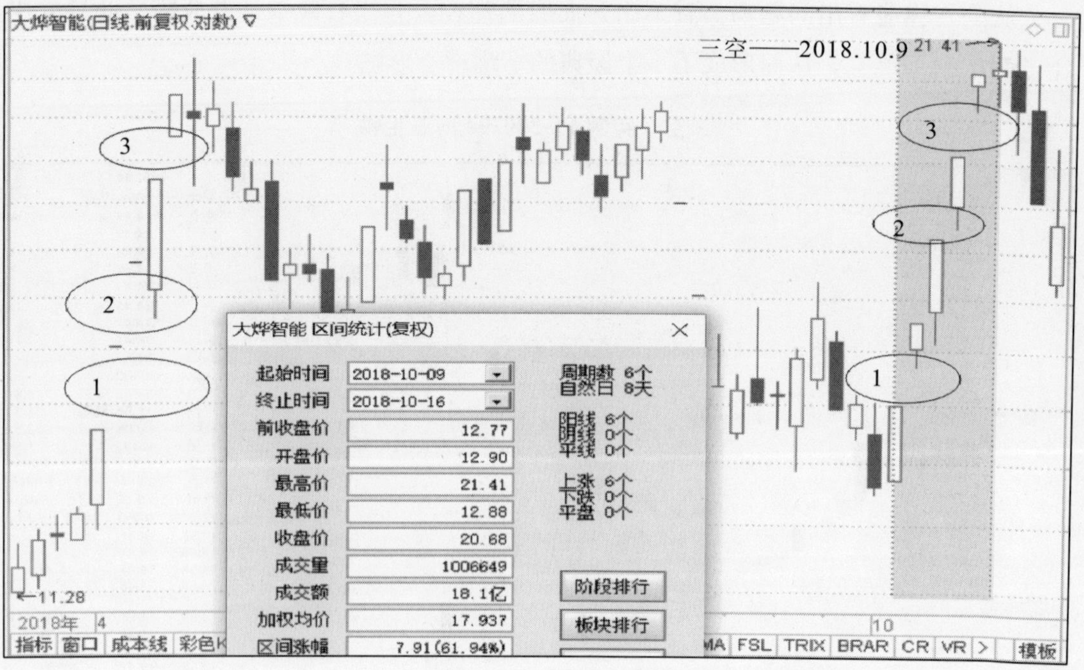
大烨智能(日线.前复权.对数)
三空——2018.10.9
21.41
3
2
1
3
2
1
11.28
大烨智能 区间统计(复权)
起始时间 2018-10-09
终止时间 2018-10-16
前收盘价 12.77
开盘价 12.90
最高价 21.41
最低价 12.88
收盘价 20.68
成交量 1006649
成交额 18.1亿
加权均价 17.937
区间涨幅 7.91(61.94%)
周期数 6个
自然日 8天
阳线 6个
阴线 0个
平线 0个
上涨 6个
下跌 0个
平盘 0个
阶段排行
板块排行
2018年 4
10
指标 窗口 成本线 彩色K
MA FSL TRIX BRAR CR VR > 模板

三空（实例 3）300334 津膜科技

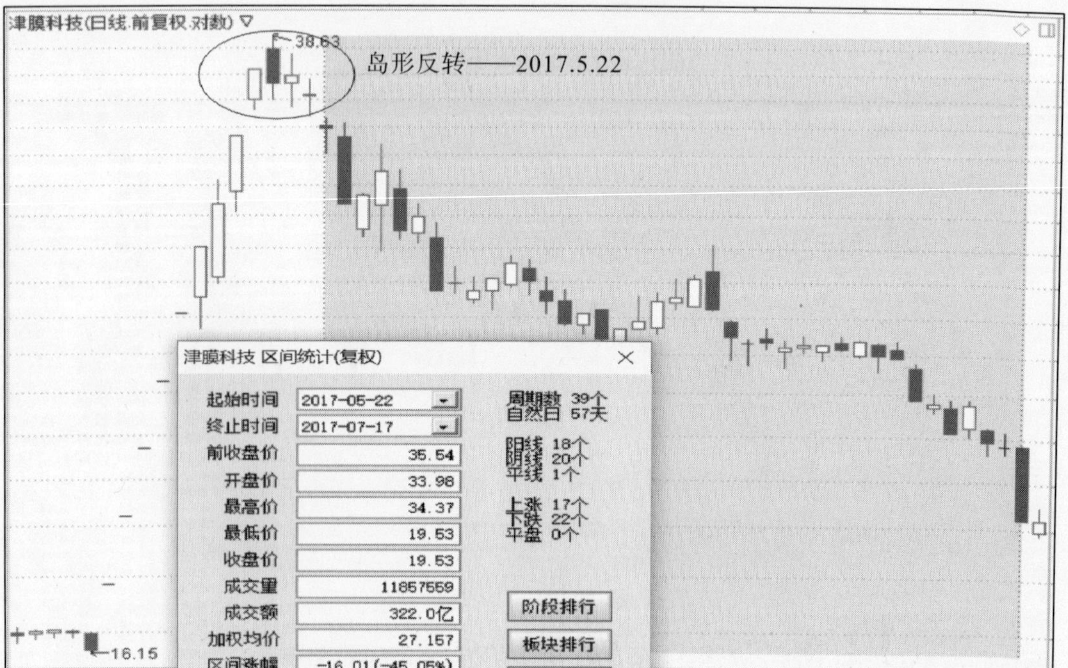
津膜科技(日线.前复权.对数)
38.63
岛形反转——2017.5.22
16.15
津膜科技 区间统计(复权)
起始时间 2017-05-22
终止时间 2017-07-17
前收盘价 35.54
开盘价 33.98
最高价 34.37
最低价 19.53
收盘价 19.53
成交量 11857559
成交额 322.0亿
加权均价 27.157
区间涨幅 -16.01(-45.05%)
周期数 39个
自然日 57天
阳线 18个
阴线 20个
平线 1个
上涨 17个
下跌 22个
平盘 0个
阶段排行
板块排行

三空（实例 4）000868 安凯客车（现名*ST 安凯）

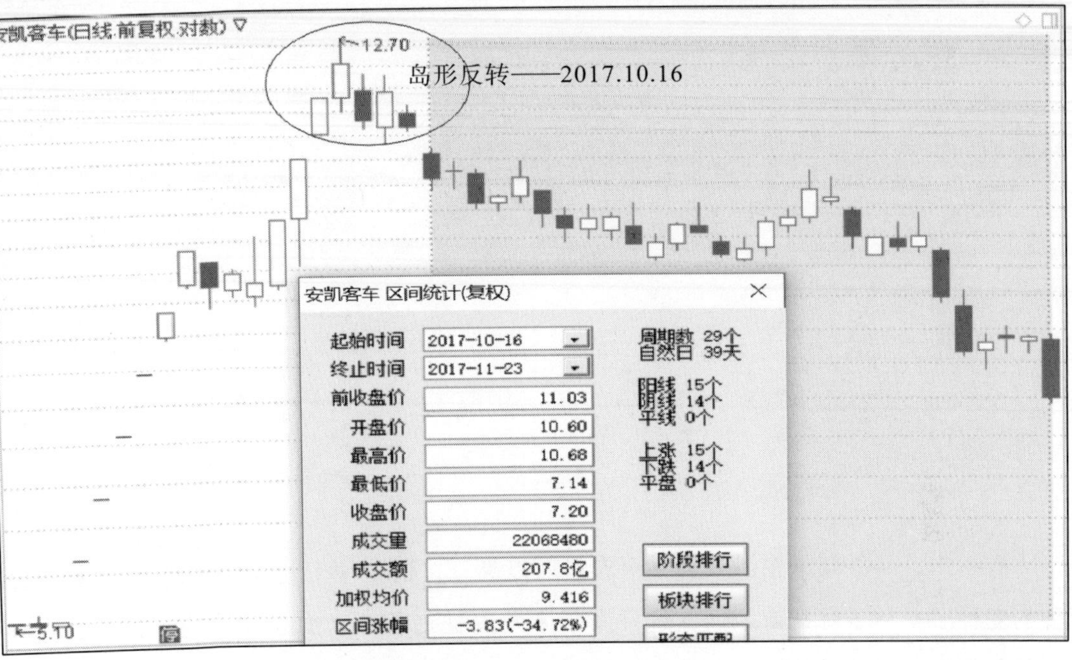

三空（实例 5）002847 盐津铺子

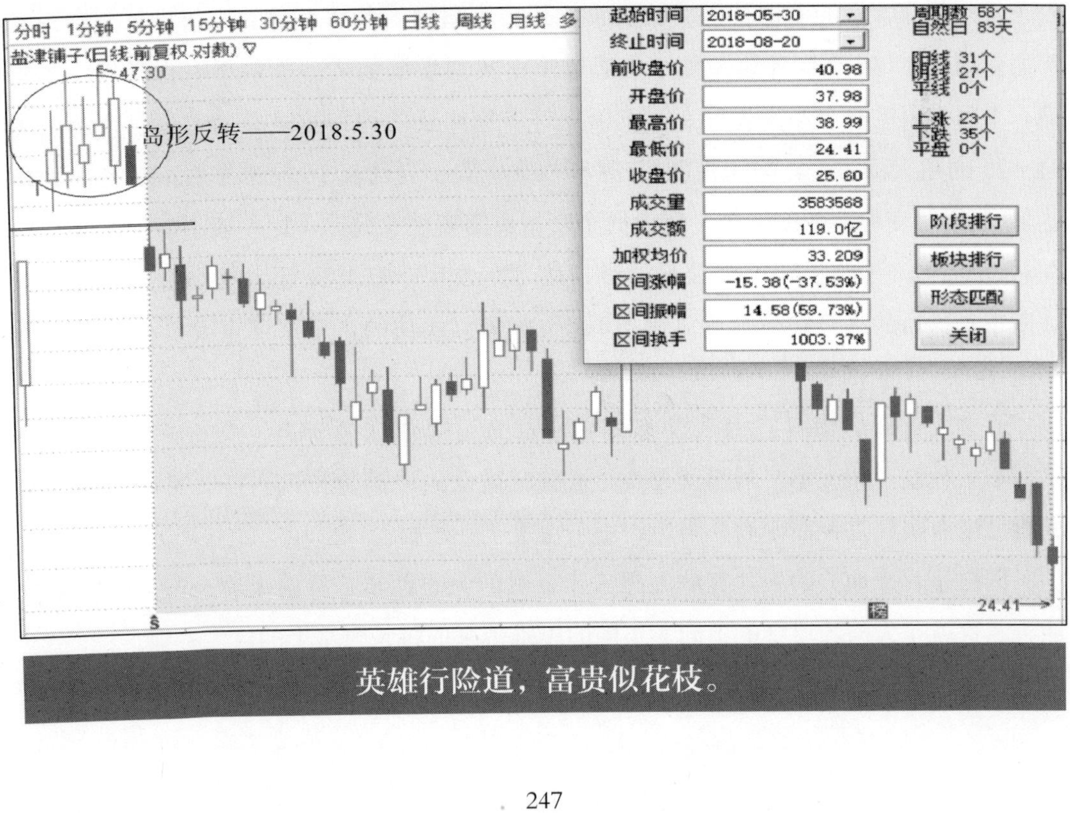

英雄行险道，富贵似花枝。

超前思维

有一年，一个叫李东的人到一家农科所以高于普通麦种10倍的价格买了一种新品种的麦种子，种了好几亩地。在这种麦子未吐麦穗之前，未引起人们的注意；当这种新品种的麦子吐穗后陆续引起了人们的关注，特别是在麦子接近成熟的时候，关注的人越来越多，以致有些人闻讯去观看。在周围一望无边的麦田里，只见李东的这几亩麦子特别出众，它的麦穗长得又长又大，其长度超过了普通麦穗的1倍，其颗粒也是普通麦穗的1倍。“这种超大穗小麦通过了由我国学部委员、著名小麦育种专家赵洪璋，中国农科院著名小麦育种专家王恒立等专家组成的评审委员会的鉴定。这种名为84＋79的超大穗小麦，平均长度25厘米，比一般小麦穗长15厘米左右。最长的麦穗达38厘米，麦粒多达212粒。超大穗小麦每亩需麦种5公斤，比一般小麦少7.5公斤左右，平均亩产却达535.78公斤，最高达750公斤。84＋79超大穗小麦是由陕西省咸阳市农科所的高级农艺师罗洪溪历时15年选育成功的，专家评审委员会称超大穗小麦。”

许多人看后后悔自己怎么没有种“超大穗”，下决心在来年一定要种“超大穗”了。李东收割“超大穗”的当天夜晚，麦种就被众人以高价抢购一空，来晚了的人还为自己没有买到麦种而懊悔。当然，李东也发了一笔财。

同样是一个地方的人，有的人想一步，有的人想两步；有的人看今天，有的人看明天。这就是人与人思维的不同。不同的思维带来的将是财富上的巨大差别。

七十一、三连阳（实例）600817ST 宏盛

☆ 日线如果三日连收阳线，可以买进；相反的，如果连收三日阴线则可以抛售。

☆ 注意：无论是波段底部出现的三日连收阳线还是在上涨途中调整后出现的三日连收阳线都必须是价涨量增的三日连收阳；无论是波段底部出现的三日连收阳线还是在上涨途中出现的三日连收阳线都应该耐心等待：一是回调受到三日连阳支撑时择机介入，二是突破三连阳高点时买入。

☆ 当大幅上涨后出现三日阴线，特别是在高位第二次出现三连阴更是阶段顶部的信号。如果主力在出货，那么未必要等到三连阴时才卖出，当第一或第二阴已经将上涨形态破坏、主力又在出货，一旦确认就应该择机卖出。

三连阳（实例）600817ST 宏盛

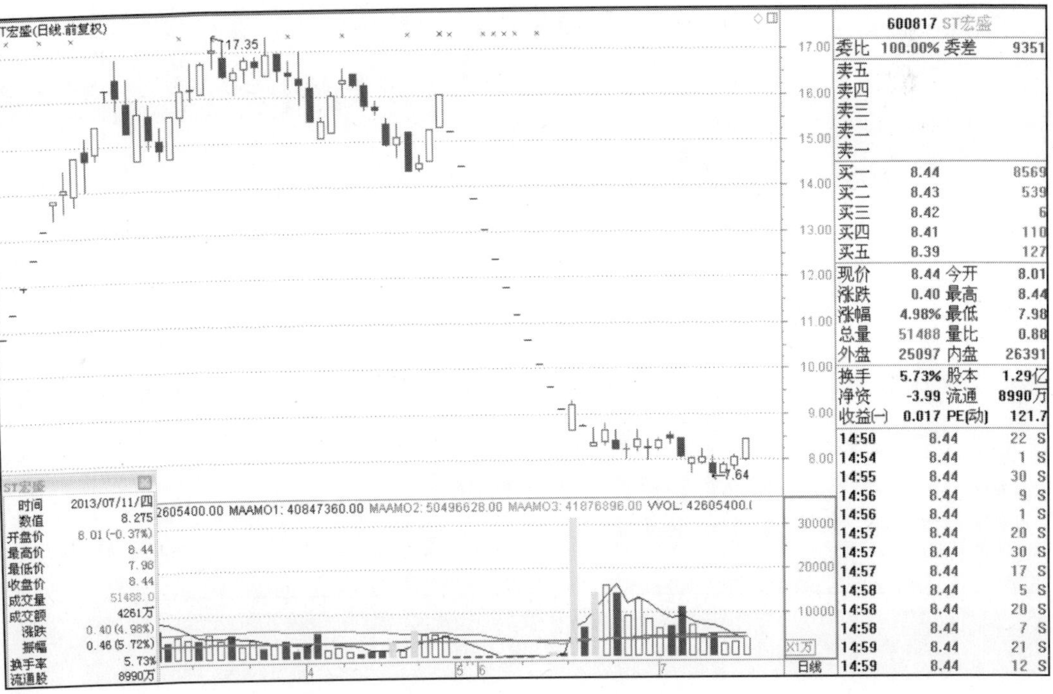

600817ST 宏盛 2013. 7. 11 分时图

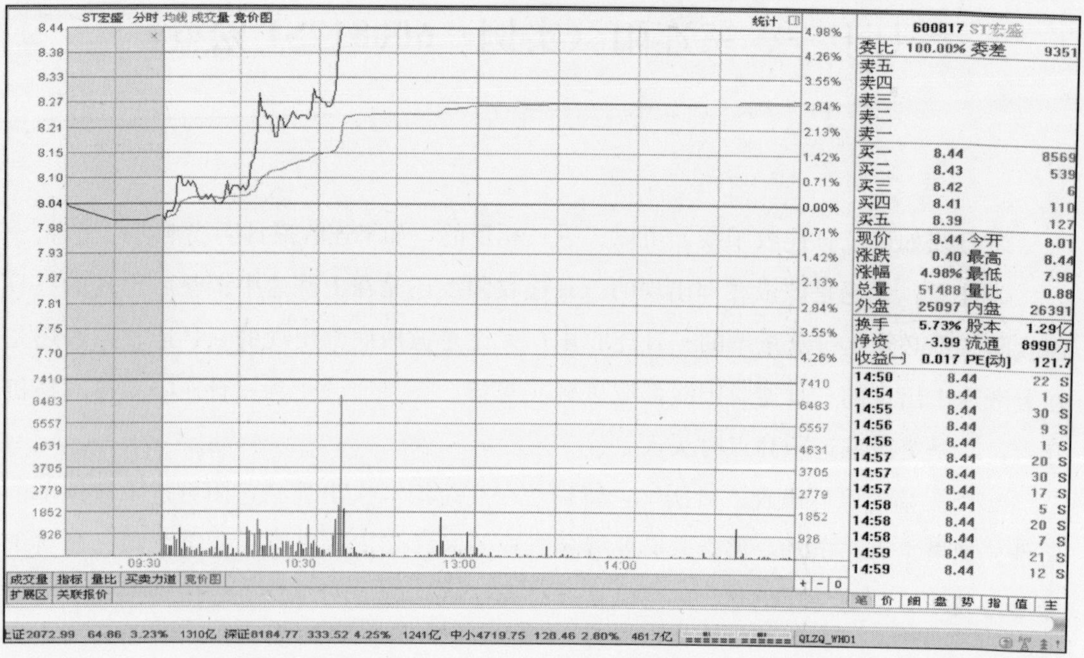

600817ST 宏盛 2013（7. 11—8. 16）区间涨幅：54. 10%

休别有鱼处，莫恋浅滩头。

七十二、乱线（实例1）002555顺荣股份

☆乱线时市场走势十分险恶，都是例外，既有规则无用，价格不循正轨走势。

☆所谓乱线，就是指市场的上下波动幅度甚大，上、下影线俱长；如果在三四天后，投资人仍然未能有所获利，应迅速出场为妙。

☆注意：乱线在A股市场上通常会出现否极泰来的重组，这种事情只有能得到内幕消息的人士才可以参与。局外人是无法掌握的，这就是A股市场中的特色。

☆从2012年底到2013年上半年，002555顺荣股份一直处在乱线的形态中，尽管如此，2013年3月有报道称："公司目前主要客户为同处安徽的江淮和奇瑞，是自主品牌汽车大发展的最大受益者。另外，公司具有国际水平的制造技术，价格优势明显，且盈利、开发能力较强。公司股价在底部平台位横盘整固，逢低关注。"这样的乱线形态一直持续到2013年7月26日停牌进入重组。

☆又如000511银基发展（现已退市）、600301*ST南化（现名ST南化）、600117西宁特钢都呈现出一种乱线走势，其后如何变化，可以关注研究。

乱线（实例1）002555顺荣股份

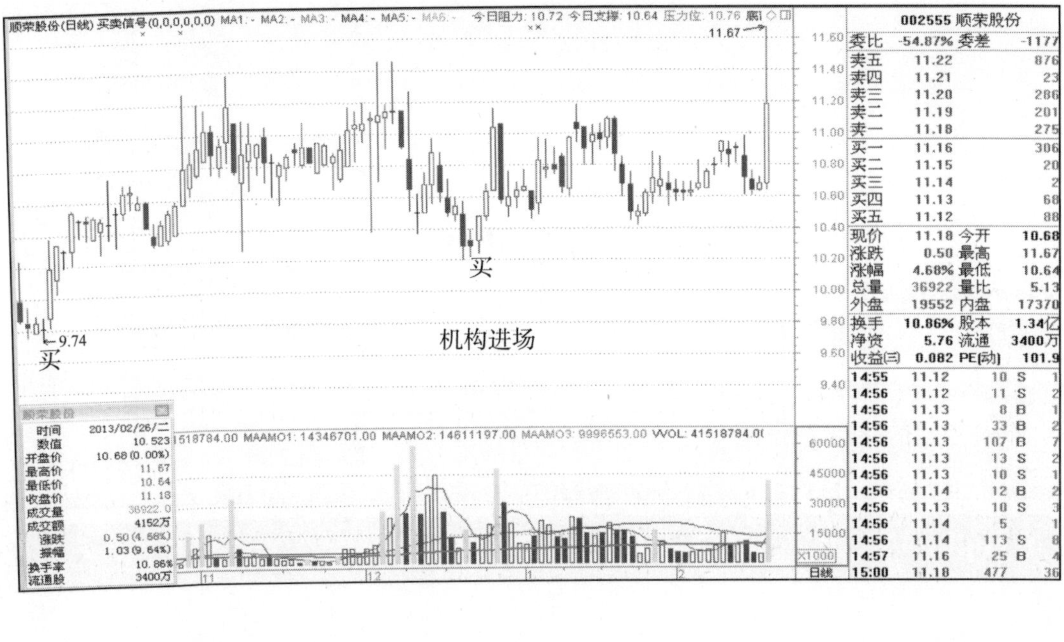

002555 顺荣股份 20013（2. 27—5. 2）区间跌幅：10. 29%

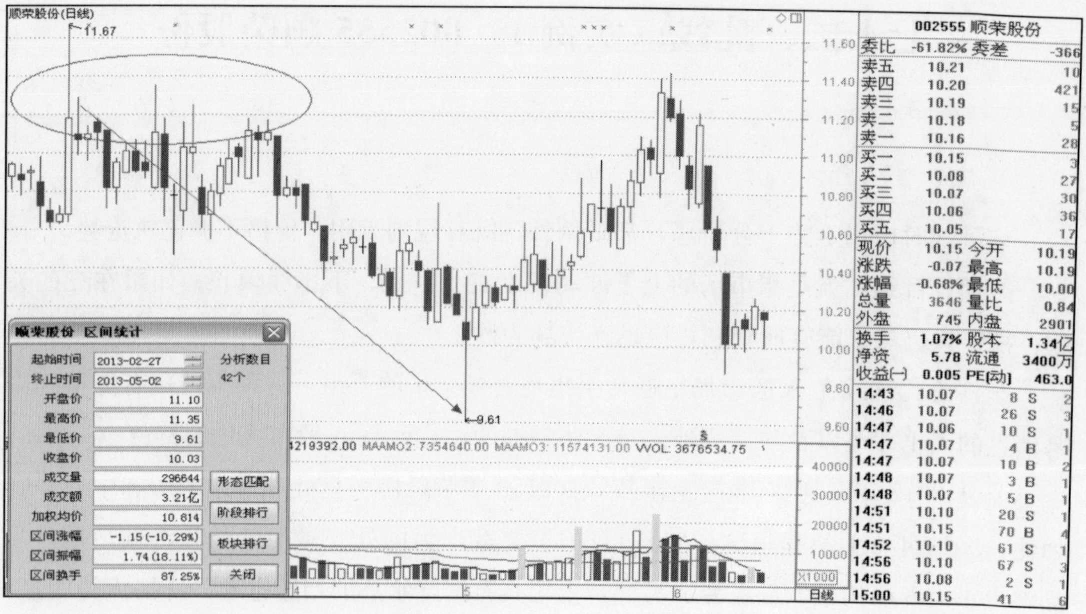

002555 顺荣股份 2013. 7. 26 停牌 3 个月后

2013（7. 26—11. 1）区间涨幅：140. 75%

贼是小人，智过君子。

乱线（实例2）000511银基发展

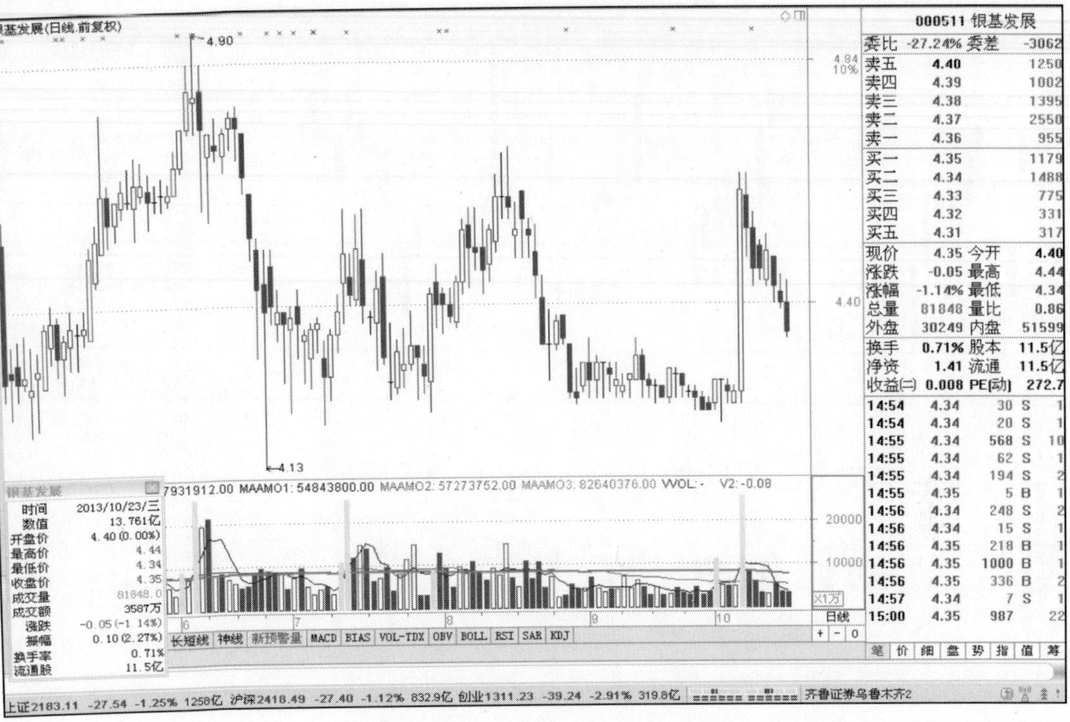

000511银基发展2013.10.14分时图

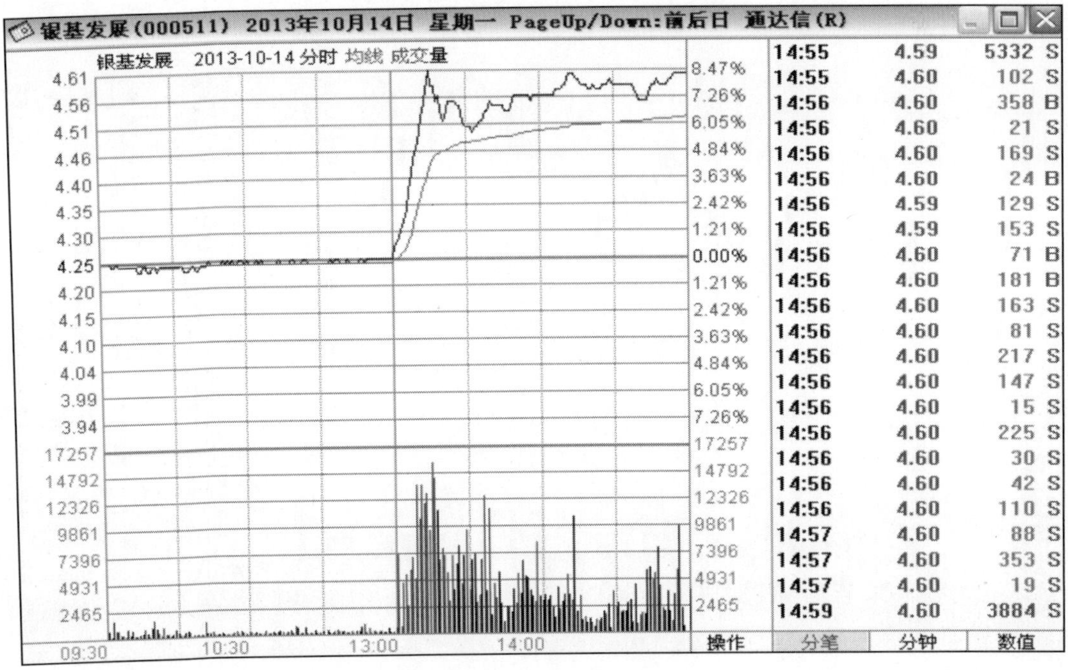

乱线（实例 3）600301 *ST 南化

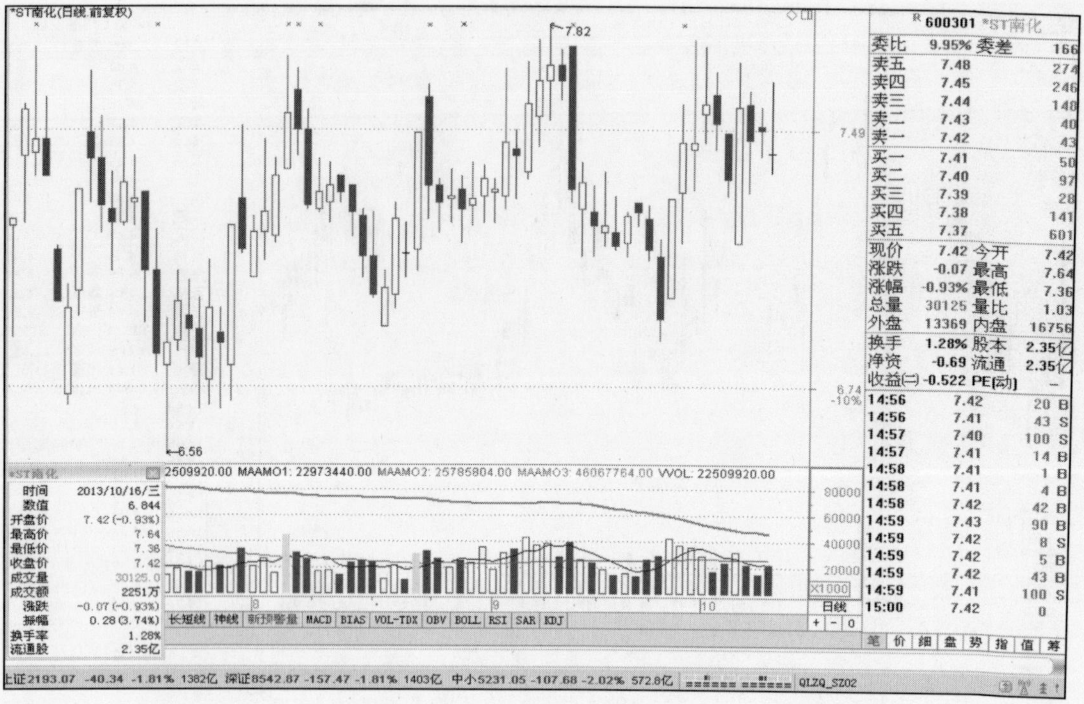

乱线（实例 4）600117 西宁特钢

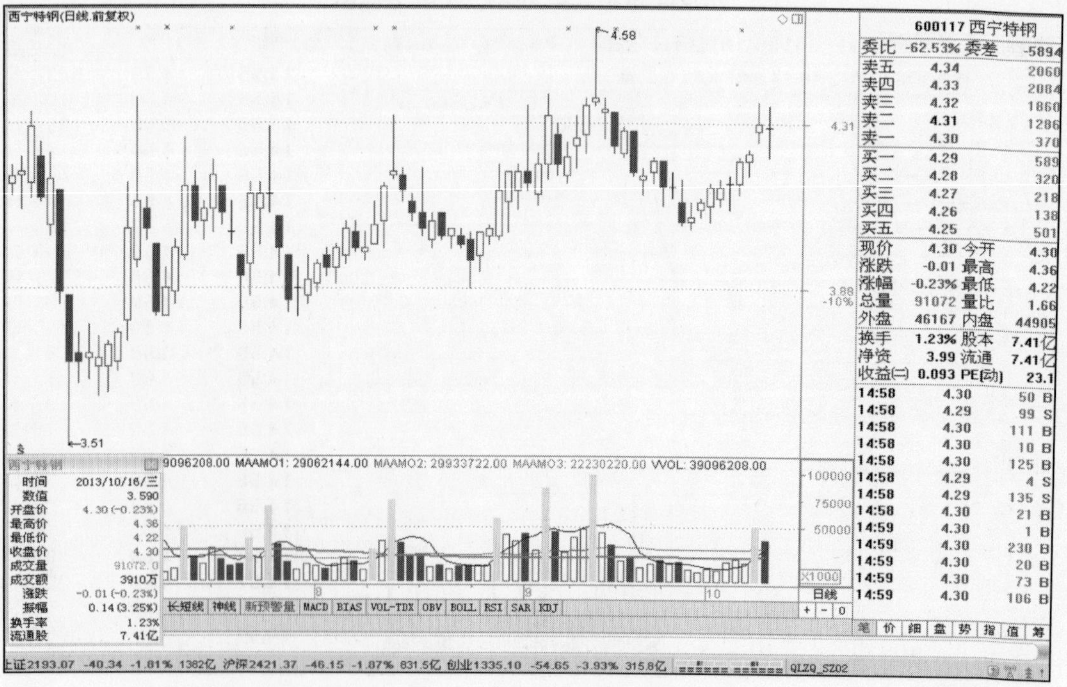

七十三、摊平（实例）601288 农业银行

☆ 摊平时刻，千万不可勉强进场买进或抛售；否则一旦行情崩溃或往上直窜时，必然遭到财富上的大败。

☆ 注意：遇到这样的形态最好远离，当形态的向上突破确认后才可以行动。

☆ 价格横向盘整的时候，往往是公司的业务受到影响不为局外人知道的时候，一旦影响的因素受到利空的打击，就会出现快速下挫，譬如 2013 年 6 月下旬的银行板块因“钱荒”而集体下挫。

601288 农业银行 2013（3. 20—6. 5）摊平

结交须胜己，似我不如无。

银行板块"钱荒"事件的动因

2013年6月20日，银行间隔夜拆借利率周四大幅上升578.40个基点、至13.44％，银行间隔夜回购利率一度触及30％、7天回购利率最高达到28％的历史高点。而在中国，符合法律保护的高利贷也仅为超过基准利率的4倍，即年化回报率为24％。中国银行间市场资金利率逐步走高始于5月中旬，这与银行即将进入年中考核、外汇占款流入放缓、债市整顿规范等不无关系，周四的资金利率异常源于周三（6月19日）召开的国务院常务会议并无释放货币宽松的信号。此前央行太过放纵银行间市场，一有风吹草动就会投放、抚平市场波动，造成行业习惯性的遇事就会给央行施压。这次央行一改以往作风，其强硬态度势必人为制造流动性紧缩，并导致实体部门贷款利率走高的风险，但绝不会是系统性风险。现在是部分机构夸大了资金紧张的风险，他们恐慌是因为此前他们过度冒险，拿了钱去投资、放贷，这次央行的举动只不过是对其冒险举动的一种打压。

6月20日，银行股大幅下挫；6月21日起，虽然上述利率迅速回落，但短时间的流动性紧张引起其他金融市场恐慌。一项事后证明为乌龙的某国有大银行的违约传闻，一度蔓延到整个市场。

601288农业银行2013（6.6—6.25）大幅下挫

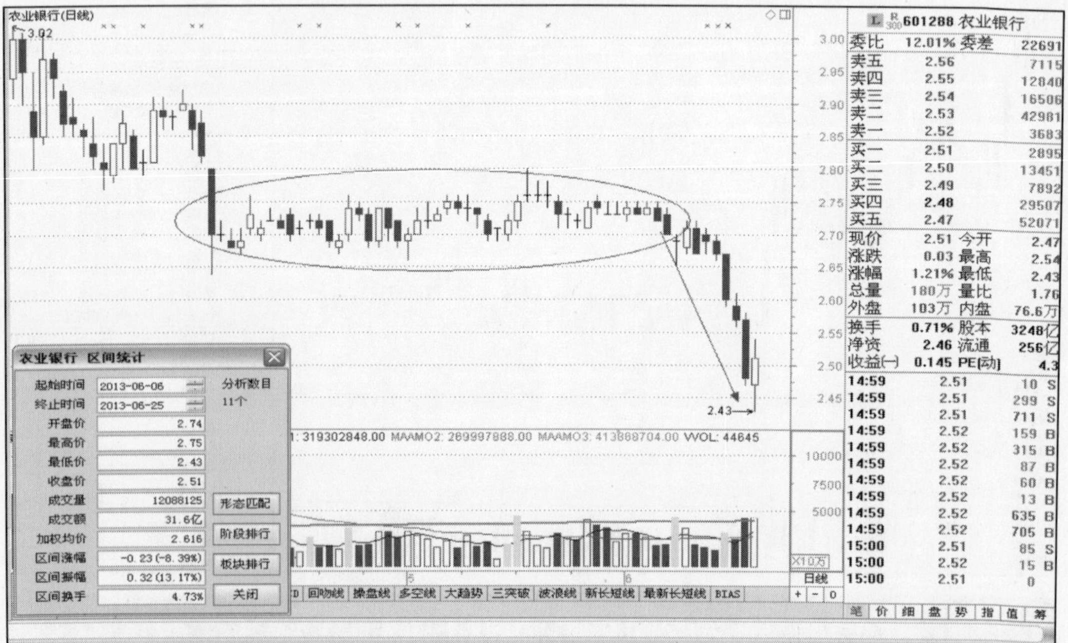

七十四、连涨8天……（实例1）300256星星科技

☆连涨8天或10天的行情，这时必须注意股价的反转下跌；相反的，如果连跌8天或10天，也必须注意回档上升。

☆易经云："一阴一阳之谓道，继之者善也，成之者性也。"也就是说，宇宙间的一切现象变化，无不是互相对应的阴与阳的作用。在阴阳交错往来中，阴退阳进、阳隐阴显，多少虽然不一致，但必然交互作用、相反相成、循环不已，这一阴一阳的交互作用就是天的法则。阴阳在互相依存、互相作用中以彼此消长的形式进行。这也是事物发展变化的规律。当阴阳的变化出现了反常，也是阴阳消长的异常反应。阴阳的转化，在相互的作用下向其对立面转化，才推动了事物的变化和发展，最终达到事物互相转化的目的。这就是事物发展变化的规律。兵法云："势盛必衰，形露必败。"在股市里看行情的发展变化要注意：连续的上涨，多方力量消耗过大，获利的浮筹也多，其后调整下跌是必然的；相反连续的下跌，空方的力量即将消耗殆尽，也会有反弹甚至反转。

300256星星科技2013（1.30—2.20）连涨11天

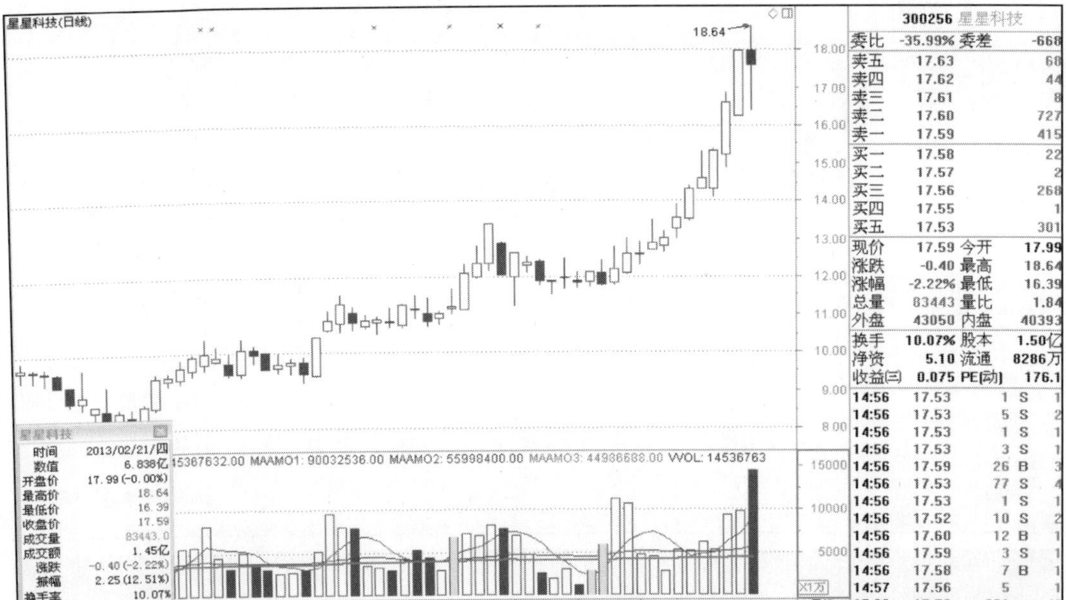

300256 星星科技 2013. 2. 21 分时图

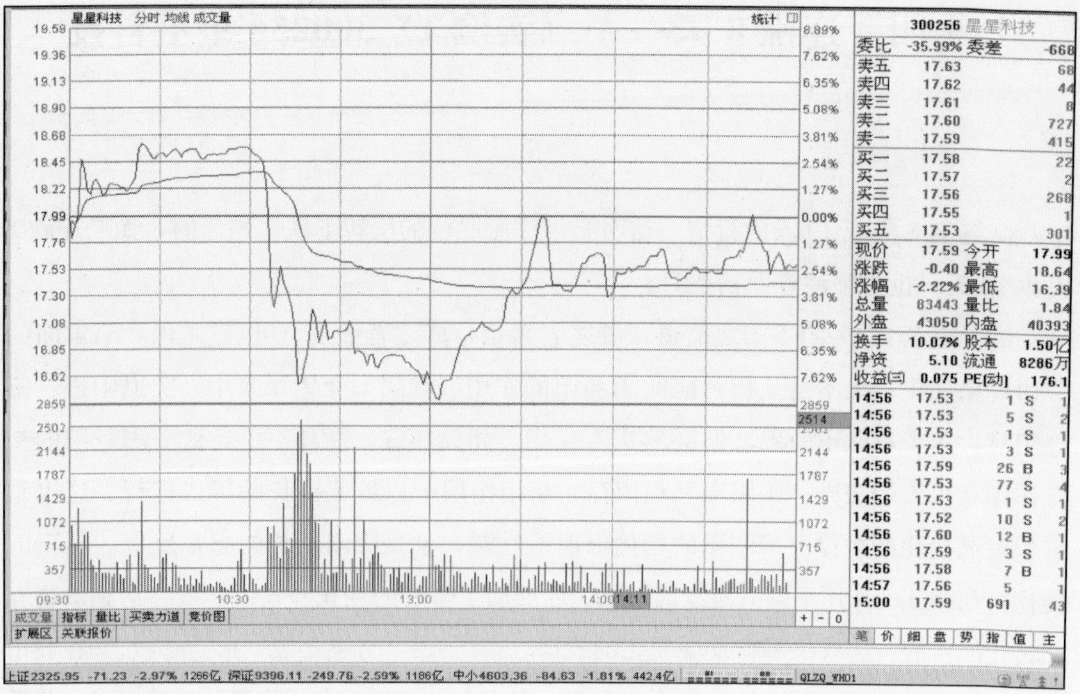

300256 星星科技 2013（2. 21—6. 30）区间跌幅：39. 74%

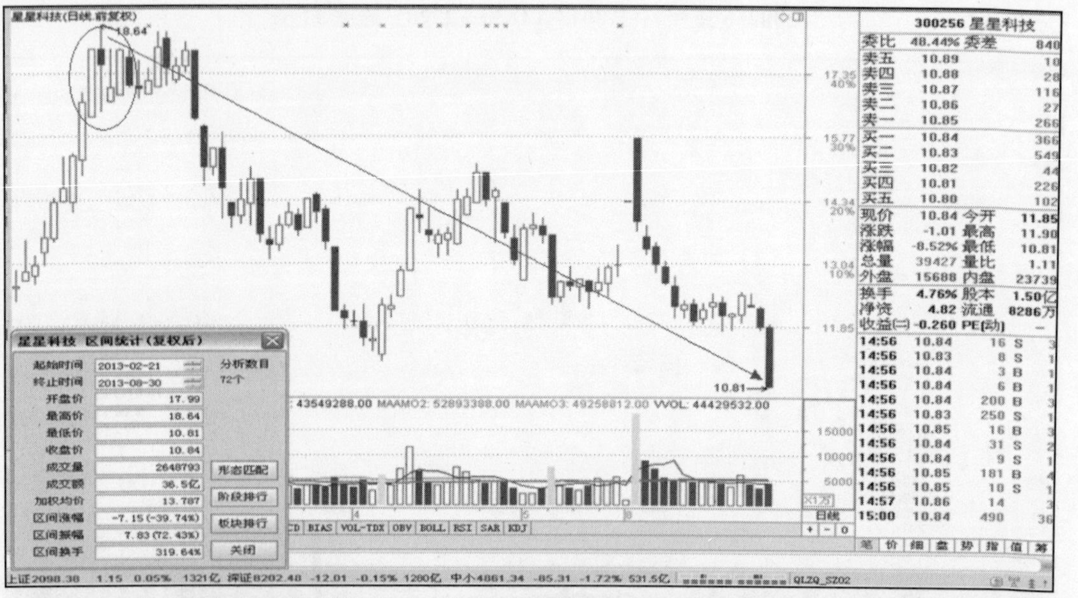

念念有如临敌日，心心常似过桥时。

连跌 8 天……（实例 2）600729 重庆百货

☆ 连续的阴线出现后，是否就此止跌反转？并不见得是这样的，一定要耐心地等待整个形态的反转乃至大阳线的出现，才能确认底部出现了。我们看看 600729 重庆百货，在 2013 年 3 月 19 日出现了一波连续下跌的 7 连阴，紧接着到 4 月 3 日又出现了一波连续下跌的 8 连阴，6 月 13 日又出现了一波连续下跌的 10 连阴。阴线一波比一波多，下跌一波比一波深；尽管如此，该股也没有见底。6 月 25 日的一根探底线也不是底部，直至 2013 年 7 月 10 日创出新低后、反弹上涨形成了头肩底形态，及至 8 月 29 日的一根大阳线突破了头肩底的颈线才宣告了底部形成。因此，在连阴后一定要耐心等待整个形态的反转出现才行动。

600729 重庆百货：三波连续阴线

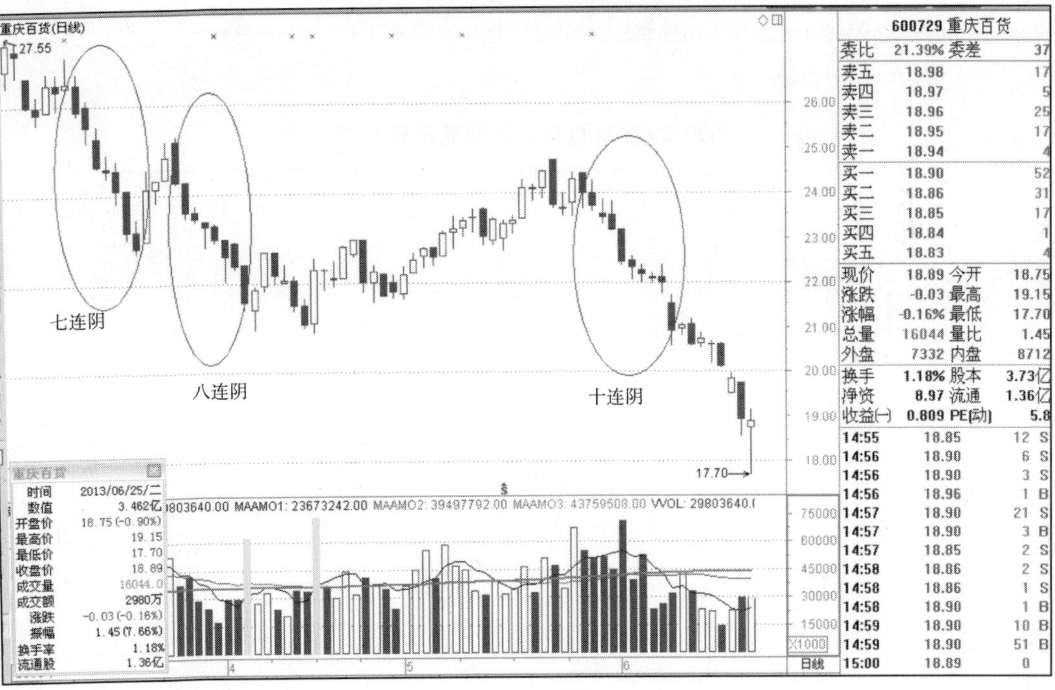

600729 重庆百货 2013. 6. 25 分时图

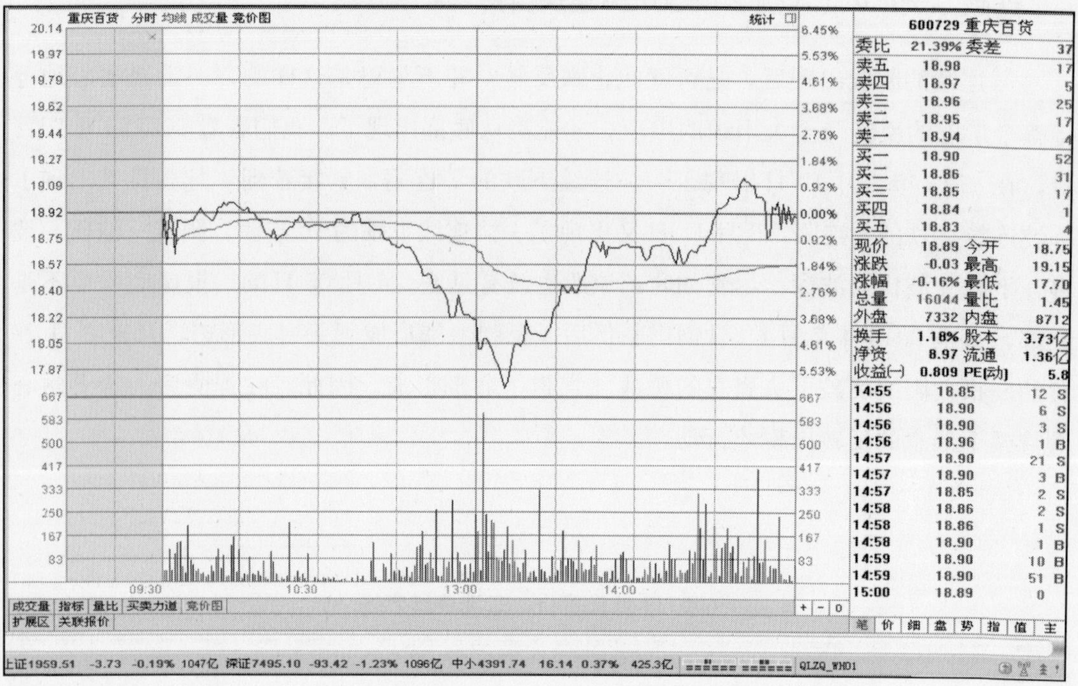

600729 重庆百货：头肩底反转形态

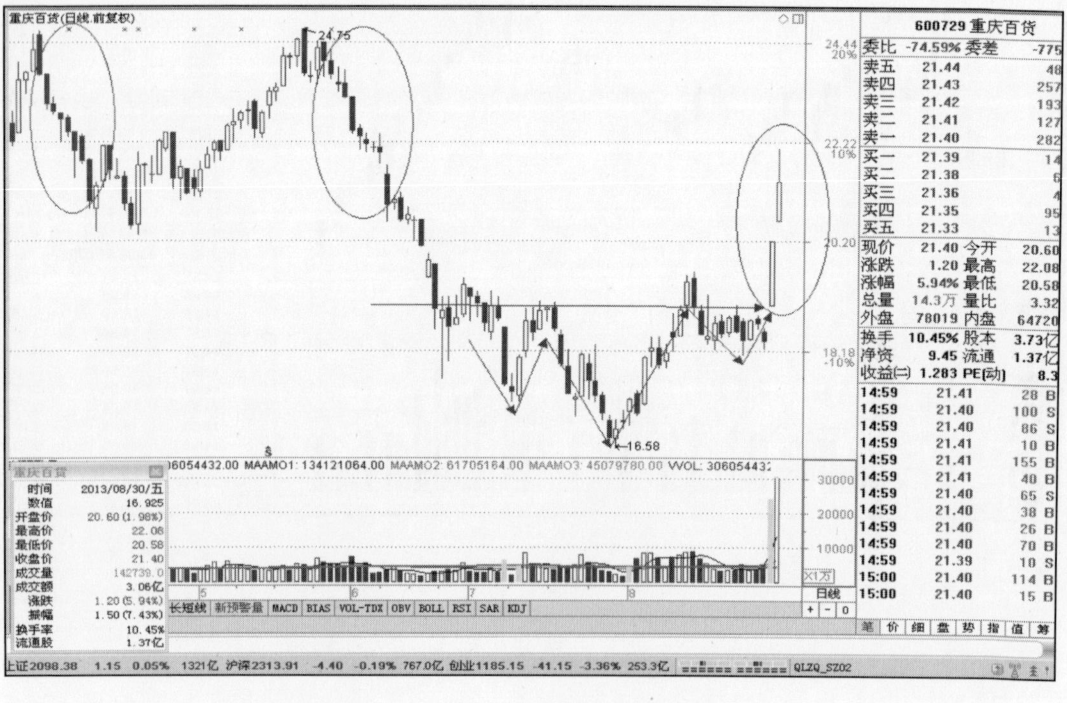

七十五、消息型跳空（实例1）600146大元股份

☆遇到突然消息发生跳空上涨或是跳空下跌时，应顺势而进。但遇到突发消息时，如果只出现连续线的粘连情况，则必须有所考虑。

☆注意：突发消息既有个股突发消息，也有板块突发消息。要将消息与行情走势图结合起来，选择可以参与的个股。当下跳空出现且向下突破了8日均线，最好的选择就是当日反弹时逢高出局。

☆国际金价在2011年9月6日创下每盎司1923.7美元的历史新高后，经过近1年的盘整，于2012年10月开始进入下行通道。在国际金价持续下跌时，2013年3月28日，大元股份（600146，现名商赢环球）公告称控股珠拉金矿。值得注意的是，2012年12月，股东大会同意以9.52元价格非公开发行股票8600万股，募集资金总额为8.18亿元，主要用于收购珠拉黄金79.64%的股权及补充流动资金。在金价下跌的大背景下，投资者看到这个公告后的反应就是：抛。该股当天跳空低开，然后一路下跌到2013年6月25日，跌幅高达41.81%。

下跳空（实例1）600146大元股份

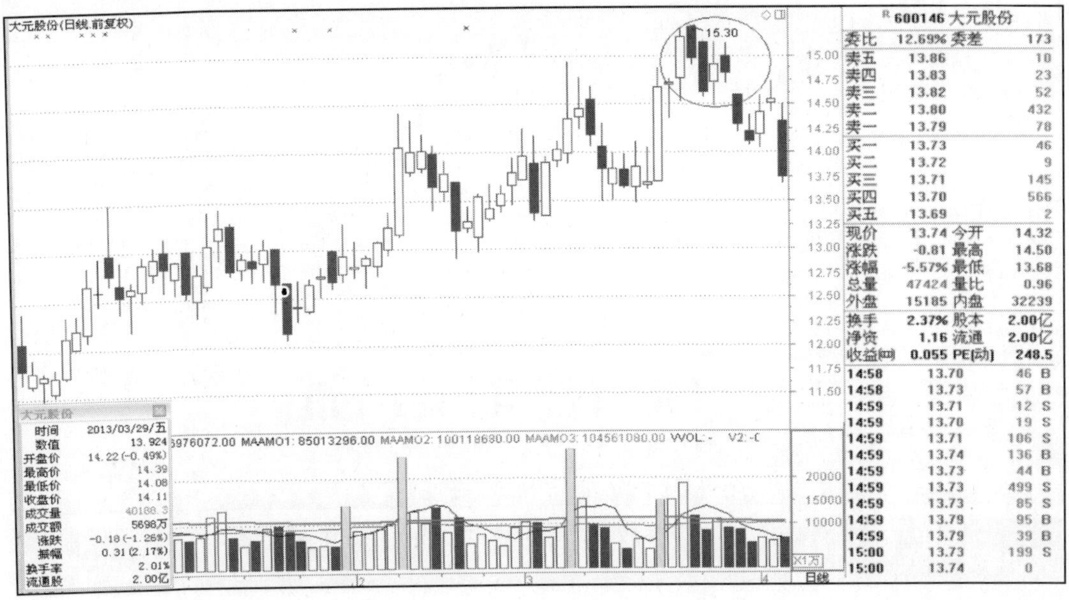

600146 大元股份 2013. 4. 3 的大阴线击穿下跳空低点当日分时图

600164 大元股份 2013（3. 28—6. 25）区间跌幅：41. 81％

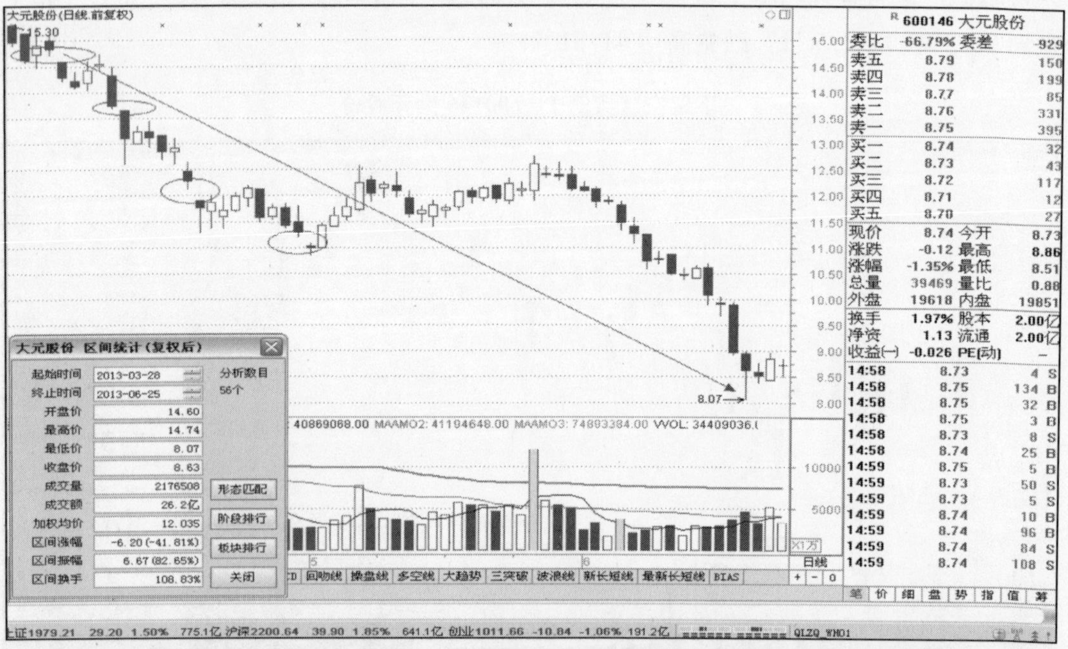

外表是靠不住的。

消息型跳空（实例 2）000597 东北制药

☆2013 年 4 月 16 日东北制药刊登关于公司向特定对象非公开发行股票方案的公告，当日复牌。东北制药董监事会决议公告称：东北制药五届四十次董事会及五届十二四次监事会于 2013 年 4 月 15 日召开会议，审议通过了如下议案：

一、《关于公司符合向特定对象非公开发行股票条件的议案》

二、《关于公司向特定对象非公开发行股票方案的议案》

1. 本次发行股票的种类和面值

本次发行的股票为人民币普通股 A 股，每股面值人民币 1 元。

……

在公告当日，该股向下跳空低开跌停，几日后又跳空高开涨停，然后一路下跌到 2013 年 6 月 25 日。

消息型上下跳空（实例 2）000597 东北制药

000597 东北制药 2013. 4. 22 分时图

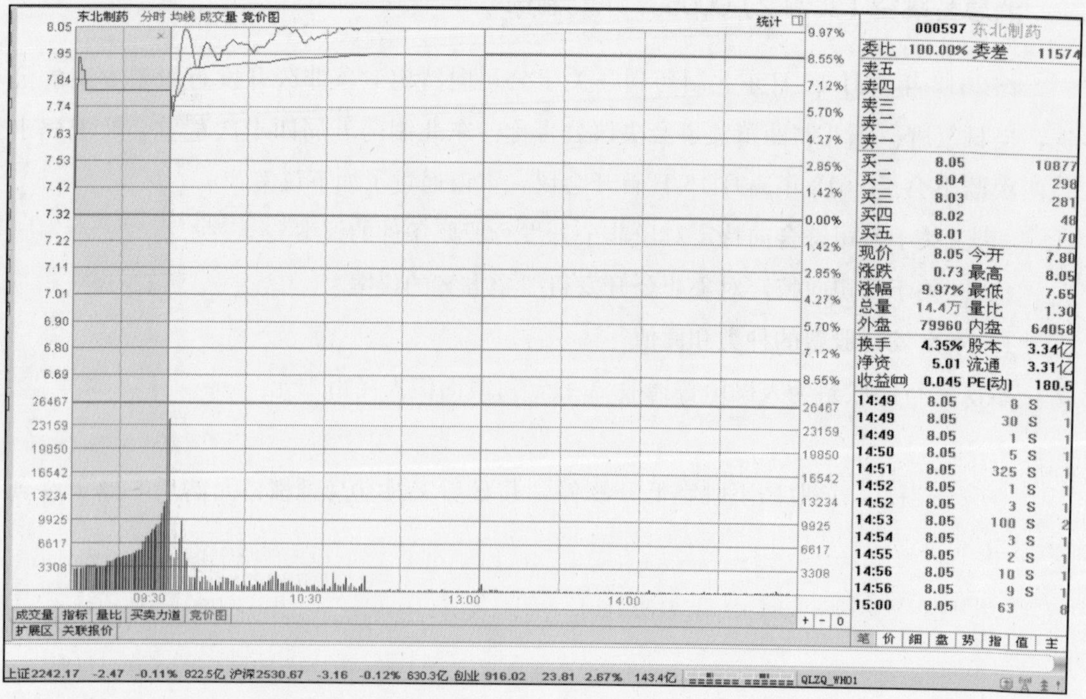

000597 东北制药 2013（4. 8—6. 25）区间跌幅：31. 94%

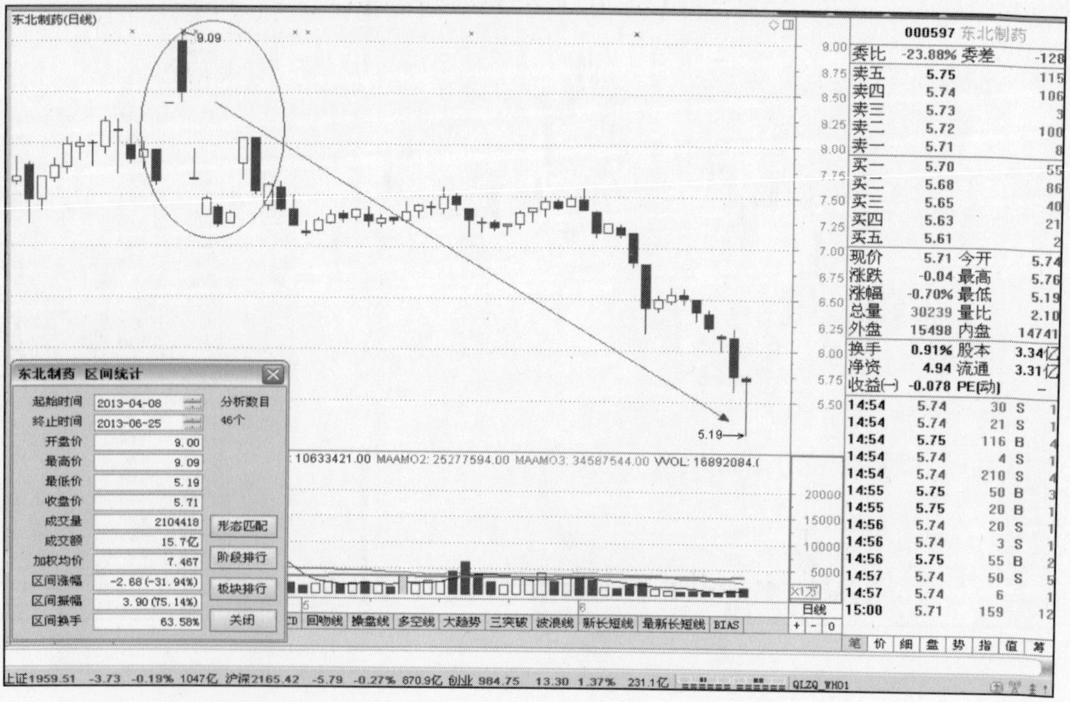

七十六、低档三连阴（实例1）600072中船股份

☆低档连出3日大阴线可以买进，高档连出3日大阳线应迅速获利了结。

☆注意：当大阴线与大阳线的涨跌幅度超过5%后要警惕其后一根K线多空力量的变化情况，并注意与成交量结合分析多空力量的变化，也要留意消息面。

☆600072中船股份（现名中船科技）在2013年7月29日公布的2013年半年报中称："基本每股收益－0.129元，稀释每股收益－0.129元，基本每股收益（扣除）－0.129元，每股净资产2.6292元，摊薄净资产收益4.8912%，加权净资产收益率－4.772%；营业收入319211209.60元，归属于母公司所有者净利润－61524328.85元，扣除非经常性损益后净利润－61865772.57元，归属于母公司股东权益1257867074.91元。"公布当日出现了跳空下跌的大阴线；次日继续跳空下跌，盘中跌幅超过5%，收出一根下阻线后止跌反转。

低档三连阴（实例1）600072中船股份

600072 中船股份 2013. 7. 29 大阴线分时图

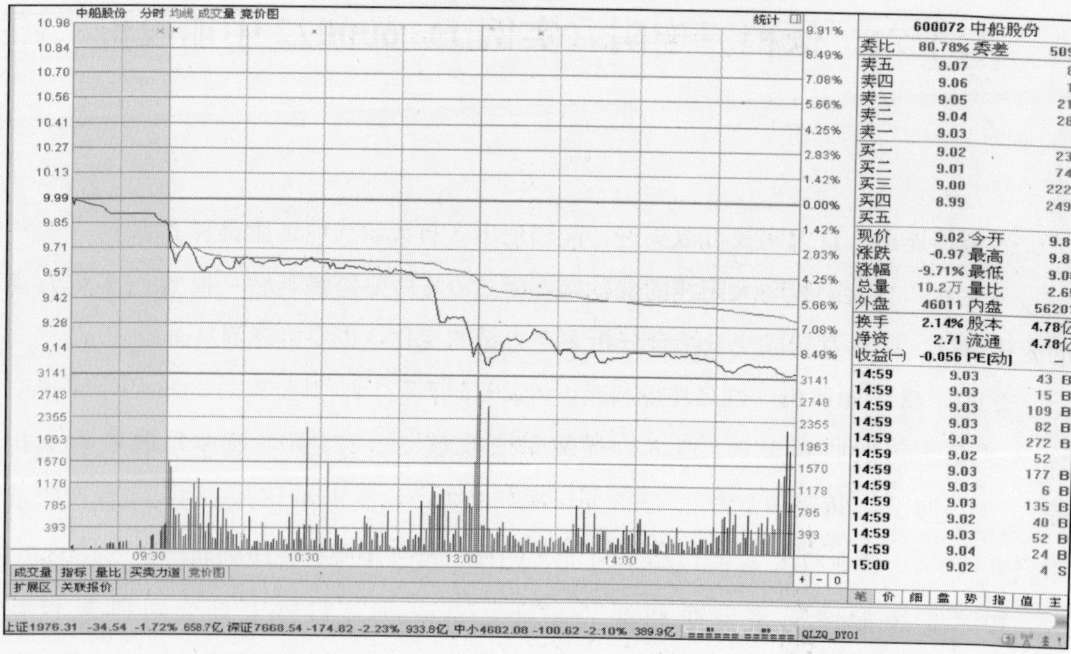

600072 中船股份 2013（7. 31—9. 11）区间涨幅：66. 74%

人笨没有关系，但是不能不学习。

高档三连阳（实例 2）002193 山东如意 （现名如意集团）

☆2013 年 4 月 11、12、15 日三个交易日上证指数出现三连阴，而山东如意市场表现十分出色，该股连续 3 日上涨，累计涨幅为 12.63%；从当时盘面来看表现强势，18 个交易日累计涨幅 54.29%，累计换手率达 131.04%。4 月 15 日更是创下近 8 个月以来盘中最高成交价 11.97 元；4 月 16 日，有报道称：“公司一季度业绩同比大幅下滑，但丝毫没有动摇游资做多的决心。近一个月来，大户资金对该股宠爱有加，先后陆续介入近 1.2 亿元。从目前走势来看，似乎还特别强劲有力，估计游资还不会这么早就脱身，建议尚有该股的投资者可继续持仓。”但股价走势却是相反的，当日收出一根大阴线，其后一路下跌，直到 2013 年 7 月 4 日创出 6.35 的最低价后才止跌企稳。

高档三连阳（实例 2）002193 山东如意

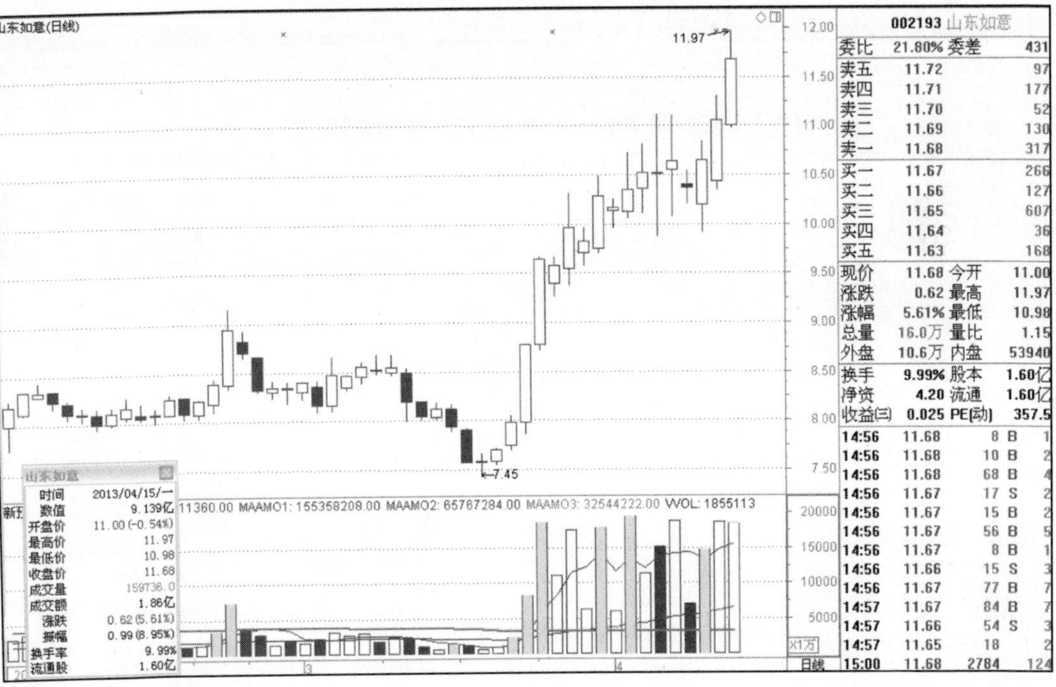

002193 山东如意 2013. 4. 15 分时图

002193 山东如意 2013（4. 16—7. 8）区间跌幅：41. 52%

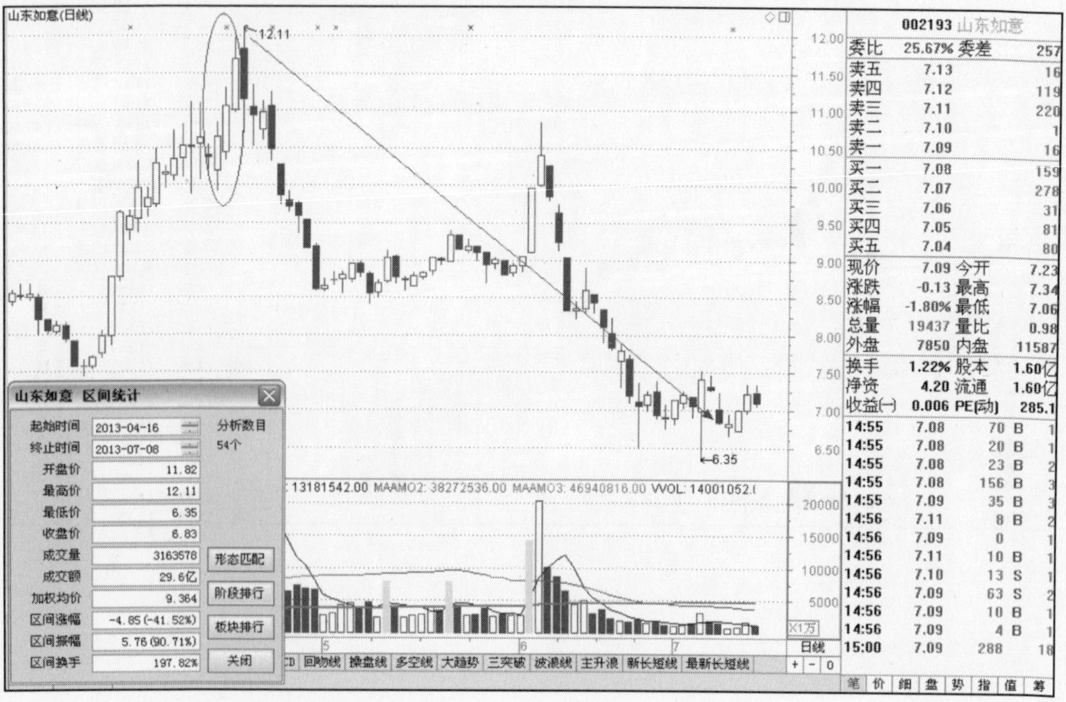

七十七、回档支撑线（实例 1）300059 东方财富

☆ 在上升的走势中，常出现回档 3 根或 5 根的现象；回档 3 根可以买进，回档 5 根应加码买进。

☆ 注意：上升走势中的回档应该结合趋势线买进。当受到趋势线支撑时就是买进的位置，画支撑线有一个窍门：选择第二波的量一定要大于第一波的量，这样的趋势线才有效，也可以在回档到位时买进。譬如，300059 东方财富在 2013 年 3 月脱离底部形成上升趋势后，每次到趋势线就会受到支撑，然后就有一波上涨。当然，该公司致力于成为我国最大的网络财经信息平台综合运营商之一，其广告业务的主题符合当时炒作的娱乐传媒题材。

☆ 注意：下降的压力线一旦形成，价格反弹到压力线就是反弹出局的位置。特别要注意：当反弹的量小于前一波的量，反弹到压力线附近受阻一定要出局。只有价格突破后连续几日运行在趋势线上方，且涨幅大于 3%才是真实的突破。

☆ 注意：突破后还有一个回抽确认的走势，当回抽确认不低于突破时的开盘价时，才可以确认突破的有效性。

回档支撑线（实例 1）300059 东方财富 2013（1. 25—4. 17）

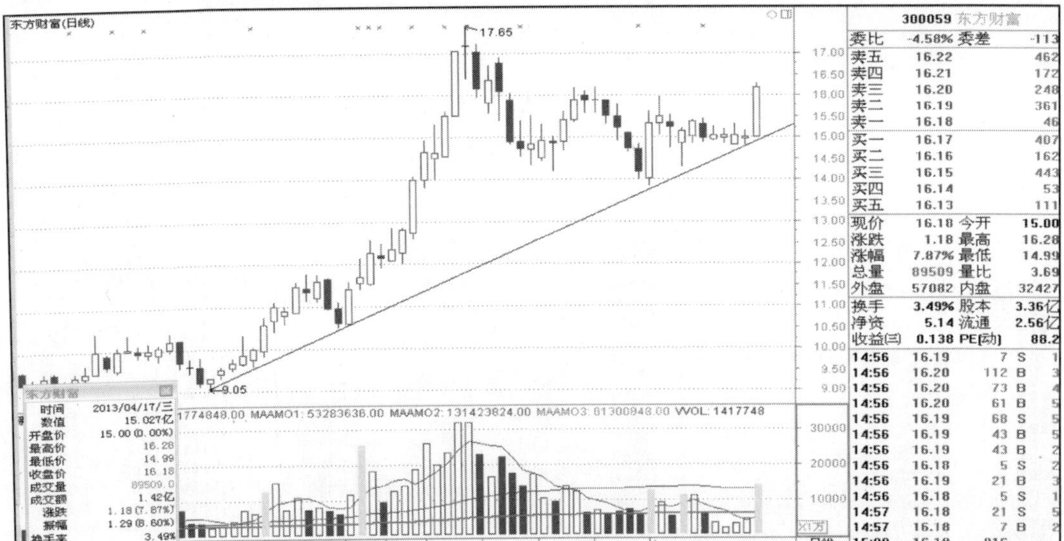

300059 东方财富 2013.4.17 分时图

300059 东方财富 2013（4.17—7.10）区间涨幅：141.64%

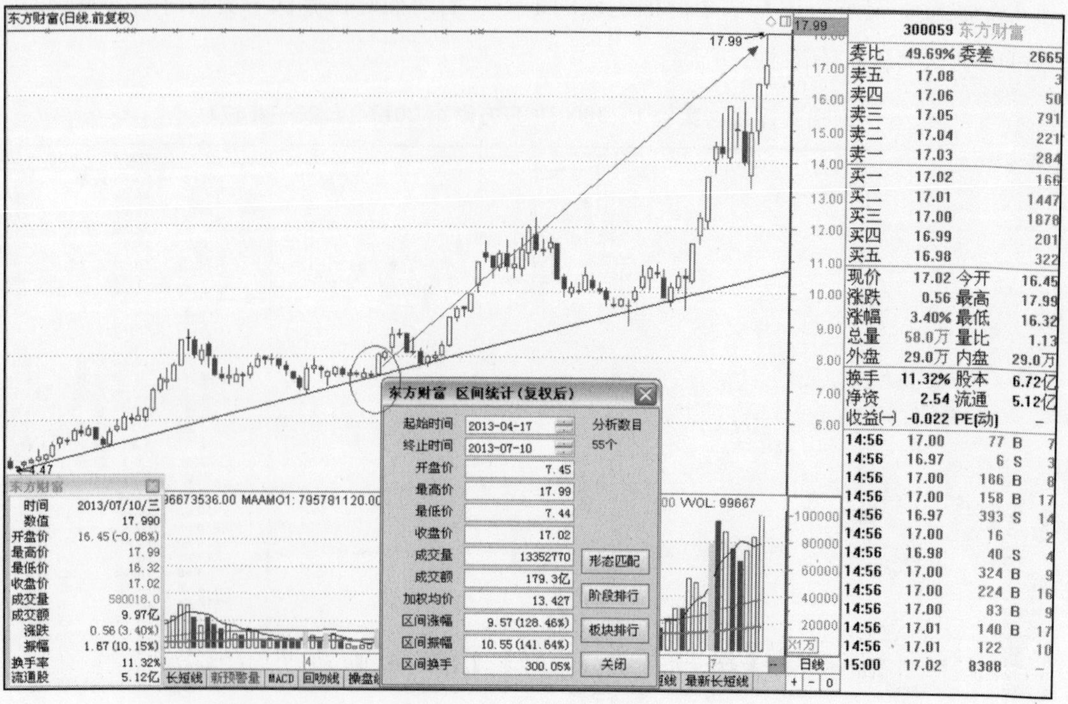

回档支撑线（实例 2）002714 牧原股份

002714 牧原股份 2019（1. 18—3. 29）区间涨幅：112. 38%

小不忍，则会乱大谋。

七十八、底部三大阳（实例 1）600620 天宸股份

☆ 由底部上升，随即出现大阳线，应等连出 3 根后再买进为佳。如果仅仅是 1 根大阳线，未形成明显的上涨趋势，连续 3 根趋势才明朗。注意：底部 3 根大阳线往往是主力资金进场的标志；主力不会无缘无故地进场，其背后的故事局外人是不知情的，但 K 线的形态却会暴露其中的奥秘。

☆ 600620 天宸股份在经过一波下跌的调整后于 2013 年 6 月 25 日止跌企稳，其后走出了底部三大阳线，然后持续上涨，75 个交易日区间涨幅达 99.82%。

底部三大阳（实例 1）600620 天宸股份

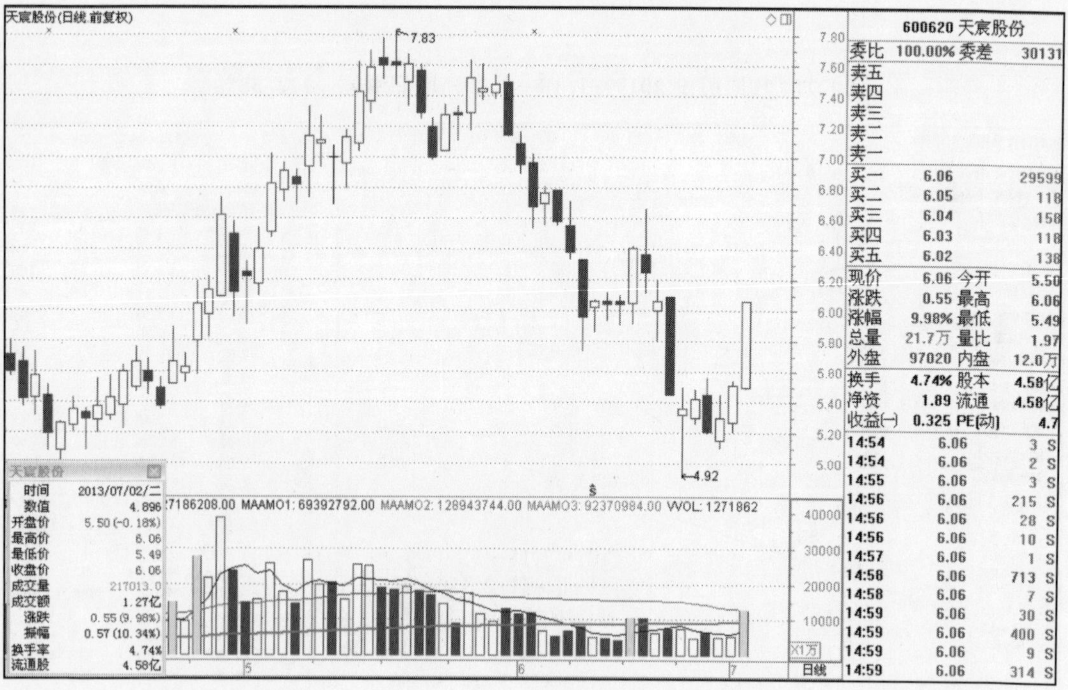

600620 天宸股份 2013. 7. 2 分时图

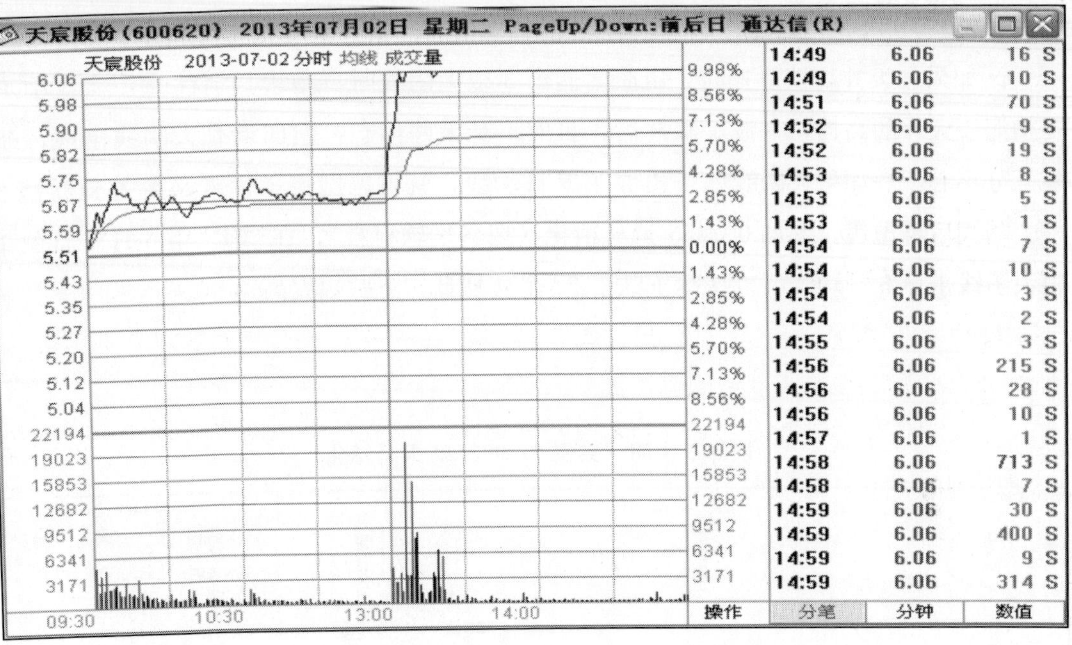

600620 天宸股份 2013（7. 2—10. 23）区间涨幅：99. 82%

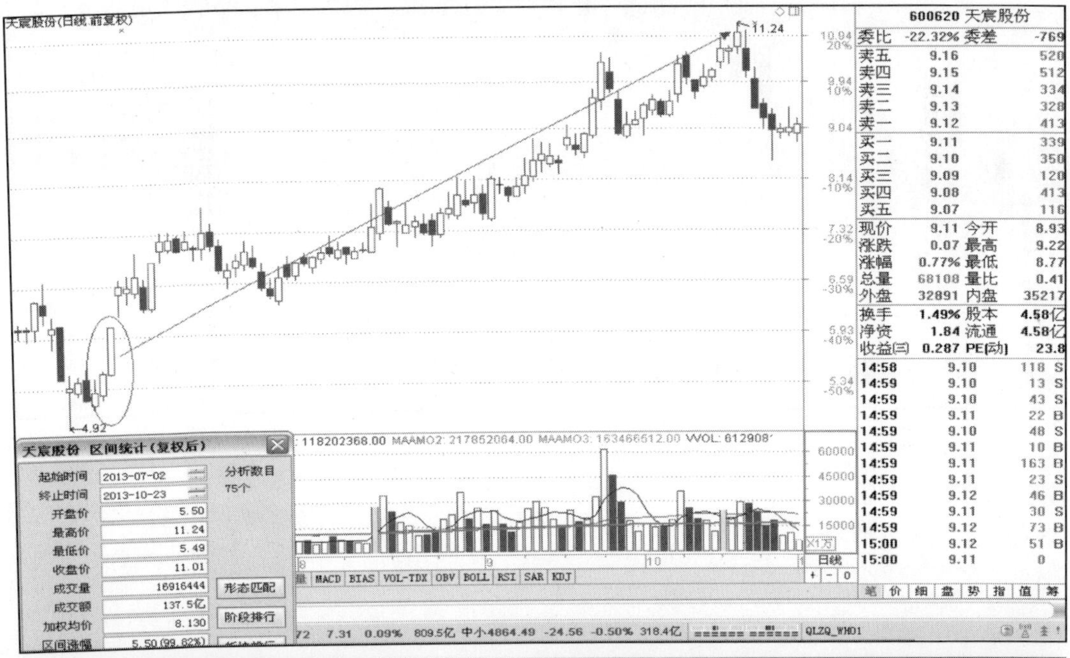

语言就像花朵，行动才是果实。

顶部三大阴（实例 2）002453 天马精化

☆如果在天井高档下挫时，也应等连出 3 根大阴线时再抛售。请注意：实盘中不要拘泥于天井的高档，一波上涨之后，虽然不是天井形态，但如果有大阴线出现，就要万分小心了！如果大阴线向下击穿了 8 日均线，就可以抛售了！未必要等到高档 3 根大阴线后再抛售。譬如 002453 天马精化（现名华软科技），在 2013 年 6 月 4 日的 1 根大阴线击穿 8 日均线后，持续下跌了 22 个交易日，下跌幅度高达 40%。

顶部三大阴（实例 2）002453 天马精化

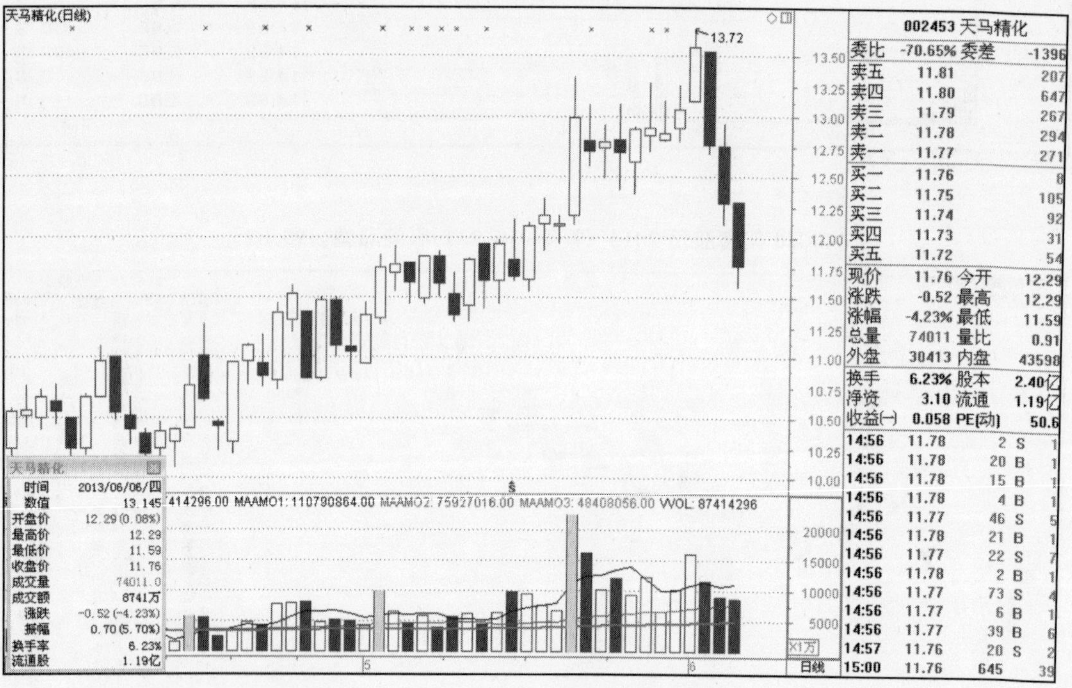

002453 天马精化 2013.6.6 分时图

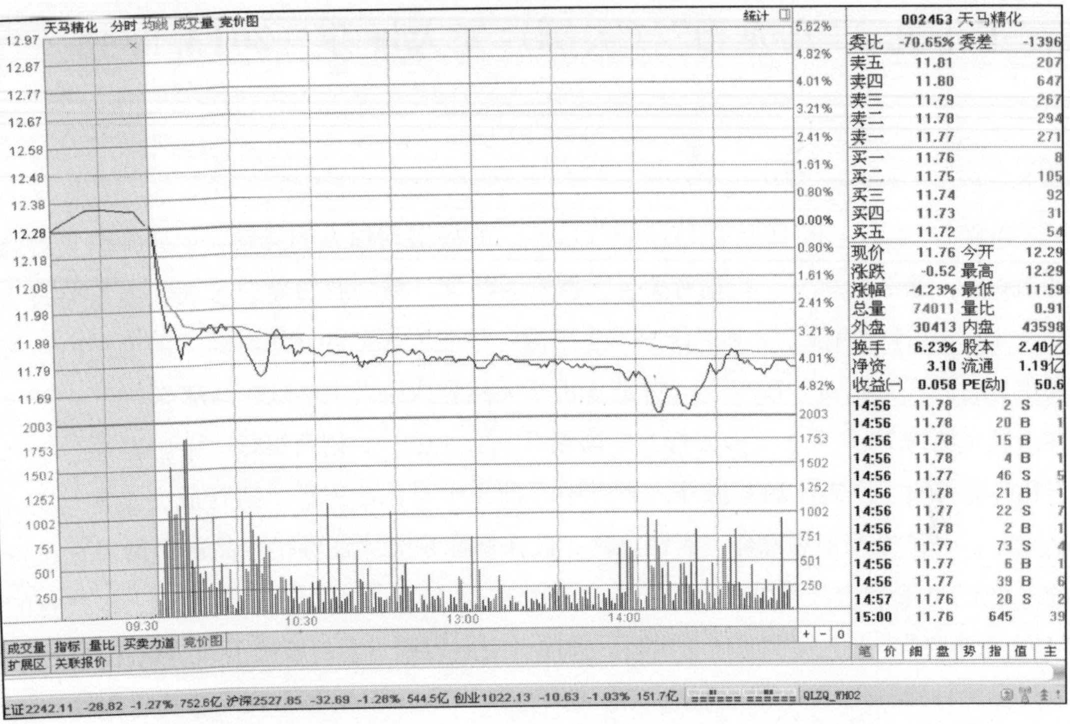

002453 天马精化 2013（6.6—7.8）区间跌幅：33.79%

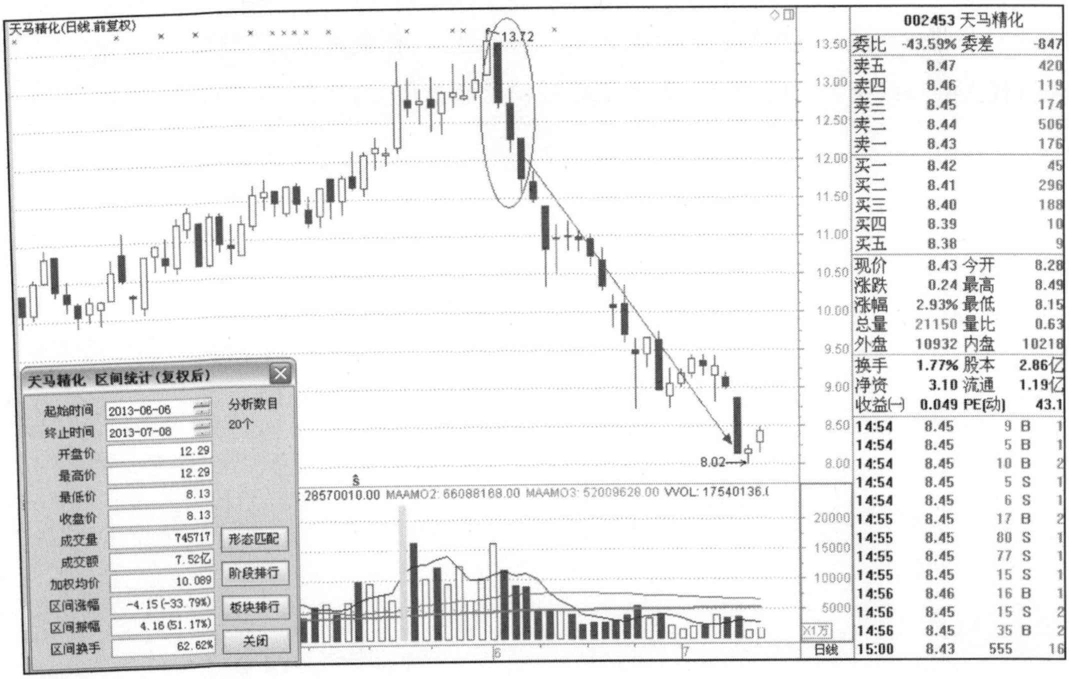

七十九、“乌龙指”（实例）光大证券（2013.8.16）

☆2013年8月16日上午11:05—11:07，沪指出现惊人的异动，3分钟内直线拉升100点，暴涨5.06%。根据有关各方披露的信息，杨剑波领导的光大证券策略投资部于8月16日使用独立套利系统时发生事故，导致光大证券在短时间内向上交所申报买单234亿，实际成交72.7亿，并造成沪指突然直线拉升100点、暴涨5.06%，两分钟内成交额约78亿元。工商银行、中国银行、农业银行、招商银行、中国石油、中国石化等蓝筹股一度集体触及涨停。当时中石油、中石化、工行、招行成交金额均为1亿元左右，70余只股票涨停。有消息称：此次暴涨是光大证券衍生品部门做量化投资的一个ETF套利产品下单失误，3000万股错写成3000万手，造成A股史上最严重的“乌龙指事件”。光大发生“乌龙指”后大肆做空股指期货，趁股民不知情疯狂自救。

☆2013年8月30日，证监会认定光大证券8月16日的异常交易行为已经构成内幕交易、信息误导、违反证券公司内控管理规定等多项违法违规行为，同时指出光大董秘梅键的回应误导公众，责令改正并处罚款20万元，同时对徐浩明（光大前总裁）、杨赤忠（总裁助理）、沈诗光（计划财务部总经理）、杨剑波（策划投资部总经理）4位责任人处以终身禁入的处罚，光大证券被罚款逾5亿元。

光大证券：最后一根 K 线是 2013. 8. 16“乌龙指”当日 K 线图

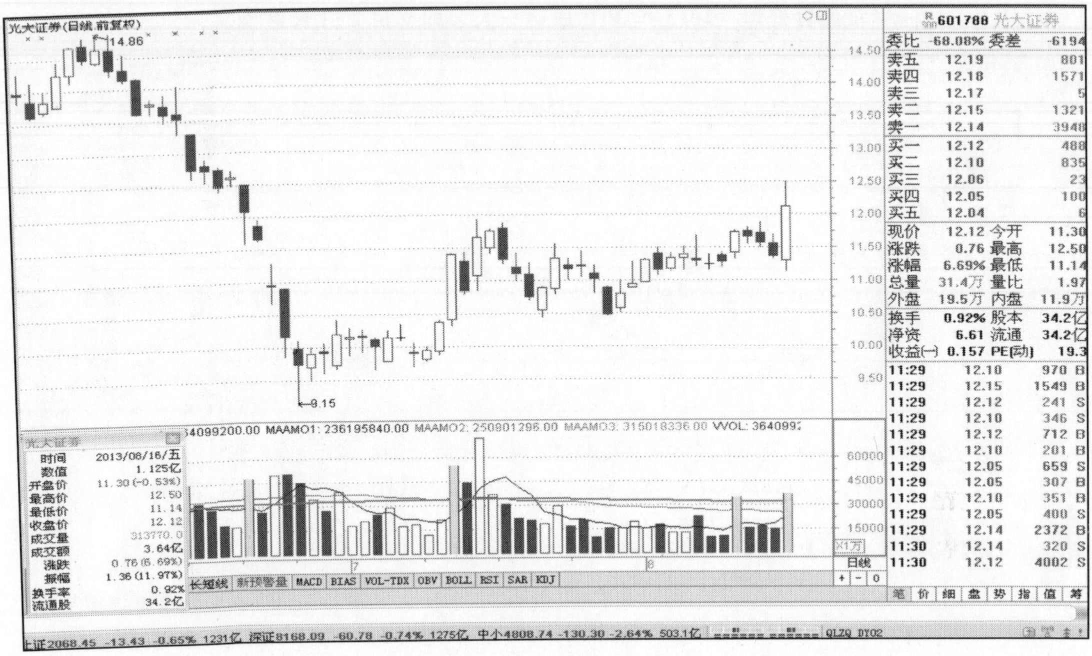

光大证券：2013. 8. 16“乌龙指”分时图

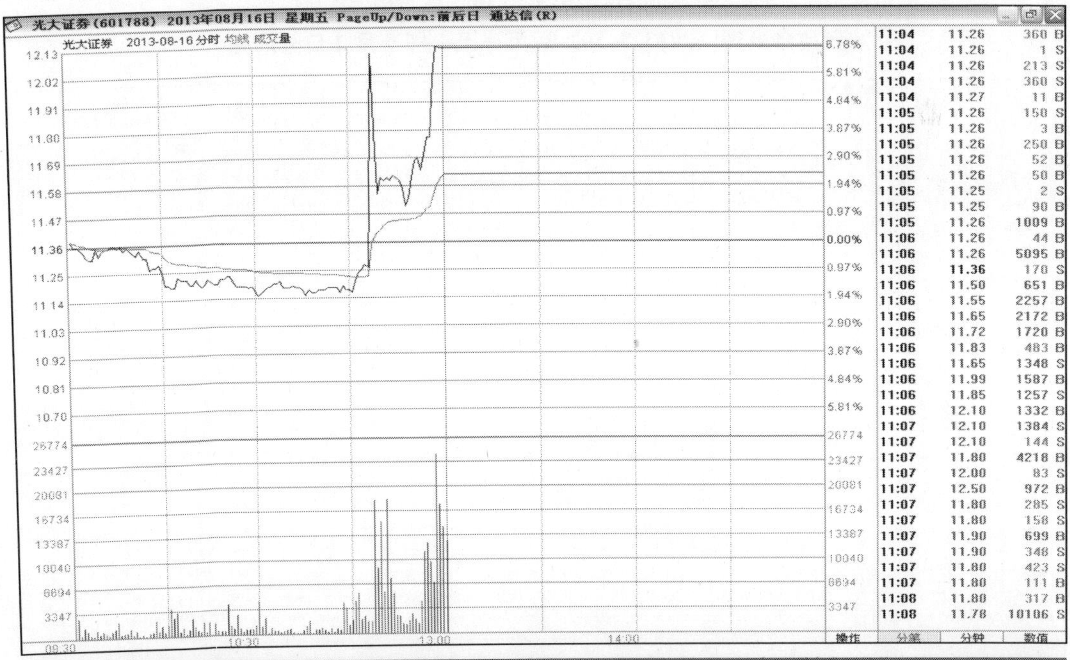

有心栽花花不开，无心插柳柳成荫。

光大证券：2013. 8. 16“乌龙指”

证监会处理（2013. 8. 30）后第一天，即 9 月 2 日 K 线图

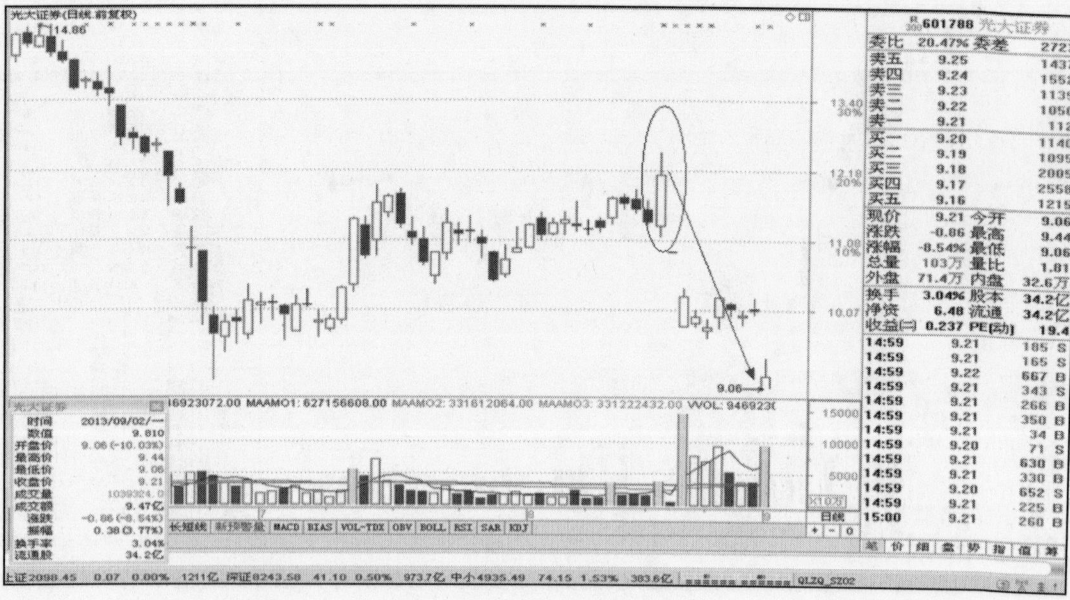

光大证券：2013. 8. 16“乌龙指”

证监会处理（2013. 8. 30）后第一天，即 9 月 2 日分时图

小常识：“乌龙指”

股票中的“乌龙指”是指股票交易员、操盘手、股民等在交易时，不小心敲错了价格、数目、买卖方向等事件的统称。

例如，预备以 25 元钱买进某只股票，但在敲键盘的时候不小心敲成 28 元钱；想要卖出股票，但却点成了买进，此类事件即被称为“乌龙指事件”。

“乌龙指事件”在成交量大时，会造成股价瞬间的急剧波动；而市场上有些股价的瞬间急剧波动，比如一只股价正常的股票，忽然下跌 5 个点甚至更多，然后迅速拉回，这也可能是“老鼠仓”。

“乌龙指”和“老鼠仓”都会引起股价的瞬间急剧波动，所不同的是“乌龙指”是无意的错误交易行为，而“老鼠仓”则是有意的利益输送行为。

601398 工商银行最后一根 K 线是
2013. 8. 16 受光大证券“乌龙指”影响当日 K 线图

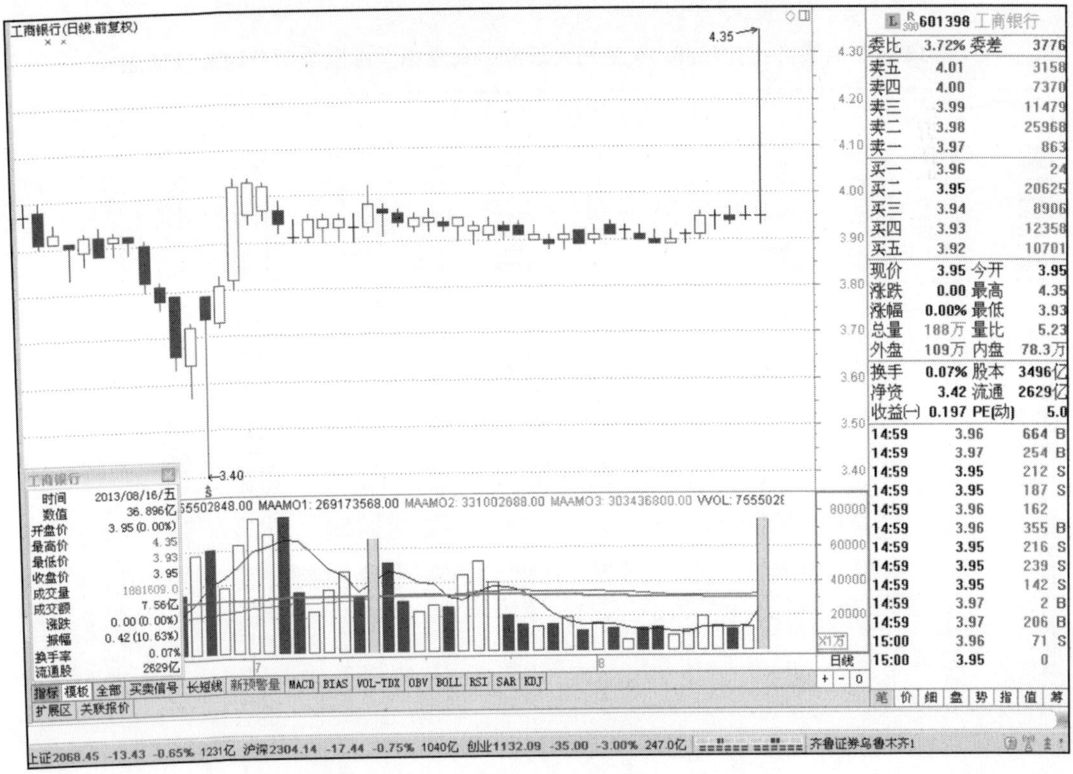

601398 工商银行 2013. 8. 16 分时图

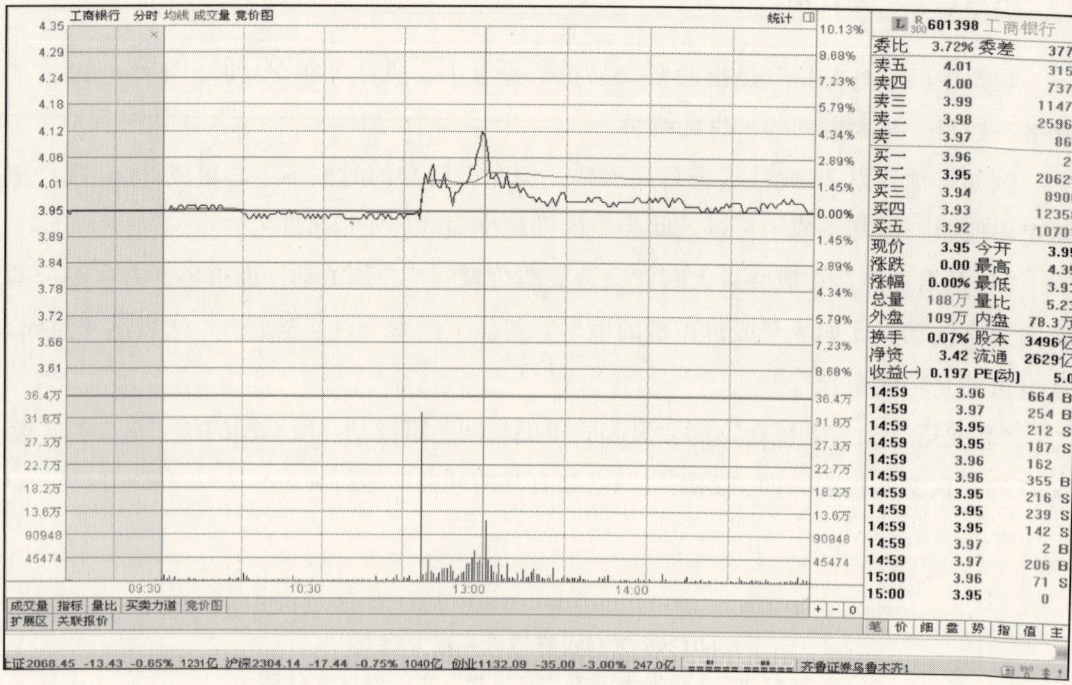

601398 工商银行：2013. 8. 16 受光大证券“乌龙指”影响当时分时成交明细

601398 工商银行 分时成交明细　Up/PageUp:上翻 Down/PageDown:下翻

时间	价格	现量	时间	价格	现量	时间	价格	现量	时间	价格	现量
10:45	3.93	10 S	10:55	3.94	8 B	11:01	3.94	92 B	11:06	3.95	4084 S
10:45	3.93	65 S	10:55	3.93	224 S	11:01	3.94	97 B	11:06	4.31	2703 B
10:46	3.93	4 S	10:56	3.93	125 S	11:01	3.94	309 B	11:06	4.03	2693 S
10:46	3.94	9 B	10:56	3.93	44 S	11:01	3.94	3321 B	11:06	4.00	1451 S
10:46	3.94	14 B	10:56	3.93	1278 S	11:01	3.94	658 B	11:07	4.35	622 B
10:47	3.93	3 S	10:56	3.93	2292 S	11:02	3.94	249 B	11:07	4.35	1150 S
10:47	3.94	9 B	10:56	3.93	434 S	11:02	3.94	309 B	11:07	4.35	2803 B
10:48	3.94	9 B	10:56	3.93	36 S	11:02	3.94	9 B	11:07	4.09	459 S
10:48	3.93	3 S	10:57	3.94	135 B	11:02	3.93	8 S	11:07	4.30	466 B
10:49	3.93	6 S	10:57	3.94	127 B	11:02	3.94	9043 B	11:07	4.03	436 S
10:49	3.94	6517 B	10:57	3.93	100 S	11:02	3.94	17 S	11:07	4.03	656 B
10:49	3.94	1874 B	10:57	3.94	410 B	11:02	3.94	393 S	11:07	4.03	1732 S
10:49	3.94	8 B	10:57	3.94	11074 B	11:02	3.94	2 S	11:07	4.00	864 S
10:49	3.94	71 B	10:58	3.93	46 S	11:03	3.94	283 S	11:07	4.00	634 B
10:49	3.93	2 S	10:58	3.94	103 B	11:03	3.95	9 B	11:07	4.00	1360 B
10:50	3.94	8 B	10:58	3.93	182 S	11:03	3.94	31 S	11:07	4.03	613 B
10:50	3.93	20 S	10:58	3.94	103 B	11:04	3.94	20 S	11:08	4.02	1164 S
10:50	3.94	209 B	10:58	3.94	103 B	11:04	3.94	11 S	11:08	4.00	132 S
10:50	3.94	477 B	10:58	3.93	1 S	11:04	3.94	2 S	11:08	4.03	598 B
10:51	3.94	103 B	10:58	3.94	500 B	11:04	3.95	3 B	11:08	4.00	1625 S
10:51	3.93	2 S	10:59	3.94	9 B	11:05	3.94	88 S	11:08	4.03	1778 B
10:51	3.94	8 B	10:59	3.93	2 S	11:05	3.94	5 S	11:08	4.01	5086 S
10:52	3.93	5 S	10:59	3.93	1 S	11:05	3.94	261 S	11:08	4.02	927 S
10:52	3.94	92 B	11:00	3.93	77 S	11:05	3.95	723 B	11:08	4.01	2278 S
10:52	3.93	2 S	11:00	3.94	511 B	11:05	3.95	1026 B	11:08	4.01	2309 S
10:53	3.94	7 B	11:00	3.94	266 B	11:05	3.94	468 B	11:09	4.05	778 B
10:53	3.94	8 B	11:00	3.94	2805 B	11:05	3.93	347 S	11:09	4.01	10632 S
10:53	3.94	4999 B	11:00	3.94	1231 B	11:06	4.35	31.3万 B	11:09	4.02	2996 B
10:54	3.93	2 S	11:00	3.94	473 B	11:06	3.98	852 S	11:09	4.02	4494 B
10:54	3.94	8 B	11:00	3.94	156 B	11:06	4.19	436 B	11:09	4.02	494 S
10:54	3.93	100 S	11:00	3.94	1030 B	11:06	4.35	1157 B	11:09	4.02	383 B
10:55	3.93	78 S	11:00	3.94	59 B	11:06	4.31	251 S	11:09	4.02	505 B
10:55	3.93	10 S	11:00	3.94	40 B	11:06	4.19	1158 S	11:09	4.03	17950 B
10:55	3.93	32 S	11:01	3.93	2 S	11:06	4.03	2550 S	11:09	4.03	218 S

上证2068.45 -13.43 -0.65% 1231亿 深证8168.09 -60.78 -0.74% 1275亿 中小4808.74 -130.30 -2.64% 503.1亿 齐鲁证券乌鲁木齐1

600036 招商银行：最后一根 K 线是 2013. 8. 16 受光大证券“乌龙指”影响当日 K 线图

600036 招商银行 2013. 8. 16 分时图

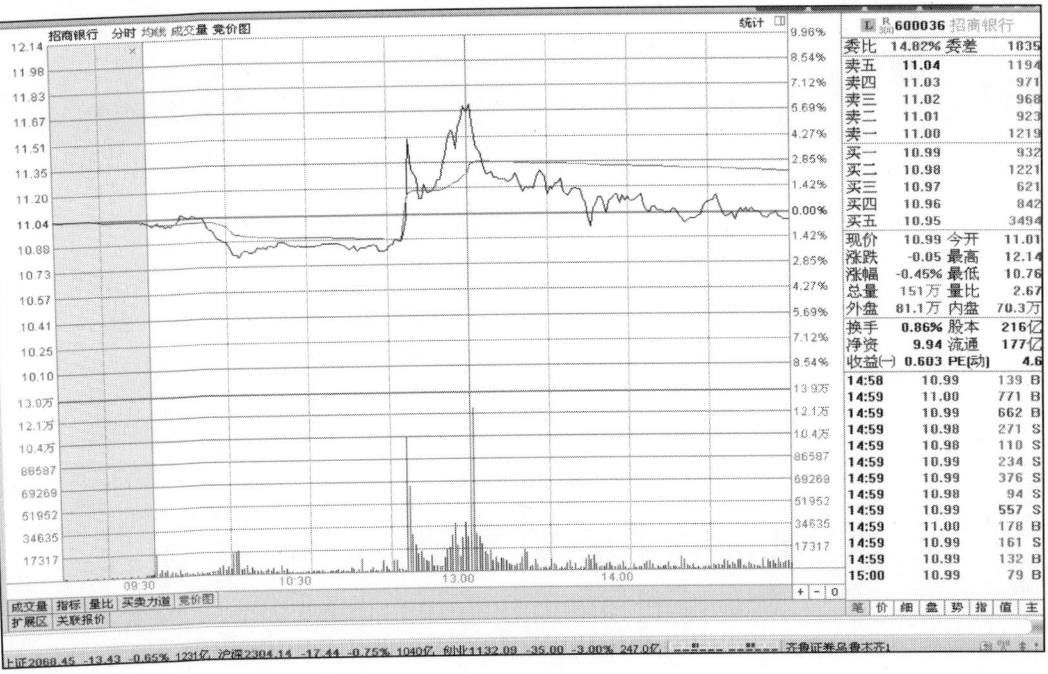

600036 招商银行：2013. 8. 16 受“乌龙指”影响当时分时成交明细

600036 招商银行 分时成交明细　　Up/PageUp:上翻 Down/PageDown:下翻

时间	价格	现量	时间	价格	现量	时间	价格	现量	时间	价格	现量
10:57	10.81	198 B	11:00	10.85	159 B	11:03	10.87	33 S	11:06	12.13	1923 S
10:57	10.81	3 S	11:00	10.83	3 S	11:03	10.87	11 S	11:06	11.88	7867 S
10:57	10.82	55 B	11:00	10.83	124 S	11:03	10.87	3 S	11:06	12.14	4518 B
10:57	10.81	4 S	11:00	10.84	267	11:03	10.88	33 B	11:06	11.20	2006 S
10:58	10.81	3 S	11:00	10.84	15 B	11:03	10.87	11 S	11:06	11.36	7012 S
10:58	10.81	3 S	11:01	10.84	68 B	11:04	10.87	3 S	11:06	11.01	1710 S
10:58	10.82	161 B	11:01	10.84	53 S	11:04	10.87	78 S	11:06	11.01	26309 S
10:58	10.81	5 S	11:01	10.84	165 S	11:04	10.87	52 S	11:07	11.36	6896 B
10:58	10.81	9 S	11:01	10.84	3 S	11:04	10.88	28 B	11:07	11.36	136 S
10:58	10.83	451 B	11:01	10.85	272 B	11:04	10.88	23 B	11:07	12.14	3056 B
10:58	10.81	3 S	11:01	10.84	486 S	11:04	10.87	3 S	11:07	11.88	406 S
10:58	10.83	431 B	11:01	10.85	1841 B	11:04	10.88	103 B	11:07	11.44	932 S
10:58	10.83	5 B	11:01	10.86	3299 B	11:04	10.87	3 S	11:07	11.37	569 S
10:58	10.81	3 S	11:01	10.85	307 S	11:04	10.87	3 S	11:07	11.80	845 B
10:58	10.81	166 S	11:01	10.86	128 B	11:04	10.88	8 B	11:07	11.45	1175 S
10:58	10.81	3 S	11:01	10.85	2013 S	11:04	10.87	3 S	11:07	11.44	4518 B
10:59	10.82	12 S	11:02	10.87	408 B	11:04	10.87	3 S	11:07	11.45	5664 B
10:59	10.83	105 B	11:02	10.87	381 B	11:05	10.88	128 B	11:07	11.45	2981 B
10:59	10.82	18 S	11:02	10.87	52 B	11:05	10.86	376 S	11:07	11.50	986 B
10:59	10.82	1 S	11:02	10.86	426 S	11:05	10.86	52 S	11:08	11.50	1177 B
10:59	10.82	3 S	11:02	10.86	123 S	11:05	10.87	5 B	11:08	11.46	648 S
10:59	10.82	23 S	11:02	10.87	30 B	11:05	10.86	3 S	11:08	11.37	5735 S
10:59	10.83	31 B	11:02	10.87	172 B	11:05	10.87	52 B	11:08	11.35	1024 S
10:59	10.82	3 S	11:02	10.87	3 S	11:05	10.86	5 S	11:08	11.50	4984 B
10:59	10.82	6 S	11:02	10.88	71 B	11:05	12.14	10.3万 B	11:08	11.31	2472 S
10:59	10.83	12 B	11:02	10.87	22 S	11:05	10.85	40 S	11:08	11.34	579 B
10:59	10.82	29 S	11:02	10.88	106 B	11:05	10.86	61 B	11:08	11.30	2094 S
11:00	10.82	3 S	11:02	10.88	4 B	11:05	10.91	111 B	11:08	11.31	2101 S
11:00	10.82	24 S	11:03	10.88	1342 B	11:05	10.91	3 S	11:09	11.26	1582
11:00	10.83	945 B	11:03	10.88	17 B	11:06	12.00	325 B	11:09	11.23	1093 S
11:00	10.82	321 S	11:03	10.87	55 S	11:06	11.08	571 S	11:09	11.23	3207 B
11:00	10.83	3578 B	11:03	10.88	6 B	11:06	12.14	12237 B	11:09	11.25	3120 B
11:00	10.83	2198 B	11:03	10.87	3 S	11:06	12.14	179 S	11:09	11.25	1436 B
11:00	10.85	954 B	11:03	10.87	13 S	11:06	12.14	906 S	11:09	11.25	766 S

上证2068.45 -13.43 -0.65% 1231亿 沪深2304.14 -17.44 -0.75% 1040亿 创业1132.09 -35.00 -3.00% 247.0亿 齐鲁证券乌鲁木齐1

600028 中国石化：最后一根 K 线是 2013. 8. 16 受“乌龙指”影响当日 K 线图

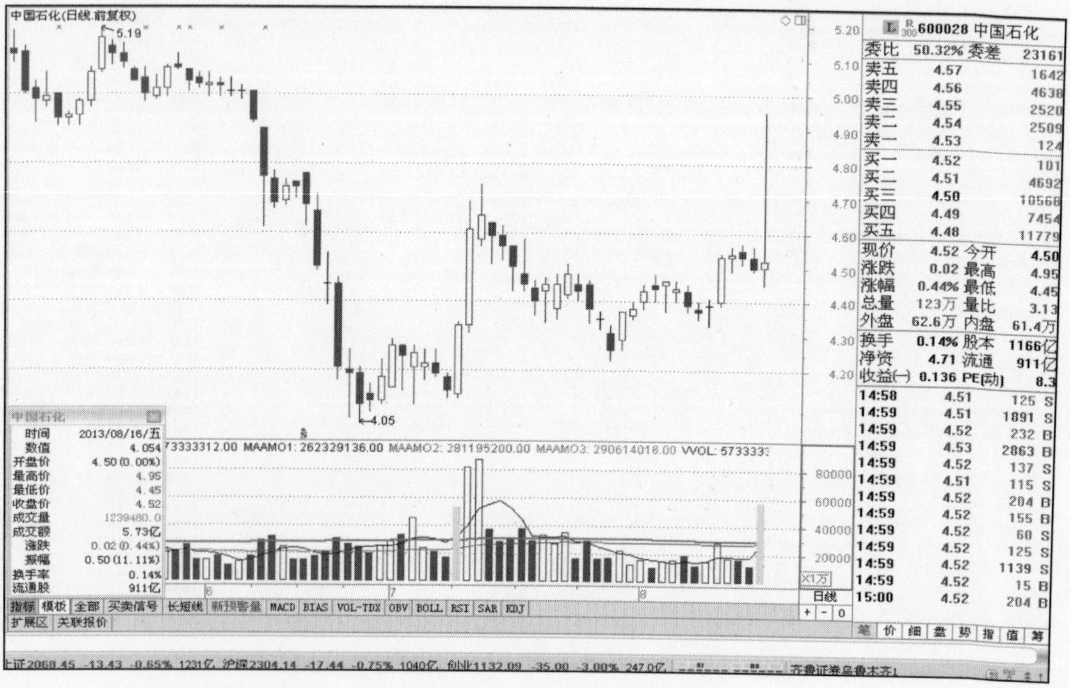

600028 中国石化 2013. 8. 16 分时图

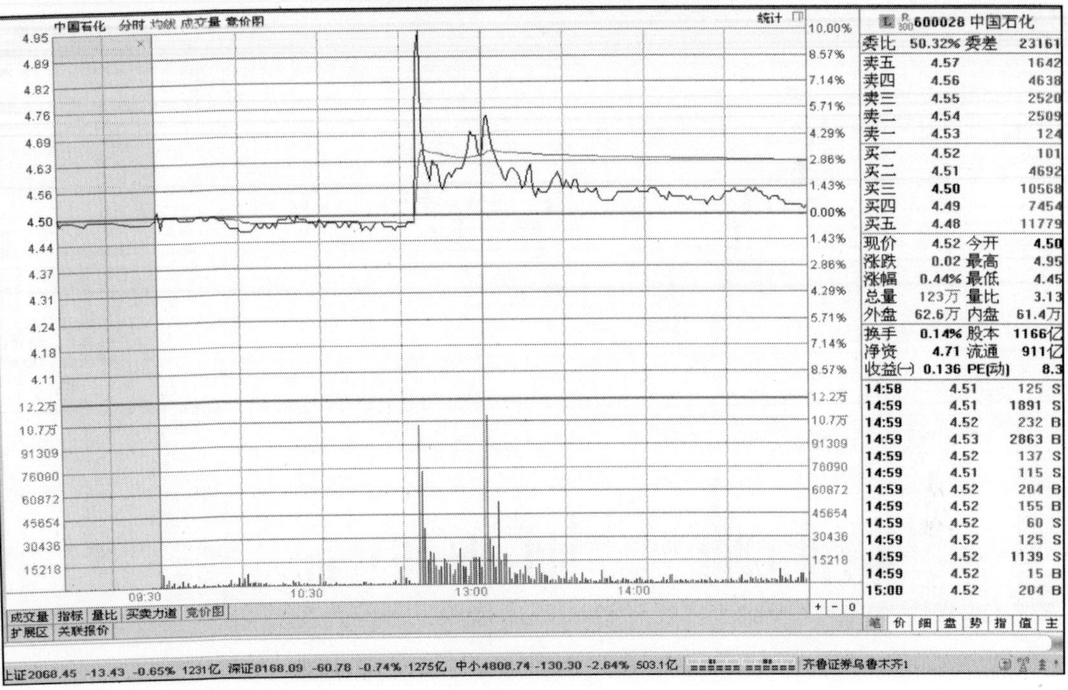

600028 中国石化：2013. 8. 16 受“乌龙指”影响当时分时成交明细

600028 中国石化 分时成交明细　Up/PageUp:上翻 Down/PageDown:下翻

时间	价格	现量
11:00	4.48	1267 B
11:00	4.48	194 B
11:00	4.48	42 B
11:00	4.47	1 S
11:00	4.48	20 B
11:00	4.47	20 S
11:01	4.48	3 B
11:01	4.47	50 S
11:01	4.47	10 S
11:01	4.47	98 S
11:01	4.48	172 B
11:01	4.48	404 B
11:01	4.48	1038 B
11:01	4.48	333 B
11:01	4.48	71 B
11:01	4.47	137 S
11:02	4.48	232 B
11:02	4.48	126 B
11:02	4.48	23 B
11:02	4.48	17 B
11:02	4.48	109 B
11:02	4.48	10 B
11:02	4.48	40 B
11:02	4.47	2 S
11:02	4.48	2 B
11:02	4.48	15 B
11:03	4.48	35 B
11:03	4.47	16 S
11:03	4.48	29 B
11:03	4.48	7 B
11:03	4.47	1 S
11:03	4.47	91 S
11:03	4.48	3 B
11:03	4.48	15 B
11:04	4.48	15 B
11:04	4.47	29 S
11:04	4.48	50 B
11:04	4.47	29 S
11:04	4.47	1 S
11:04	4.48	7 B
11:04	4.48	5 B
11:05	4.48	15 B
11:05	4.48	7 B
11:05	4.47	111 S
11:05	4.90	10.3万 B
11:05	4.48	61 S
11:05	4.89	202 B
11:05	4.89	128 B
11:06	4.85	217 B
11:06	4.85	418 B
11:06	4.49	25866 S
11:06	4.84	571 B
11:06	4.89	1863 B
11:06	4.88	4456 B
11:06	4.87	8656 S
11:06	4.88	2966 B
11:06	4.95	950 B
11:06	4.85	8599 B
11:06	4.70	1670 S
11:06	4.95	17422 B
11:07	4.85	8780 S
11:07	4.85	1081 S
11:07	4.84	2945 S
11:07	4.84	615 S
11:07	4.85	1821 B
11:07	4.85	3149 S
11:07	4.85	2293 S
11:07	4.85	4306 S
11:07	4.85	1183 B
11:07	4.80	8993 S
11:07	4.80	241 S
11:07	4.71	1209 S
11:08	4.71	890 B
11:08	4.71	280 B
11:08	4.70	1820 S
11:08	4.63	1430 S
11:08	4.64	1355 S
11:08	4.65	2301 S
11:08	4.65	914 S
11:08	4.68	1424 B
11:08	4.63	5092 S
11:09	4.63	3846 B
11:09	4.63	2445 B
11:09	4.61	265 S
11:09	4.61	3309 S
11:09	4.63	1721 B
11:09	4.61	2101 B
11:09	4.61	530 S
11:09	4.60	3642 S
11:09	4.60	322 B
11:09	4.61	2671 B
11:10	4.59	6130 S
11:10	4.59	359 B
11:10	4.59	2899 B
11:10	4.57	808 S
11:10	4.59	899 B
11:10	4.57	239 S
11:10	4.56	849 S
11:10	4.57	200 B
11:10	4.56	2375 S
11:10	4.59	1185 B
11:10	4.58	421 S
11:10	4.58	3253 S
11:11	4.59	579 B
11:11	4.59	473 B
11:11	4.61	307 B
11:11	4.61	3711 B
11:11	4.60	572 S
11:11	4.60	5054 S
11:11	4.61	380 B
11:11	4.63	87 B
11:11	4.64	511 B
11:11	4.63	221 S
11:11	4.63	117 B
11:12	4.63	1211 B
11:12	4.63	633 B
11:12	4.64	670 B
11:12	4.64	526 S
11:12	4.63	187 S
11:12	4.65	1119 B
11:12	4.63	564 S
11:12	4.62	722 S
11:12	4.63	970
11:12	4.63	360 S
11:12	4.62	1535 S
11:12	4.62	619 S
11:13	4.62	158 S
11:13	4.64	4252 B
11:13	4.64	1028 S
11:13	4.64	1136 S
11:13	4.64	1491 S
11:13	4.64	749 B
11:13	4.62	947 S
11:13	4.63	78 S
11:13	4.63	69 B
11:13	4.63	996 B

上证2068.45 -13.43 -0.65% 1231亿 沪深2304.14 -17.44 -0.75% 1040亿 创业1132.09 -35.00 -3.00% 247.0亿 齐鲁证券乌鲁木齐1

601857 中国石油：最后一根 K 线是 2013. 8. 16 受“乌龙指”影响当日 K 线图

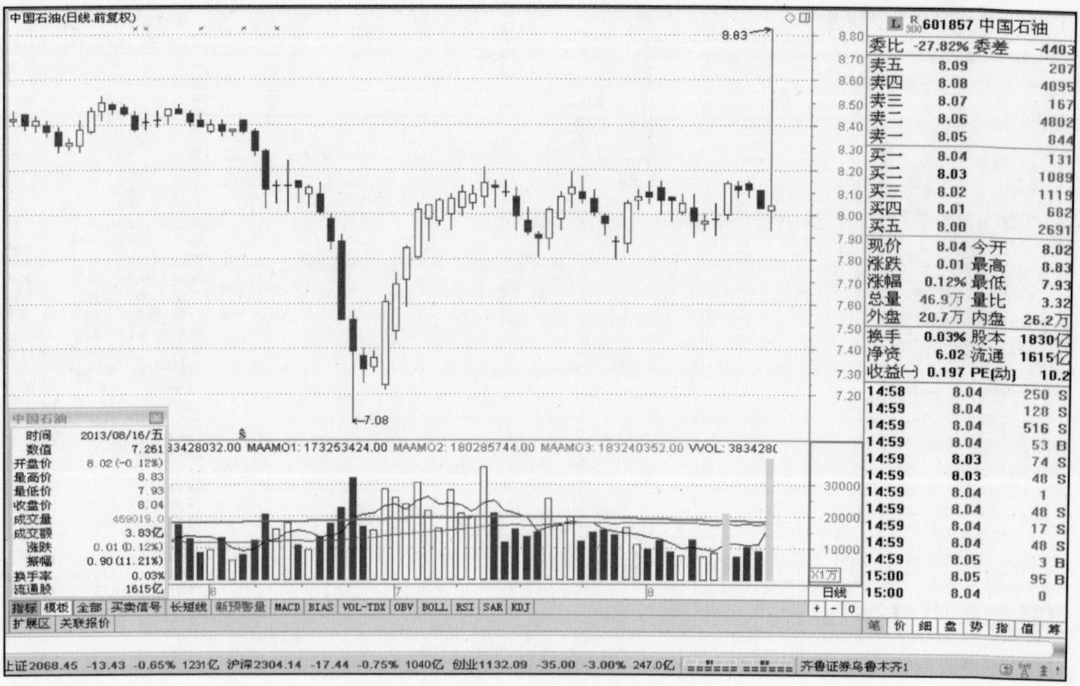

601857 中国石油 2013. 8. 16 分时图

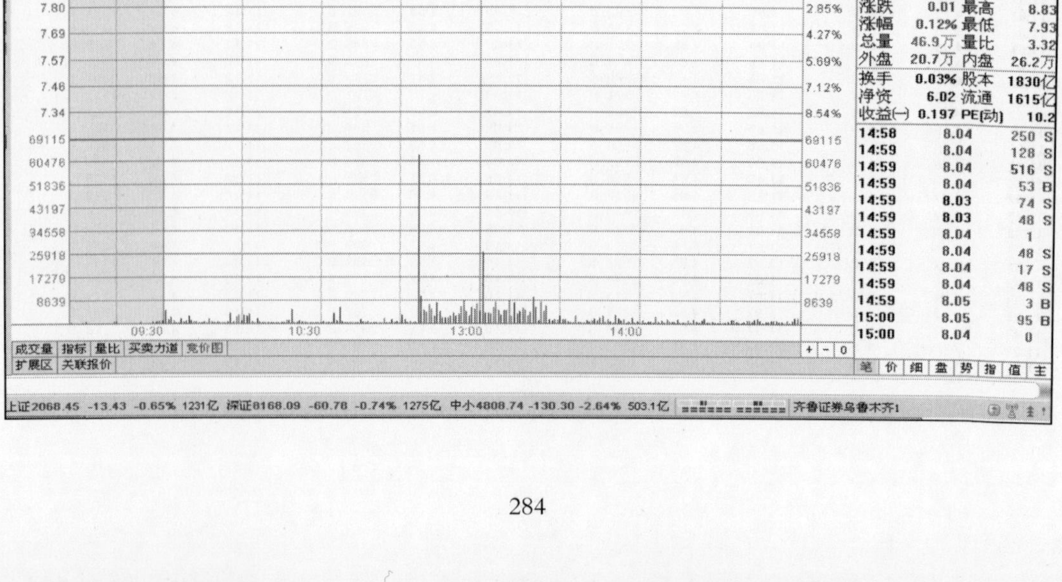

601857 中国石油：2013. 8. 16 受“乌龙指”影响当时分时成交明细

601857 中国石油 分时成交明细　Up/PageUp: 上翻 Down/PageDown: 下翻

时间	价格	现量	时间	价格	现量	时间	价格	现量	时间	价格	现量
11:05	7.98	36 B	11:08	8.23	961 B	11:11	8.13	161 S	11:14	8.16	10 S
11:05	7.97	13 S	11:08	8.25	381 B	11:11	8.14	510 B	11:14	8.16	215 S
11:05	7.97	47 S	11:08	8.23	894 S	11:11	8.12	030 S	11:14	8.16	429 S
11:05	7.97	268 B	11:08	8.23	724 S	11:12	8.13	223 B	11:14	8.16	292 S
11:05	7.97	218 B	11:09	8.22	736 S	11:12	8.14	188 B	11:14	8.15	493 S
11:06	7.98	767 B	11:09	8.25	313 B	11:12	8.13	178 S	11:15	8.15	325 S
11:06	8.26	34514 B	11:09	8.22	920 S	11:12	8.13	111 B	11:15	8.15	97 B
11:06	7.98	7050 S	11:09	8.20	604 S	11:12	8.14	85 B	11:15	8.15	31 B
11:06	8.43	143 B	11:09	8.22	351 B	11:12	8.13	212 S	11:15	8.14	154 S
11:06	8.36	7658 S	11:09	8.22	215 S	11:12	8.13	615 S	11:15	8.14	47 B
11:06	8.43	954 B	11:09	8.20	172 S	11:12	8.13	244 S	11:15	8.14	349 B
11:06	8.68	8582 B	11:09	8.23	519 B	11:12	8.14	148 B	11:15	8.14	276 B
11:06	8.83	488 S	11:09	8.20	97 S	11:12	8.14	558 B	11:15	8.14	153 B
11:06	8.74	300 S	11:09	8.20	86 S	11:12	8.14	64 S	11:15	8.13	103 S
11:06	8.44	130 S	11:10	8.20	720 S	11:12	8.14	135 S	11:15	8.13	190 S
11:06	8.06	102 S	11:10	8.20	126 B	11:13	8.14	439 S	11:15	8.13	182 S
11:06	8.05	2144 S	11:10	8.20	145 B	11:13	8.15	1092 B	11:15	8.14	65 B
11:07	8.04	1875 S	11:10	8.20	120 S	11:13	8.15	298 B	11:16	8.14	224 S
11:07	8.44	123 B	11:10	8.18	420 S	11:13	8.13	3630 S	11:16	8.14	10 S
11:07	8.48	5141 B	11:10	8.18	228 B	11:13	8.15	138 B	11:16	8.14	59 S
11:07	8.48	118 S	11:10	8.17	1571 S	11:13	8.16	718 B	11:16	8.14	45 S
11:07	8.40	302 S	11:10	8.16	1159 S	11:13	8.17	41 B	11:16	8.14	179 S
11:07	8.11	166 S	11:10	8.18	426 B	11:13	8.16	123 S	11:16	8.15	316 B
11:07	8.12	474 S	11:10	8.18	995 B	11:13	8.17	63 B	11:16	8.15	344 S
11:07	8.10	426 S	11:10	8.18	585 B	11:13	8.17	138 S	11:16	8.14	53 S
11:07	8.40	403 B	11:10	8.16	123	11:13	8.18	43 B	11:16	8.14	107 B
11:07	8.11	292 S	11:11	8.16	97 B	11:13	8.18	395 B	11:16	8.14	171 B
11:07	8.20	91 S	11:11	8.15	683 S	11:13	8.18	329 B	11:16	8.16	270 B
11:07	8.20	443 S	11:11	8.15	426 B	11:14	8.17	238	11:16	8.14	9 S
11:08	8.21	282 S	11:11	8.12	753 S	11:14	8.16	628 S	11:17	8.14	212 S
11:08	8.23	110 S	11:11	8.13	712	11:14	8.16	143 B	11:17	8.14	23 S
11:08	8.25	35 S	11:11	8.12	205 S	11:14	8.16	703 B	11:17	8.14	84 S
11:08	8.21	845 S	11:11	8.14	264 B	11:14	8.18	458 B	11:17	8.15	167 B
11:08	8.23	485 S	11:11	8.15	356 B	11:14	8.15	884 S	11:17	8.14	72 S

上证2068.45 -13.43 -0.65% 1231亿 深证8168.09 -60.78 -0.74% 1275亿 中小4808.74 -130.30 -2.64% 503.1亿 齐鲁证券乌鲁木齐1

999999 上证指数：最后一根 K 线是 2013. 8. 16 受“乌龙指”影响当日 K 线图

999999 上证指数 2013. 8. 16 分时图

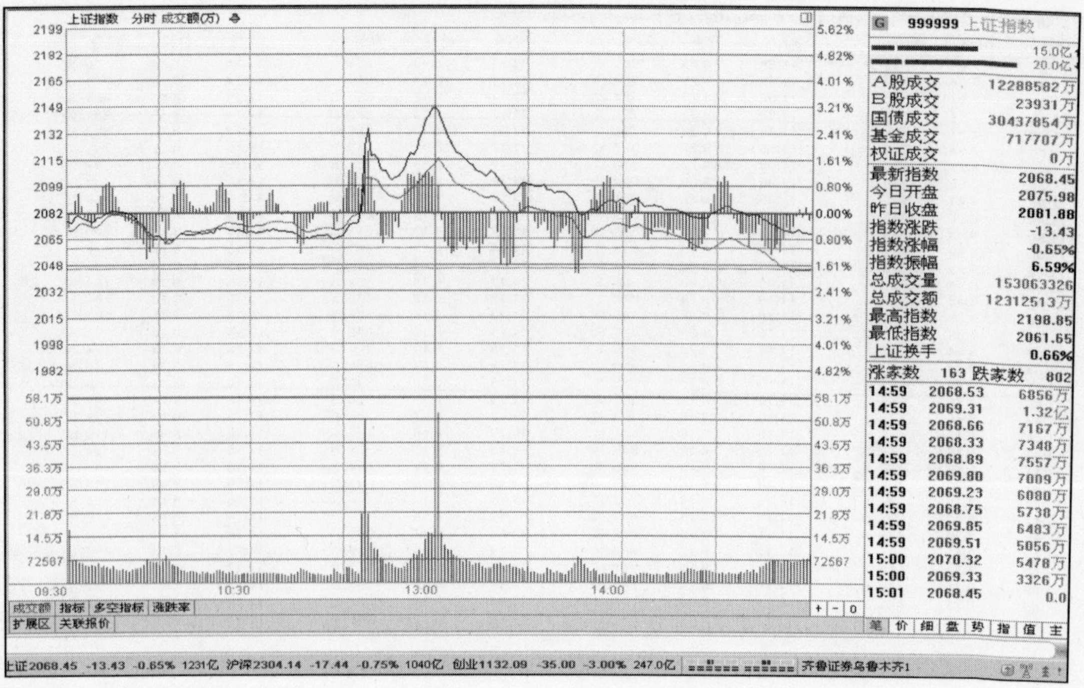

999999 上证指数 2013. 9. 9 突破“乌龙指”

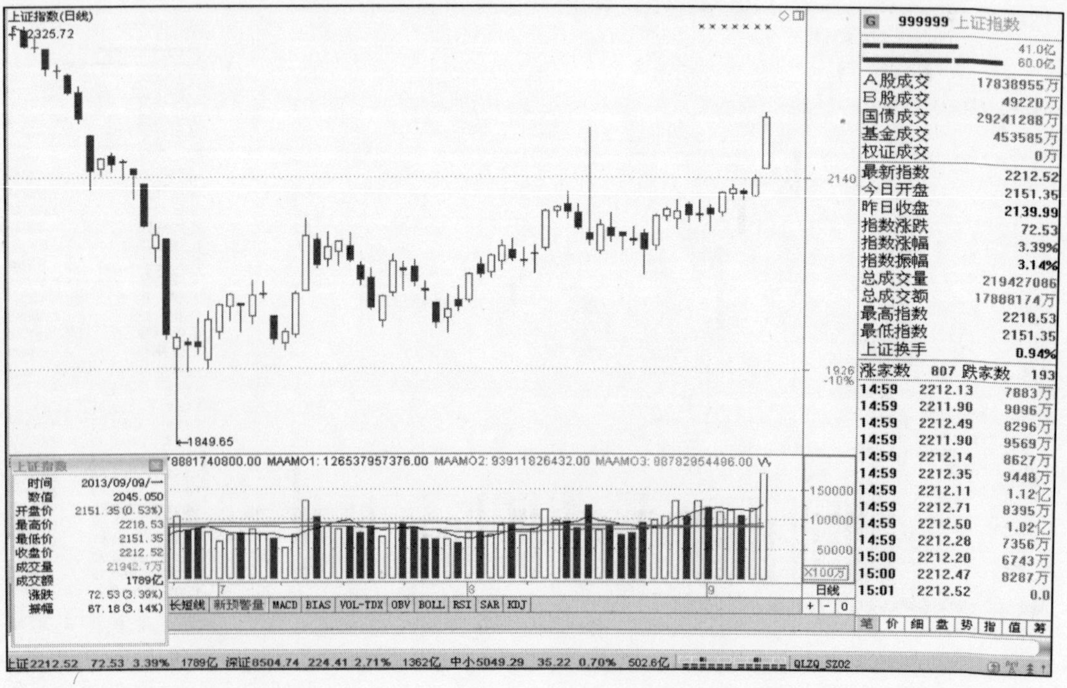

999999 上证指数 2013. 9. 9 突破“乌龙指”的分时图

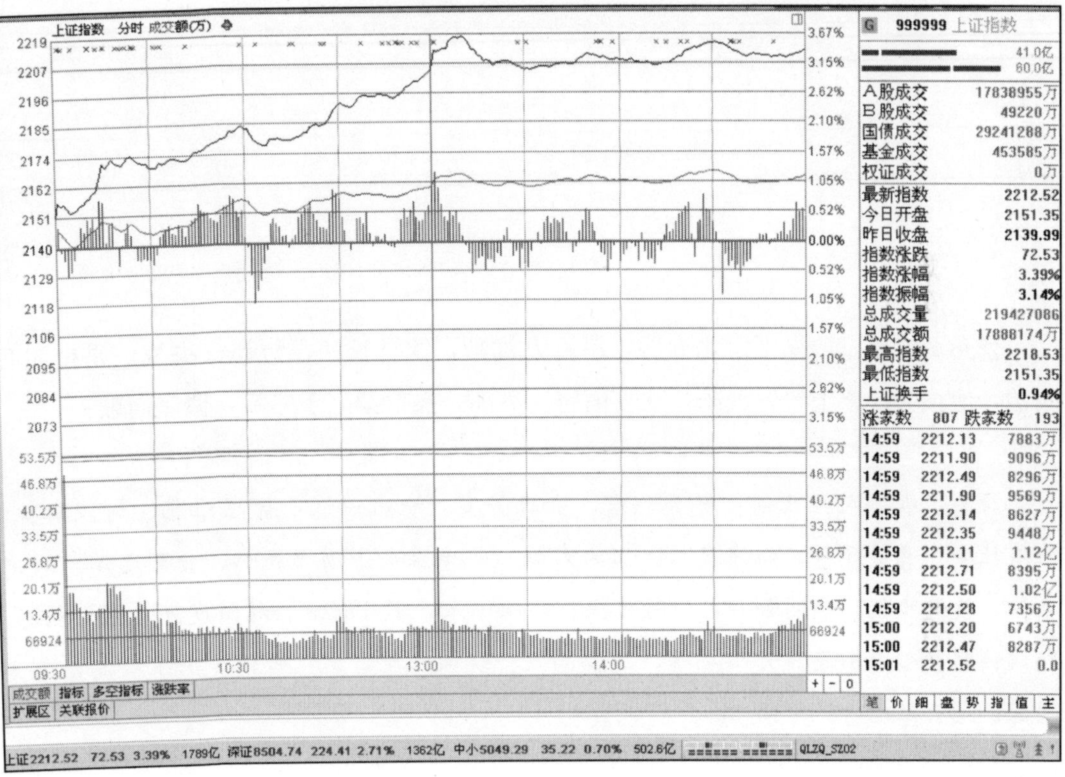

万事俱备，只欠东风

公元208年，曹操平定北方后，率百万雄师，饮马长江，与孙权决战。是夜明月皎洁，他在大江之上置酒设乐，欢宴诸将。酒酣，操取槊立于船头，慷慨而歌：

对酒当歌，人生几何？譬如朝露，去日苦多。慨当以慷，忧思难忘。何以解忧？唯有杜康。青青子衿，悠悠我心。但为君故，沈吟至今。呦呦鹿鸣，食野之苹。我有嘉宾，鼓瑟吹笙。明明如月，何时可掇？忧从中来，不可断绝。越陌度阡，枉用相存。契阔谈宴，心念旧恩。月明星稀，乌鹊南飞。绕树三匝，何枝可依。山不厌高，海不厌深。周公吐哺，天下归心。

当时，孙权和刘备兵力都很少，而曹操兵多将广，处于压倒性优势。刘备的军师诸葛亮和孙权的大将周瑜商讨破敌良策，两人不谋而合，都认为只有火攻才能打败曹操。可等一切都准备好后，周瑜却发现曹操的船只都停在大江的西北，而自己的船只靠南岸。这时正是冬季，只有西北风，如果用火攻，不但烧不着曹操，反而会烧到自己的头上，只有刮东南风才能对曹军发起火攻。周瑜眼看火攻不能实现，急得口吐鲜血，病倒在床，名医、良药都治不好他的病。这时诸葛亮去探望周瑜，问他为何得病。周瑜不愿说出实情，就说：“人有旦夕祸福，岂能自保？”诸葛亮早猜透了他的心事，就笑着说：“天有不测风云，人又岂能料乎？”周瑜听到诸葛亮话中有话，非常惊讶，问有没有治病的良药。诸葛亮说：“我有个药方，保证治好您的病。”说完，屏退左右，密书16个字："欲破曹公，宜用火攻；万事俱备，只欠东风。"递给周瑜。周瑜一看，大吃一惊，心想："孔明真是神人也！"他的心思既然已被诸葛亮猜中，便请教破敌之策。诸葛亮有丰富的天文气象知识，他预测近期肯定会刮几天东南风，就对周瑜说："我有呼风唤雨的法术，借你三天三夜的东南大风，你看怎样？"周瑜高兴地说："不要说三天三夜，只一夜东南大风，大事便成功了。"周瑜命令部下做好火攻的一切准备，等候诸葛亮借来东风，马上进兵。诸葛亮让周瑜在南屏山修筑七星坛，然后登坛烧香，口中念念有词，装作呼风唤雨的样子。半夜三更，忽听风响旗动，周瑜急忙走出军帐观看，真的刮起了东南大风，他连忙下令发起火攻。周瑜部将黄盖率领火船向曹操水寨急驶，当火船靠近曹军水寨时，一声令下，士兵们顺风放火。风助火势，火借风威，但见三江面上火逐风起，一派通红，漫天彻地，把曹营的战船烧个一干二净，岸上的营寨也被烧着，兵马损失不计其数。在烟火弥漫中，曹操仓皇逃命，兵败华容，被关公放走，逃回许昌。

"万事俱备，只欠东风"，是比喻一切都已具备，只差最后一个重要条件。战场上是这样，股市中也是如此。主力所运作的股票，往往也在等东风。我们不妨反思一下，如果在炒股时东风来了（新的一波大牛市即将来临，具体分析请点击本人的博客，网址：http://blog.eastmoney.com/jujiztb），你万事（理念、心理、技术、资金……）具备了没有？如果没有具备，东风来了也会错失良机！不是吗？

附 1
形态理论

一、反转突破形态

形态理论根据股价移动的规律，把价格曲线形态分为两大类型：反转突破形态和持续整理形态。

反转突破形态描述了趋势方向的反转，是投资者必须重点掌握的形态，它提示了趋势方向的转折以及进出市场的时间。主要的反转突破形态有：头肩顶（底）、双重顶（底）、三重顶（底）、圆弧顶（底）、V 形底、倒 V 形顶和喇叭形等。

头肩形态一般分为头肩顶、头肩底以及复合头肩形态。头肩形态是价格形态中出现最多的一种形态，也是最著名、最可靠的反转突破形态。

双重顶和双重底也是一种极为重要的反转形态，也在市场中出现得非常频繁。

三重顶和三重底是双重顶（底）的扩展形态，也是头肩形态的变形形态。

圆弧形态分为圆弧顶与圆弧底，类似于半圆弧的曲线。

V 形走势又分为 V 形底、倒 V 形顶，它是一种失控形态；在运用时要特别小心。

喇叭形态也是一种重要的反转形态，很少出现，一旦出现则极为有用。它经常出现在顶部，形态完成后，几乎总是下跌，不存在突破是否成立的问题。

以下我们对这些著名的反转突破形态分别进行介绍。

头肩顶

头肩顶形态是一个可靠的沽出时机。一般通过 3 次起落构成形态的 3 个部分，也就是说会出现 3 个不同的局部高点，中间的高点比另外两个都高，称为头（如下图中的 C 部位）；左右两个相对较低的高点称为肩（左肩——图中的 A 部位、右肩——图中的 E 部位）；L_2 为颈线，起支撑作用；价格向下击穿了颈线 L_2 至 F 点，才能说头肩顶反转形态已经形成。头肩顶形态是一个长期趋势末端的转向形态，其特征如下：

1. 一般左右肩的高点大致相等，有时右肩比左肩低，颈线向下倾斜。

2. 成交量左肩最大、头次之、右肩最小，呈梯状递减态。

3. 突破颈线不一定要大成交量的配合，但日后继续下跌时成交量会放大。价格向下突破颈线以及其后的反抽都是卖出的机会。

头肩顶形态具备测算功能，量出头 C 点到颈线 L_2 的直线距离，即是价格下落的理论深度，这个深度仅供参考，不是绝对的跌幅。

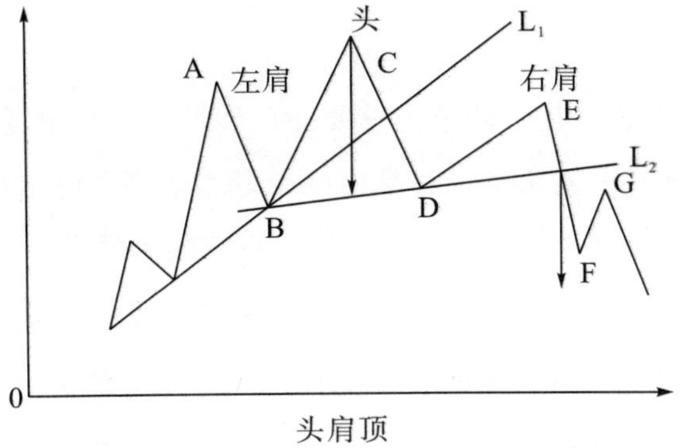

头肩顶

头肩底

头肩底形态是一个可靠的买进时机。一般通过 3 次的起落构成形态的 3 个部分，也就是说会出现 3 个不同的局部低点，中间的低点比另外两个都低，称为头（如下图中的 C 部位）；左右两个相对较低的低点称为肩（左肩——图中的 A 部位、右肩——图中的 E 部位）；L_2 为颈线，起压力作用；价格向上突破了颈线 L_2 至 F 点，才能说头肩底反转形态已经形成。头肩底形态是一个长期趋势末端的转向形态，其特征如下：

1. 一般左右肩的高点大致相等，有时右肩比左肩高，颈线向上倾斜。

2. 成交量左肩最小、头次之、右肩最大，呈梯状递增态。

3. 突破颈线如果没有量的配合，可靠性会降低，甚至出现假的头肩底形态。一旦颈线被有效突破，股价就会展开一轮有力度的上涨。突破颈线以及突破颈线后的回抽都是较好的买点。

头肩底形态具备测算功能，量出头C点到颈线L_2的直线距离，即是价格上涨的理论高度，这个高度仅供参考，不是绝对的涨幅。

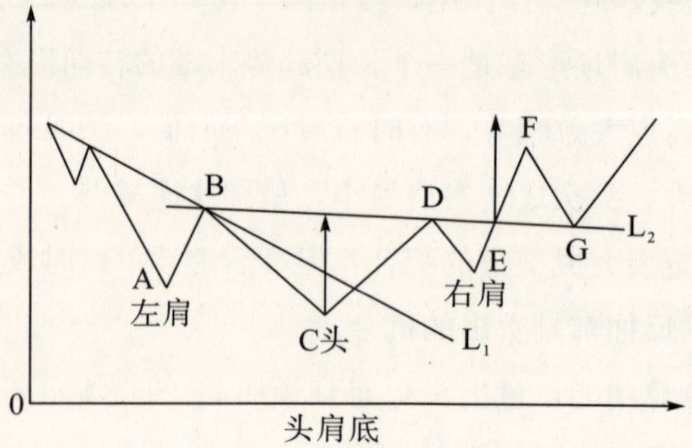

头肩底

双重顶

双重顶也称M头形态，是一种极为重要的反转形态，在市场中出现得非常频繁。与头肩顶形态相比，就是没有头部，只是由两个基本等高的峰（如下图中的A点、C点）构成。由B点画一条平行于A、C连线的平行虚线为颈线，A、C虚线为压力线。

M头形成后，发展的方向有两种：第一是未突破B点的支撑位，股价在A、B、C三点形成的狭窄范围内上下波动，演变成矩形；第二是突破B点的支撑位继续向下，形成真正的M头形态。其特征如下：

1. M头的两个高点不一定在同一水平，但两者相差少于3%就不会影响形态分析的意义。

2. 向下突破B位的颈线时不一定要有大的成交量相随，但日后继续下跌时成交量会放大。价格向下突破B位的颈线以及其后的反抽都是卖出的时机。

3. M头形态完成后的最小跌幅测算方法也是由颈线开始，理论上跌幅是从M头最高点到颈线之间的差价距离。这个跌幅仅供参考，不是绝对的跌幅。

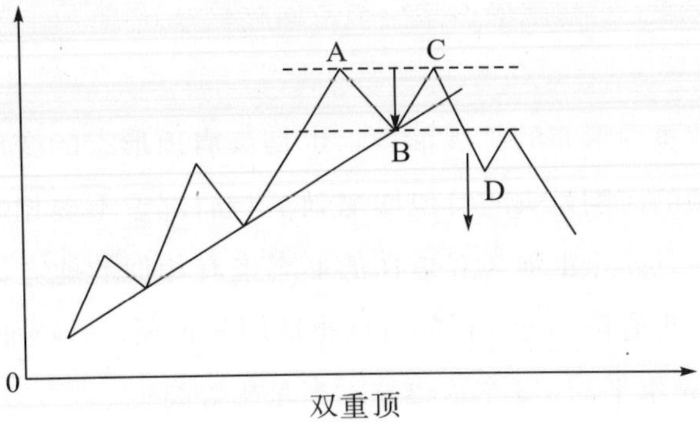

双重顶

双重底

双重底也称W底，是一种极为重要的反转形态，在市场中出现得非常频繁。与头肩底形态相比，就是没有头部，只是由两个基本等低的底（如下图中的A点、C点）构成。由B点画一条平行于A、C连线的平行虚线为颈线，A、C虚线为支撑线。

W底形成后，发展的方向有两种：第一是未突破B点的支撑位，股价在A、B、C三点形成的狭窄范围内上下波动，演变成矩形；第二是突破B点的支撑位继续向上，形成真正的W底形态。其特征如下：

1. W底的两个低点不一定在同一水平，但两者相差少于3%就不会影响形态分析的意义。

2. 向上突破B位的颈线时一定要有大的成交量配合，否则有可能为无效突破。一旦B被有效突破，股价就会展开一轮有力度的上涨。突破B位的高点以及突破后的回抽都是较好的买点。

3. W底形态完成后的最小涨幅测算方法也是由颈线开始，理论上涨幅是从W底最低点到颈线之间的差价距离。这个涨幅也仅供参考，不是绝对的涨幅。

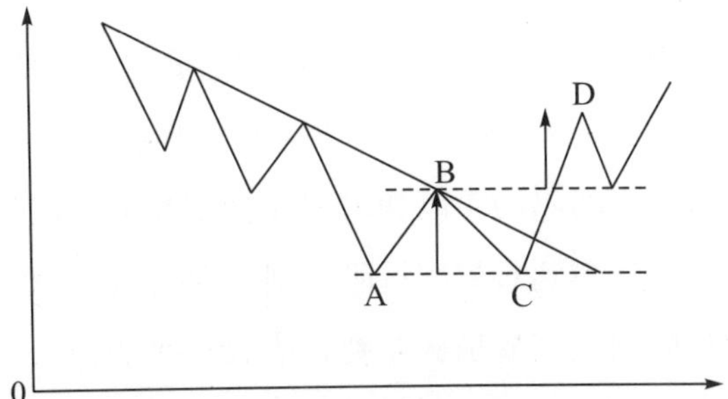

双重底

三重顶

三重顶形态是双重顶形态的扩展形态，也是头肩顶形态的变形，由3个一样高的顶组成。其与头肩顶的区别是头的价位回缩到了与肩部差不多相等的位置，有时候甚至低于或高于肩部一点。三重顶与双重顶的形态也有相似的地方，只不过是比双重顶多“折腾”了一次。头肩顶形态分析的方法也适用三重顶。其特征如下：

1. 颈线差不多是水平的，3个顶也差不多是相等高度。
2. 三重顶的峰顶与峰顶间隔的距离和时间在形成时不必相等。
3. 三重顶的高度如果从左到右依次下降，则会演变成直角三角形态。
4. 三重顶之下相对应的成交量也是从左到右依次在减少。
5. 股价跌破最低的一个底部，就是卖出点，此后回抽就是第二卖出点。

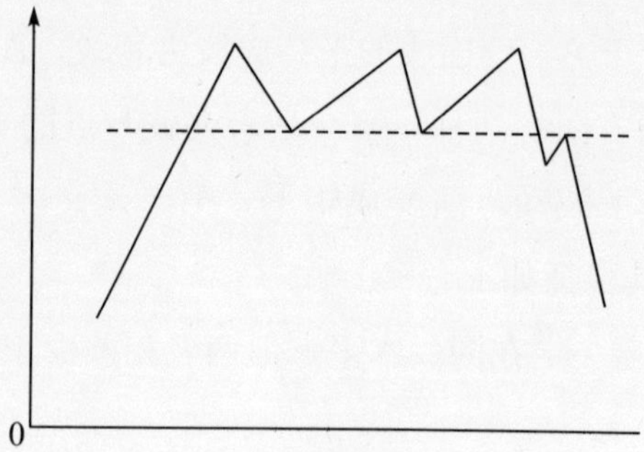

三重顶

三重底

三重底形态是双重底形态的扩展形态，也是头肩底形态的变形，由3个一样低的底组成。其与头肩底的区别是头的价位回缩到了与肩部差不多相等的位置，有时候甚至低于或高于肩部一点。三重底与双重底的形态也有相似的地方，只不过是比双重底多“折腾”了一次。头肩底形态分析的方法也适用三重底。其特征如下：

1. 颈线差不多是水平的，3个底也差不多是相等高度。
2. 三重底的谷底与谷底间隔的距离和时间在形成时不必相等。
3. 三重底的高度如果从左到右依次下降，则会演变成直角三角形态。
4. 三重底之下相对应的成交量是从左到右依次在递增。
5. 价格突破第二个顶部，就是第一买入点，此后回抽就是第二买入点。

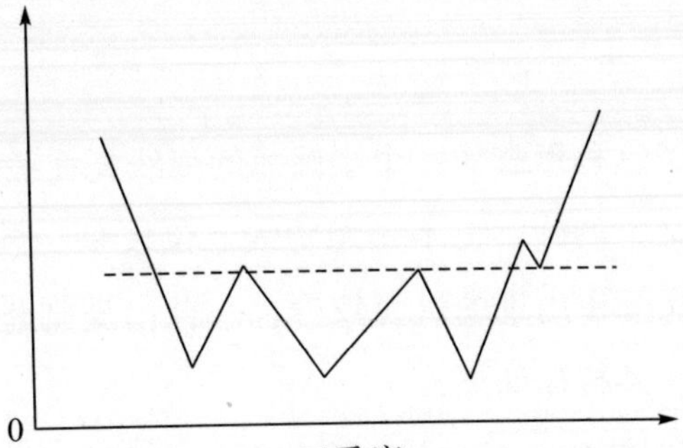

三重底

圆弧顶

圆弧顶形象地说明了这种形态像一个半圆弧的弧线盖在股价多个高点之上。注意，图中的弧线不是数学意义上的圆，也不是抛物线，仅仅是一条顶部多个高点连接起来的曲线。圆弧顶形态在实际中出现的机会较少，但是一旦出现则是绝好的出局机会，股价未来下跌的深度是不可预测的。其特征如下：

1. 在圆弧顶的形成过程中，成交量的变化都是两头大、中间小。越靠近顶成交量越小，到达顶时成交量最小。在最后向下突破时都有相当大的成交量。

2. 圆弧顶形成的时间越长，今后反转的力度就越大，人们就越值得相信这个圆弧顶部形态。

3. 圆弧顶形态完成后，长阴、向下的跳空缺口便是圆弧顶的向下突破，此时必须果断出局；其后行情多属爆发性，会急速下跌，下跌持续的时间也不长，一般是一口气跌完，中间极少出现回档或反弹。因此，持有该股的投资人要及时出局，不要期望趁反弹高点出局。

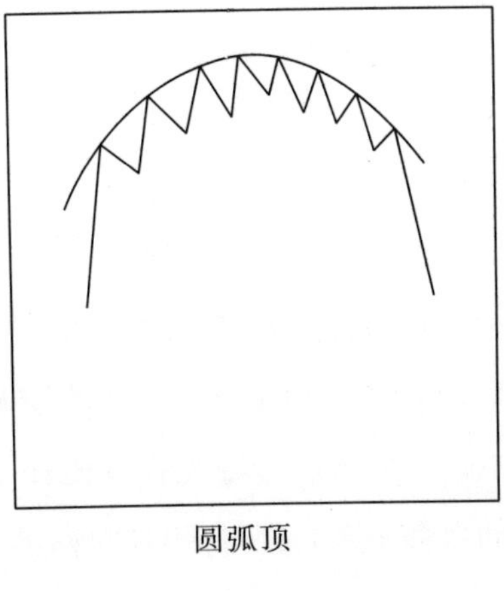

圆弧顶

圆弧底

圆弧底形象地说明了这种形态像一个半圆弧的弧线托在股价多个低点之上。注意，图中的弧线不是数学意义上的圆，也不是抛物线，仅仅是一条底部多个低点连接起来的曲线。圆弧底形态在实际中出现的机会较少，一旦出现则是绝好的买入机会，它上涨的高度是不可预测的。其特征如下：

1. 在圆弧底的形成过程中，成交量的变化都是两头大、中间小。越靠近底成交量越小，到达最底时成交量最小。在最后向上突破时都有相当大的成交量。

2. 圆弧底形成的时间越长，今后反转的力度就越大，人们就越值得相信这个圆弧底部形态。

3. 圆弧底形态完成后，长阳、向上的跳空缺口便是圆弧底的突破，突破时最好立即介入；突破后的行情多属爆发性，会急速地甚至跳空上涨，上涨持续的时间也不长，一般是一口气涨完，中间极少出现回档或反弹。因此，想参与该股的投资人要及时买进，不要期望回档逢低再买，那样的概率极低。

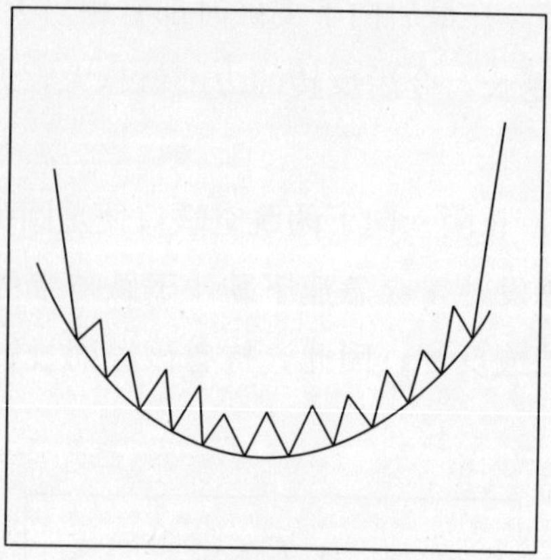

圆弧底

喇叭形态

喇叭形态酷似喇叭，两边高点、低点在持续地扩大或增大，它是重要的反转形态，大多出现在顶部。形态完成后，几乎总是下跌，不存在突破是否成立的问题。一个标准的喇叭形态应该有 3 个高点、2 个低点。持股者应该在下图中标记数字 5 的位置卖出。这种形态在实际中出现的次数不多，但是一旦出现，则极为有用。其特征如下：

1. 喇叭形一般是一个下跌形态，暗示涨势将到尽头，只有在少数情况下股价在高成交量配合下向上突破时，才会改变其走势。大部分时候，一旦价格触及“喇叭形态”高点到高点的连线，则不是买入点而是卖出点。

2. 喇叭形态的成交量在形成期间都会保持不规则的大成交量，否则难以构成该形态。

3. 喇叭形态的跌幅不可度量，一般来说，跌幅都会很大。持有者在形态确认下跌之初应及时抛售。

4. 喇叭形态源于投资者的非理性，因而在一个投资意愿不强、气氛低迷的市场中，不可能形成这种形态。看不懂的人尽量不要参与这种形态。

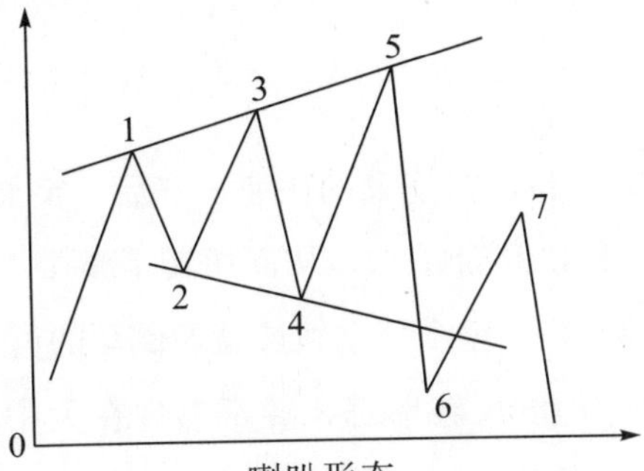

喇叭形态

V 形底

V 形底是一种反转形态，也是一种失控的形态。从其形态上可以看出它的下跌、上涨速度都很快，整个移动轨迹就像英文字母 V（如下图）。

V 形底通常是由于突如其来的某个因素引起恐慌性抛售，一般仅需 2～3 个交易日，跌到了偏离股票内在价值的低位，随后股价出现近乎垂直的急升，是报复性上涨的结果。它往往是在重大消息来临时（如 2013 年 6 月 20 日中国的“钱荒”引起银行股的急跌、急涨）或是在严重的超卖情况下产生，形成短期内价格的剧烈波动。由于 V 形底的形成时间较短，故其研判较困难，参与风险相对较大。但是这种形态的爆发力却很强，如把握得好，可以在短期内赢取暴利。其特征如下：

1. 下跌与上涨的速度都比较快，常令人意想不到。

2. 在底部伴随大成交量形成十分尖锐的转势点，从低点快速涨升，成交量剧烈放大，没有量的放大，形态不能确立。

3. 在V形底反转当天，可能会出现十字星、下阳线、探底线等形态对应极度萎缩的成交量，当大阳线、跳空等反转的日K线形态伴随成倍放大的成交量时就是买进的信号。

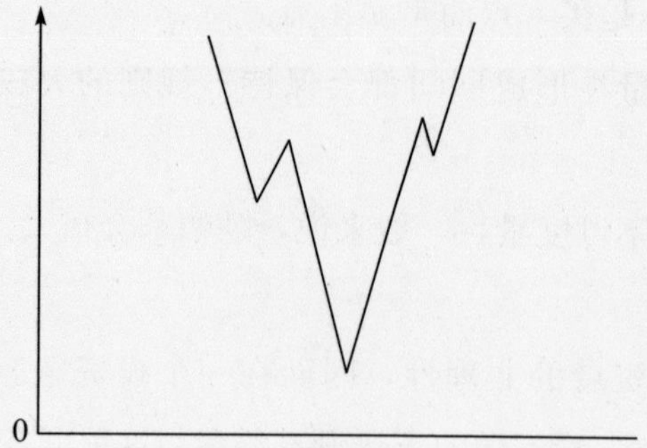

V形底

倒V形顶

倒V形顶在顶部出现，股价经过连续的快速上涨后，突如其来的某个利空因素引起获利盘、恐慌盘大量涌出，价格高台跳水，从而扭转了整个上涨趋势，随后股价以与上涨时同样的速度近乎垂直地下跌，整个移动轨迹就像倒写的英文字母V（如下图）。

倒V形顶是一种重要的顶部反转形态，经常出现在大中小行情的局部高点。倒V形顶是一种杀伤力极大的顶部形态，如果能够及时判断，则会避免顶部套牢的风险。形态初露端倪，持股人就要果断出局。倒V形顶没有明确的度量跌幅，一般会回到原来的起始点。其特征如下：

1. 上涨与下跌的速度都比较快，常令人意想不到。

2. 股价突然开始下跌，伴随巨大的成交量。量越巨大转折越剧烈。巨大的成交量表明主力正在出货。

3. 反转日当天，可能会出现十字星、流星线、浪高线、大阴线、覆盖线等K线形态。

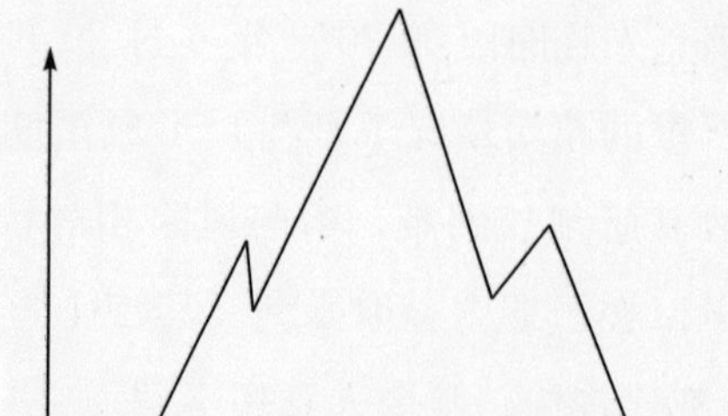

倒V形顶

二、持续整理形态

持续整理形态是指股价在朝一个方向经过一段时间的快速运行后，运行速度放缓，在一个范围内进行一段时间的窄幅波动整理，整理结束后继续沿原有趋势的运行方向继续前进。我们把这种原趋势途中休整阶段运行所留下的轨迹称为持续整理形态。

著名的整理形态有：三角形、矩形、旗形和楔形。

三角形整理形态分为三种：对称三角形、上升三角形、下降三角形。

矩形整理形态分为两种：上升矩形、下降矩形。

旗形整理形态分为两种：上升旗形、下降旗形。

楔形整理形态分为两种：上升楔形、下降楔形。

下面我们对这些著名的持续整理形态分别进行介绍。

对称三角形

对称三角形有两条收拢的直线，上面的向下倾斜，起压力作用；下面的向上倾斜，起支撑作用。两条直线的交叉点称为顶点。对称三角形一般应有 6 个转折点（如图中的 A、B、C、D、E、F）。如同趋势线的确认要求第三点验证一样，对称三角形经过上下各 3 个点对两条直线的支撑与压力作用进行验证。

一般来说，突破上下两条直线的时间要尽量早，越早越会有保持原有趋势的能力。如果越靠近三角形的顶点，三角形的各种功能就越不明显，指导意义也就不强。

根据经验，突破的位置一般应在三角形的横向宽度的 1/2～3/4 的某个位置。三角形的横向宽度指三角形的顶点到底的高度。如果价格不能在预定的位置突破，那么这个对称三角形有可能转化成别的形态。

注意：对称三角形的成交量会因愈来愈小的价格波动而递减，但在向上突破时则需要大成交量的配合，向下突破则不必。没有成交量的配合，很难判断突破的真假。注意：在突破时经常伴随着明显的利多或利空的消息。突破 3 日内，价格没有重新走回对称三角形之内，就可以判断突破是真实的；突破后往往会有反抽现象。向上突破可以等反抽低点买进；向下突破就应该尽早出局，不必教条地等待反抽的出现。

另外要注意，虽然对称三角形一般是整理形态，但有时也可能在顶部或底部出现而导致大势反转。运用时应结合大势的位置分析。

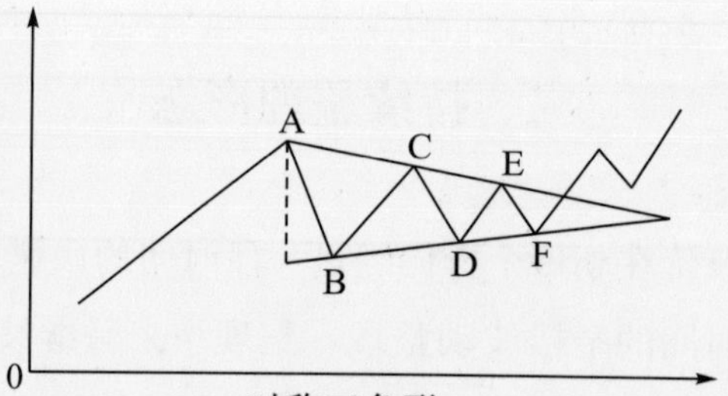

对称三角形

三角形的测算功能

对称三角形被突破后，也有测算功能。以下图上升趋势中对称三角形的突破为例，介绍两种测算价位的方法。

方法一：如下图所示，从C点向上带箭头直线的高度，是未来价格至少要达到的高度。从突破点算起，价格至少要运行到与形态高度相等的距离。箭头直线长度与AB连线长度相等。AB连线的长度称为对称三角形的高度。

方法二：如下图所示，从A点画平行于下边直线的平行线，即图中的斜虚线，它是价格今后至少要达到的位置。图中的虚线实际上是一条轨道线。价格达到虚线的时间越迟，价位就越高，它是一个不断变动的数字。

注意：测算的价位仅仅是一个参考，当价格接近测算价位时结合K线的顶部形态，就会更好地把握出局的时机。这也是我们把《借刀斩牛股之酒田战法解析》当作K线理论的基本功要求投资者熟练掌握的重要理由。

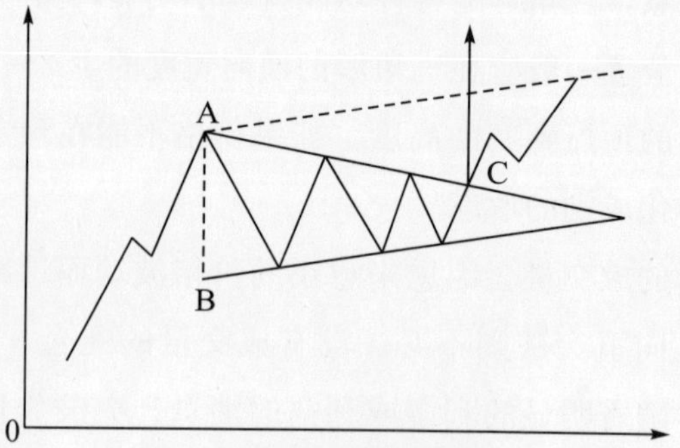

三角形的测算功能

上升三角形

上升三角形是对称三角形的变形。两种三角形下方的支撑线都是向上发展，不同的是上升三角形的上方阻力线并非向下倾斜的，而是一条水平直线。上升三角形比对称三角形有更强烈的上升意识，多方比空方更积极。其特征如下：

1. 整理低点不断抬高，做空力量逐渐减弱。

2. 如果价格原有的趋势是向上，遇到上升三角形的整理后，几乎可以肯定是向上突破。

3. 如果价格原有的趋势是向下，若在下降末期，上升三角形会形成底部的反转形态；若在下降途中，则较难判断其后的运行方向。

4. 上升三角形在突破顶部的阻力线时，也必须有大成交量的配合，否则，假突破的时候多。突破后升幅量度方法与对称三角形相同。

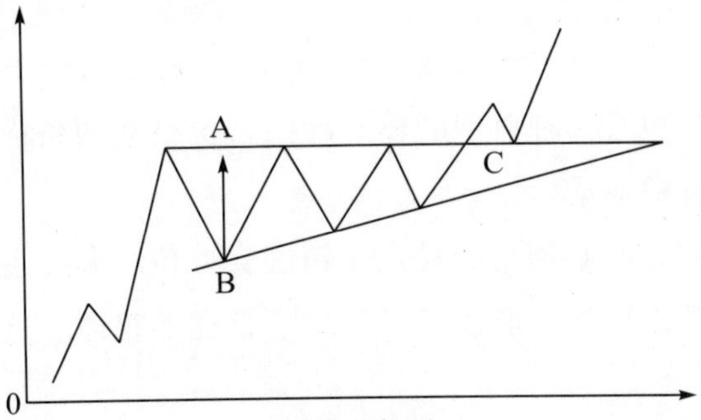

上升三角形

下降三角形

下降三角形也是对称三角形的变形。两种三角形上方的压力线都是向下发展，不同的是下降三角形的下方支撑线并非向下倾斜的，而是一条水平直线。下降三角形比对称三角形具有更多的下跌意识，空方比多方更积极。其特征如下：

1. 整理高点不断降低，做多力量逐渐减弱。

2. 如果价格原有的趋势是向下，遇到下降三角形的整理后，几乎可以肯定是向下突破。

3. 若在下降末期，下降三角形会形成底部的反转形态，价格向上突破下降的趋势线就是买进的时机。如果价格原有的趋势是向下，若在下降途中，则会继续下跌。

4. 下降三角形的成交量一直很低沉，在向下突破底部的支撑线时，不必有大成交量的配合。反之，在向上突破时必须有量的配合才是真突破。突破后跌幅量度方法与对称三角形相同。

实盘中，经常会出现三角形“骗线”的情况。主力做出上升三角形的形态，技术分析者认为必然上涨，结果向下突破；下降则相反。因此，投资人最好等突破方向明确后再操作。

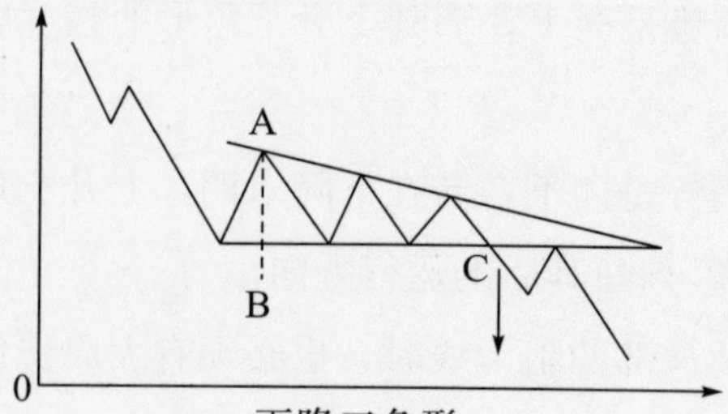

下降三角形

上升矩形

矩形，也叫箱形，也是一种典型的整理形态，价格在两条横着的水平直线之间上下波动，呈现横向延伸的运动。

矩形反映了多空双方的心理与交易，在箱底支撑位，多方主动买进；在箱体压力位，空方主动卖出。几次反复，形成了一个矩形整理的箱体。这个箱体为我们提供了短线操作的机会。

上升矩形是在原有上升趋势途中的整理（如下图所示），整理结束后，会继续沿原来的趋势向上运行。其特征如下：

1. 在多方的攻击下，价格突破了箱体的上压线；突破的幅度应该大于3%，突破后，一般都有一个回抽确认的行为。

2. 当价格向上突破时，必须有大成交量的配合，没有量的配合假突破的时候多。

3. 上升矩形突破后，其上涨的幅度通常等于矩形本身的宽度。这仅仅是一个参考幅度，投资人不可教条式地运用。

注意：对上升矩形的最佳介入时间不是突破时，而是要耐心等待其回抽确认时。

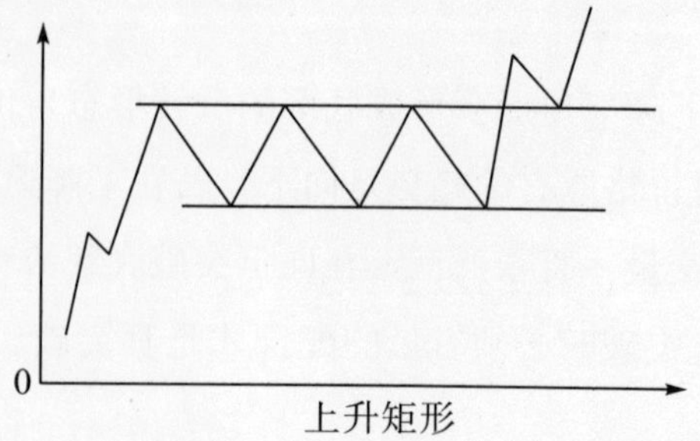

上升矩形

下降矩形

下降矩形是在原有下跌趋势途中的整理（如下图所示），整理结束后，会继续沿原来的下降趋势向下运行。其特征如下：

1. 在空方的攻击下，价格突破了箱体的支撑线；突破的幅度应该大于3%，突破后，一般都有一个回抽确认的行为。

2. 当价格向下突破时，可以有大成交量，也可以没有大成交量的配合。

3. 下降矩形突破后，其下跌的幅度通常等于矩形本身的宽度，这仅仅是一个参考幅度，投资人不可教条式地运用。

注意：对下降矩形的卖出时间既可选择价格破位时，又可选择破位后的反扑时。面对破位与反扑，不要抱有任何幻想，要果断地卖出。

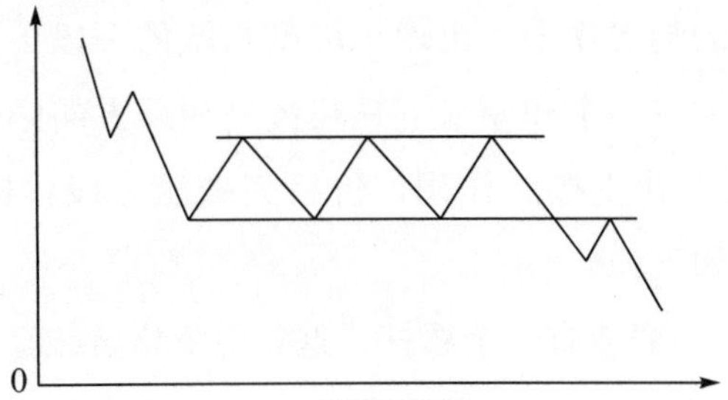

下降矩形

下降旗形

旗形走势的形态如同一面挂在旗杆上的旗帜。从几何的角度来看，旗形应该叫平行四边形，它的形状是一个上倾或下倾的平行四边形。它又分为上升旗形和下降旗形。

下降旗形是在下跌的趋势途中，出现了极度活跃的一段反弹整理，价格经过一连串大幅急速的波动后，形成一个和原来下跌趋势呈相反方向倾斜的长方形；长方形的上下两条平行线起着压力和支撑的作用，价格突破支撑线，标志下降旗形整理结束（如下图所示）。其特征如下：

1. 旗形出现之前，一般应有一个旗杆，这是由价格直线运动形成的。

2. 旗杆持续的时间不能太长，时间一长，保持原来趋势的能力会下降。大多数实例告诉我们，持续的时间应该短于3周。

3. 旗形形成之前和被突破后，成交量都很大。在旗形的形成过程中，成交量从左向右逐渐减少。

注意：下降旗形整理期间反弹不能触及压力线，掉头向下时经常是旗形整理即将结束的前兆。

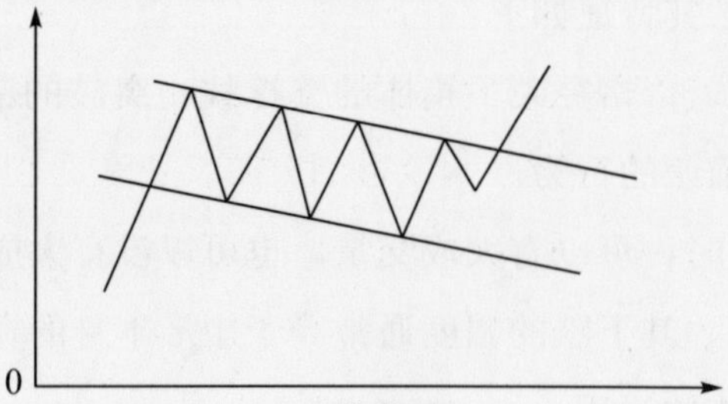

下降旗形

上升旗形

上升旗形是在上升的趋势途中，出现了极度活跃的一段下跌整理，价格经过一连串大幅急速的波动后，形成一个和原来下跌趋势呈相反方向倾斜的长方形；长方形的上下两条平行线起着压力和支撑的作用，价格突破压力线，标志上升旗形整理结束（如下图所示）。其特征如下：

1. 旗形出现之前，一般应有一个旗杆，这是由价格直线运动形成的。

2. 旗杆持续的时间不能太长，时间一长，保持原来趋势的能力会下降。大多数实例告诉我们，持续的时间应该短于3周。

3. 旗形形成之前和被突破后，成交量都很大。在旗形的形成过程中，成交量从左向右逐渐减少。

注意：上升旗形整理期间向下不能触及支撑线，掉头向上时经常是旗形整理即将结束的前兆。

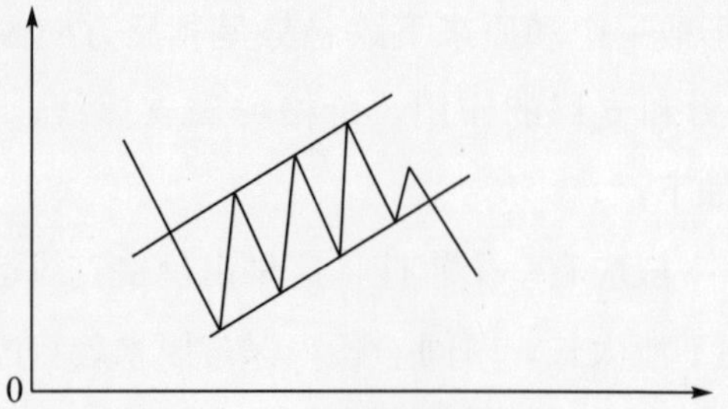

上升旗形

上升楔形

如果将旗形中上倾或下倾的平行四边形变成上倾或下倾的三角形，就会得到楔形，楔形可分为上升楔形和下降楔形两种。

上升楔形价格经过一次下跌后产生强烈的技术反弹，在这段反弹期间，价格产生了一次又一次的波动，价格上涨到一定高度后又掉头下落，但回落点比前次回落点高，然后又上升至新高点，再回落；在总体上形成一浪高于一浪的势头。如果把这段反弹的短期高点相连、短期低点相连，则形成一个向上倾斜且呈收敛之势的楔形。上升楔形只是表示一段技术反弹渐次减弱的市况，常在跌市的回升阶段出现，显示价格尚未见底，只是一次跌后技术反弹。其特征如下：

1. 楔形的三角形上下两条边都是朝着同一方向倾斜，具有明显的倾向，与三角形的收敛方向不同。

2. 在楔形形成过程中，成交量渐次减少；在楔形形成之前和被突破之后，成交量一般都很大。

3. 楔形形成花费的时间较长，一般需要 2 周以上的时间方可完成。

注意：楔形与旗形和三角形稍微不同的是，上升旗形偶然也出现在底部而作为反转形态，但这种情况一定是发生在一个下跌趋势经过了很长时间、接近尾声的时候。

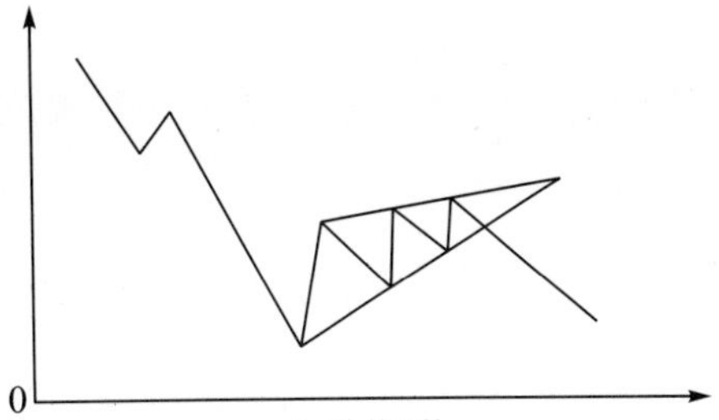

上升楔形

下降楔形

下降楔形价格经过一次上涨后产生强烈的技术调整，在这段调整期间，价格产生了一次又一次的波动，价格上涨到一定高度后又掉头下落，但回落点比前次回落点低，然后又上升，但上升高点却低于前高点，再回落；在总体上形成一浪低于一浪的势头。如果把这段调整的短期高点相连、短期低点相连，则形成一个向下倾斜且呈收敛之势的楔形。下降楔形只是表示一段技术调整渐次减弱的市况，常出现于中长期升市的回落调整阶段，显示价格尚未见顶，只是一次升后技术调整。其特征如下：

1. 楔形的三角形上下两条边都是朝着同一方向倾斜，具有明显的倾向，与三角形的收敛方向不同。

2. 在楔形形成过程中，成交量渐次减少；在楔形形成之前和被突破之后，成交量一般都很大。

3. 楔形形成花费的时间较长，一般需要2周以上的时间方可完成。

注意：楔形与旗形和三角形稍微不同的是，下降旗形偶然也出现在顶部而作为反转形态。但这种情况一定是发生在一个上升趋势经过了很长时间、接近尾声的时候。

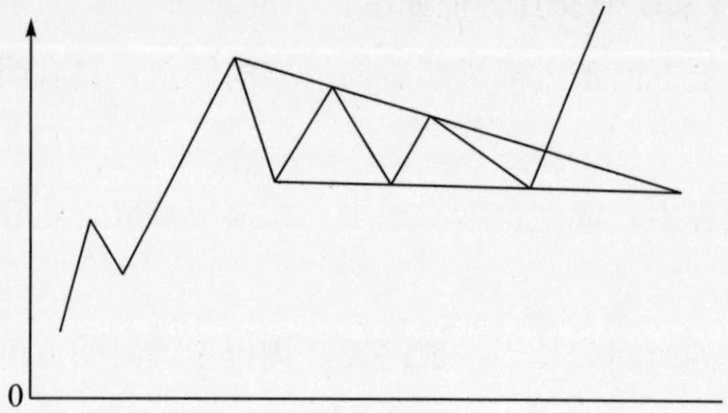

下降楔形

附 2

涨停板战法黄金忠告 100 条

1. 凡是股民、凡是想赚钱之人、凡是在股市里亏损之人，都可以看看“涨停板战法”系列丛书（《狙击涨停板》《猎取主升浪》《借刀斩牛股之酒田战法解析》《借刀斩牛股之 79 种经典实例》《主升浪之快马加鞭》《主升浪之巧取豪夺》），这是我在股市花费了 18 年的智慧结晶。
2. 一位老股民看了我的书后，于 2012 年 6 月 1 日感言：“《狙击涨停板》一书，使我茅塞顿开，十分惭愧炒股将近 20 年，一直不得要领，处于亏损状态，十分感谢先生给我指明了出路”（第三版修订结语中有感言原文截图）。《狙击涨停板》是我进股市 6 年后写的处女作，12 年后第三版修订系列丛书会更精彩。
3. 18 年过去了，我将自己的学习体会、操作盈利、亏损、感悟，理念、技术、纪律总结成“涨停板战法”第三版系列丛书，奉献给有缘分的你，愿你的炒股生涯从此改变。通读本书，结合你的实盘，学习你想拥有的理念、技术、纪律，才能提高你的操作技巧，或许你就是下一个百万富翁。我希望“涨停板战法”惠及成千上万的股民。
4. 如果你悟到了“涨停板战法”的精髓，你也许会像山东的快乐女士在 2013 年

1月1日那样感慨道："我聆听了您的理念、您的指教，这一切都铭记在我心里；不知不觉之中我进步了，我转变了，而且转变之大，我自己都不敢想象；我的亏损变成盈利，以至于每周最高达到百分之二十；老师，感谢您，永远难忘！终身感谢！"（第三版修订结语中有感慨原文截图）。

5. 如果你悟到了"涨停板战法"的精髓，你也许会像四川的雨飞先生在2015年5月感谢道："老师，你真的是我的大恩人，我11万炒到只有3万，看了你的书，我开窍了，目前刚上百万。一本书改变命运的故事，在我身上实现了"（第三版修订结语中有感谢原文截图）。

6. 如果你悟到了"涨停板战法"的精髓，你也许会像西安的一位读者在2017年2月4日感谢道："感谢张老师，我现在也有百万，从一个穷小子（从亏损到两万七）到百万；父亲一定要让我拜访您，一生才攒了两万元"（第三版修订结语中有感谢原文截图）。

7. 成功的人、感谢的人何止上述三位，截至2015年5月，仅在当当网就有1853条留言感谢，不一而足，略见一斑……（据四川美术出版社总编辑余其敏统计——见《主升浪之快马加鞭》序言）。

8. 朋友们，他们接受了我涨停板战法的"理念、技术、纪律"，他们都成了百万富翁。他们从2～3万元开始转折的；成功的人不是赢在起点，而是赢在转折点。

9. 股民都有赚钱的渴望，都希望以小博大；但许多股民心理有问题，看见股票上涨就害怕，股票下跌反而不慌了，正因为如此，有人炒股时间很长，却一直没有赚到大钱。

10. 涨停板战法，许多朋友看后感慨如醍醐灌顶；如果你亏损累累还不接受这个经过18年实战检验的能赚钱的战法，那你只能在亏损的道路上继续受煎熬——没有人能帮得了你。

11. 无数事实证明，有主力就有异动，有异动就有涨停板，有涨停板就有主升浪。因此，K线的异动，加上上市公司的风险提示公告，等于主力在说"此地无银三百两"。

12. 那些没有异动的股票，也可能没有主力的光顾，也可能主力在悄悄地建仓。既然它不异动，说明股价离上涨还远，说明没有重大利好，说明还不会飞速上扬，我们就没有必要守株待兔。

13. 缺口——是重大利好的先兆；洗盘——是主力在进一步抢筹的行为；不回补缺口——是多方力量强大的标记。
14. 狡猾的主力，以异动形态在建仓；以洗盘形态在恐吓散户；以反转形态在变向。实际上主力欲盖弥彰，他反向操作，散户就应反向利用。
15. 股市里什么都可以骗人，但资金骗不了人；只要我们紧跟主力资金的去向，我们就能把握股价涨跌的节奏，我们才能从股市里赚钱。
16. 主力在洗盘，那是在给你一次逢低买进的机会，只有看得懂的人才能把握这次机会；看不懂的人反而会惊慌失措，甚至落荒而逃。
17. 涨停板出现的位置不同，其性质也就不同。我把涨停板的位置与性质分为四种：吸货性质、突破拉升性质、出货性质、反弹自救性质；位置决定性质，性质决定成败。这就是规律。
18. 有主力才有涨停板，有主力才有主升浪。如果按照这个思路操作股票，也就不会滞留在无为的股票中去万般无奈地等待，自然就会选择主力已经启动正在上涨的股票去操作。
19. 主力并非慈善机构，在那些不具有突破拉升性质的涨停板，主力又设下了陷阱与圈套，专门等待着不读书、不学习、碰运气的赌徒，但愿你不是其中的一个。
20. 买股前的三个原则：（1）不符合自己的赢利模式不买的原则；（2）K 线不反转不抄底的原则；（3）股价不冲击涨停板不追涨的原则。
21. 买股后的两个原则：（1）无条件止损原则；（2）三天不涨停无条件卖出原则。
22. 股市大炒家杰西·利弗莫尔说过：“我很早就发现华尔街没有什么新的东西，也不可能有什么新东西，因为股票投机历史悠久，今天在股市发生的一切都在以前发生过，也将在未来不断地发生。我进场之前就知道我判断正确的时候，我总会赚到钱。使我犯错误的是没有足够的毅力按计划做，即只有在先满足我入场条件时才入场……”这段话，在我看来今天依然非常实用。
23. 一切都是以时间、条件、地点为转移，所以《易经》教导人们“唯变所适”。
24. 股市里最大的错误是持有不涨的股票在“等”，等上涨、等解套。一个“等”字，错失了行情，错失了热点板块，错失了领头羊，更错失了赚钱的机会。一个“等”字，反映了理念的落后，思想的犹豫；一个“等”字，反映了执行纪律的不严格、不果断、优柔寡断。“等”——只能在痛苦中等待；

"等"——只能看着强势股的上涨而后悔莫及。"等"的结果就是遗憾！

25. 你改变不了股市，只能改变自己！你改变不了自己，只能备受痛苦的折磨。
26. 狙击涨停板一定要分清涨停板是何人所为，是主力机构？是一线游资？还是下流的骗子？下流的骗子最卑鄙，他们事先潜伏于某只股票中，然后通过各种渠道广为推荐，引诱买盘，推荐后该股涨停板；他们在涨停板上出货，次日该股不是冲高下跌，就是低开下跌。
27. 在股市大概有80%的人误以为涨停板难做而放弃了涨停板，实际结果却是80%的人在亏损的境况里难以自拔。
28. 假如你在股市亏损了、亏惨了，你应该反省自己做错了什么，并思考如何避免错误再次发生，而不是倔强地一而再、再而三地重复过去的错误。
29. 炒股能赚到钱的人，一定有做对的方法。失败了也有失败的原因；不放弃于一个已经失败的系统，如何能前进？
30. 不要放弃"涨停板战法系列"丛书——《狙击涨停板》《猎取主升浪》《借刀斩牛股之酒田战法解法》《借刀斩牛股之79种经典实例》《主升浪之快马加鞭》《主升浪之巧取豪夺》实战的智慧，在你没有稳定地赚钱之前，你将每天都要它的陪伴。每一章节里的每一理念、每一技术、每一纪律都对你有所裨益，尽管它们偶尔会让你看到自己昨天犯下的最愚蠢的错误。
31. 许多人看书往往是走马观花地看一眼，就自以为"懂"了，其实，一交易就检验了你是懂了还是一知半解，因为账户从来不说谎。
32. 凡是在股市里不能让你稳定地赚到钱的任何理论、任何理念、任何技术、任何纪律，都是无用的。有时候，正是那些无用的正确废话和虚幻的东西包围了你、充满了你的头脑，才使你在股市里亏惨了，甚至亏得一败涂地。不把它们像垃圾一样地清理掉，你还会在错误的道路上继续摔跟头。最后就是愧对父母、愧对老婆、愧对丈夫、愧对孩子，甚至走向自杀！
33. 主升浪最本质的东西，一个是主力，一个是题材；君不见，2017年4月上旬的雄安新区，2018年11月上旬的创投概念，这两个板块就把主升浪最本质的东西表现得淋漓尽致。我们要紧随热点，不要偏离。你每个交易日都要问问自己，今天的热点是什么？近期市场的主线是什么？哪个股票是龙头？到底是哪些票有机会参与？自己买的票是否在主流热点之内？非热点、非主线、非龙头的股票坚决不参与！

34. 有了主力，股价的运行就有了节奏；有了题材，主力就会借题发挥，掀起一波主升浪。题材是火，主力是风，火借风势，迅速燃起；风助火威，越烧越旺。

35. 市场中的领头羊告诉我们，无论是牛市、熊市，主升浪才是投资者资金增值的最佳区域。

36. 当你认识了主升浪，又能把握住自己的心理活动和行为，在主升浪启动时买入，在主升浪顶部及时出局；如影随形地跟上主力，那么，市场中最“牛”的“牛肉”将属于你。

37. 主力的心与资本家的心一样，甚至有过之而无不及，主力每一分钱的盈利，都是散户的血汗。当我们看到主力每一份辉煌的年报收入的时候，就会想到无数倾家荡产的散户。

38. 面对如狼似虎的主力，面对贪得无厌的主力，面对聪明超常的主力，我们想到的是如何利用他，而不能被他吃掉；利用他的智慧，他向哪里走，我们就在哪里等他，当他吃饱喝足之后，要启动主升浪的时候，猎取他的主升浪。

39. 如何止损？买进后请按你的成本设置止损！在你的成本之下 3%～5%处设置止损。亏损千万不要超过 5%!!! 股价一旦跌到止损价，就要无条件地执行这一止损原则。

40. 如果你还认识不了主升浪，希望你静下心来学习涨停板战法，这是引领通往主升浪的必由之路。

41. 猎取主升浪的原则：(1) 坚持量价线同步共振原则；(2) 坚持用周线选股原则；(3) 坚持日线分批买入的原则；(4) 坚持参考基本面的原则；(5) 坚持题材炒作的原则。

42. 保命原则：涨停板下跌 5 个点，获利了结；低开低走的股票要立刻抛弃，抛得越晚亏损越多！跌停板第一时间逃命，不慎买进了垃圾股，第二天果断卖出；如果你对垃圾股不断补仓，会越陷越深。

43. 下跌趋势一旦形成，将会熊途漫漫——在下跌趋势开始时，就要毅然决然地离开股市，然后放心地去干其他事情；直至下一波牛市来了再次进股市操作才是赢利之道。遗憾的是许多散户每个交易日都沉浸在股市中博弈。

44. 只有当管理层改变了思路、调整了政策的时候，政策底才会出现；只有当场外资金跑步进场了，牛市才会出现。

45. 炒股要把看盘乃至操作的重点放在寻找热点板块上，并且紧紧地跟上热点板块，这才是名副其实的炒股；否则就是炒自己，把自己炒到最后就是灰不溜秋、焦头烂额、无地自容。

46. 股价不是在暴跌中崩溃，就是在暴跌后反转！

47. 在阶段性底部、当我们在日线上看到成交量突破了135日均量线，就标志着主力资金开始活动了。

48. 美国最牛的基金经理彼得·林奇对投资者说："我投资组合里最好的公司往往是购买股票三五年之后才利润大增，而不是在三五个星期之后。"可以说这完全不适用中国股市！上证指数从2007年10月16日6124.04点到2008年10月28日1664.93点只用了374天、254个交易日，仅仅1年就熊了；上证指数从2015年6月12日5178.19点到2016年1月27日2638.30点只用了230天、155个交易日，不到1年就熊了。散户只有大傻瓜才相信价值投资。

49. 一些人拿来外国的价值投资理论，试图运用于中国的A股市场，那不是真正意义上的价值投资，充其量不过是披着价值投资的外衣，以净资产为参照的周期性投资而已，终究免不了周期性的恶性循环。

50. 10年前我写过，"借壳上市、突发事件、题材与妖股、题材与市盈率、牛熊交替等等违背常理的事件，在股票市场这个历史的长河中，过去有过，现在正在演绎，今后还会出现——暴利经常是在违背常理中获得的"。

51. 恒立实业的基本面与其二级市场股价严重背离。从2004年至2017年，恒立实业主业已连续亏损14年。公司最新自查公告显示，2018年前三季度虽然扭亏为盈，实现净利润108.97万元，但扣除非经常性损益的净利润为－515.36万元，公司主业暂未有明显改善。但截至2018年11月16日，"妖股"恒立实业再封涨停，近18个交易日收获14个涨停，累计涨幅超319%——这就是中国股市的特色！价值投资者看了只能说葡萄是酸的。

52. 人在不顺心的时候往往容易赌气，一气之下，失去理智，采取过激行动，从而错上加错，最终酿成大错；股市不是赌气的地方，更不能赌气用事；你越赌气，亏损越大，失败越大。

53. 卖油翁能将油一滴不漏地倒进油瓶、养由基射箭能百发百中、徐海东射击能弹弹十环，无一不是认真练习的结果。在股市，也同样需要长时间的练习。如果你学习不与操作结合起来，正像学习游泳，即使把游泳的教材背得再熟，下水后也会往下沉，甚至灌一肚子的水。

54. 无论是一根K线，还是两根、三根以至更多的K线，都是对多空双方斗争的一个描述，也都是由最后一根K线相对于前面的K线位置来判断多空双方力量的大小。

55. 当你读懂了K线、读懂了K线所包含的全部信息，才能摸清主力的真正动向，才能掌握主力拉抬打压的真实意图，其后再确定自己加入多方还是空方，最后再去操作也不迟，千万别似懂非懂去操盘，那样将会付出沉重的代价。

56. 当你知道了股价为何涨跌的那一刻，你无疑是开悟了。这个开悟，需要的是积累，要知道"积土而为山，积水而为海"。没有一定的积累，是很难开悟的。

57. 炒股要有耐心，要有自制力；缺乏耐心、缺乏自制力的人在操盘中往往表现出冲动、紧张、焦虑、烦躁不安，从而在形态没有确认之前就行动了，其结果常常是刚一交易完就后悔。天下没有卖后悔药的，医治后悔的良药就是：宁可错过，不可做错！

58. 进场前，先算好你愿意赔多少。一旦价格没有按照你的判断运行而下跌，就要止损，而不要随时再向下调整你的止损位——那是不遵守纪律的交易者。

59. 不了解经典的精髓，望文生义，会误入歧途。如果自己用，仅仅危害一人；如果传给别人，危害就更大了！学术的问题，来不得半点马虎，更来不得半点虚伪；马虎、虚伪，害己、害人、害大众。

60. 一些人经常抱着一路下跌的股票，期望它回到自己买进的价位，这是最愚蠢不过的事；最好是赶快脱手，分析自己失误在哪里，而不是急于换股票挽回损失；犯错误的原因没有找到，换的股越多，亏得也越多。

61. 一个人用自己的多少资金去买股票比较合适？有一个简单的算法就是：100减去你的年龄＝可以买股的资金。其余的资金只做稳定的投资，比如定存、买债券……方才安全。

62. 亏损是可怕的，但比亏损更可怕的是，亏损后依然没有找到出路。

63. 操作失败时，不要灰心，不要丧气，暂时的失败、暂时的挫折并不代表永远的失败。

64. 最伟大的成功在于，面临失败时他们能坚持再迈出一步！这一步将改变一个人的命运！这伟大的一步将会使你从成功走向胜利。

65. 必须形成自己的交易模式，且不要这山望着那山高。任何一种模式固定下来最终都能赢利，只是交易纪律要求你必须专心致志地掌握几种可靠的赢利模式。
66. 股票是有生命的东西，因其后面是人，在其生命之路没有轮回之前，路还会照样走下去，直至下一个轮回。
67. 炒股最高的境界往往不是看技术面，而是看超级做盘主力——如何和政府有效呼应。在市场特别危机的时候、在危及市场安全的时候、在需要领军人物出现的时候，领头股就会应运而生——回头看看 2017 年 4 月的雄安新区，再看看 2018 年 11 月的创投概念，你不能不幡然醒悟！要经常看那些强势品种的走势，看主力的手法，多思考资金参与的逻辑，使自己的思维贴近主力思维方向。
68. 股市里 80％的主升浪是从涨停板开启的，但要明白有 80％的涨停板是不能做的！有许多下流的游资专门用涨停板来割韭菜的！只有突破拉升性质的涨停板才能拉起主升浪。只有用赢家的思维方式去炒股，你才能成为赢家。
69. 股价的节奏是由量能波动的节奏来决定的，在盘中只要能看准成交量的变化、转折，就能把握住股价运行的节奏，量能波动的波峰、波谷就是成交量形态的核心所在。
70. 理论是灰色的，技术是死板的，只有当它们被实际地运用到具体的操盘中，才具有价值和生命力。
71. 熊市最大的风险就是满仓！！！
72. 只有认清错误，改正错误，才能改变自己的命运！
73. 在震荡市里只能小仓位（30％资金）进行实战演习，不断地实战、实战、再实战，演习、演习、再演习。从实战演习中不断积累自己的经验教训；通过实战演习练就一身过硬的操盘本领，为牛市的来临做好一切准备。
74. 什么是南辕北辙？在股市做错了方向就是南辕北辙。
75. 炒股就要炒热点板块中的领涨龙头，没有跟上领涨龙头，跟上龙二、龙三也可以；龙三以后的跟风股最好不要参与；千万不要背离当前市场的热点去参与非热点的股票！非热点的股票就像没有成熟的水果，吃到口里涩、酸、苦、无味……
76. 在自然界我们常说“种瓜得瓜，种豆得豆”，在你的炒股生涯中同样如此——你种下的是什么，得到的也就是什么。
77. 远离跌跌不休的股票，走进上涨的股票才是你炒股的重心。一个一心想抄底的人，往往看到的是一个底比一个底低——因为它在走下降趋势；相反，一个人总是选择关注上涨的股票，往往看到的是一波比一波高的走势——因为它是在走上升趋势。

78. 如何在盘中高抛低吸？可以用分时图做依据，如果盘中冲高大于2%，可以抛出一部分，待向下回调2%再接回来相同数量的股票——可以赚差价摊薄成本；此方法适合于盘整时候。

79. 获得财富有效的方法就是波段操作，不要被价值投资所误导。看看贵州茅台，从2015年8月25日的低点142.24元上涨到2018年6月12日的792.50元，区间1023天、681个交易日，两年零十个月，涨了441.04%！记住：这是中国股市的唯一！

80. 再看看恒立实业，一波上涨，从2018年10月19日到11月16日，29天，18个交易日，从2.42元上涨到10.48元，区间涨幅319.20%。个案吗？非也！2018年11月就成批出现，如弘业股份、张江高科、民丰特纸、市北高新、鲁信创投、大众公用……对比之下，傻瓜都知道何去何从了。

81. 游资、产业资本、几千万或几个亿的资金进入一只股票，短则三两天，长则一个月就巧妙获利出局了——他们获利的速度不值得学习吗？

82. 看看每个交易日，都有涨停板。你看重涨停板，涨停板就有价值；你没有看重涨停板，涨停板的价值就不属于你。

83. 只要有心，人人都可以狙击到涨停板；只要有心，人人都可以猎取到主升浪。我们需要的是对龙头股锦上添花，而不是对下跌股扶危济困。

84. 持有个股上涨超过3%后，就可以设置止盈了，股价回落危及3%盈利时要获利止盈。其后股价上涨，止盈点要不断上移，可以按最高价下跌5%～7%的幅度设置止盈，涨幅不断升高，则不断提高止盈价——这才叫“与浪共舞”。

85. 我们的理念：只选只跟强势生猛的主力，只等只做进入主升浪的股票。

86. 你在股市的命运就在于你关注的是什么主力、什么股票；跟不同的主力、操作不同的股票，就会有不一样的人生。

87. 你购买的股票就是一面镜子，可以显示出你的心理、喜好、胆量及其技术。

88. 点燃你对涨停板的热情，点燃你对主升浪的热情，任何阻碍都可以克服。

89. 一个有反省能力的人，才有改正自己错误的可能——请彻头彻尾地反省一下自己的错误。

90. 一个人最可悲的并不是输了，而是他本来会赢；可悲的是进错了庙、拜错了菩萨。

91. 从失败的困境中爬起来——那就不是失败，而是成功。

92. 古人云："一个人的智慧胜过飞禽，就可以捉住飞禽；一个人的智慧胜过野兽，就可以猎得野兽；一个人的智慧胜过别人，就可以获得别人的服从。"要思考你的智慧如何才能胜过主力？

93. 有句话说得好："时间就像一张网，你撒在哪里，收获就在哪里。"想想看，你都在哪里撒网了？又收获了什么？

94. 熊市里绝大部分的股票走势都是随风飘摇、杂乱无章，唯有休息才是最佳的选择。

95. 想与"牛股、妖股、龙头股"共舞，必须知道这些股涨跌背后的真相，知道它们背后的真相对投资者来说意义非凡，如果你能够透过表面现象看到它们的本质，你将收获不一样的东西——这就是改变命运的神秘力量。

96. 涨停板战法的重点：一是涨停板的主力，二是主升浪的题材，三是自己的想法。心理学有个著名的ABC理论，A指事件的起因，B是想法，C是事件的结果。相同的A可能导致不同的C，关键就在B。

97. 当你的理念、技术、纪律同"牛股、妖股、龙头股"达到一致时，就会显示出巨大的价值，这个价值将会创造出巨大的财富。

98. 一个交易者，如果没有正确的理念、技术、纪律，就没有好的劳动成果。我把牛散之道用公式表示为：理念40%＋技术20%＋纪律40%＝成功。

99. 做人要大气，要有大格局，要有大目标；做股票也一样，你的目标本质决定了你自身成就的大小，你格局的大小决定了你的活动范围，你的性格决定了你的执行力。

100. 什么是人生的主升浪？散户从几万做到百万、从百万做到千万、从千万做到上亿，三个高峰要一个高峰一个高峰地攀登，这才是做人生的主升浪——这个目标你必须非常清楚。能不能实现这个目标，全在你自己！你就是自己命运的主人。

这100条黄金忠告摘自"涨停板战法"系列丛书（《狙击涨停板》《猎取主升浪》《借刀斩牛股之酒田战法解析》《借刀斩牛股之79种经典实例》《主升浪之快马加鞭》《主升浪之巧取豪夺》）其中部分内容，看看原著，则别有洞天……

附 3 信件和 QQ 截图

我从千百封信件和 QQ 留言中选择了一些记忆深刻的信件和 QQ 留言截图，希望对大家有一个借鉴（相关信件我已做了回复与处理）。

这些信件和留言截图是他们用“心”来说的，我们也要用“心”来读、来思考；思考一下他人的真情实感，思考一下他人的所失所得，思考一下他人的所迷所悟；从而反思、反省、反悟；如此才能从他人的经历中迎来自己的一次破茧而出的升华，迎来自己一场炒股生涯华丽的蜕变。

第一节　读者五封来信——惨不忍睹

第一封来信：2011 年 3 月 23 日

张华老师：您好！

我很喜欢你的《狙击涨停板》和《猎取主升浪》两本书，经常反复阅读，对里面的理念和技术，都是反复模仿。我不知道如何面对这一切的时候，艰难而又迷惘。因为，我知道这世界没有救世主，一切都是自己酿成的。自作孽，不可活！这句话，确实写满了我的心灵。你的书我很喜欢看，也学习了很多民间股神的东西，我只想把自己的一些历程告诉你，或者可以给广大股友一个警示！

我出生于大山深处一个很贫困的家庭，初中考上中专之后，1998 年被分配在乡镇农业站，不甘于领每月 150 元的工资，外出闯荡，从北京到广州，再到深圳，从月薪 800 元到月薪 3000 元，从 1999 年奋斗到 2005 年，最后，回家乡考公务员，榜上有名后携怀孕的老婆和 5000 元积蓄回到了家乡，领取月薪 600 元的工资，做一个简单的公务员。很悲哀的是，在平淡生活中学会赌博的我，将5000元积蓄一分一分输光了。一次次翻本，一次次输光。最后，到2007年，我欠下了6万元的债务。

我开始戒赌，借来1万元学会炒股，当时是2007年的10月，我是10月17日正式开始买股，买的海南高速，6元多点，大盘运行到6030多点。我一路抄底，一路挨套，当时是在方正证券开户，手续费是千分之三。2008年上半年，国家开始出政策，可以办理公务卡、信用卡，我作为办公室主任，给工行、建行、农行等银行代理办公务卡、信用卡，我自己也分别办理了多张公务卡、信用卡。最开始，也就取现用于买股票，最多可以取6000元，后来，发展到套现买股票，先套1万、2万，最后，自己的卡全部都套完了，炒股的水平有限，经常是亏多赢少，钱慢慢缩水了。开始借卡套现，最高套取了15万元。先后读了国内您的书，杨百万、徐文明、宏皓、只铁等人的书，国外的《股票作手回忆录》《短线狙击手》《股票技术分析》等书籍，自己也逐步训练技术，仔细研读，并跑去深圳听秦国安的涨停板战法的课。这几年，从当当网买书，大概就买了3000多元。

2009年开始有点盈利，买了中国服装、领先科技、上海辅仁、熊猫烟花等股票的主升浪，都赚了10%以上的盈利，因为换了证券公司开户，有些交割单已经打印不出来了。但由于都是信用卡套现，百分之一的手续费，有时候要超过时间，3万元要收500多元的利息。我从2008年到现在，已经套现超过200万元，手续费和利息都超过了3万元。钱多了，不会止损，亏起来也吓人，我记得是7块高点买精伦电子，5块多止损，没有自己的止损线，亏了30%。短线炒作，手续费也很惊人，我自己套现了15万，赚赚亏亏，总的来说是亏。因为没有做中线和波段的机会，到时间要还信用卡的款项，到2009年底，我盘点最后仅仅剩下了3万元，有时候生活费也从这里开支。

我开始有点害怕，这条路走下去，能不能走通？2010年3月，我开始涉足高利贷，月息3分的借了石某和李某15万，月息5分的借了鞠某5万，依旧没有盈利，因为经历了4月、5月、6月的大跌。到8月，25万元还剩下8万，我只好用住房公积金贷款10万，把鞠某5万的高利贷还了，把李某10万的高利贷还了5万，用余下的8万元炒作。

由于利息的滚动和炒股的失利，2010年10月的时候，只剩下3万元，我只好再次借下了雷某10万元4分的高利贷、鞠某5分的高利贷6万，还款李某3分的高利贷5万，用余下的13万炒作，其间炒作了鼎立股份、金山开发、荣盛股份，有亏，有盈利。可是，昨天再看，两个账户里只有5.3万元。

总的算来，现在还借了月息3分的高利贷张某和石某的10万，月息2分的高利贷2

万，月息5分的高利贷鞠某6万，月息4分的高利贷雷某7万，信用社欠下了5万元，月息1分，信用卡12万，住房公积金10万，合计欠款52万元，每月利息高达10400元。

作为月薪只有699元的公务员，年底1.2万元的津贴，老婆没有上班，孩子读幼儿园。工资卡都上交给了妻子管理，用作生活费，没有住房在县城租房300元一月。2005年在乡镇工作，2009年3月开始被借调至县城机关，工资稍微高点，年底有2万左右的津贴。老婆依旧带孩子，没有上班，也没有收入。

每天昏昏沉沉，老婆还不知道这件事，只晓得我炒股，因为没有上班，很少问我的盈利状况，偶尔问，我说赚了点，不多。真的是沉重的枷锁，有时候，我想了断了自己，可是，年幼的孩子，逐渐苍老的父母还窝在大山里，老婆怎么办？炒股，我认为自己还有些技术，但不成熟，心理压力也大，操作上不能允许有半点失误，到了预定的时间要还信用卡，资金只能用于短线操作，很不划算。2010年，我买了丽江旅游、领先科技，都是停牌的时候买的，都没有买全仓，赚了30%左右就走了，但中间分别停牌了一个月。最近，也成功狙击了成城股份、安纳达、深国商等股票，但只赚到10多个点的样子。算算只有4个月的时间了，我的钱就会被利息吞噬得一干二净，真到了走投无路的时候，我想，也许，生命只能结束了。因为，这一切的苦果，都是自己酿成的。因为，我周边的朋友，没有一个人有这么多钱来支持我，能够帮助我的唯一的路，就是离开这个世界。

如果，还有来世，我想我不会炒股票，我会带着我的老婆和孩子，过平静一点的生活，没有房没关系，没有钱也没关系，只要能过日子就可以了。炒股的初衷，也是想尽早还债，也是想尽早可以买上房子，可是，这条路，却将我拉向了一个漩涡、一个万劫不复的漩涡。

我本来不想把这件事告诉任何人，但我认为你是真诚的，是可信的。我决定写下这封信，写下这段文字，我也终于明白那些炒作期货和股票跳楼的人，因为，我现在的心境和他们是一样的。灰色，混沌，好像看不见世界里有任何的光线。整夜整夜，都在失眠。还要用平静的心，面对同事，面对家人，尤其是自己活泼可爱的女儿，还得逗她开心。为了完成工作任务，自己得没日没夜地加班，还被评为了优秀工作者。

4个月，120天，很简单，我会平静地面对这一切！

感谢您的书给予我的知识。

如果，这世界有谁能支持我52万，我想用一生来偿还，因为我的工作可以让我每年收入3万元左右，我用25年来偿还，也可以加上适当的利息，自己过简单一点的生活。请求张老师想办法给予帮助或者牵线搭桥给予高手拜师学艺。

如果，4个月以后，我还能看到你的书，我想我会很感激这个世界。

一个失足于股票仅仅只有4个月生命的人

2011年3月23日

第二封来信：2011年11月4日，上午10：31

张华老师你好：

首先向老师说声对不起，打扰了！恳请老师帮我代操作，我的资金量很少，才5万元了，但愿老师不会嫌弃。希望得到老师真诚的帮助，以解我的燃眉之急。先谢谢老师了！

我是个公务员，在没有做一点准备的情况下于2007年底2008年初进入股市，当时被社会上赚钱效应影响和自己苦于无处投资，急于解除自身债务的情况下，东挪西借了20万投入股市（都有利息的钱），结果全赔了，现在债连本金竟然翻倍高达40多万，压得我实在喘不过气来。这几年的生活可想而知，倍受煎熬，真的可以说是痛苦不堪，但这几年的经历也让我收获不少，认知不少。这些年在老师的书籍的指导下，一路蹒跚行走至今，略有感悟，但终难形成一个稳定的获利方法。这几年走过的那些大黑马我都没能发现，我想我要实现稳定的获利还有相当一段路要走，但迫于还钱的压力，实在没有时间再允许我慢慢地前行。所以恳求老师帮我代为操作实现更快的获利，解救我的燃眉之急，也可以说是解救我的人生，这一步至关重要，我只要实现20万的获利，那么我就可以让自己慢慢地松口气，也就可以心平气和地操作。本想亲自去找老师学习培训，但苦于资金只有一点点，我都没办法去，等我资金宽裕点了，我一定会去聆听老师的教诲，这是我一直以来的想法。也希望得到老师长期的指导，自己孤独的求索着实成长缓慢。我的手机号：×××。

恳请老师指点！我将终身感激！

第三封来信：2012年1月11日，18：25：32

张老师，您好，很冒昧打扰您了，我不想给您添麻烦，但是我现在很迷茫，想请您给我指点迷津。虽然我不认识您，但我看过您的两本书《狙击涨停板》和《猎取主升浪》，也是在看了这两本书后，辞了工作开始专门做股票。我姓肖，只是一个股市里的小散户，西安人，今年36岁，给你写这些话的时候我心情很沉重，甚至绝望。我想过自杀，但是我真的很不甘心，我渴望成功，渴望让我父母、孩子都过上更好的生活，但是今年5月以后股票就一直在赔，自己的6万赔得只有2万了，8月又借了6万结果到11月只剩下了2万，12月底2万给人还了，现在没一分钱了，外边还欠4万。我知道您会笑我，我也一直在反省为什么老是赔钱，我现在终于想明白了，一是我没有按您书上说的操作，大盘下跌时没有空仓；二是我的心态不好，不能见好就收。可是现在想通了又有什么用呢？我不敢给媳妇说，更不敢给父母说，我害怕我媳妇知道了会绝望，会和我离婚。她很贤惠，很顾家，我很爱她。还有我的孩子，他那么可爱，我舍不得他。我父母年纪也都不小了，怕他们受不了打击。我不想让他们担惊受怕。一到晚上我就做噩梦，成夜成夜地睡不着，我不知道以后的路在哪里。但我不甘心就这样失败，我渴望成功，我渴望在股市走出一条路，我渴望让家人过得更好。我绝不能这样失败。我想借钱继续做股票把赔的再挣回来，可是到现在也没借到钱，朋友都不宽裕。我真的有些绝望了，不知道该怎么办了，我一辈子就这样完了吗？我不甘心，真的不甘心，可我真的不知道该怎么办了，张老师，您能给我指点一下出路吗？

流泪盼回复，万分感谢您！

肖××2012－1－11

第四封来信：2012年2月1日，21：57：29

张老师您好：您所著的《猎取主升浪》我看了不少于十遍，受益匪浅，您让我学会了忍耐，教会了我怎样做一个有耐心的猎人，谢谢您！我很想背着行囊去找您，跟您学习，拜您为师！我很久没有操作了，只是观望，因为从周线来看，之前的行情个人感觉一直是向下的趋势，风险大于机会，所以，我几乎没有操作。我坚持每周选一遍股，就是把全部A股的周均价线、量、均量线结合来看，一个个地翻看，几乎占去我整个周末的时间，一直没有发现目标，春节假期我发现了600100和002026，我目前还在等待，计划是，逢低逐步建仓，一旦放量涨停突破整理格局，我就加仓到70%。我个人重点关注600100，我计划如果这是一只活跃的、有前途的好股的话，我今年就做这一只，反复波段操作，键盘中T＋0，还恳请老师万忙之中给予建议!!祝愿老师您：龙年好运连连！好梦圆圆！身体健康！全家和睦!!静等您的建议！谢谢您，张老师！

香港．龙××2012－2－1

第五封来信：2012年2月5日，21：55

新年快乐

尊敬的张华老师，您好：

我怀着激动的心情给你写这封信，之所以说激动原因有两个：

一是，您写的《狙击涨停板》我读后受益匪浅，是我入股市以来所学的最好的有关股市方面的书。

二是，书看到一半时，我看到了您的QQ号，我抱着试试看的想法加了您的QQ，根本没指望能加上，您一定非常忙，而且书出版也三年了，QQ还会在吗？可没想到真加上了。感到又高兴又惶恐。

从QQ您对我的回应，我既看到您渊博的知识、高超的技术，更看到您对普通的小散股民的关心、爱护、负责任。可那天书还没读完，今天刚一看完，我马上给您写信。

“记住这本书，将会使你受益终生”，这是我读了这本书后最感触的一句话。

我是一名小散，年纪较大，前年入市，去年退休，在家炒股，结果惨不忍睹，为此，我读了好些书，参加了无数的讲座，每天听股评至深夜，现在只听声音就能知道是谁在讲评了（国内的著名业内人士，首席等）。每看一本书，我就照着试验几次，十次输九次，所以越陷越深。但是我知道，这是我学艺不精的后果，这种学费是必须要交的。一次，我在听课时见别人拿着您的书讨论，他们对您的书倍加赞赏，我也想办法拿到了书，一看就被吸引住了。您的书主题突出，语言精练，观点精辟，分析丝丝入扣，特别好记，使我换了角度想问题。虽然没实践，但我确实有眼前一亮的感觉，感到我在股市有希望了。

从现在开始我要按照书中要求：学习、思考、提高、逐步达到超越自我、掌握先进武器，建立适合自己的赢利模式。

如您不嫌麻烦，我将定期向您汇报我的实践情况，寻求您的帮助。可以吗？

另外，书中有二处没有看懂，请教一下：

1.“绝对成本均线”的含义是什么，怎么表述？

2.第六章“涨停板分析重点”中第1节“涨停板的位置与性质”，举例：“新钢股份”的股价在9月28日创新高，筹码主峰转移到了上面，此后股价一路下跌。基本面分析中6月30日和9月30日的十大流通股东发生变化分析，这两种分析我没看懂：9月28日起下跌，30日各基金还在，不是把基金自己套住了吗，之后成交量萎缩得厉害，主力怎么出来呢？我以前吃过不少这方面的亏，找主力就看十大股东构成，所以向您请教。

啰啰嗦嗦说了这么多，占用您的宝贵时间。

新股民、老学生马××

2012.02.05 21：55

第二节　QQ留言截图——言为心声

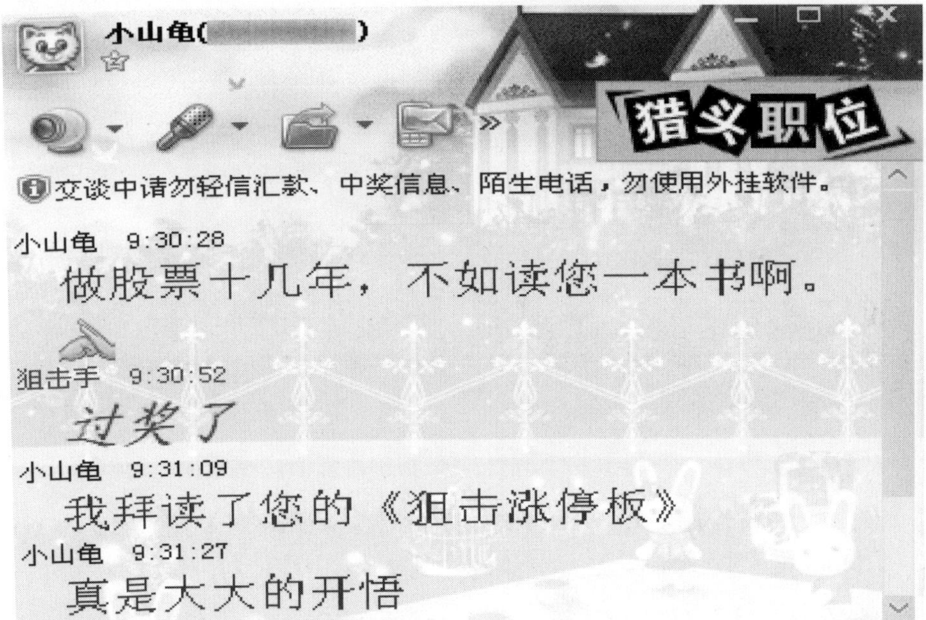

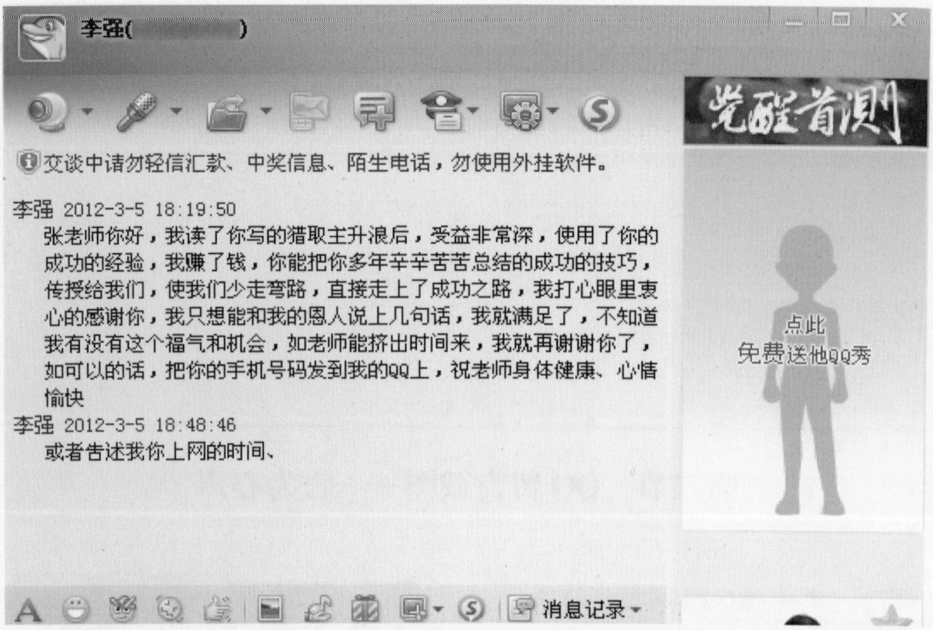
李强(　　)
觉醒首测
交谈中请勿轻信汇款、中奖信息、陌生电话，勿使用外挂软件。
李强 2012-3-5 18:19:50
张老师你好，我读了你写的猎取主升浪后，受益非常深，使用了你的成功的经验，我赚了钱，你能把你多年辛辛苦苦总结的成功的技巧，传授给我们，使我们少走弯路，直接走上了成功之路，我打心眼里衷心的感谢你，我只想能和我的恩人说上几句话，我就满足了，不知道我有没有这个福气和机会，如老师能挤出时间来，我就再谢谢你了，如可以的话，把你的手机号码发到我的QQ上，祝老师身体健康、心情愉快
李强 2012-3-5 18:48:46
或者告述我你上网的时间、
点此
免费送他QQ秀
消息记录

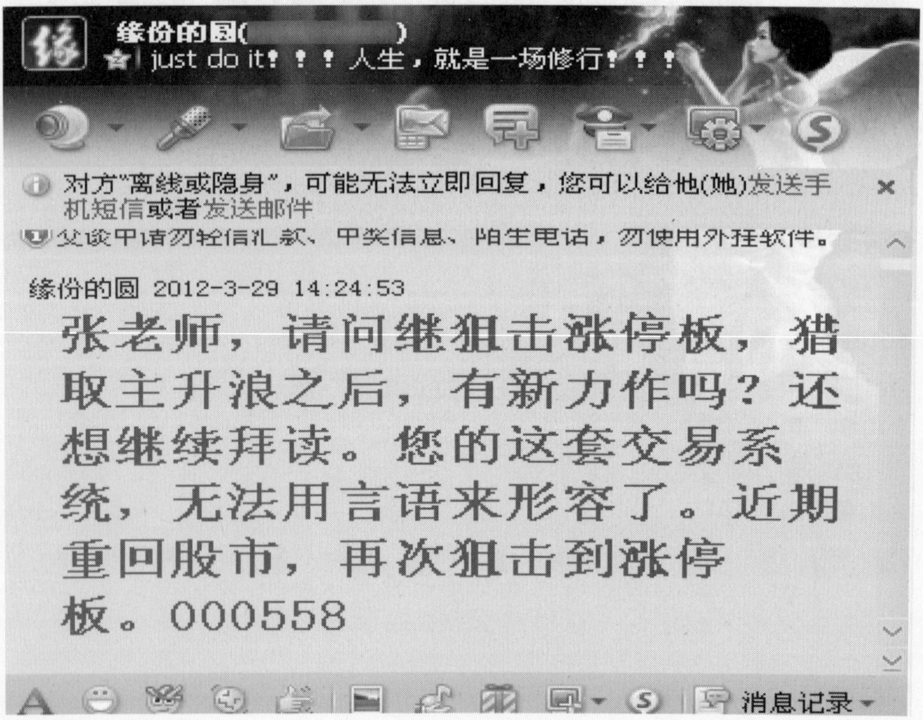
缘份的圆(　　)
just do it！！！人生，就是一场修行！！！
对方"离线或隐身"，可能无法立即回复，您可以给他(她)发送手机短信或者发送邮件
交谈中请勿轻信汇款、中奖信息、陌生电话，勿使用外挂软件。
缘份的圆 2012-3-29 14:24:53
张老师，请问继狙击涨停板，猎取主升浪之后，有新力作吗？还想继续拜读。您的这套交易系统，无法用言语来形容了。近期重回股市，再次狙击到涨停板。000558
消息记录

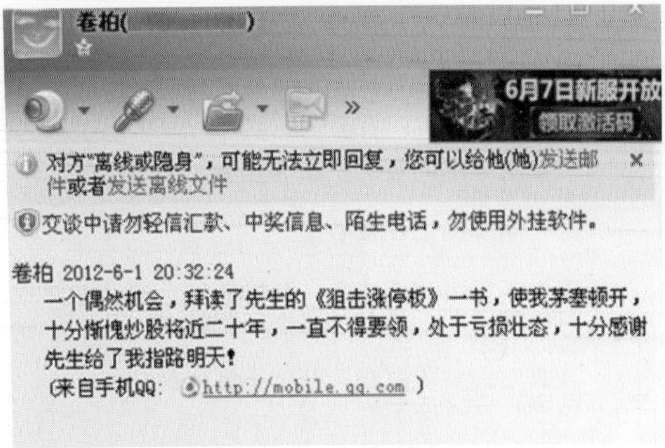

卷柏([redacted])

对方"离线或隐身"，可能无法立即回复，您可以给他(她)发送邮件或者发送离线文件

交谈中请勿轻信汇款、中奖信息、陌生电话，勿使用外挂软件。

卷柏 2012-6-1 20:32:24

一个偶然机会，拜读了先生的《狙击涨停板》一书，使我茅塞顿开，十分惭愧炒股将近二十年，一直不得要领，处于亏损壮态，十分感谢先生给了我指路明天！

(来自手机QQ: http://mobile.qq.com)

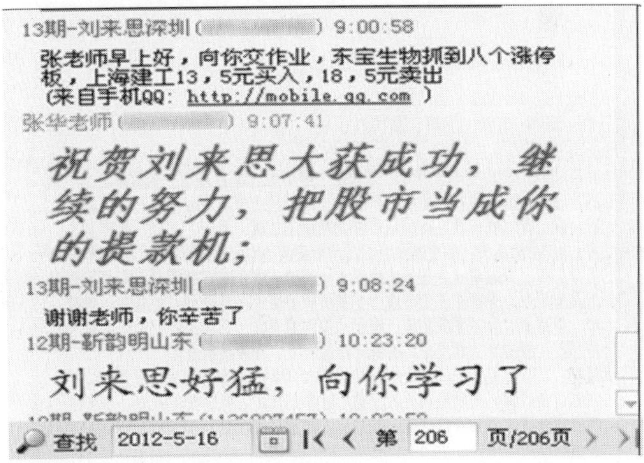

13期-刘来思深圳([redacted]) 9:00:58

张老师早上好，向你交作业，东宝生物抓到八个涨停板，上海建工13，5元买入，18，5元卖出

(来自手机QQ: http://mobile.qq.com)

张华老师([redacted]) 9:07:41

祝贺刘来思大获成功，继续的努力，把股市当成你的提款机；

13期-刘来思深圳([redacted]) 9:08:24

谢谢老师，你辛苦了

12期-新韵明山东([redacted]) 10:23:20

刘来思好猛，向你学习了

查找 2012-5-16　第 206 页/206页

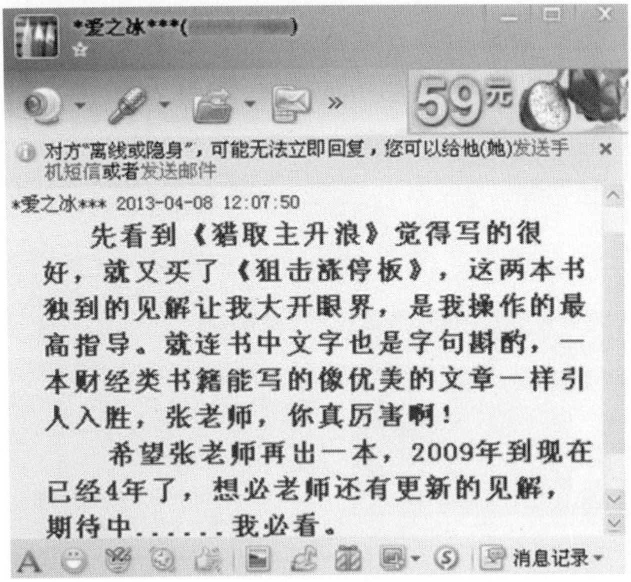

*爱之冰***([redacted])

对方"离线或隐身"，可能无法立即回复，您可以给他(她)发送手机短信或者发送邮件

*爱之冰*** 2013-04-08 12:07:50

先看到《猎取主升浪》觉得写的很好，就又买了《狙击涨停板》，这两本书独到的见解让我大开眼界，是我操作的最高指导。就连书中文字也是字句斟酌，一本财经类书籍能写的像优美的文章一样引人入胜，张老师，你真厉害啊！

希望张老师再出一本，2009年到现在已经4年了，想必老师还有更新的见解，期待中......我必看。

消息记录

查找 2013-01-01 更多

范围：最近一周 内容： 确定

我聆听了您的理念，您的指教

快乐 16:16:23

这一切都铭记在我心里

快乐 16:17:13

不知不觉中我进步了，我转变了，而且转变之大，我自己都不敢想象

快乐 16:18:04

我的亏损变成盈利，以至于每周最高达到百分之二十

快乐 16:18:29

老师，谢谢您，永远难忘！终身感谢！

聊天 相册 文件 应用

曹思峰——东莞( ) 2014-01-04 4:20:28

横跨2013—2014年的大制作：如果以一部电影来形容的话，那就是张华系编剧，《狙击涨停板》《摄取主升浪》《借刀斩牛股》是剧本、片内容是趋势、量、价、线、筹、盘口。异动、洗盘、止跌、反转、上涨、突破是主角；k线是众配角。而片筹十分丰厚短时间内300279和晶科技大升百分之30几还有空间。而我能成为张华老师弟子而开心：因张华老师教导我们是实战中的真知卓见，使我在人生的某一个阶段留下亮点，连睡觉都笑醒啊…哈哈哈，真是无法形容感激之情。我借几句词来表达一下现在的心情：大鹏一日同风起、神剑在手钱作舟、冷眼应对作俑者、顺流逆流枕无忧！！！！！！！！！最后在2014年马年祝张华老师身体健康、天天好心情：时刻带领师兄、师弟们狙击涨停板、摄取主升浪、斩牛股创新高、寻突破。也希望张华老师的新作能加上我的发言谢谢、哈哈哈2014年1月4日4时20分有感而发。

朱月友—韶关( ) 2014-01-04 8:17:49

陈鹏-深圳( ) 2014-01-04 9:17:43

4点多还没睡觉啊

张 华( ) 13:34:40

601766	中国南车	2.01	36.60
601186	中国铁建	2.57	24.37

注意反弹出局

张 华( ) 13:34:42

以上分析，仅供参考！买卖自定，盈亏自负！（五矿证券金田主升浪理财中心）

张 华( ) 13:36:02

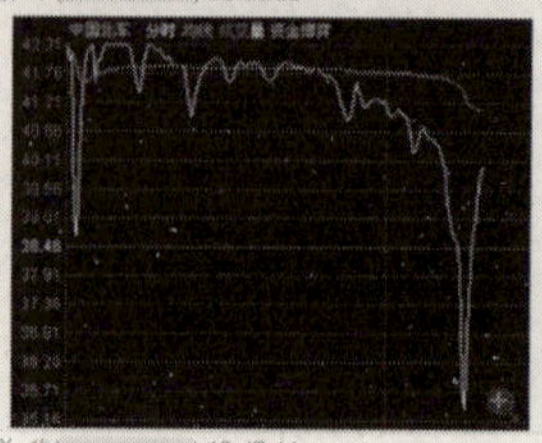

张 华( ) 13:47:44

中国南车出了吧？

2015-04-20

狙击手( ) 14:46:21

罗班长卖出了——中国南车——程小辉卖出了没有？

罗文军( ) 14:51:22

这种妖股的卖出方式太经典了，好像这些股的操盘手都是张老师教的啊

李牧峰( ) 14:52:25

班长是T的还是卖的？

罗文军( ) 14:53:51

卖

狙击手( ) 14:58:28

主力一个晚上没睡好就是想利用降准大撤退，小散一个晚上没睡好就是想利用降准大干一把

消息记录 ×

全部　图片　文件

雨飞 14:28:05

谢谢，老师，你真的是我的大恩人，我11万炒到只有3万，看了你的书，我开窍了，目前刚上百万

雨飞 14:28:34

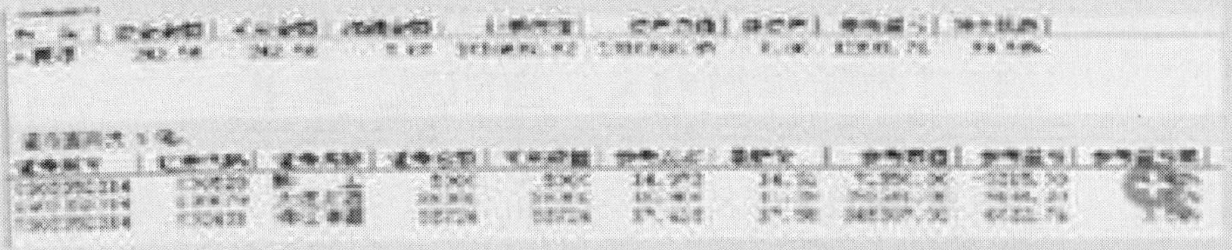

雨飞 14:29:11

一本书改变命运的故事，在我身上实现了

可以预言，雄安新区的第一波主升浪已经到顶；大面积停牌的股票复牌之日将会天崩地裂……是走是留、好自为之。

以上分析，仅供参考！买卖自定，盈亏自负！

罗文军( ) 2017-04-14 8:00:24

谢谢张老师的提示，我目前还在雄安的主升浪里享受冲浪的快乐

李月联( ) 2017-04-14 8:00:25

@狙击手

罗文军( ) 2017-04-14 8:04:03

向张老师汇报一下战果，目前600008首创的涨板基本吃到，除了一个一字板没机会参与外，目前是 参考盈亏比例(%) 63.815 吃到

狙击手( ) 2017-04-14 8:04:33

你是哪里人？

张华 14:11:34

西安

张华 14:12:38

在陕北挖了两年煤

张华 14:13:53

吃了苦——是财富

张华 14:14:57

我是大专毕业，一直从事的比较低挡次，低收入的工作

张华 14:17:20

我是很懂感恩的人，您的那三本书是我扭转了亏损的命运，也改变了我的人生

张华 14:18:46

我短短一年从2万7千到现在的8万

张华 14:28:44

我就是在亏损一路糊涂时，在别人的嘲笑中，为了更多挣钱，才到陕北挖煤，也正是在陕北神木县挖煤时，读懂了猎取主升浪一书

抢龙头股 机构疯狂扫货

更多消息请在消息记录中查阅，打开消息记录

张华 2014-05-27 14:18:46

我短短一年从2万7千到现在的8万

张华 2014-05-27 14:28:44

我就是在亏损一路糊涂时，在别人的嘲笑中，为了更多挣钱，才到陕北挖煤，也正是在陕北神木县挖煤时，读懂了猎取主升浪一书

张华 2014-05-27 14:30:43

正如张老师所言，吃过苦，就是人生最大财富

张华 2014-05-27 16:44:25

谢谢，我盘中很忙的，祝你投资大成功！你为什么Q的昵称也用张华

张华 2014-07-23 15:18:24

张老师，您好！

张华 2014-07-23 15:19:42

我由衷感谢您，我正在读您的酒田战法解析

狙击手 2017-05-24 13:26:12

刘江龙 2017-05-24 13:28:08

还是要感谢张老师，我现在也有百万，从一个穷小子

狙击手 2017-05-24 13:28:57

祝你取得更大的收获

张华() 2018/11/16 11:11:14

股市里最大的错误是持有不涨的股票在“等”，等上涨、等回本。一个“等”字，错失了行情，错失了热点板块，错失了领头羊——更错失了赚钱的机会。一个“等”字，反映了理念的落后，思想上的犹豫；一个“等”字，反映了执行纪律的不严格、不果断，优柔寡断。“等”——只能在痛苦中等待，“等”——只能看着强势股的上涨而后悔莫及。

licy() 2018/11/16 11:11:31

峰回路转() 2018/11/16 11:12:03

云中谁寄锦书() 2018/11/16 11:12:23

老师技术最硬，绝无马后炮。。记得宁德电池当时高位破位，老师及时提示风险撤离，后由近95到60。。。衷心感谢

凤凰涅槃 梧桐() 2018/11/16 11:31:02

老师不但股票牛，看盘点评犀利，而且文采飞扬，大家风范！！！

心随() 2018/11/16 12:03:58

牛市来了，拿好票票，不要见好就跑了，熊市的思维开始犯错

心随() 2018/11/16 12:04:28

老师牛，长生厉害

云中谁寄锦书() 2018/11/16 12:13:15

放眼望去，整个全国多如牛毛的大v牛人，能让我们赚钱，不亏的又有几人？只有张老师最硬正，彻底佩服！

云中谁寄锦书() 2018/11/16 12:13:56

有同感的举手

黑鹰的梦想—飞翔() 2018/11/16 12:15:24

必须举手

行者 无疆() 2018/11/16 12:19:37

老师的技术牛　只能模仿如何超越呢？ST股纷纷涨停把领导的脸打的啪啪滴

水到渠成<> 2018/11/16 12:32:59

@张华 我又要来表扬老师了，不得不表扬。老师：犀利的赚钱专家，德高望重的恩师。

[redacted] 2018/12/3 9:12:23

股市于我于众人有太多的血泪故事，今又缘遇恩师，我有救了，我家有救了，我重又看到了前方我的曙光！！！

张华 2018/12/3 11:05:31

希望你能详细的写写你的血泪故事——要真实感人

[redacted]018/12/3 12:12:42

恩师，十五年前，我正青春壮年，因文化低、家境不好，因而从食品店小生意做起，赚的没日没夜辛苦钱，被庸师引导进入股市，所赚钱投入股市，越亏越多，越亏多越投入想翻本，导致生活秩序被完全打乱，我本是个孝顺的人，可我对不起从小带我长大的不是亲的但就是亲的已过逝的外婆！对不起父亲，对不起读大学的孩子，她住校用的钱只有别人家孩子的一半不到(仅够维持伙食，孩子读大学几年，说食堂楼上的是火锅稍贵点，她从没去过，每学期拼命去拿学校资助金及奖励金！可他她们都不知道，我从楼上掉下来摔昏都不舍得去多看！几年下来都浅睡眠！牙齿也因此老上火，四十来岁已开始掉牙，还有很多的压抑无法在此一一细说，我也没向别人吐露过，谁人理解，今恩师问起，心中的苦向倾倒下，舒服些，因为恩师非一般人，在新华书店看到您的最初两本书时，我就认定这是股票几千本书海中的两本珍宝，按照理论确也赚到一些钱，所以称您为恩师，不是随口乱叫，更非拍马屁！经2016、6、15股灾又大亏一场，又元气大伤，唉，余下的人生想和家人过得开心点，能有机会和他她们聊聊我之前的种种怪异为什么，怎么会是那样的！最好能赚点余钱送些给一些真的须要一点钱就能改善一些问题的苦难人，有的人真的是太需要钱了啊

[redacted] 2018/12/3 12:20:11

每想起女儿在学校同我说的食堂楼上从没去过，我的心就滴血，她想吃的，只是懂事不去！想起对家老人的一些愧对，

第三节　2018年11月的来信——走向正道

第一封来信：2018年11月13日

张老师，我是你的学生。

记得今年大概是7月左右参加你的课程的，我是个完完全全的小白，大概开户有3年多，但是基本没有怎么炒股，去年架不住诱惑，一个做私募的朋友又天天喊我赶快进来抄底。我思考着，赚点外快也不错，既然专业人士都进来了，那肯定可以买买买了。

本来投入了10万，断断续续地又转了一些钱进来，然后当然转得多亏得也多……

今年年初查看账户的时候吓坏了，不敢再瞎折腾瞎操作，今年您问我的时候，确实大概亏损了20%多，学习回来第一个月又一通胡乱操作，我记得8月亏损蛮多的，等下我截图出来。

后来我仔细看了您给的教程，断断续续又看了您的几本宝典，获益匪浅，这两三个月感觉有点要顿悟不顿悟的感觉，我很乐观地认为我会顿悟的，哈哈哈，别笑话我。

这三个月9、10、11月市场腥风血雨，但是慢慢开始赢利，心情巨好，有了盈利，学习也有劲儿。

感谢您把我带上正轨，也感谢您给我一套好的理念。

全新好，我陆陆续续加到了满仓，今天涨停，开心～

同时还感谢我们浙大班的各位师兄，谢谢大家对我的指导，爱你们，么么哒～

第二封来信：2018 年 11 月 28 日

张老师　您好：

几年前，一个偶然的机会，在书店里看到您的作品——《狙击涨停板》，随手翻看了一下立即就被书里的内容深深地吸引住了，平生第一次在书店里站着看了三个小时书也没有觉得累。马上就买了一套您的作品——《狙击涨停板》跟《猎取主升浪》（最初只出了这两本书）。就感觉这套书的内容通俗易懂，知识点很全面。后来一年以后无意中在深圳当面碰到您本人，我还请您在书上给我签名了，并且报名参加了您的学习班。当时我就每周五、六晚上，利用陪孩子去周末补习的时间带着您的书及您的教材从头到尾一个字不落学习体会，这个过程风雨无阻地一直坚持了一个学期（半年）。拿着您的书翻来覆去地看，每次都有不同的体会，每周都在书上做了一些学习的标记跟体会，可惜买的这第一套书后来给朋友借走了，不然真的可以跟有缘的朋友们来分享。您书中跟课堂上的关于涨停板分类的一些小的细节真的很好用（当然一定是要同学们去用心去体会去悟才会有感觉的），比如说 T 字板、阴阳板、除权板，等等，这些都是很好用的。我学习 T 字板时记得当年都是刚开始每天晚上都找出这些板了，然后第二天观察成功率以及第二天的走势总结，模拟了 100 次以上后慢慢地就来实盘打板验证，从而对这个手法的技巧跟要诀以及注意的一些事项都有了一个总体的认知以及大概率的保证，这时也慢慢地提高了自己的自信心了（比如 2018 年 11 月 8 日打的 T 字板 600128 弘业股份后连续 4 天收获 40%就是用的这个招数）。您的阴阳板战法到现在 10 年了，现在比较流行的名字变成了反包战法，您又一次走到了市场的前面 N 多年。

当然股票操作考查的是操作者的一个交易的系统，不只是一个点，所以在您的后期的书中又学习了《借刀斩牛股之酒田战法解析》，这本书也是很好，详细地介绍了 78 种形态，这本书就像是我们小时候学生时代中的《新华字典》一样啥都有。我基本上把这书里的常用形态都做了笔记并且背出来了，同时用在平常的操作中。前一段在跟老师您聊天中无意知道您也操作了 000007 全新好这个票，我的买点跟老师您是同一天，即 2018 年 10 月 19 日，当时的操作逻辑就是看到这只股票的形态是一个 W 底的突破径线，所以就在 6.6 元左右分批买入，当天收获涨停板，持有到 10 月 24 日我们伟大的习总书记到深圳来视察这天的下午，我挂单 8.88 元出货，三四天收获 34%，完全跟老师的节奏是不谋而合、同步操作，呵呵。在互相不见面的电脑后面，我们师徒都在同一只股票里冲浪，这太让我开心了！

谢谢老师教了我们这么实用的技术，最后祝老师身体健康!!!

您的学生　罗文军
2018—11—28

第三封来信：2018 年 11 月 30 日

我的股市向导——张华

1999 年我开始进入股市，到 2016 年，我的股票账户巨额亏损。多年的经历让我深切体会到，炒股是技术活。我遍寻可读之书，蜡烛图、江恩理论、名家大作等不计其数。我经常和身边的、网上的股民交流，拜师学技。还参加了一些 QQ 群、微信群。时间花了不少，学费也交了不少，还是没能止住股票账户不断亏损的势头。我无法面对父母妻儿，无法向借钱给我的亲朋好友交代，我失望、沮丧、焦虑，自杀的念头一直在心头萦绕，情绪十分低落。

2016 年 12 月，我在天津图书大厦，见到了张华老师的著作《狙击涨停板》。翻阅几页，我凭感觉断定：这才是我日思夜想要阅读的指导炒股书籍，作者张华老师就是我梦寐以求的股市向导！

我反复研读《狙击涨停板》，深入了解了 K 线的异动、洗盘和反转的规律，对涨停板位置、性质、走势判断有了较为准确的认识，特别是对狙击涨停板的时机和位置等实战技巧都有了深刻的领悟。此后，我陆续购买并阅读了张华老师的《猎取主升浪》《借刀斩牛股之酒田战法解析》《借刀斩牛股之 79 种经典实例》以及最新出版的《主升浪之快马加鞭》。直到现在，我只要有空，就反复阅读张老师这几本书，每一遍都有新的体会。

我把读张老师的书和股市操作实践紧密结合在一起，仅今年我就先后操作了中国软件、正元智慧、沃森股份、全新好、永清环保、摩恩电气等多只股票，我终于扭转了股票账户亏损的势头，开始挣钱了！

我由衷感谢张华老师！感谢张老师无私地将自己多年炒股经验及体会通过文字传达给我及千千万万散户读者！张老师说过：“你改变不了股市——只能改变自己！你改变不了自己，只能备受痛苦的折磨。”我相信我找到了改变自己的途径，我找到了医治我痛苦的灵丹妙药，这就是以张华老师为股市向导，读张华老师的书，一辈子做张老师的学生。我一定会因此成为张老师所说的能在股市稳定赚钱的成功者！

江苏省徐州市　陈××

2018 年 11 月 30 日

尊敬的张华老师：

您好，我是您忠实的读者！

2018年6月，我偶然在一家书店发现您的著作《主升浪之巧取豪夺》，买回家后仔细研读了一遍，竟有相见恨晚的感觉，书里强调的理念、纪律、技术让我茅塞顿开，我找到了这些年不能赢利的根本原因，明白了今后股票操作的根本原则。于是，我又一口气读了您的全部著作：《狙击涨停板》《猎取主升浪》《借刀斩牛股之酒田战法解析》《借刀斩牛股之79种经典实例》《主升浪之快马加鞭》，并且一有空就反复研读，期望掌握每个操作要领。您的著作体系可以这样概括（个人浅见）："三大纪律、八项注意"是股票操作的战略指导思想，而"紧跟热点、狙击涨停板、猎取主升浪"是股票操作的具体战术运用，是一个有灵魂、有理念、能实战的操作体系。2019年3月23、24日两天，我有幸参加了您的培训班，当面聆听您的教导，理清了一些似是而非的思路，解决了一些平时操作中的困惑，真可谓受益终生。您的人品受到所有学员的高度称赞，您把学员当作亲人、知心朋友，手把手传授了我们许多在其他地方无法学到的实战技艺，令人茅塞顿开。您还当场向每一位学员赠送了您的最新力作《狙击涨停板》（第三版），以便学员继续结合课堂讲解深入领会。

短短两天的学习结束了，接下来，我要把学到的东西应用到实战中去，借用您的话说："学好没学好，用股票账户来验证。"我深信，在不久的将来，我和我的同学们的股票账户都会是"红彤彤"的一片。期待下次培训课上继续当面聆听您的精彩讲解！

再次谢谢您！

您的学生　重庆学员　杨××

2019年3月26日

北京大学股票投资学高级研讨班
北京大学体育馆
张华

张华教授北京大学股票投资学高级研讨班——深圳站
citibank

国人民大学证券操盘实战研修班第二期开学典礼
张华老师2010.6.20在
中国人民大学授课

浙江大学-证券市场实战操作高级班第四期

中国人民大学
RENMIN UNIVERSITY OF CHINA
张华老师 在中国人民大学证券操盘实战研修班 精彩授课
中国人民大学证券操盘实战研
中国人民大学证券操盘实战研修

中国人民大学
RENMIN UNIVERSITY OF CHINA
证券操盘实战研修班（第二期）张华老师
惊心动魄的实盘操作
人民大学证券操盘实战
中国人民大学证券操盘实战研修班

中銀財富管理
中國銀行

张华教授北京大学股票投资学高级研讨

深圳、东莞、广州学员合影留念

第三版修订结语

——实现目标

人生要有目标，有了目标就有了方向，有了目标就有了动力。

在上小学五年级时我给自己定了个目标——写书；

在进股市时我给自己定了个目标——实现财务自由。

炒股第四年，我靠自己的智慧实现了财务自由，一方面靠的是我独立创造的涨停板战法系统；另一方面是我遇上了2015年的大牛市，机遇好。

炒股第六年我完成了写书的目标——《狙击涨停板》出版发行了。这本书一经面世，深受读者朋友的喜爱，竟然成了股市里的畅销书，开始连续几年出版社每年重印两次，后来每年都在重印，10年里重印了十几次。2019年在四川人民出版社编审王定宇女士的说服下，进行了第三版的修订，我相信它会让更多的朋友走上财务自由之路。

截至目前我一共写作出版了六本书。

《狙击涨停板》是"涨停板战法"系列著作之一，这本书写了我的三个重大发现。第一个是成交量的性质与形态理论，有人看到这个理论后建议我在下一次重印时把它删掉（不是不好，而是太好了，他不希望更多的人学会运用它）；我既然写出来，就是希望帮助更多的读者，三次再版、十几次重印我都没有删掉。后来有人仿照这个理论修改了数据并写进了自己的书。第二个是涨停板的位置与性质理论"涨停板的位置决定性质，性质决定成败"，理解了它，你抓的都是主升浪。第三个是股价见顶的三个信号理论；书中重点介绍了狙击涨停板综合分析方法和我的五个赢利模式。这五个赢利模式，我总结了6年公之于世，再经过市场这十多年的验证，充分证明它非常经典。公之于世的10年之内，几乎每年都有这样的形态出现，请读者自己搜索检验，只不过是熊市少一些、牛市多一些而已；行情一好、政策给力，就会批量出现。如2018年

11月上旬就非常多，因为它是市场心理、主力心理、游资心理、散户心理的共振才形成的。第三版修订中大量的图例就是2018年11月的截图。这本书给许多读者带来翻天覆地的变化，他们学会了赢利；其中一个读者在2015年5月告诉我，“老师，你真的是我的大恩人，我11万炒到只有3万，看了你的书，我开窍了，目前刚上百万……一本书改变命运的故事，在我身上实现了”（见《主升浪之快马加鞭》第233页）。

《猎取主升浪》是“涨停板战法”系列著作之二，本书从周线的角度论述了猎取主升浪的技术，竟然被北京、杭州的某些私募当成了操盘的原则。在这本书里，写了我的第一个预言“随着创业板的推出，今后题材概念股的炒作，将会在股市里掀起一波又一波的主升浪”（见前言3页）；一位读者告诉我，他花了一年的功夫读懂了这本书，并把目标锁定在创业板，2015年他从一个被亲戚朋友们当成劝诫朋友不要炒股的反面教材变成了百万富翁……他告诉我，他的父亲工作一生才攒了两万元。

《借刀斩牛股之酒田战法解析》是“涨停板战法”系列著作之三，告诉大家学习经典、牢记经典，才不会走弯路；这次修订，实例图形遵循“选近不选远、宁缺毋滥”的原则，大多选择2018年11月创投概念板块以及2017年雄安新区板块部分形态符合的个股；我希望炒股的朋友能把经典形态读牢记心中、最好背过。我的学生罗文军说：“这本书就像是我们小时候学生时代中的《新华字典》一样啥都有。我基本上把这本书里的常用形态都做了笔记并且背出来了，同时用在平常的操作中。”在书中你会发现许多牛股的走势图，也许你曾经在股市里与它们擦肩而过，当时不识庐山真面目，看了这本书许多人会恍然大悟。

《借刀斩牛股之79种经典实例》是“涨停板战法”系列著作之四，用事实告诉了大家经典之树是长青的。在这本书中写了我的第二个预言，那是2014年1月，我在书中写道“新的一波牛市即将来临”（见258页），2014年7月——牛市来临，一波牛市大涨直至2015年6月14日。

《主升浪之快马加鞭》是“涨停板战法”系列著作之五，这本书旨在介绍我的理念与技术，并做了一个完整的勾勒；在这本书中记录了我的第三个预言“2015年6月14日下午我预测上证指数将大幅下跌”（见210页）。6月15日，上证指数开始下跌……

《主升浪之巧取豪夺》是“涨停板战法”系列著作之六，主要论述了我的操盘纪律，当然也包含思维理念，包含技术分析；在这本书中是这样界定其所占之百分比例：理念40%＋技术20%＋纪律40%＝成功。

朋友们，这六本书独立成篇、自成体系，从方方面面阐述了涨停板战法的理念、技术与纪律，它们是我在实盘中的总结，也是我学习经典的结晶；写作是我的爱好，总结经验与大家分享是我的品德。希望能帮助更多有缘分的朋友实现人生的三大梦想（见《主升浪之巧取豪夺》222页）。

在“涨停板战法”系列丛书第三次再版之时，我做出第五个预言：“今后的科创板将会出现许多黑马，将是涨停板的主战场。一旦科创板的主升浪启动，则是股市里又一次暴利的机遇”。

不看实战家的书你会错过书中的黄金，而错过则是永远的遗憾！

在这里我衷心地感谢四川人民出版社编审王定宇女士对“涨停板战法”系列丛书的精心策划、辛勤编排、认真校对，使“涨停板战法”系列丛书再次走向有缘分的你；也感谢你的阅读，更希望给你带来财富！

最后我要感谢为本书校订、打印付出了辛勤劳动的李雪梅、张译元、张译匀。她们牺牲了节假日的休息，夜以继日地工作，才使得本书迅速完稿。我还要感谢马祥、赵刚及许多亲朋好友对我生活的关心、工作的支持帮助，使我有时间、有精力专心致志于股票的操作与图书的写作。

如果读者需要联系我，可以扫以下二维码加我微信。

张　华

2019年3月第三版修订于上海·国际财富中心